兴泉村志

《兴泉村志》编纂委员会◎编著

中国出版集团有限公司
研究出版社

图书在版编目 (CIP) 数据

兴泉村志 / 本书编委会编著. -- 北京 : 研究出版社, 2023.4

ISBN 978-7-5199-1461-5

Ⅰ. ①兴… Ⅱ. ①本… Ⅲ. ①村史 – 景泰县 Ⅳ. ①K294.25

中国国家版本馆CIP数据核字(2023)第057257号

出 品 人：赵卜慧
出版统筹：丁　波
责任编辑：张　琨

兴泉村志

XING QUAN CUN ZHI

本书编委会　编著

研究出版社 出版发行

（100006　北京市东城区灯市口大街100号华腾商务楼）

北京建宏印刷有限公司　新华书店经销

2023年4月第1版　2023年4月第1次印刷

开本：710毫米 × 1000毫米　1/16　印张：35.5

字数：560千字

ISBN 978-7-5199-1461-5　定价：198.00元

电话（010）64217619　64217652（发行部）

兴泉村地图

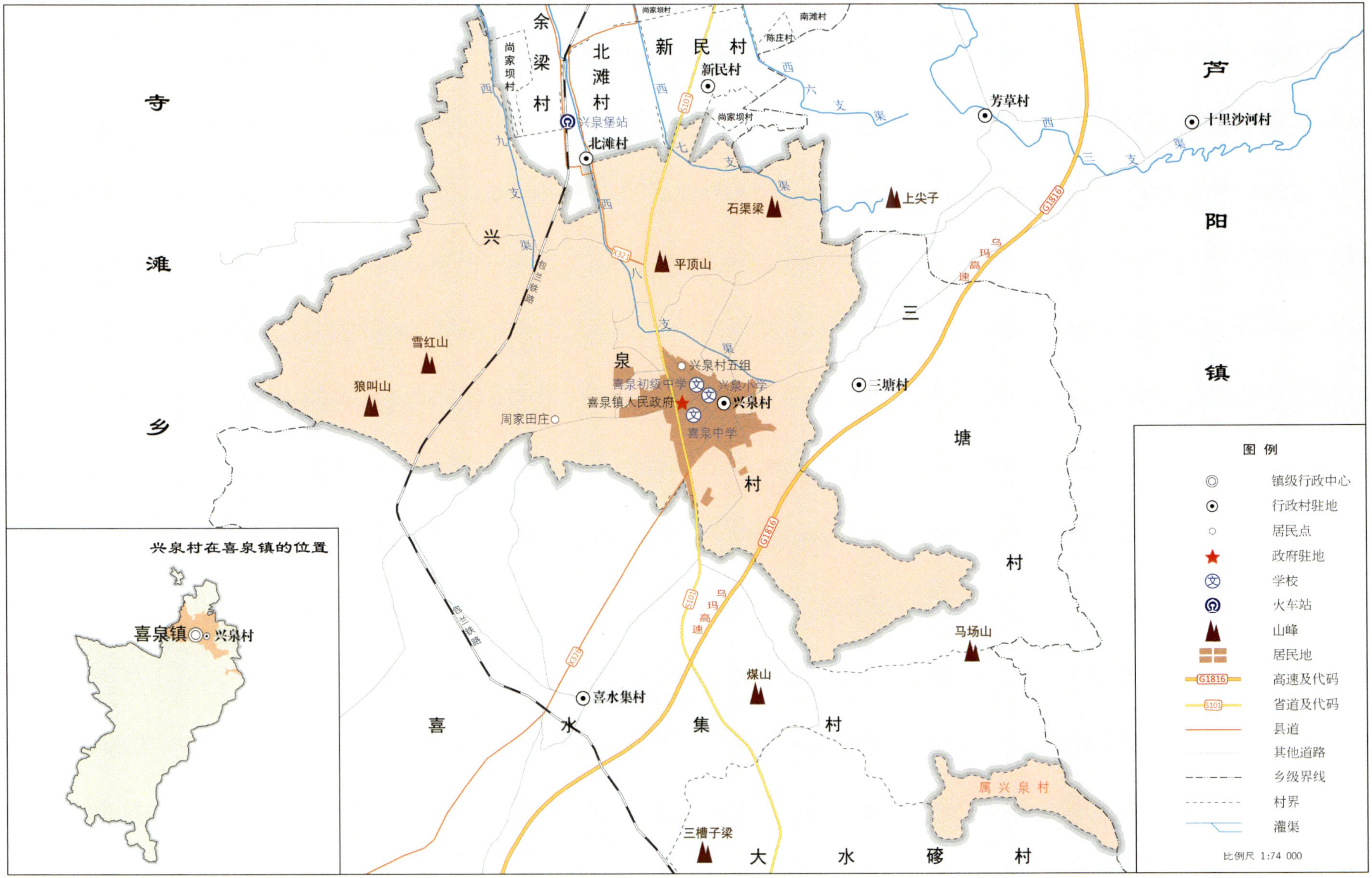

寺滩乡
芦阳镇
三塘村
喜水集村
大水硙村
兴泉村
余梁村
北滩村
新民村
尚家坝村
南滩村
陈庄村
新民村
芳草村
十里沙河村
北滩村
兴泉堡站
上尖子
石渠梁
平顶山
雪红山
狼叫山
兴泉村五组
喜泉初级中学
兴泉小学
喜泉镇人民政府
兴泉村
喜泉中学
周家田庄
三塘村
马场山
煤山
三槽子梁
喜水集村
属兴泉村
包兰铁路
乌玛高速
G1816
S101
X321
X326
西九支渠
西八支渠
西七支渠
西六支渠
西三支渠
兴泉村在喜泉镇的位置
喜泉镇
兴泉村
图例
镇级行政中心
行政村驻地
居民点
政府驻地
学校
火车站
山峰
居民地
高速及代码
省道及代码
县道
其他道路
乡级界线
村界
灌渠
比例尺 1:74 000

兴泉村鸟瞰

《兴泉村志》编纂启动仪式

《兴泉村志》启动仪式合影

前排左起 罗文海、卢逢春、王生全、罗崇佑、王连生、俞宗富、杨久清、郭延强、俞有峰、张宏伟、王继强

后排左起 崔　明、罗崇辉、朱万润、罗文檀、吴克田、李元龙、罗崇福、罗崇祥、毛登田、朱生浩、周德尧

《兴泉村志》顾问

左起 周德广、周世坛、樊文雄、司占升、毛文栋、杨凤钧、陈有仁、朱万祥、崔明

《兴泉村志》编写组成员

左起 吴克田、罗崇祥、王连生、俞宗富、王生全、周德尧、毛登田

《兴泉村志》审定小组成员

左起 周德尧、杨久清、王连生、李保军、俞宗富、罗文海、王继强

《兴泉村志》编纂委员会

主　　任　俞宗富

副 主 任　李元龙　杨久清　罗崇福

编委委员（按姓氏笔画为序）

马　森　王生全　王连生　王继强　毛登田　卢逢春

朱万润　朱生浩　杨佑军　吴克田　张宏伟　罗文海

罗文檀　罗崇佑　罗崇祥　罗崇辉　周德尧　俞有峰

郭延强　崔　明

特邀顾问　周德广　崔　明　马　明

顾　　问　樊文雄　王有昌　杨凤钧　付贞安　毛文栋　司占升

陈有仁　周世坛　朱万祥

特邀编审　李保军

《兴泉村志》编写组

主　　编　王连生

副 主 编　周德尧　杨佑军

编写人员（按姓氏笔画为序）

王生全　毛登田　吴克田　杨佑军　罗崇祥　周德尧

俞宗富

摄　　影　魏　君

工作人员　毛正发　闫立齐　李文弟　俞有文　杨耀云

序一

大千世界，斗转星移，沧海桑田。穿越时空，往事如烟，大道亦然，唯史铭志。2021年初秋，在省城兰州，乡党俞宗富代表村志编委会送我一本《兴泉村志》初稿，并托我为其作序。作为土生土长的兴泉人，我义不容辞，欣然接受。回到家里，我兴趣盎然，忙中偷闲，逐编阅览。村志文本沉甸甸的文字，读来令人浮想联翩，感慨良多。

我的家乡——兴泉村，地处县城西南12公里处，包兰铁路、景中高速环绕，201省道、三兴乡村公路穿村而过，便利的交通给本村的农业生产、经济发展、居民生活提供了优越的条件。景泰大唐兴泉风电场成为一张亮丽的名片，锦上添花，装点兴泉滩的壮美。村子普通，但却带有一些传奇色彩。三堡、五泉、老柳、营盘、烽火墩已成为历史的痕迹，但却是家乡人的永恒记忆。这方水土的养育之恩，尤为厚重，难忘感恩。公元1936年，红西路军经过锁罕堡时围攻堡子的军事行动和村民的义举，彪炳史册。新中国成立以来，兴泉人创造的奇迹和做出的贡献有目共睹，有口皆碑。

村庄有史以来的第一部村志——《兴泉村志》，顺民意，得民心，编纂完成，付梓出版，我深感欣慰！它绽放在万花丛中，芳香怡人；氤氲着历史的沉淀，竖起了一个里程碑！

兴泉村原名锁罕堡。1952年，村上兴修水利，村民在村南挖出能浇灌一千多亩地的一股泉水，清冽甘甜，滋养一方村民，因此改名叫兴泉堡。随即不久，又改为兴泉村，沿用至今。

兴泉村历史悠久，源远流长。对村庄的历史渊源和演变脉络，《兴泉村志》做了较为详细、全面、系统的概述。

早在4500年前新石器时代，这里就有先民生息、繁衍。西汉时，河西建武威郡，设立媪围县（归武威郡管辖）。西汉张骞“凿空”西域后，此地就成为丝绸之路的一个要冲之地，商贾僧侣、文人墨客、戍边垦田、奔走西口者不绝于道，呈现出一片繁荣景象。南宋宝庆年间至明朝，这里成为蒙古族游牧之地。锁罕堡得名，大概就在这一时期，由蒙语“速罕突”“锁罕突斯”演变而来。村里也存有另一传说，在曾经的烂堡子，据说扣押过蒙古族一个“罕”，故称为“锁罕堡”。

明朝时，在西部实行军屯民垦政策。尤其在明万历年间，从内地人口稠密的河北、山西、山东、江苏等地大量往西北塞外移民。朝廷先把移民集中在大槐树（山西洪洞县境）和大柳树（陕西韩城市内）下，发给令牌成批迁徙至目的地。兴泉村民大多从大槐树、大柳树属地迁移而来，随遇而安，生居发展。

清朝和民国时期，锁罕堡所受管辖随着媪围县县境隶属的变化而变更。

在历史的长河中，兴泉村作为一个“桥头堡”发挥着衔接、交融、卫戍的重要作用，曾有过许多熠熠生辉的亮丽，其地位和意义非同寻常。

新中国成立后，在中国共产党的英明领导和当地县乡党委、政府的具体指导下，兴泉村发生了天翻地覆的变化。政治上，人民翻身当家作主，党支部、村委会党政合一，成为省市县先进典型；经济上，重视农业生产，发展集体经济，告别贫穷，解决全村1000多户5000人的温饱，脱贫274户1026人，富民富村，奔向小康，特色鲜明；文化上，尊师重教，扫除文盲，普及九年义务教育，提高素养，追求文明、向善、尚美，村风淳朴……各项事业突飞猛进，持续发展，成就卓著，令人欢欣鼓舞。

兴泉村从1957年兴起队办、村办集体企业，利用当地黏土、煤、石膏等资源，相继建成砖瓦厂、砂锅厂、小煤窑、石膏厂和铁木加工厂；20世纪80年代又办起规模较大、机械化程度较高的砖厂、选矿厂、水泥厂、石膏制品厂、兴电联营砖厂、食品厂、编织袋厂等集体企业，增加收入，改变贫穷落后面貌，功不可没。90年代末，实行企改，集体企业改制为民营企业，转型发力，再创佳绩。兴泉村企业的快速、健康发展，有力地带动和支持了其他各项事业的发展。公共基础设施健全，基层组织发挥效能，服务贴心、惠民。村庄街道顺畅，路灯明亮，绿树成荫，村容整洁，平安、和谐、美丽、宜居的新农村气氛愈来愈浓。

《兴泉村志》史料翔实，内容涵盖全面，行文干练通达，图文并茂，如行云流水，泠泠作响，令人赏心悦目，回味悠长，无疑是一部横贯古今的村志史书，更是承前启后的励志读本。它激励兴泉村干部群众继往开来，与时俱进，走在时代前列，再创辉煌。

《兴泉村志》编委会的成员和编纂者，从2017年末至2022年初夏，历时五年，不计报酬，不辞辛劳，义务编纂，做了大量的调查、考证、辨析和整理工作，从数百万字的资料中，撮其要，删其繁，去伪存真，数易其稿，理性、客观、真实地概述了兴泉村的发展历程和变迁轨迹，还原历史风情，辑录建设成就，完成了兴泉村几代人的夙愿，功德一件，值得肯定、赞美，可谓“缮书舆今朝，功德垂千秋”。

“盛世修志，鉴古拓今。”《兴泉村志》正是起到了这个积极作用，意义深远。

祈福祝愿，兴泉村的明天更加美好灿烂！

是为序。

周德广

2022年初夏　于兰州

周德广　中共党员，1964年毕业于兰州大学，新华总社高级记者。1996年，调任新华社甘肃分社任信息社社长，兼任《甘肃内参》《反腐内参》总编辑。发表通讯稿件数千篇，其中28篇获新华总社、省部级表彰嘉奖。出版《丝路之漫记》《丝路三关》《岁月的痕迹》等多部著作。

序二

2021年秋始，应邀和几位在兰州工作的同乡会面。当接过编纂五年之久、沉甸甸的《兴泉村志》初稿时，顿觉一股浓烈的乡土气息，闻到了兴泉味道。我感到由衷的高兴！值得庆贺！

欣幸编辑乡贤给我一页之空，我虽为故乡一游子，但对村庄变迁、民情风俗、历史文化等知之甚微，资望不够，岂敢言之无凭，妄生穿凿。然高情难却，还是应写出对故乡的热爱，亦对编辑乡贤编纂《村志》的钦佩之情聊表寸心。

不可否认，国史、方志、族谱构成中华历史大厦的三大支柱，历数千年，为华夏生生不息之血缘传统。前有千古，唯方志录之，后有来者，唯方志启之，知昔者所以谕今者，观已事始可察未然。

《村志》是特殊题材的文学作品，是一个综合性的社会产物，是一个村庄历史的真实写照和理性总结。《兴泉村志》提供了许多鲜为人知的史料，如：锁罕堡古为羌戎地，战国以前长期为北羌、西戎等少数游牧民族占据。这一史实令我联想到景泰地域的西番窑，曾经是吐蕃人生活地；牦牛圈曾是鞑靼人养牛的地方；锁罕堡曾是蒙古族人游牧地。这些边塞堡垒既是军事要地，也是中华民族相互融合、和谐发展的历史重地。《兴泉村志》提供了兴泉村的地理环境、经济、政治、文教、卫生、社会、人物等领域较为翔实的事实和大量数据，从而印证了兴泉村悠久的历史文化，展现了新中国成立后兴泉村社会经济发展取得的辉煌成就，内容丰富，涵盖面广。

从20世纪50年代开始，兴泉村进入一个崭新的历史时期。在历届党政组织的坚强领导下，大力兴修水利工程，逐步扭转几乎“靠天吃饭”的被动局面，五佛、响水、龙湾等地500余口人的迁入，奠定了今天的人口大村；1964年在全县大力推广“兴泉苗圃”的先进经验，1976年水浇地基本实现条田化……改革开放，与时俱进，又相继率先建成数十家村办集体企业，成为全村经济收入的主要来源，富村富民，功绩显著。

兴泉村是一方福地，人杰地灵。这片热土孕育了勤劳纯朴的人民，承载着太多的美好和梦想。

从西路军事迹到“保护国防设施”“管护军事设施”受到军委、军区表彰奖励；从新中国成立初期成立的全县第一个农业合作社到获县、省、部级授予“文明村”“模范村”“示范村”等诸多称号，再到乡村振兴呈现出的新气象；从工农业时代到迅速转向信息化新时代的今天，兴泉村在各个时期都勇立潮头，走在时代前列，在全县乃至全市起到了标兵示范作用。

从清末的私学到史逾百年的兴泉小学，从老一辈大学生之精英名噪京城到被省、市级授予“尊师重教”先进单位，兴泉村输送出的高才生遍布全国各地乃至海外，行政栋梁、治学专家、兴业人才，人数可观。从民国时期代表甘肃参加西北五省运动会被誉为“田径全能”，到20世纪七八十年代由县篮球队选进省篮球队脱颖而出参加国家级比赛，亚运会选拔赛中被选入国家青年队出访欧洲荣获“运动健将”“陇原铁骑”等称号……兴泉村层出不穷的优秀儿女再次印证了家乡深厚的文化底蕴和人文精神的传承。

从传统手工业的艺人，到20世纪80年代村办企业中涌现出来的敢想敢干、敢拼敢闯的有志者，到跨世纪励精图治、敢为人先的民营企业家，再到新时代继往开来、开拓创新的致富先锋。他们的天赋异禀为村庄增添了诸多光彩，令生活在这片热土上的乡亲们颇感骄傲和自豪。他们努力拼搏的精神引领着地方经济快速持续发展，他们用实际行动奏响兴泉村新时代的最强音。

翻阅书稿，油然勾勒出自己曾在兴泉生活成长的一幕幕。凝视百年老柳和堡子的方位，感慨万千中难还历史的旧影。昔日狭窄弯曲雨过泥泞的村庄道路，现经规划拓宽标直硬化后，已形成四纵五横网格状，公交客运穿村畅行。见证着祖父辈、父辈们在“战天斗地”年代为改变家乡生活面貌挥洒过无数血汗的“机坑”“渠塄”以及烧制砖瓦取土遗留的大洼地等物景亦荡然无存，筑成新农村住宅和政府办公所在地的坚实根基。儿时印象中村西705备战公路空旷的两旁，而今生态环境优美，鳞次栉比的商铺屹然挺立在城镇化崛起的前沿，成为村庄亮丽的名片。

纵观村庄划时代的变迁，体味古人所云“盛世修志、旺地修志”，编纂《兴泉村志》，顺乎民意，利在当代，功在千秋，惠及后世。

《兴泉村志》是全村各方各界仁人通力合作的结果，它的出版问世是兴泉村人民政治生活中的一大喜事，它将借鉴历史，启迪后人，充分利用乡村资源进一步发挥地方优势，开拓兴泉村新时代更加和谐富裕的发展之路。

愿《兴泉村志》给父老乡亲带来文化上的愉悦、道德上的滋养、情感上的通融、灵魂上的升华。

愿故乡这片热土神韵永存，风清气正，向上向善，富庶繁荣。

崔　明

2022年初夏　于兰州大学

崔　明　中共党员，1988年6月毕业于兰州大学，留校任教。副教授，硕士研究生导师，MBA导师。先后任兰州大学出版社有限公司董事长、总经理（社长），兰州大学网络与继续教育学院院长。出版专著（教材）6部，发表专业论文30余篇，主持科研项目（课题）15项。先后获“2009年中国最受职业经理人推崇的培训师”奖、中国大学出版社协会“中国大学出版社高校出版人物奖”等。

序三

盛世修志，鉴往知来。得知兴泉村编纂村志，我欣喜之余更觉其价值宝贵、意义不凡。村庄是传承历史进程、民情风俗和文化记忆的载体，是社会时代发展的缩影。每一个村庄的变迁，都印记着一个时代社会发展的轨迹。前有所稽，后有所鉴。编纂村志无疑是一项重大的文化兴村工程，其意义是深远的。

《兴泉村志》由地理环境、经济、政治、文教、卫生、社会、人物、艺苑等部分组成，文风质朴、资料翔实，既概述乡土村情、历史沿革，又详今略古、分类编排，以丰富的史料追溯村庄解放前、土地改革、人民公社到改革开放、家庭联产承包责任制、社会主义新农村建设等不同时期的发展变迁，详尽介绍村里的经济建设、民风民俗、民间传说、奇闻逸事和人物社会，呈现出浓郁的乡土气息和风俗民情，渗透着浓浓的家乡情怀，使人倍感亲切，让人仿佛穿越时光回到童年，点点滴滴浮现眼前。

兴泉村历史悠久，文化底蕴丰厚。这里曾经牛羊遍野、金戈铁马，良田千顷、农业发展。我们的先辈们在这里生生不息，见证了草原文明与农耕文明的交相辉映。在漫长的历史长河里，兴泉由“锁罕堡”演变而来。“丝绸之路”的开拓，使这里的畜牧业、农业发展较早，交通贸易业比较发达，商贾往来、络绎不绝。明朝万历年间，随着内地移民迁徙定居，垦荒造田、辛勤耕耘、艰苦创业，农业生产得到长足发展。清代后期，社会动荡不安，加之灾荒频繁，经济生产遭到严重破坏。1936年，中国工农红军西路军经此西进，在这里播下了革命的火种。新中国成立后，兴泉村进入一个崭新的历史时期，在党和政府的领导下，全村人民同心同德、意气风发进行社会主义改造和建设，兴修水利、改善农业、发展产业，成立全县第一个农业合作社，成为当时的“文明村”“模范村”“示范村”。尤其是20世纪60年代末至90年代初，国家投资兴建了被誉为“中华之最”的景泰川电力提灌工程，引来生命之水，从根本上改变了当地严重缺水的局面，促进了资源开发、产业发展和民生改善，使曾经的旱塬变良田，山川披锦绣，村民奔小康。而今，兴泉几经变迁，迎来了富民兴陇、乡村振兴的幸福美好新时代。

20世纪60年代末，我出生在兴泉，那时村民们正在一穷二白的基础上艰苦创业，大力兴修水利，逐步扭转了“靠天吃饭”的被动局面，社队集体经济起步发展。在改革开放的浪潮中，父辈们发扬自力更生、坚韧不拔、锲而不舍的愚公精神，相继建成石膏矿、硫铜矿、机制砖厂、水泥厂、食品厂、建筑队等村办产业，逐步扩大村庄经济来源，商业贸易日益兴隆，科教卫生与时鼎兴，村容村貌不断改善，村民们日子越过越红火。家乡巨变是国家进步、改革开放成就的缩影，折射出国家富强、民族振兴、人民幸福的伟大时代。

抚今追昔，我青少年时期的成长与兴泉村的发展紧密相连。兴泉人民自强不息、敢想敢闯、苦干实干的奋斗精神镌刻在我生命的年轮里，成为我人生的底色。一方水土一方人，一方山水一方情。我想，正因为有这些宝贵精神财富的激励、滋养和感召，众多兴泉儿女才能在离乡求学工作创业的道路上，不忘前辈的初心和历史使命，拼搏奋进、勇毅前行，且更具勇气、志气、骨气、底气。耕读传家、崇文重教是兴泉村世代秉持的优良传统。新中国成立以来，兴泉村为国家建设和发展养育、输送了众多优秀人才，他们在各自的工作岗位上奋发有为、建功立业，展现了兴泉人特有的文化品格和精神风貌。

无论身在何方，故乡始终都是游子内心深处的牵挂，深深关注的可爱村庄，由衷感谢的哺育之乡。作为兴泉人，我时刻眷恋着生我养我的这片热土。兴泉的一草一木，都让我驻足神往；父辈们团结互助、奋发图强、热情似火、勤劳耕耘的场景恍如昨天；孩提时纯真无瑕、追逐打闹、结伴求学、憧憬梦想的童真童趣记忆犹新。家乡的记忆总是美好的，甘甜的泉水、可口的糁饭、飘香的沙枣林……还有熟悉的乡音和质朴勤劳的乡亲！

回望历史，一代又一代的兴泉人历经岁月洗礼，在生产生活实践中创造了属于兴泉村的发展历史，形成了特有的文化基因，铸就了故乡的“根”与“魂”。喜看今朝，古老的村庄沐浴着时代发展的和煦春风，生机勃发、百业兴旺。展望未来，新一代兴泉人必将在时代进步的潮流中，传承创新、接续奋斗，书写新的篇章，让兴泉村的精神特质代代相传、生生不息！

《兴泉村志》付梓在即，编委们不辞辛劳、广为收集、调查考证、梳理分帧、用心编纂，历时五年而功德圆满，值得庆贺！编委会成员和编纂者主动的历史精神和严谨的科学态度，让人钦佩！在此，向为《兴泉村志》付出辛勤汗水、心血智慧的编纂者和热心的乡亲们，表示衷心的感谢！

以史为鉴，开创未来。《兴泉村志》将是社会各界、兴泉游子更好地了解、认识兴泉的百科全书，更是兴泉后辈追古怀远、寻根觅祖的珍贵文献。我坚信，兴泉人民定会在乡村振兴、民族复兴的伟大新时代，继往开来、续写历史，努力建设生活富足、美丽宜居、文化繁荣、人才辈出的幸福美好新乡村！

赘述数语，权以为序。

马　明

2022年5月　于兰州

马　明　1992年7月本科毕业于河海大学，工学博士，正高级工程师，甘肃省领军人才，中共党员。历任甘肃省水利水电勘测设计研究院副院长、党委副书记、院长，研究院有限公司董事长，研究院有限公司党委书记、董事长，甘肃工程咨询集团有限公司总经理。

凡例

一、本志以甘肃省景泰县喜泉镇下辖的兴泉村为记述对象，坚持求真存实、详今略古的原则，全面、客观反映村庄域内自然和社会的历史与现状，注重表现时代特征和地方特色。

二、本志以时为经，以事为纬，以人为本，上溯远古，下限止于2021年底。

三、本志设述、记、志、传、介、图、表、录诸体，以志为主体。

四、本志除概述、大事记外，设地理环境、经济、政治、文教卫生、社会、人物、艺苑7编，编下设24章，章下设节、目。

五、本志人物按传、介、表分列，遵循“生不立传”原则。在世人物，事迹突出者用以事系人方式记入有关章节。入传人物以卒年为序，简介及表录人物按生年为序。

六、本志中首次出现机构、单位用全称，其后用简称。

七、本志纪年方法，民国前用历史纪年，年月用汉字，括注公元纪年；民国后采用公元纪年，年月用阿拉伯数字。

八、本志计量单位一律以国家规定的计量单位为准（旧制单位可标注）。

九、本志资料来源于相关档案、正史、旧志、省市县志、报纸、专著、图书、谱牒及个人回忆。不一一注明。

目录

Contents

第二编　经　济

第三编　政　治

第四编　文教　卫生

第五编　社　会

第六编　人　物

第七编　艺　苑

附　录

概　述

兴泉村，属甘肃省白银市景泰县喜泉镇下辖行政村，也是景泰县人口最多的一个自然村。原名锁罕堡。锁罕，由蒙语“速罕秃”“锁罕秃斯”演变而来，原意大致为有红柳的地方。据此可遥想当年，肥沃的土地、丰富的水资源，使这里红柳遍地，野草丛生，蔚为壮观，成为一处吸引先民放牧、耕作、繁衍生息的可选之地。1952年，在村南开掘出一泓泉水，水量丰沛，“锁罕堡”由此更名为“兴泉”。截至2021年，全村1165户4462人。除一户回族外，其余皆为汉族。

一

兴泉村位于景泰县城西南12公里处，北纬37°04′35.96″，东经104°01′34.01″，海拔1680～2100米。村西寿鹿山、村南马昌山，东与芦阳镇红光村、芳草村毗邻，西与喜集水村、松山水相接，南与煤凸山接壤，北与北滩村、寺滩乡高家涝坝以北沙河铧尖搭界，东西长约12

公里，南北宽约10公里，村域面积约120平方公里。村庄地形呈西南高东北低走势，前后有两条大沙河夹持环绕，历史上的大柳树、烽火台、土堡子是村庄的地标，方圆数十里都能看见。

依据甘肃省文物考古队20世纪50年代发现的汉墓群及大量的出土文物可以证实，最迟在汉代，这里就有比较频繁的人类活动。历史上，域内先后属西戎、月氏等游牧民族辖地，至成吉思汗统治时期，归属蒙古族管辖。自汉以来，内地移民陆续迁徙至此屯田戍边。明朝初期，山西、陕西等地移民集中迁徙，在此筑城建堡，屯田安家，成为真正意义上的军事要地和边塞堡垒。民国后锁罕堡先后隶属皋兰县、红水县、靖远县管辖。1933年1月，将锁罕堡连同大芦塘、小芦塘等地从靖远县划出，与红水县合并成立景泰县。至1949年新中国成立，全村288户1709人。

兴泉属温带大陆性气候，暖温带沙漠草原区，冬冷夏热，昼夜温差大。冬春多风寒霜天气，日照时间较长。年平均气温9.1℃，年无霜期160天左右，年降雨量185.6毫米，年蒸发量3038.5毫米。主要农作物一年两熟，夏季作物以小麦为主，秋季作物以玉米为主。杂粮和瓜果蔬菜种类繁多。特色农产品有红葱、西红柿、苹果等。

兴泉村地处祁连山脉末端，距寿鹿山不足10公里。历史上水源充沛，水草丰茂，以游牧经济为主。经过漫长的岁月演进，随着气候生态的变化，逐步由游牧经济过渡到农耕经济。至民国时期，村庄人口有较大增加，水地面积有明显扩大，还有部分漫水地、旱砂地。水地灌溉制度已经基本形成，据记载，当时水地按41家分配水，33天一轮，基本都属大户、老户人家所有。这一时期，农业生产主要靠人力、畜力，劳作辛苦。由于生产力水平低下及气候等原因，农业生产发展缓慢，除为数不多的几家富户生活较为优裕外，绝大部分村民只能勉强达到温饱。

中华人民共和国成立，是农村经济发展一个本质性的转折点。生产关系的变革使农业生产力得到了充分的释放和发挥。20世纪50年代开始，土地改革、互助组、初级社、高级社、人民公社、土地承包制、集约化经营，各个阶段的劳动力基本得到优化组合，推动了农业经济社会的逐步发展。

兴泉村农业经济发展，主要围绕“水”做文章。1949年以来，先后开挖整理河生道、解放渠、半截渠、杨家渠、马家滩井、杨胡梁井、5号井、周庄井、水文1号井、水文2号井、军民2号井等水利设施，水浇地面积不断增加，加上土地整理、渠道维修、技术引进、机械化程度提高、电力能源使用等因素，尤其是20世纪70年代初景泰川电力提灌一期工程的建成，极大地改变了兴泉村民的生产、生活条件，农业生产跨越式发展。80年代初，全村水浇地面积6672亩，其中黄河水灌溉面积5064亩，井水灌溉面积1608亩。植树造林方面，兴泉村有过两次大规模活动：一是1964年，建成21亩育苗基地，当年植树7万株；二是70年代，植树96万株，达到林、渠、路、田标准化配套。2000年后，随着经济的发展，养殖业应运而生，截至2021年，养殖专业户达100多家，猪存栏上百头的专业户有49家，形成规模养殖。

二

兴泉村村庄地理位置优越，交通十分便利。汉朝时即是陆上丝绸之路的必经之地，同时也是一个重要驿站。据传，驿站商贾云集，驼铃不断，一派繁荣景象。新中国成立后，201省道穿村而过，贯通南北，南到白银、兰州，北通武威、银川。包兰（包头—兰州）铁路距村不过十里，设有兴泉堡、喜集水火车站。景泰县公交公司2路车直通村庄，终点是涝坝沿的小公园。景中高速由村东南经过，在村域马家滩设有服务站。这些都为兴泉人的出行及经济建设提供了极为便利的条件。

作为丝绸之路的重要驿站、西北交通要道盐路的重要码头，兴泉村的商业发展独具特色，有新堡子昌号、德号、冯号等几户商家大户。他们除在本地有较多的商业活动外，还在兰州、天津、陕西等地开有商号，直接参与西北地区的商业发展。兴泉村还有从事手工业生产的传统，一直有家庭作坊制作、加工各种生产、生活必需品，除自己使用外，还供应周围村庄购买使用。木匠、石匠、毡匠、纸匠、制糖业、烤馍店等种类齐全。虽然总体上这些商业、手工业在村庄经济总量中比重不大，但对活跃本地经济、改善当地人民生活、推动村庄整体发展起到不可或缺的重要作用。

20世纪50年代初，兴泉村创办乡村企业，先是青砖厂、石膏厂、砂锅厂；到70年代，又相继成立铁木综合加工厂、缝纫组、机械化制砖厂、采矿厂。各类建筑工程队、各种商业活动渐趋活跃，给农业经济发展注入了活力，村民生活水平得到很大提高。进入七八十年代，在时任村党支部书记王有昌的带领下，村上通过贷款、招商引资、群众集资等多种方式筹措资金，先后成立规模化、规范化、制度化的建筑工程队，新建硫铁矿采矿场、三个机械砖厂、喜泉选矿厂、兴泉水泥厂、石膏制品厂、兴电联营砖厂、兴泉编织厂等集体企业。兴泉乡镇企业的井喷式发展，成为全市乃至全省一张亮丽的名片。

这一时期，农业效益与企业效益大幅增长，企业成了全村经济建设的重要支柱。嗣后20多年，随着国家政策的调整，加之企业改制、市场经济的发展，兴泉村的民营企业家乘势而上，精心谋划，及时转型，向外扩张，多元化发展。领域越来越宽，门类越来越多，企业越做越大，营销越来越活。至2021年，注册资金千万元以上的企业有8家，百万元以上的企业有96家，运输专业户有26家，个体商户达百家之多。

三

清朝时期，兴泉村就有私塾学堂，曾出过文秀才马占芝、武秀才毛文选。民国四年（1915年），政府创办国立锁罕堡初级小学，自此兴泉村有了正规的学校。1926年，村上开明人士陈世信创办初级小学。1953年，全国开展扫盲运动，兴泉青壮年全部参加长达一年的夜校认字读书活动，使绝大部分青壮年有了初级文化。之后多年，兴泉村一直重视扫盲工作。至1992年，农民扫盲达到省级标准，通过国家验收。

1956年，新建兴泉小学，95%的适龄儿童入校读书。20世纪80年代又进行扩建，在校学生高峰期达到800多人。截至2021年，兴泉小学已经打造成标准化、园林化的示范学校。兴泉村从幼儿开始抓教育，早在1958年，村上就开办幼儿园，这也是景泰县最早的幼儿教育园地。1966年，喜泉公社在村南修建喜泉农业中学，极大方便了当地学生就读。1977年恢复高考制度以来，重视教育、教育优先的理念已成为全体村民的共识。1996年，甘肃省人民政府授予兴泉村“集资办学，尊师重教”先进单位。

兴泉村为国家建设培养、输送了大量优秀人才。截至2021年，考取大中专院校302人，考取本科465人。兴泉籍优秀人才中，有担任地（厅）级领导职务8人，县（处）级领导职务21人，科级职务（含副县级待遇）89人，高级技术职称67人，获得及在读博士、硕士研究生64人。

历史上，兴泉村医疗卫生基础相对比较薄弱，至1949年前，村上只有马绍武一人在陈世信家的院内坐诊为村民看病。孕妇分娩全靠接生婆旧法接生，疑难杂症一般都送往芦塘去诊治，更谈不上卫生防疫。因缺医少药及流行病传染而耽误生命的现象时有发生。新中国成立后，医疗卫生事业发展有了质的变化，党和政府把人民群众生命、健康放在首位，贯穿于健康卫生工作的组织、设施、技术、预防各个环节中。村上医疗卫生事业由小到大、由简陋到完善、由单一到防治多样化。特别是合作医疗政策的落实，看病难、就医难问题得到根本解决。防疫体系、大病救助政策措施也日趋完善，基本做到村民小病不出村，大病进县城治疗，疑难重症到省城治疗。由于医疗条件的完善和生活水准的提高，村民的健康状况大幅度提升，至2021年，平均寿命达72岁。

四

新中国成立以来，兴泉村党支部一直是县上培植的农村各项工作典型。20世纪六七十年代，兴泉村的共青团、民兵、妇联组织都是县上抓的点。70多年来，党支部班子已历20届，始终在组织建设、经济建设、文化建设、村庄建设、企业发展、人才培养等方面，忠实执行党的“三农”政策，发挥基层党组织的模范带头作用。历届班子脚踏实地，密切联系群众，从村上实际出发，和群众在一起努力发展生产，为提高农民的生活水平实干苦干。即使在“文化大革命”时期，农业生产也保持了平稳发展，1967年，粮食获得丰收，总产量达到108万公斤。历届班子重视组织建设，注重培养、发展农村中的积极分子加入党组织，从20世纪50年代初的8名党员，发展到2021年的106名。1958年，兴泉村“红星”民兵营达到715人。70年代的共青团突击队，在农业生产、打井抗旱、平田整地、植树造林、防灾救灾、工程建设、安全保卫、卫生教育等方面发挥了不可替代的主力军作用。1995年，村妇联主任李树芳获“全国妇联系统先进工作者”称号；1996年，兴泉村被省民政厅、人事厅授予“甘肃省模范村委会”称号；2004年，被民政部、人事部授予“全国民主法治示范村”称号。

兴泉村历来就有保家卫国、拥军优属的光荣传统。1936年，西路军在围堵锁罕堡内国民党马部并促成和谈过程中，村民周万海、周世杰、罗文彩等发动群众筹粮捐款，动员村民安排300多名红军战士食宿，转移救护红军伤员，主动安葬壮烈牺牲的红军战士，红军指战员非常感激。1950—1952年，响应党中央“抗美援朝，保家卫国”号召，村上先后有14名青年踊跃参加中国人民志愿军。20世纪70年代，解放军某部独立师、工兵营、师部医院的官兵驻防兴泉，其中有相当一部分官兵住在村民家，而村民将家中最大最好的房子提供给解放军居住。2001年6月，因对当地军事设施的管护工作做得好，兴泉村受到中央军委、原兰州军区的表彰，西北五省军区的国防设施管护工作观摩会在兴泉村召开。1949—2021年，兴泉村先后共有200余名适龄青年参军服役。其中1人荣立二等功1次、16人荣立三等功。村党支部、村委会对现役军人、退役军人和军人家属，除落实国家政策外，还尽最大可能在生产、生活上给予优待。

自20世纪70年代开始，兴泉村就重视村庄建设和民居改造。村内形成四纵四横网格街道，主街道达到硬化、亮化、净化。截至2021年，全村有民宅1000多院，总建筑面积达8万平方米，人均住房面积16平方米。随着社会发展和科技进步，机械耕作、通信工具现代化、出行机动车代步等都得到普及。

进入21世纪，在党和政府富民政策的指引下，通过全体兴泉人民的共同努力，兴泉村农业、商业、交通运输业、建筑业、养殖业等全面发展，人民生活水平逐年提高。2020年10月，经上级检查验收，自2013年实施精准扶贫建档立卡村民219户757人，实现全部脱贫，整村进入小康社会。

兴泉村地灵人杰，民风淳朴。兴泉人吃苦耐劳、敢创敢干、勇于开拓、敢为人先，兴泉人有扶贫济困、尊老爱幼、邻里和睦、乐于助人的传统民风，有建设美好家园的信念和干劲。今天的兴泉村，村容村貌发生了根本变化。人们精神饱满，信心十足，上下同心，以更大的热情和创造力，营造富足和谐的生活环境，建设美好新农村。我们有理由相信，明天的兴泉一定会更加祥和，更加昌盛，更加美好！

大事记

明

◆ 英宗正统八年（1443年）

在速罕秃地（今兴泉村）驻兵筑城（今称烂堡子），以遏寇冲。

◆ 武宗正德十年（1515年）

总督甘肃军务彭泽，上《边务疏》亲诣踏勘，将原先城堡（烂堡子）墩台趁时修筑。沿烂堡子东南侧筑造城堡（即今称旧堡子）。

◆ 万历二十六年（1598年）

抚臣收复今景泰辖地。划锁罕堡（今兴泉村）、大芦塘、小芦塘、五佛、一条山、龙湾等地隶属平凉府固原州靖虏卫。

清

◆ 雍正七年（1729年）

化政远（锁罕堡人）任锁罕堡营团练千总，清例赠骑都尉。

◆ 道光十三年（1833年）

村民刘重连为新修《靖远县志》捐粮100石。

◆ 光绪十四年（1888年）

农历九月廿九，地震，震级6.25级，村中部分房屋倒塌，有人员伤亡。

中华民国

◆ 四年（1915年）

9月，在锁罕堡创建第二十一学区区立第四初级小学。

◆ 九年（1920年）

12月16日傍晚，受海原大地震波及，锁罕堡伤亡284人，死亡牲畜498头，损失动产及不动产总值8.7万银圆。

◆ 十年（1921年）

4月6日，发生震级为5.5级地震，房屋有倒塌者，压死数人。余震中堡墙、村舍再度受损。

◆ 十二年（1923年）

由昌号、德号、冯号等商号倡议集资，在大柳树东建成新堡子。

◆ 十四年（1925年）

兰（州）宁（夏）公路全线建成通车，从西面穿村而过。

◆ 十六年（1927年）

冯玉祥以军工整修沿靖远县北部的锁罕堡经一条山至宁夏中卫的大车道，史称盐路。

◆ 十八年（1929年）

大旱，饥荒致本村84人死亡，外出逃荒34户63人。后返回52人，11人不知所终。

◆ 二十二年（1933年）

1月31日，甘肃省政府决定，将靖远县北区的锁罕堡连同大芦塘、小芦塘、五佛寺、一条山、胡麻水等地从靖远县划出，与红水县合并成立景泰县。

◆ 二十五年（1936年）

11月1日，中国工农红军三十军包围逃至锁罕堡新堡子内的马禄旅部600

余人。下午红九军二十五师赶到，接替三十军围困堡子。

其间，群众自发组成锁罕堡筹粮委员会，主席周万海，委员周世英、周世杰、罗文彩，筹粮筹物支援红军。

11月2日，红九军促成锁罕堡和谈。

11月，红军女战士程淑珍（四川巴中平凉乡人，任政治部新剧团股长），在锁罕堡陈世信家养伤月余，后与芦塘高兴德成家。

◆ 二十六年（1937年）

建成关圣帝庙。

◆ 三十四年（1945年）

7月，化孝考取国立西北大学法学院法律系，是锁罕堡第一个大学生。

◆ 三十八年（1949年）

9月12日上午，中国人民解放军十九兵团六十三军一八八师五六三团到达锁罕堡，宣布锁罕堡解放。

中华人民共和国

◆ 1949年

景泰县解放，锁罕堡与响水、芦阳、一条山四个乡属一区。

10月，成立锁罕堡乡人民政府，王怀恩任乡长。

◆ 1950年

响应国家“抗美援朝，保家卫国”号召，至1952年，先后有15人参加中国人民志愿军。

◆ 1951年

10月，村上成立乡农会，罗文彩任主任，开展减租反霸。

是月，实行土地改革（为全县试点乡之一）。全乡398户，划分贫农236户、中农141户、富农2户、地主12户、其他商贩7户，没收地主土地、财产，废除封建债务。除留公地、公房外，其余分给农民。

是年底，土地改革结束。

◆ 1952年

春，组成农业生产常年互助组11个，临时互助组18个。

秋，组织村民兴修水利，挖出一眼旺泉，水质甘甜，自此，村名改为兴泉。

是年，景泰县增设第六区，辖锁罕堡、寿鹿、永泰、喜集、大安5乡。治所喜集水，后迁锁罕堡。

11月19日，将锁罕乡改为兴泉乡。

12月，兴泉乡成立供销社。

◆ 1953年

8月，成立中共兴泉乡党支部，有党员8人，罗文昌任书记。

是年冬，以共产党员罗毅领导的互助组为中心，成立全县第一个初级农业生产合作社，简称初级社。

◆ 1954年

春，村上开办常年民校，由马孝、罗兴花负责。

8月，建成兴泉剧院。

秋，全县“建社”现场会在兴泉乡召开，推广兴泉经验，推动全县建社工作。

是年，4个初级社在全县率先转为高级社。

◆ 1955年

3月，罗毅在第一届县人代会第二次会议上补选为人民委员会委员。

5月，县上在兴泉乡设立景泰县农业技术推广站。

是月，马占贤去临洮参观学习水磨制造技术，学成后返乡带领徒弟在五家水台台建成一座双轮双传水磨。

10月，撤区并乡，设立兴泉乡。

11月1日，撤销兴泉乡党支部，成立兴泉乡党总支。

是年，在村界内建成青砖窑，由景泰县手工业社管理。

◆ 1956年

1月，建成兴泉完全小学，马统朝任校长。

夏，五佛、响水、龙湾三地计105户500余人迁入兴泉村。

是年，甘肃省考古队在毛家台子发现汉墓群。后又陆续发现西滩边汉墓群和村内多处汉墓遗迹。

是年，白（银）景（泰）公路在马车便道基础上修筑宽6米砂砾简易公路，途经村庄开通隔日班车。

◆ 1957年

10月，中共兴泉乡党总支委员会改为中共兴泉乡党委。

◆ 1958年

4月4日，国务院决定撤销景泰县并入皋兰县，喜泉公社划归皋兰县管辖。兴泉归属喜泉公社管辖。

8月1日，实现人民公社化，兴泉乡改为兴泉生产大队。村民身份一律为人民公社社员。

是月，各生产队开办公共食堂，社员一律集体就餐。（1961年相继停办）

秋，大队办起幼儿园、托儿所。

10月1日，包兰铁路全线通车，村北4公里处设兴泉堡火车站，村西5公里处设喜集水火车站。

是月，在原半截渠脑挖一大机坑，用柴油机发电抽水。

是年，大队办公室架通手摇电话机一部。

◆ 1959年

10月25日，大队兴修水利，组建“红星”民兵营，辖“跃进连”“火箭连”“战斗连”和“穆桂英排”。

是年，在石盖台子（平顶山）建成防雹站。

◆ 1960年

兴泉秦腔剧团成立，张久禄任团长。

◆ 1961年

2月4日，全大队2988人划分自留地1103亩，占总耕地面积的7.03%，人均0.37亩。

6月24日，兴泉生产大队分为兴泉、新堡、三塘三个生产大队。

8月，甘肃省军区司令员张忠检查兴泉大队民兵训练工作。

9月，旱情严重，大队购置抽水用柴油机三台。

是月，大队组织社员加工草籽炒面、谷糠馍馍度饥荒。

10月，将核算单位由生产大队下放到生产队，实行公社、大队和生产队三级所有，队为基础。

◆ 1962年

11月25日，根据景泰县人民委员会安排，喜泉公社分配白墩子食盐5000公斤，新堡大队、兴泉大队各2500公斤，用于社员换粮度荒。

◆ 1963年

1月初，“社教”运动开始，县委派工作组驻村指导。

8月，一队、五队、九队、十队建成砂锅厂，随后大队联营（1966年又下放各队经营）。

◆ 1964年

4月，村上建苗圃并修筑围墙，占地21亩，当年创收200多元。

7月，全国进行第二次人口普查工作，兴泉大队有267户、1365人。新堡大队有287户、1505人。

是年，喜泉公社在兴泉村西砂梁梁筹建喜泉农业中学。

◆ 1965年

3月8日，兴泉大队、新堡大队合并为兴泉大队。

6月24日，大队成立文化室。

9月，对原剧团进行整顿，张久禄任团长，张守林、赵兴国任副团长。

是年，原来由县手工业社管理的青砖窑，交兴泉大队管理经营。

◆ 1966年

4月5日，县人民委员会核准摘掉兴泉大队2名地主、富农分子帽子。

12月19日，大队成立贫下中农协会，各生产队成立贫协小组。

是年，“文化大革命”开始，中学成立“红卫兵”，小学成立“红小兵”，停课闹革命，生产、生活、教育秩序受到冲击。

秋，在大园子建成全县第一家玻璃日光温室，占地104平方米，用于冬春季育苗。

◆ 1967年

大队建成185马力柴油机自备发电厂，购置电磨两台、碾米机一台、榨油机一台，用于农业生产抽水、社员粮油加工、生活照明。

◆ 1968年

5月，张有贵一行6人代表兴泉大队前往大寨参观学习农业生产经验。

◆ 1969年

3月6日，甘肃日报社职工家属9户20余人落户兴泉（1979年前陆续返城）。

10月，景泰川电力提灌一期工程开工，大队抽调100多名社员参加会战。

◆ 1970年

1月，中国人民解放军5395部队野营拉练进驻兴泉，团部设在三队。

5月1日，全民总动员搞战备、挖防空洞（地道）。

6月底，防空洞主、支道全部串通。

7月，皋兰至营盘水公路（705公路）建成通车，横贯村西。

8月8日，零时，公社武装部拉响防空警报，大队组织全体社员进地道进行防空演习。

12月26日，兰州军区兰字674部队野营拉练，部分营团进驻兴泉。兴泉民兵160人协同解放军指战员共计400多人，14天挖成两眼军民团结1号井和2号井，增加有效灌溉面积500亩。

◆ 1971年

3月，大队成立铁木综合加工厂及缝纫组。

秋，大队合作医疗站成立。

是年，兴泉小学“戴帽初中”初一、初二各招生1个班。

◆ 1972年

1月，在解放渠浪水湾打成一口深井，命名“胜天井”。

8月，一条山大队至兴泉大队6千伏高压输电线路架通并通电，取代柴油机发电。线路全长11公里。

12月3日，《人民日报》以《一条“工农联盟线”》为题，对兴泉村高压输电线通电运行进行报道。

◆ 1973年

春夏，一队、四队、七队分别兴办砖厂。

12月，在时任景电一期工程总指挥李培福秘书兼指挥部计划组副组长化成的协调下，景电一期工程西干八支渠延伸工程建成，兴泉和三塘的大部分耕地从此用上黄河水。

◆ 1974年

9月6日，“兴泉大队农田基本建设誓师动员大会”召开。自即日起至1979年春，利用秋冬农闲季节，以民兵连为序列，采取分段包工、分项计酬的办法，集中人力、物力、财力，对西干八支十三斗、十四斗、十八至二十三斗，九支十八斗、十九斗展开平田整地运动，共计完成平整条田5064亩，修建标准化斗渠、农渠53公里，整修田间砂砾道路27公里，植树造林26万株，达到田、林、渠、路四配套的标准条田。

◆ 1975年

春，白银公司、兰州的19名知识青年落户兴泉参加劳动锻炼（1980年前陆续返城）。

12月15日，全大队投入200个劳动力，组织马车20辆，架子车44辆，从茨沟子拉回制作腐殖酸铵肥料主原料（糠煤）230吨，为条田施底肥。

是年，原砖瓦厂改建，大队投资10万元，购置350毫米制砖机一台，建成24门轮窑一座，修建高30米烟囱一筒，制砖实现半机械化，即第一砖厂，年产红砖600万块。

◆ 1976年

4月，中国人民解放军兰州军区守备二师部分机关进驻兴泉。大队划拨周庄子漫水地、司家岴岴周边砂地220亩，作为部队营建用地。建在周庄子的师部医院，方便了当地群众就医。

9月9日，毛泽东主席逝世。治丧期间，全村干部群众举行多种形式的悼念活动。18日下午3时，数千名群众冒雨在兴泉剧院参加毛泽东主席追悼大会。

秋，持续降雨40天，庄稼受灾。

10月，段桂林（女）与队友代表武威地区参加全省自行车赛，获女队团体第一名。同年入选省自行车队。

是月，在武威地区戏剧调演中，兴泉秦剧团排演的秦腔《烈火扬州》获戏剧表演一等奖。

是年，705公路（时称战备公路，今称S101线）铺筑沥青路面。

◆ 1977年

春，31名知识青年落户兴泉大队。

7月，国家恢复高考，考生郭延强、罗镪、罗崇明被本科院校录取；同时有6人考取中专、技校。

◆ 1978年

5月，经省计委、省冶金局批准，大队投资18万元，在寿鹿山猪嘴垭巴开采硫铁矿矿石。

7月，百年老柳树因衰朽而被砍伐。

是月，大队制定村庄建设规划。

是年，全大队摘掉“吃粮靠供应、花钱靠贷款”的帽子。

◆ 1979年

6月27日，原定为地主、富农成分的本人及子女改为人民公社社员。

6月29日，搬迁到景电一期灌区胡家羊圈的97户443人组建的新八队正式与原大队分家，归属余梁大队管辖。

◆ 1980年

3月5日，原第八生产队87户分别调整到除四队之外的9个生产队，原第四生产队分成四队和八队。兴泉大队仍下辖10个生产队。

8月1日，“兴泉大队革命委员会”更名为“兴泉村民管理委员会”，“生产小队”更名为“村民小组”。

8月2日，兴泉汉墓群被县人民政府公布为县级文物保护单位。

是年，兴泉采矿场开采硫铁矿石850吨，收入12.5万元。

◆ 1981年

秋，实行包产到户，除菜园、果园、苗圃统一发包外，其余水地、砂地、旱地全部承包到户，自留地保持不变，农具牲畜等生产资料作价处理到户。

12月30日，村委会与村民签订第一轮土地联产承包合同。

◆ 1982年

6月，兴泉第二砖厂24门轮窑建成投产，年产红砖600万块。

◆ 1983年

春，村上引进高原338、墨卡、墨钮、墨巴66等小麦优良品种，水地首创亩产500公斤。

春，二队、三队、六队、九队果园公开竞价承包，签订承包合同。

11月，兴泉第三砖厂24门轮窑建成投产，年产红砖700万块。

◆ 1984年

7月，崔明以全县高考“文科状元”的成绩，被兰州大学经济系录取。

秋，喜泉选矿厂建成投产，年处理原矿石1万吨。

◆ 1985年

5月，在原村西知青点重建恢复兴泉幼儿园，最高峰入园儿童达360名。

8月12日，兴泉水泥厂建设工程破土动工，总投资220万元。

12月，杨佑忠被选举为第三届市人民代表大会代表，并当选常委会委员。

秋，购置16毫米电影放映机一台，年放映70场次。

◆ 1986年

5月12日，喜泉选矿厂与兴泉硫铁矿合并，取名“喜泉选矿厂”，实行统一管理，单独核算。

8月，兴泉水泥厂一次性试车成功，年产水泥2.2万吨。

◆ 1988年

6月1日，村上出台《兴泉村宅基地管理制度》并实施二次村庄建设规划，扩大宅基地范围。

◆ 1989年

7月，部分村民搬迁至景电二期灌区总二支八至十三斗，组建双树村，归属漫水滩乡。

9月，兴泉小学教师尹聚臣获教育部“全国教育系统劳动模范”称号，并被授予人民教师奖章。

◆ 1990年

1月，在林场下半截渠打110米深井一眼。

5月，在周庄子打110米深井一眼。

11月，选矿厂打深井一眼。

是年，村党总支获省级“先进党支部”荣誉称号。

◆ 1991年

春，引进小麦优良品种永良4号1万斤。

3月9日，喜泉选矿厂氧化铜车间改建为兴泉地毯加工车间，有12个织毯架。

4月2日，俞宗富被选举为第四届市人民代表大会代表，并当选常委会委员。

6月9日，由喜泉选矿厂与景泰电力局联办，投资18万元，在毛家台子建成“兴电”砖厂，利润五五分成。

5月13日，原兴泉村搬迁漫水滩双树村村民办理户口迁移手续。

11月，村上投资15万元，在原喜泉公社院内建成兴泉食品加工厂。

◆ 1992年

9月，共青团中央书记宋德福一行视察指导村共青团工作。

11月1日，村内建成6个自来水供水点，实行水票管理。

12月，兴泉农工商实业总公司成立，下设农业公司、工业公司、商业综合服务公司和供销公司。

是年，投资75万元，建成兴泉石膏粉厂。

◆ 1993年

6月，兴泉农工商实业总公司办公大楼建设工程动工。

11月，兴泉农工商实业总公司出资40万元，为兴泉小学建成一栋三层教学楼。

是年，兴泉村委会获省政府“尊师重教捐资助学惠及陇原先进集体”荣誉。

◆ 1994年

10月14日，兴泉农工商实业总公司将5个集体企业实行承包制，其中俞宗富承包兴泉水泥厂，王建雄承包兴电砖厂，俞有龙承包编织厂，杨佑忠承包石膏制品厂，刘宗财承包喜泉选矿厂。

是年，数据电话开通，村委会、农工商总公司、选矿厂、水泥厂、石膏制品厂和7户农户各安装一部。

◆ 1995年

3月，村妇联主任李树芳获全国妇联“三八红旗手”称号。

8月，村党总支获省关工委“全省关心下一代工作先进集体”荣誉称号。

◆ 1996年

省民政厅、省人事厅授予兴泉村“甘肃省模范村委会”称号。

◆ 1997年

12月，村集体企业改制，总资产、债权债务一次性竞价拍卖。

◆ 1998年

1月1日，村委会授权各村民小组与村民签订第二轮承包土地合同，期限自1998年1月1日至2027年12月31日。

9月16日，村民代表大会讨论通过村务公开实施方案，成立村民议事会、民主理财小组和监督执行小组。

◆ 2000年

6月6日，发生5.9级地震。

村党总支获省关工委“全省关心下一代工作先进集体”荣誉称号。

◆ 2002年

6月12日，兰州军区主办、西北五省军区参加的国防设施保护现场会在兴泉召开，中央军委领导及五省军区领导来兴泉视察军事设施管护情况，村委会受到表彰奖励。

是年，全村养猪专业户发展到19户，猪舍建筑面积达11885平方米。建成百头以上猪场10户，其中“健民”猪场达500头。

◆ 2003年

组织开通3条规划主路，总长4公里。

◆ 2004年

2月20日，兴泉养猪业协会成立。

7月，村委会获司法部、民政部“全国民主法治示范村”称号。

◆ 2005年

1月22日，兴泉村“老龄委员会”成立，委员7人。

11月，村上实施新型农村合作医疗，简称“新农合”。

◆ 2006年

1月1日起，国家取消农业税。

1月31日，村党总支组织举办“共建和谐家园，建言献策同乡联谊会”，60名在外地工作的兴泉籍人士参加。

12月8日，白银市“村级劳务输出联合基地建设现场会”在兴泉召开，现场会为全市32个村级劳务输出联合基地挂牌。

◆ 2007年

10月，甘肃大唐发电有限公司在小砂梁建成45MW风力发电厂和110KV升压变电所一座。

◆ 2008年

中秋节，村委会举办“第一届经济文化交流会”。

10月，国家投资硬化三（塘）兴（泉）乡村道路2.7公里。

◆ 2009年

是年，在时任省景电管理局计划管理处处长卢逢春协调下，争取国家水利建设资金160万元，省景电管理局于9月份对西干八支延伸段十八至二十八斗4.2公里支渠重新大修，同时修筑沿渠砂砾路4公里。

是年，争取国家新农村建设、易地搬迁、危房改造、农行贷款等项目资金300多万元，在原兴泉砖瓦厂旧址建成45套村民住宅，称“新农村”，户均建筑面积126.16平方米，配套建成健身活动广场。

◆ 2010年

1月2日，兴泉农工商实业总公司办公大楼公开拍卖，三塘村村民武克军以59万元拍得。

9月28日，村委会办公大楼落成，在村委会院内举办“第二届经济文化交流会”。

◆ 2011年

10月，俞宗富被选举为第八届市人大代表。

◆ 2012年

9月，喜泉镇中心幼儿园在兴泉建成，为全县第一家农村镇中心幼儿园。

是年，甘肃大唐发电有限公司控股70%，甘肃旌达水泥有限公司控股30%，合资建成49MW风电发电厂。

◆ 2013年

国家精准扶贫项目开始实施，村民219户757人列入扶贫对象。

◆ 2014年

1月21日，国家投资硬化、亮化乡村道路2.7公里，村内主街道安装70套太阳能路灯。

◆ 2015年

秋，在时任省水利水电设计院副院长马明的协调下，村自来水工程建成，村民用上大通河水。

◆ 2016年

6月，罗维玲以全县高考“文科状元”的成绩，被四川大学历史文化学院录取。

是月，化莲被选举为第九届市人民代表大会代表。

◆ 2017年

秋，硬化乡村道路10公里，维修衬砌斗渠15公里。

10月，完成土地、房产确权。

12月15日，《兴泉村志》编纂工作在旌御宫七楼会议室举行启动仪式。

◆ 2018年

2月，在白银市元宵节社火调演中，兴泉社火攻鼓子（背鼓子）表演获二等奖。

冬，村委会与甘肃菁茂有限公司签订5年（2019—2023年）土地流转合同，流转西八支二十三斗、二十四斗、二十五斗、二十六斗2546亩土地，每亩每年流转费500元。

◆ 2019年

春，在实施美丽乡村项目建设中，村内道路两旁绿化，植树1750棵。

6月，争取县上水利项目资金，对2015年通自来水时遗留的93户边远村民完成通水，实现自来水入户全覆盖。

秋，争取国家水利建设项目资金，衬砌原十八斗斗渠5公里。

是年，争取光伏扶贫带动项目资金100万元。

◆ 2020年

1月，新冠肺炎疫情流行，村党总支、村委会按照县防控办精神，组织全村干部、党员和村民志愿者120人，轮流执勤联防联控防疫工作47天。

3月11日，县委组织部下派李元龙担任兴泉村专职党总支书记。年底，通过村民推荐选举，李元龙当选村委会主任，书记主任一肩挑。

秋，争取国家高标准农田建设项目资金，衬砌完成二十三斗、二十五斗、二十六斗、二十七斗、二十八斗和中台的斗渠56公里。其中财政项目渠道4.5公里。

10月，经上级检查验收，自2013年实施精准扶贫建档立卡村民219户、757人，实现全部脱贫退出。

◆ 2021年

5月，争取财政项目资金重修和谐路1.3公里。

10月23日，因第二波新冠肺炎疫情暴发流行，村党总支、村委会组织党员和村民志愿者67人轮流值班，联防联控35天。

11月，村委会与甘肃菁茂有限公司因故依法解除2018年签订的为期5年的土地流转合同。剩余两年，以年每亩550元流转费转自然人郭威经营管理。

第一编 地理环境

第一章　建置沿革

第一节　隶属沿革

据考古发现，兴泉村属地早在四五千年前就有先民生息繁衍。

西周时期，地域属羌；春秋战国为西戎地；秦时属月氏；秦末汉初匈奴破月氏，属匈奴休屠王之地。

汉武帝元狩二年（前121年），霍去病率兵击败休屠王，始归汉朝疆域。元鼎六年（前111年），置媪围县。东汉三国时，仍属媪围县。

西晋太康三年（282年）至前凉太元四年（327年）属武威郡，东晋属金城郡，南北朝属高平镇（今宁夏固原），后高平镇改为原州，故属原州。西魏置会州（今靖远），至北周属会州。

隋朝，属武威郡。

唐初，属会州。唐广德二年（764年）属吐蕃。唐大中三年（849年），复为唐朝，仍属会州。

五代至北宋初，吐蕃遗民与汉民杂居，未能形成明确的政权管辖。

南宋宝庆二年（1226年），蒙古族首领成吉思汗率大军由北路攻入西夏境内，遂为蒙古族管辖。

元朝统一全国后，属甘肃行省永昌路。

明初，属临洮府兰州所辖。明英

▲ 村域出土的汉代陶罐

宗时期，以锁罕秃地为控御之要，议筑城于速罕秃斯“以遏寇冲”，遂有速罕秃营驻守锁罕堡（今称烂堡子）。明武宗正德十年（1515年），总督甘肃军务彭泽，上《边务疏》亲诣勘踏，将原先城堡（烂堡子）墩台趁时修筑。沿烂堡子东南侧筑造城堡，今称旧堡子。正德百余年间为松山部落宾兔牧地。明万历二十六年（1598年），抚臣克复，乃割锁罕堡属固原州靖虏卫。

清朝，属兰州府靖虏卫。

清乾隆四年（1739年），在皋兰县属地宽沟设县丞。乾隆二十三年（1758年）宽沟县丞移至红水，设红水分县。道光元年（1821年）后，县丞回驻宽沟。锁罕堡均在管辖内。

民国二年（1913年），红水分县改升红水县，以本村中一棵大柳树为界，西属红水县，东属靖远县，锁罕堡属靖远县北区。

民国二十二年（1933年），景泰县成立，锁罕堡归属景泰县一区，治所芦阳。

1949年，锁罕堡为景泰县一区之“锁罕乡”。1952年，属景泰县六区，治所喜集水，后迁锁罕堡。1952年，村民在村南横断河挖出两眼旺泉，遂将“锁罕堡乡”改为“兴泉乡”，意为“兴修水利而利农桑”。同年，六区改为兴泉区，辖锁罕堡、寿鹿、永泰、喜集、大安，兴泉区遂称“兴泉乡”；是年10月撤区并乡，仍为“兴泉乡”。1958年，成立人民公社，取喜集水的“喜”、兴泉的“泉”为“喜泉人民公社”，治所兴泉村。

1958年，兴泉大队成立，下辖11个生产队，三塘村编为一队，兴泉村编为二至十一队。1961年6月24日，喜泉人民公社决定，将兴泉大队分为兴泉、新堡、三塘3个大队。兴泉大队辖六队、八队、九队、十队、十一队，新堡大队辖二队、三队、四队、五队、七队；三塘村为一个大队。1965年3月8日，兴泉大队、新堡大队又合二为一，名为兴泉大队，辖10个生产队。1968年，“兴泉大队管理委员会”改为“兴泉大队革命委员会”。1979年，部分社员搬迁景电一期灌区之胡家羊圈（十三斗），成立新八队，后并入余梁村。原八队分流至其余9个生产队，将原四队分成四队和八队两个生产队，兴泉大队仍下辖10个生产队。1989年，部分村民搬迁至景电二期灌区漫水滩乡。1991年5月13日办理户口迁移手续，成立双树村，归属漫水滩乡。1980年，“兴泉大队革命委员会”改称“兴泉村村民管理委员会”。

20世纪50-80年代，景泰县归属多次变更，先后归武威专区、张掖专区、定西专区、皋兰县、白银市管辖，兴泉村归属也随之变更。

1985年，兴泉村归属白银市景泰县喜泉乡。2004年4月喜泉乡撤乡建镇。

第二节　村域位置

兴泉村是甘肃省白银市景泰县喜泉镇下辖的一个行政村，也是全县人口最多的自然村。

兴泉村位于景泰县城南12公里处，北纬37°04′35.96"，东经104°01′34.01"。村北平顶山海拔1717米，村南是海拔2100米的马昌山。东与芦阳镇红光村、芳草村毗邻，西与喜集水村、松山水相接，南与煤𡿨山接壤，北与北滩村、寺滩乡高家涝坝以北沙河铧尖搭界，东西长约12公里，南北宽约10公里，村域面积约120平方公里。

新中国成立之初，兴泉村村落小，村域大。村落面积约1.5平方公里（包括三塘村），有288户人家，1709口人，耕地7490亩。

1965年，经喜泉公社区划调整，兴泉一队（三塘村）划出兴泉大队，另立三塘大队。1973年，景电一期工程上水，经县革委会统筹协调，将兴泉村区域部分砂地、漫水地调拨划出，归属中泉、大安山区移民搬迁用地（新迁村庄有新庄、宋梁、北滩、新民、尚坝、南滩）。1977年，兴泉村部分村民搬迁至景电一期灌区之胡家羊圈，划拨部分耕地成立新八队后归属余梁村。2021年，村落面积扩大，东至庙路沙河，南至旧电厂，西到杨胡梁周庄子边缘，北到旱涝坝，占地面积约3.5平方公里。村域面积因分队、移民因素有所减少，约为70平方公里。

第三节 村 落

村落位于村域中偏南，民居多坐西北面东南，以乾山巽向为主。村内有三街（前街、中街、后街）、三堡（烂堡子、旧堡子、新堡子）、一滩滩（上滩滩）、一营盘。前街有商铺、马车店、官店、饭馆、烤饼店、制糖作坊、膏药铺、唱戏杂耍地摊。中街住户有罗家院、闫家院、周家院、周家店、毛家院、郭家店，后街有马木匠铺、马家大院、张家大院等住户。烂堡子、旧堡子及营盘居住付、俞、白、王、魏等户。新堡子里有陈、孙、罗、马、毛、李等20多户人家，8家商号。上滩滩在最西头，居住苟、罗、王、杨等户人家。新堡子大门对面有李家庄。村东有龙王庙，村南有土地庙，村西有娘娘庙，村北有关圣帝庙。

1956年，五佛、响水、龙湾三地105户500余人迁入兴泉村，大部分在村北头沙梁上建房居住，取名“新庄”。

喜泉镇政府及县乡20多家单位集中在商业一条街、信用路。村委会居于村子中心剧院内。2021年，村内主街道四纵五横，民居多为砖瓦房，也有数栋新建小楼房。

第四节 迁出村概况

一、三塘村

1.基本情况

三塘村是喜泉镇下辖行政村，也是一个自然村。东邻芦阳镇十里村，北接芦阳镇芳草村，南接马昌山。20世纪60年代初，从兴泉大队分出，成为喜泉人民公社所属生产大队之一，含两个生产队。距兴泉村2.5里，林、地、路、渠相连。截至2021年，有211户700多人。水浇地面积1086亩，旱土地598亩，旱砂地1100亩。村域面积约为17.6平方公里。三兴公路穿越兴泉、三塘两村。

三塘村山地气候特征明显，年降水量少，昼夜温差大，适合种植小麦、大麦、玉米、油料、豆类、瓜果等作物。红土土质，为建材行业提供了土壤资源。三塘村是景电一期工程西干八支渠的末端灌区，在此之前，主要受自然条件所限，农业基础极为薄弱，仅有一眼涝坝水供浇地及人畜饮用。主要靠铺压砂田和平整沟坝漫水地，解决人、畜、籽种、公购粮和储备粮等五项支出。

20世纪70年代，随着景电一期工程西干八支延伸至三塘，村上开展大规模平整“牛肋巴”（老水地）的农田基本建设，使大部分旱地变为水浇地，粮食产量大幅度提高，基本解决社员的温饱问题。大面积植树造林，防风固沙，保护植被，初步形成渠、田、林、路和村庄相配套的小灌区格局。

随着农村经济的不断发展，村民生活逐步得以改善，衣、食、住、行发生巨大变化；新的生产工具得到广泛运用，家用电器、高档消费品逐步进入农家；网络入户，部分家庭拥有了小轿车。

2.农村经济及社会发展

20世纪70年代，喜泉供销社在三塘设代销点，方便社员购买日用品。按照公社的统一安排，在兴泉北滩平整水浇地420亩，集中力量开挖农田支渠、毛渠4000米，为黄河水灌溉做好前期准备。

1972年10月村上正式通电，继续开发平整原东滩地300亩，增加有效水地面积。是年，国家投资3台中、小型拖拉机，为农业机械化作业提供了有力支持。

1969年、1972年、1975年共3批60多名知识青年到三塘大队落户接受锻炼。

1974年、1975年每年向国家上缴公购粮18万公斤，是全县人均上缴公购粮最多的生产大队。1983年，全面实行包产到户，开始以户为单位缴售公购粮。

村民沈渭臣第一个自办家庭翻砂厂，购置一台手扶拖拉机。雷恩普、化得盛、何明显3人筹办的石膏板厂，产品销往兰州、白银、中卫等地，成为村上第一家乡镇企业。雷恩普获市政府“乡镇企业劳模”称号。有条件的村民翻修新盖砖瓦房，购置农业机械，购买电视机，安装有线电话。2000年，县工交局投资加宽修建2.5里三（塘）兴（泉）公路。2009年，将三兴公路及村级主干道全线硬化，为村民的出行和农业生产提供便利。截至2021年，村上有养殖专业户27户，年出栏生猪约2500头，年出栏羊1200只，总收入530万元。养殖业成为带动村民经济收入的主要支柱产业。

随着乡村振兴和新农村建设规划的实施，新型农村合作医疗、农村养老保险、土地确权和认证、城乡公交化、精准扶贫等政策惠及村民，自来水进村入户。2015年，财政支持将原有的土、石渠全部预制为U型槽，共13公里，提高水的利用率，节水5%左右。村委会院内建有党群服务中心、老人活动中心、图书阅览室、医务室、文化广场，安置体育健身器材，向文明村庄建设迈进。

3. 文教卫生

三塘小学（全日制），建于20世纪50年代。建校初期，何耀芳老师负责教学3个年级，入学率80%。学校设置在一座古庙中，办学条件十分艰苦。1965年，将古庙拆除，后又两次翻修新校舍。村民吴克顺、王明胤曾捐资助学。截至2012年，小学毕业学生共1469人。全村考取硕士研究生3名，本科生65名，大中专生268名。

村上设有村卫生室，家庭医生签约服务，提供公共卫生服务、基本医疗服务、个性化健康服务等，防病治病更加科学、合理有序。

4. 人物

化政远　生于清康熙十七年（1678年）4月，卒于清乾隆十三年（1748年）12月。清“骁骑将军”化守登之孙。清雍正七年（1729年）、九年（1731年）锁罕堡营团练千总，清例赠骑都尉，四品官职。

化　孝　生于民国十三年（1924年）。中共党员，大学文化。1949年参加工作，曾任景泰县水泥厂工会主席等职，是本村第一个大学生。

化　勇　生于民国十九年（1930年）。中共党员。1951年参加中国人民解放军并参加抗美援朝。在0159部队三支队，历任战士、军需给养员，上士军衔，荣立三等功1次。1957年复员回乡参加生产劳动。

化得瀛　生于1944年。1963年参加工作，执教三塘小学40年。1992年获市政府“园丁奖”，被授予市“劳动模范”称号。1993年获省政府“园丁奖”。

吴克顺　生于1952年。中共党员。1970年应征入伍，历任连长、副营长。1983年转业到深圳市，任第一建筑工程公司科长、经理办公室主任。1988年，任华侨城锦绣中华发展有限公司工程部部长。1989年，任深圳石化工程开发公司经理。中国青瓷博物馆馆长。

王明胤　生于1970年6月。中共党员。毕业于东北电力学院，本科学历。任深圳市电力能源副秘书长，深圳市委组织部企业管理讲师，深圳市书法协会会长，深圳南国书画院副院长。

二、余梁新八队

1973年底，景电一期提灌工程延伸到兴泉。按照县委、县革委会的部署，经会议宣传动员、社员自愿报名，此后几年，有97户443人搬迁余家梁成立新八队。原兴泉大队八队财产、牲畜全部归新八队，八支十三斗、十四斗，九支十八斗、十九斗等共计1224亩耕地也划拨新八队。由苗永清、雷雄负责小队工作。村上每年给国家缴公粮7500公斤。由于新学校尚未建成，为解决搬迁村村民孩子上学问题，大队指定学生在罗明花老师家就读。

1979年，搬迁移民与兴泉大队户籍分离、财产分割，成立余梁大队，新八队划为余梁二队，学生在余梁一队（中心生产队）知青点上学。

1982年，余梁村在新八队修建小学。校长刘邦禄倡议村民筹资筹劳建成学校，教学步入正轨。至2021年，全村有60余人考入大专院校。

2013年，修建村委会办公设施460平方米，文化广场1300平方米，老人幸福院32平方米，安装路灯14盏，健身器材7个。农村经济逐步发展，人均纯收入7823元，主要农产品有小麦、玉米、胡麻、孜然、油葵、花葵等。

2013年8月，村党支部书记刘志刚带领村民修建自来水工程，村民李治武捐款10万元，村民投工投劳，完成饮水工程，村民用上干净的自来水。

2015年，硬化村道7.5公里，衬砌渠道7.6公里。经过多年发展，村容村貌、居民生活环境大为改善。

1979年余梁村人口统计表

表 1-1-1　　　　　　　　　　　　　　　　　　　　单位：人

户　主	人口	户　主	人口	户　主	人口	户　主	人口
曾继光	4	俞有德	8	王惠恩	4	周文煦	4
段守明	4	张建福	6	张金钟	4	葛有斌	4
樊文福	6	张守儒	4	周文贵	5	杨凤荣	4
范文仁	5	张西荣	5	苟三发	5	王焕理	4
付国安	5	赵兴禄	5	李得政	4	王作忠	7
郝明奎	5	周茂发	3	吴守银	4	刘玉俊	6
化　俊	8	周世祖	6	苗永清	8	杨天孝	5
康兴德	6	杨天学	4	雷　杰	8	王明静	5
李家平	4	程乐年	4	马　荣	4	罗　铨	4
李树基	5	司万江	6	郝玉林	5	吕厚德	5
李永花	4	俞生茂	7	曾强富	4	马　兴	7
李元兰	4	崔　田	5	辛世才	8	吕孝生	4
刘在功	4	杨永清	4	张可忠	5	白玉英	4
卢厚安	5	来耀德	4	雷　雄	5	刘作成	7
卢有旭	1	毛正勤	4	魏治忠	4	马德禄	4
马　利	4	祁登双	7	郝生财	8	来耀勇	8
王　有	4	杨茂娟	4	苗世华	8	罗崇道	5
王建模	8	卢有存	5	司万勇	4	毛正国	6
王兴强	5	张有华	8	毛正银	5	李新刚	5
王学治	4	吴克忠	5	罗文元	6	李应明	5
王兆民	5	张治前	4	杜全义	5	张守华	7
闫穆科	8	张素英	2	沈文家	6		

三、双树村

1.基本情况

隶属景泰县漫水滩乡，地处腾格里沙漠南端，东与内蒙古二农场毗邻，景电二期灌区总干二支渠中段，辖八至十三斗，是由兴泉村10个村民小组部分村民搬迁组成的移民新村。

1988年，兴泉村部分村民搬迁至荒无人烟、漫天飞沙的景电二期灌区，吃住在地窝窝，经过近一年的艰苦创业，于1989年基本定居下来。搬迁定居后，即成立村党支部，负责人为缪金贵、周文种，党员16名。

因灌区十二斗一漫水涝坝边上有两棵大柳树，取名双树，寓意“精神文明之树，物质文明之树”。1990年，双树村对土地进行丈量，有水地5162亩，果园地1021亩，林地1287亩，总计7470亩，人均占有5亩，其中水浇地3.5亩。是年，成立6个村民小组，一组（八斗）31户117人，二组（九斗）大水䃎移民（未计入），三组（十斗）24户112人，四组（十一斗）40户199人，五组（十二斗、十三斗上段）49户211人，六组（十三斗下段）57户252人，总计201户891人。后因临时调整及分户等原因，实际定居212户874人。

2.农村经济与社会发展

村民收入以种植小麦、玉米、洋芋、洋葱、油葵、孜然、枸杞、甘草、西红柿等农作物为主，养殖以生猪、羊、鸡为主，2017年，全村经济收入为850万元，其中种植业收入340万元，畜牧业收入240万元，外出务工收入270万元，村民人均纯收入9800元。截至2021年，双树村家家建起砖瓦房，村民郝文建起村内第一栋二层楼房。全村实现自来水入户全覆盖。

1988年初，由兴泉村为景电二期灌区移民新村建砖木结构办公室14间。2005年，重新修建办公室5间。2016年，国家投资新建村委会，占地面积5000平方米，砖木结构办公室9间，建筑面积1200平方米；新建文化广场一个，占地2500平方米，配备各种健身活动器材；村内硬化道路10公里，安装太阳能路灯。

3.教育卫生

双树村小学位于村中心居民点十一斗，是一所全日制完全小学。学校始建于1988年6月，由王建雄承建。占地面积13992平方米，有砖木结构教室两间（351平方米），办公室、宿舍两栋（257平方米），总造价8.2万元。其中政府投资6万元，兴泉村自筹2.2万元。学校课桌凳、办公、取暖等设备全部由兴泉村投资，教学人员也由兴泉村调配。学校于1989年9月1日正式开学，成为景电二期灌区第一所开学的学校。学校有学生76人，其中五年级3人，四年级4人，三年级14人，二年级27人，一年级28人。负责人为苗永盛，教师有郝成奎、沈彩林（民办教师）。

2000年，国家投资对学校进行大规模的改扩建，在原校址基础上重修框架结构教室4栋，办公室、宿舍1栋，学生餐厅1栋。

双树村有120多人考取大专以上院校，其中9人为研究生，2人为博士（郝照，在甘肃省教育厅工作；宋立强，在四川科龙药业公司工作），1人为博士后（范富有，在北京计量科学院工作）。

双树村卫生所，最初设备由兴泉村分配。全村98%的村民参加合作医疗，儿童就地免疫接种。

4.企业能人

2021年，村上有各种农民专业合作社16个，合作社注册资金300万元，流转土地800亩，各种农机具43台。2019年种植各种特色农作物300亩，大蒜100亩，为引导村民尽早脱贫致富奔小康开了个好头。其中涌现出几位贡献突出的企业能人。

王述平 复退军人，兴泉村原十组组长，搬迁双树村后，承包兴泉村委会在景电二期灌区的砖厂，经营砖厂20余年，为双树村移民安置、经济建设作出贡献。

周德胜 景泰县长顺农业机械专业合作社负责人，企业有各种大中型农机具48台，合作社服务面积1.5万亩。2016年，被甘肃省农业机械管理局授予“甘肃省农业专业合作社示范社”。

崔长郁 景泰县长郁种植专业合作社负责人，通过规模化、集约化运营，将种植户和分散农户组织起来，进入市场，为农业生产提供全方位系列化服务，解决部分村民剩余劳动力的就业问题。

1991年双树村人口统计表

表 1-1-2　　　　　　　　　　　　　　　　　　单位：人

户 主	人口	户 主	人口	户 主	人口	户 主	人口
陈 勇	3	路正新	4	石生科	4	许开江	4
陈德万	7	罗 银	4	石生文	3	许开义	5
陈怀勤	4	罗 云	4	石生学	4	许开友	4
程承贤	5	罗崇高	4	司万强	4	许开资	4
程富年	5	罗崇焕	5	司万强	4	闫立根	1
崔 军	6	罗崇基	5	宋常新	6	闫立俊	1
崔克强	6	罗崇军	3	孙荣龙	4	闫立荣	4
崔希勤	2	罗崇林	1	孙元龙	5	杨德友	5
段好勤	5	罗崇录	5	孙志平	2	杨凤升	5
段守本	7	罗崇芹	2	谈明礼	5	杨凤义	7
段守军	6	罗崇真	4	谈明义	4	杨来真	4
段守祥	5	罗崇智	5	谈明元	5	杨茂科	5
范成仁	6	罗廷录	4	田建明	6	杨茂元	5
范积仁	6	罗维福	2	田维泉	3	杨荣清	6
范明仁	4	罗维国	4	万廷录	5	杨兴君	4
范全仁	4	罗维家	2	万廷荣	4	杨佑国	4
范田仁	4	罗维世	4	万廷胜	1	杨佑录	5
范兴仁	4	罗维忠	5	万廷真	4	杨佑义	7
范正信	4	罗文学	4	万仲明	6	杨玉清	4
付军安	1	吕仁生	4	王 忠	4	俞 祥	5
付泰安	5	吕信生	4	王朝富	6	俞有太	5
高军达	4	吕兴海	3	王成忠	4	张克温	2
高启福	7	吕兴录	5	王德民	4	张克旭	5
高启录	4	吕长生	4	王积永	6	张亮忠	4
高永俭	5	马 道	5	王继臣	4	张亮忠	4
高永胜	4	马 真	5	王继龙	2	张明忠	4
高振达	4	毛 才	8	王守贵	5	张平迁	2
高正达	6	毛正科	5	王守天	5	张庆尧	3
苟三才	4	毛正魁	5	王树国	4	张守义	3
郝成奎	6	毛正乾	5	王树海	1	张维弟	5
郝廷茂	6	毛正乾	5	王树平	7	张维民	4

续表

户　主	人口	户　主	人口	户　主	人口	户　主	人口
郝永奎	5	毛正胜	4	王树荣	4	张维平	4
郝仲财	5	毛正治	6	王树银	4	张维兴	5
何天礼	5	苗万泰	4	王绥忠	4	张维兴	5
化　福	7	苗永盛	4	王万芬	2	张维忠	5
化希荣	2	缪金贵	5	王希孝	5	张兴成	2
黄占元	8	戚登禄	5	王学成	4	赵文东	6
来登永	4	强文录	7	王学功	4	赵兴成	5
来武兴	4	全兴学	5	王学礼	4	赵兴泰	4
来耀孝	5	尚可安	5	王学忠	4	赵兴祥	4
来耀珍	5	尚有朋	8	王云桃	4	赵永福	4
李德福	3	尚有荣	6	王治军	5	郑三荣	5
李桂山	1	尚有荣	6	王治中	6	周德平	3
李积全	5	沈根荣	6	王作军	4	周德社	5
李积忠	5	沈文基	6	王作智	4	周德顺	1
李兴乾	6	沈文选	5	王作忠	4	周德珍	2
李长鸿	3	沈文勇	4	吴守安	5	周继臣	5
刘彩兰	2	沈文佑	4	吴守福	5	周世德	4
刘全政	5	沈文元	5	吴守恒	4	周文府	3
刘宗德	4	沈文佐	2	吴月兰	5	周文库	6
刘宗福	4	沈永林	4	徐进财	4	周文淑	6
卢昌虎	3	师仲玉	4	徐玉光	4	周文旭	6
卢昌平	6	石富清	3	许开花	4	周文种	5

第五节　县、镇（公社、乡）驻村单位

一、喜泉镇人民政府　1952年10月，建立第六区公所，治所喜集水，后迁兴泉，辖兴泉、寿鹿、永泰、喜集、大安5个乡。1955年10月，撤区并乡，设立兴泉乡。1958年4月，撤销兴泉乡、喜集乡，合并为喜泉乡。同年9月，喜泉人民公社管理委员会成立，辖兴泉、喜集水、大水磅、大安、新华（原名福禄水）、

马莲水、中心（原名灰圈）、先锋（原名三台井）、友好（原名铧尖）大队。1961年设立大安公社。1964年12月，将大安公社合并到喜泉公社。1968年4月，喜泉人民公社管理委员会改名为喜泉人民公社革命委员会。1980年7月，恢复喜泉人民公社管理委员会，大安公社再次从喜泉公社划出。1975年将移民村北滩、新民、余梁、新庄、上坝、南滩、陈庄划归喜泉公社。1983年喜泉人民公社管理委员会改为喜泉乡人民政府，2004年9月撤乡建镇，更名为喜泉镇。

二、喜泉法庭 1956年2月28日，经定西地区中级人民法院批准成立景泰县兴泉人民法庭，受理辖区所有民事案件。1958年3月2日，撤销兴泉人民法庭。1982年，设立喜泉法庭。2004年11月，将正路法庭、中泉法庭、寺滩法庭、喜泉法庭合并为喜泉人民法庭。

三、喜泉派出所 1982年4月，设立喜泉派出所，为景泰县公安局派出机构。

四、喜泉学区辅导站 是喜泉镇中小学管理机构，设立于1972年。人民公社期间为喜泉公社教师辅导站，1986年更名为“景泰县喜泉学区”，1972—2001年设在喜泉中学，2002年迁至兴泉小学。至2021年，辖初级中学1所、完全小学8所、幼儿园2所，服务喜泉镇17个行政村。

五、喜泉中学 喜泉中学地处兴泉村西、201省道东侧镇政府门前，占地2.6万平方米，校舍建筑面积3570.8平方米。

1964年动议创办，1965年秋开建，命名“喜泉农业中学”。1967年正式迁入现校址。1972年增设高中部，校名改为“喜泉中学”。1983年秋，全县撤并部分高中，喜泉中学高中部撤并至景泰县一中，喜泉中学成为乡级初级中学。2016年秋季，喜泉中学撤并至陈庄中学。

六、喜泉乡卫生院 1953年建立兴泉诊所，1956年改为兴泉卫生所。1961年兴泉卫生所改为喜泉卫生所，1964年改为喜泉地区卫生院。1976年上级拨款修建，1983年改为喜泉乡卫生院。最初建在新堡子陈家院内，后迁至旧堡子王家坑坑。1972年迁至201省道西（原村铁木加工厂旧址）。21世纪初迁至乡政府东侧，占地3800平方米，建筑面积980平方米，服务半径30公里，服务全乡2.3万人。

七、喜泉兽医站 1956年，由民间兽医组建兴泉兽医站。1958年，改为喜泉兽医站。初始设在兴泉村马家店。1958年扩建，搬至喜泉粮站东侧，主要负责全公社各村的牲畜疾病防疫和治疗。

八、景泰县税务局喜泉管理分局 1963年7月，设立景泰县财税局兴泉税务所。1994年8月，设立景泰县地方税务局喜泉中心税务所、景泰县国家税务总局喜泉管理分局。2018年8月，景泰县地方税务局喜泉中心税务所与景泰县国家税务总局喜泉管理分局合并为国家国税总局景泰税务局喜泉管理分局。

九、喜泉工商所 1985年4月设立，2007年撤销。

十、喜泉供销合作社 1953年设立，1998年7月改制为私有企业。

十一、铁木综合加工厂 1954年8月，设立兴泉手工业社。1958年，更名成立喜泉手工业合作社（铁木社），隶属县手工业联社。20世纪70年代初改为喜泉铁木综合加工厂。1984年，设备资产及技术人员移交喜泉选矿厂，改为锻压、翻砂车间。

十二、喜泉广播站 1958年，建立喜泉广播放大站；1968年，设立喜泉广播站；1977年1月8日，马昌山电视差转台开机；1981年设立电视差转台。

十三、喜泉林业分站（林场） 1954年建立；1994年由喜集水村村民苏铭锦承包管护，具体业务受县林业局管理指导，后隶属国家三北局。

十四、喜泉电管站 1991年从喜集水村迁至兴泉村。

十五、喜泉粮管所 1954年8月，设立兴泉粮站。2011年改为喜泉粮管所，2014年改制，撤销喜泉粮管所。

十六、农行喜泉营业所 1953年设立，全称中国农业银行景泰县支行喜泉营业所。

十七、喜泉公社拖拉机站 1968年设立，1974年改为喜泉人民公社农业机械管理站，业务受县农机局领导。

十八、喜泉加油站 1993年设立，隶属喜泉乡政府管辖；2004年交付中国石油总公司经营。

十九、喜泉信用合作社 1952年设立，隶属县农村信用联社。

二十、物资站 喜泉物资供应点，1980—1981年设立，1994年秋撤销。

二十一、邮电所 1951年设立锁罕堡邮电所。

第六节 人文景观

曾经的村落地标主要人文景观，有三堡、五泉、一柳树、一营盘、一墩（烽火台）和数座庙宇。

一、堡子

锁罕堡先后有三个堡子，即烂堡子、旧堡子、新堡子。

1.烂堡子（速罕秃堡）

速罕秃堡（烂堡子）修筑于明英宗正统八年（1443年），是修筑最早的堡子。明正统时，鞑靼铁骑南侵金城（今兰州），不论是从锁罕堡西面的大靖东下，还是从河套渡过黄河南下，锁罕堡是必经之地。明军在这里构筑兰州北面的第一道防线，堵截南下的鞑靼。速罕秃地处军事要冲。堡子为矩形，坐西北朝东南，乾山巽向，开坤门，出乙水，堡墙为黄土夯筑，高8米，女儿墙高1.5米，西北长90米，西南长66米，面积5940平方米。堡墙下宽4米，上宽2.5米，有人行道，女儿墙有垛口。堡内南角有水井一口。堡门（南开）两侧及东南西北四角堡墙之上有瞭望哨楼。堡墙外四周有海壕（护城河），堡内西侧为营盘（后称付家营盘）。

据史载，明代宗景泰六年（1455年），作为明军对垒鞑靼的军事设施，因故“裁撤操备”，其历史使命只有12年。距此70年后，明廷根据局势需要恢复堡子功用，原堡子因风雨剥蚀及人为破坏，设施受损严重，不堪使用，需要废弃重筑，被废弃的堡子因此被称为“烂堡子”。嗣后，“速罕秃营”变成了一个极具历史印记的地名。

2.旧堡子

旧堡子修筑于明武宗正德十年（1515年），亦称锁罕堡。是在速罕秃堡的原址上修筑而成。

速罕秃堡自“革去操备”后一直闲置，而鞑靼游牧民族把堡西北大小松山及堡北广大地区据为牧场，窥探军情，骚扰地方土著，伺机饮马黄河，危及金

▲ 兴泉堡子

城安全。明廷重新启用速罕秃堡。因原堡损毁严重，于是在原址新筑。二次修筑的堡子与前堡子同向，坤门乙水，西南堡墙和原堡墙在一条线上，长120米，西北堡墙对接原堡东南墙，再往东北延伸40米，长130米，面积1.56万平方米，其他设施完全恢复与原堡子相同。

民国九年（1920年）12月16日、民国十年（1921年）4月6日，发生两次地震，锁罕堡几乎被夷为平地，堡内能住人的房屋所剩无几。民国十一年（1922年）村民重修新堡，原堡因此被称为旧堡子。

20世纪80年代，两堡子残垣断壁被村民建房打土坯挖毁。

3.新堡子

位于村子东头。由于旧堡子毁于地震，民国十二年（1923年），由大户陈、孙两家倡导并出资，其他户集资修筑堡子。竣工的堡子坐北向南，东西宽130米，南北长150米，占地1.95万平方米。堡墙下宽4米、上宽2米，顶端有人行道、女儿墙，堡门在南墙的正中，有门楼；四角建有瞭望炮楼。堡子内东北是陈家大院，西北是孙家大院与商号，其余是出资的20多家民房。为区别原来被损毁的堡子，新筑的堡子被称为新堡子。

20世纪六七十年代后，社员为修建房屋，在堡墙上取土，导致堡墙、堡门都被损毁，仅残存南北向不过4米高、6米长的一段堡墙遗迹。西南角毛家院内有残留的下宽4米、上宽3.5米、高3米的堡墙横断面。

二、大柳树

原堡门外向西80米处的水渠边，曾有一棵百年柳树，民国时期，以村中大柳树为界，西北属红水县，东南属靖远县，成为界标。据村上耄耋老人描述，大柳树直径2米左右，高10余米，树冠稠密硕大、葱茏茂盛，能伸过4米宽的街道，遮盖住相邻马家的半个院子。天气晴朗，三塘、一条山、东梁、井子川、喜集水人都能望见这棵柳树的身影。盛夏，老人在树下纳凉，小孩在树荫下耍水嬉戏，女人在树荫下漂洗衣裳。村民视大柳树为神树，每逢年节朔望都要给大柳树披红挂彩，许愿还愿。有婴幼儿夜哭不止，其家人在红纸条上写上“天皇皇、地皇皇，我家有个夜哭郎。过路君子念一遍，一觉睡到大天亮”，再将纸条贴到大柳树上，用这种方式进行禳厌……

20世纪四五十年代，大柳树树干下部树皮脱落开洞，人们从洞中取枯木引火或煨香，树洞越来越大，竟能钻入三两小孩捉迷藏，而树的顶端还生发出枝条柳叶在风中摇曳。为防止朽烂的大柳树跌倒砸伤过往行人，1978年，村上将大柳树连根伐掉。

三、东岻山烽火台

距村东1公里，有一独山，村民称为东岻山，站在山顶，登高望远，视野开阔，远山近景尽收眼底。山顶有一烽火台遗址，底面成正方形，边长约为6米，相传为明朝所建。虽年代久远，古墩遗址犹在。

第二章　自然环境

第一节　地形地貌

兴泉村村域处于黄土高原与腾格里沙漠过渡地带，受地质造山运动影响，形成集丘陵、山前倾斜平原为一体，西南高、东北低，属簸箕状地形地貌。平原地表上层覆有二叠系、三叠系全新统亚砂土，厚度在1～1.5米，最厚可达3～5米，其下有砂石岩、砾岩、灰岩。在地质演变中，受内外力的作用，形成不同的地表形态，即冲积小平原，包括兴泉滩、中台、水磨台台、二十四家水、红井井、西滩、马家滩、周庄子、杨胡梁、大锅锥等；低山丘陵，包括土塘子、

闫家掌、三塘碜碜、东山、雪红山、狼叫山、司家洼洼等；山麓扇形洪积倾斜平原，包括大沟门、碱台塄、前台子、后渠、毛家台子、陈家窑、李家窑等。

冲积平原　在倾斜平原以下的冲积平原，面积较大，地势平坦，土质疏松，适于机械化耕作。如兴泉滩、马家滩、周庄子、杨胡梁、水磨台台、中台、西滩、红井井等。平原表层钙质土比较肥沃，土层厚1～5米，其下有砂岩、砾岩和灰岩。

低山丘陵　村落三面环山，山地丘陵海拔较低，相对高度小。南部的马昌山是本地最高的地方，是由花岗岩、泥灰变质岩等组成的石质山，山顶相对湿度大，生长少量的旱生灌木。马昌山后的土塘子，细沙土质，黄土深厚，多塬、梁、峁，为典型的黄土地貌。附近的山地还有雪红山、狼叫山、三塘碜碜和东山等。

山麓倾斜平原　由于村落周围山地洪水搬运物质堆积于山前，形成洪积扇，众多的扇面相连成倾斜平原，如马昌山北的大沟门、碱台塄；老虎山东的李家窑、陈家窑；平顶山附近的前台子、后渠等。洪积扇表层多亚砂土，洪水既增厚了肥沃的土层，又给漫水地带来了灌溉水源。

▲ 马昌山下兴泉村

第二节 气 候

兴泉村地域属温带大陆性气候，暖温带半荒漠草原区。冬季寒冷，夏季炎热，四季分明，昼夜温差大，蒸发多，降水少，雨水主要集中在夏秋季节，冬春多大风寒潮天气，光辐射较强，光照充足，日照时间较长。

一、日照与辐射

年日照时数最大值为2982小时，最小值为2263小时，平均年日照2713小时。太阳年辐射量147.8千卡/平方厘米，月平均日照时数，6月份最大值为264小时，2月份最小值为203小时。

二、气压与风

冬季受蒙古高气压影响，多西北风，风力强，空气干冷；春季气温回升，对流旺盛，风速增快，南北风互相交替，时有沙暴伴生。年平均风速3.5米/秒，全年近1/3的天数出现大风，年平均沙暴12天，雷暴15天。受地形高度和季节变化的影响，年平均气压836.8hPa。20世纪70年代后，景电一期、二期工程相继建成，黄河水浇灌景泰川，戈壁变绿洲。兴泉村大搞平田整地，植树造林，村庄整治，防风治沙，沙尘天气明显减少，生态环境大为改善。

三、气温

年平均气温为9.1℃，其中最高值出现在1987年，为9.3℃；最低值出现在1967年，为7.1℃。各月平均气温分布特征是1月最低，7月最高，8月次高。

四、降水量

年平均降水量为185.6毫米。年降水量最多的年份是1961年，为298.9毫米，最少的年份是1982年，为94.8毫米。其中夏秋雨量占全年降水量的80%以上，时有暴雨发生，春季干旱少雨。

五、蒸发量

年平均蒸发量为3038.5毫米。1958年最大年蒸发量为3565.7毫米，1985年最小年蒸发量为1963.6毫米。

六、无霜期

年平均无霜期为160天。受寒潮天气影响，无霜期年际变化较大，最长无霜期出现在1962年，为186天；最短无霜期出现在1972年，为110天。

七、物候

大雁　俗名咕噜雁，多在3月下旬经兴泉村上空向北迁飞，9月下旬到10月上旬，经兴泉村上空向南迁飞。

布谷鸟　又名杜鹃，多见于树林，始鸣期在4月下旬，终鸣期在6月下旬。

杏树　3月下旬发芽，4月中旬开花，7月中旬果实成熟，10月中旬落叶。

苹果树　4月上旬发芽，4月下旬开花，9月上旬果实成熟，10月下旬落叶。

沙枣树　4月上旬发芽，5月上旬开花，8月下旬果实成熟，10月上旬落叶。

霜　初霜日在10月18日前后，终霜日在4月8日前后，最早初霜日出现在1980年9月19日，最晚终霜日出现在1968年5月25日。

雪　初雪日在10月18日前后，终雪日在4月19日前后，最早初雪日出现在1979年10月4日，最晚终雪日出现在1959年5月20日。

雷　雷鸣初日在5月7日前后，雷鸣终日在9月23日前后。最早雷鸣初日出现在1981年3月29日，最晚雷鸣终日出现在1980年10月23日。

第三节　土壤植被

一、土壤

村域依山连川带河（沙河），冲积平原形成的土壤以亚砂土为基础，土壤类型多种多样，且以钙质土为主，有钙化石质土、厚灌漠土、壤质灰黄土、耕种淡灰钙土、上位夹砾淡灰钙土。土壤底层为砂与砾石夹层，砾石上位夹砾淡灰钙土，中位夹砾淡灰钙土；砾底薄层灰钙土，砾底中层灰钙土，砾底厚层灰钙土；红砂底薄层灰钙土，红砂底中层灰钙土；红砂底厚层灰钙土，砂底淡灰钙土；土壤表层覆砂包括淡灰钙土、半固定风沙土、固定风沙土等。

二、植被和作物

1. 林木　有柳树、榆、沙枣、臭椿（椿树）、二白杨（大白杨）、小叶杨（小白杨）、新疆杨、槐树等。

2. 经济林　有杏、桃、苹果、枣、花椒、早酥梨等。

3. 药材　自然生长的药材有地黄、红花、牛蒡、苍耳（苍耳子）、顶羽菊（苦蒿）、艾蒿、茵陈蒿、败酱草、甘草、蒲公英、地骨皮（枸杞根皮）、党参、细叶百合（野百合）、黄精、芍药（赤芍）、铁棒锤、草血竭、大黄、菘蓝（板蓝根）、王不留行（奶米）、益母草、薄荷、蒺藜、车前（车前子）、独行菜（葶苈子）等。

4. 牧草花卉　能明确冠名的野生植物有中亚滨藜（大灰条）、小藜（小灰条）、打碗花（苦子蔓）、萹蓄（萹竹子）、冰草、梭草、刺儿菜（刺加盖）、骆驼蓬、绳虫实（棉蓬）、刺蓬、马蔺（马莲）、宽叶独行菜（大辣辣）、油蒿子、棉蒿子、苦苣菜（苦苦菜）、蒲公英、唐古特白刺（狗刺）、狭叶锦鸡儿（猫刺）、苒苒刺、沙葫芦柴、毛果荨麻（荨麻）、矮生嵩草（矮嵩草）、线叶嵩草、短花针茅、冷蒿、枇杷柴（红沙毛）、珍珠（米星）、盐爪爪（烟葫芦）、无叶假木贼（鸡爪子）、刺沙蓬、碱韭（羊胡子）、黑翅碱蓬（三角子）、灰蓬（水蓬）、灰绿碱蓬（驴尾巴杆子）、合头藜（黑柴）、白刺等。

村民在庭院和菜园少量栽培花卉以供观赏，有金盏花、菊花、大丽花、鸡冠花、千日红、芍药、石竹、文竹、吊兰、美人蕉、月季、水仙、君子兰、马蹄莲、四季海棠、绣球、茉莉花、夹竹桃、倒挂金钟、仙人掌、仙人球、令箭、蟹爪兰、石榴、春雨等。

5. 农作物

禾本科　大麦、啤酒大麦、春小麦、青稞、玉米、谷子、糜子。

豆科　蚕豆、大豆（黄豆）、扁豆、豌豆、豆角、胡卢巴（苦豆子）。

茄科　洋芋、烟草（旱烟）、西红柿、茄子、辣椒。

亚麻科　胡麻。

桑科　大麻（麻子）。

藜科　甜菜、菠菜。

▲大 葱

菊科 向日葵、油葵。

伞形科 茴香、芹菜、香菜、胡萝卜。

大戟科 蓖麻。20世纪70年代曾种植。后停种。

十字花科 菜籽、白菜、卷心菜（莲花菜）、绿萝卜、水萝卜、葵花、球茎甘蓝（俗称苤蓝、茄莲）、芥菜。

百合科 韭菜、大葱、洋葱、蒜、黄花。

葫芦科 黄瓜、西葫芦（番瓜）、南瓜（葫芦）、西瓜、籽瓜、甜瓜、黄河密、白兰瓜。

葡萄科 葡萄。

第四节 自然资源

冲积平原与山麓倾斜平原交接带上的沙河为地下水溢出带。河床下的砾石和粗砂层透水性强，是天然的地下水库。源于西南山地的大沟门沙河和喜集水沙河，分两支环绕村落，交汇于洪涝坝后向东流向黄河。沙河在雨季是洪水流淌的通道，地表水通过下渗过滤，成为优质的水源，埋藏在地下数十米深的砂砾中。

一、水资源

兴泉村生产、生活用水主要有地表水、地下水与河水（黄河水、大通河水）。村南大沟门沙河、村北西滩边沙河，既有渗水储水性能，又有自然泄洪防涝作用，同时可利用洪水浇灌漫水地。

1952年秋，在村南掏挖河生道，又开挖解放渠、边渠、半截渠，复修杨家渠，水量成倍增加。20世纪60年代，由于天气干旱，地下水位下降，全村自流泉水枯竭，便掘井取水，在大桥背后挖井一眼，又在浪水湾打井一眼，用柴油机抽水。村上建发电厂，用电动水泵抽水。1972年8月，一条山到兴泉的11公里输电线路架设通电，用深泵抽水。马家滩井、杨胡梁井、5号井、周庄井、水文1号井、水文2号井、军民2号井等7个深泵井浇灌土地。自1974年5月春始，景电一期工程建成上水，原来的部分漫水地、老水地变为黄河水灌溉田。

二、风资源

村南青崖口子，地处老虎山与米家山之间的断陷隘口，气流形成狭管效应，在山前开阔的平原上，风速加快，风力强而稳定，全年有120多天出现大风。因此，在村落周边，利用风能相继建成大唐、华能风电场。

▲ 风力发电场

三、动物资源

辖区内野生动物有石羊（青羊）、黄羊、狼、狐狸、黄鼠狼、刺猬、团猪子、野兔、狸（野猫）、青蛙、蟾蜍（癞蛤蟆）、蝙蝠、鹿（现人工饲养），还有达乌尔黄鼠（俗称黄老鼠）、青胎子、跳兔子、沙老鼠、蜥蜴（俗称长虫舅舅）、蜘蛛、蝎蝎、蜈蚣（俗称毛拉拉）等。蛇有黑乌梢、麻箭杆、七寸子等。

辖区内常见的飞禽有苍鹰（老鹰）、猫头鹰、红嘴鸦、黑老鸦、喜鹊、麻雀、山雀、沙鸡、野山鸡、雨燕（燕子）、骚鸨鸨、大杜鹃、大斑啄木鸟等。

进入21世纪，家畜饲养越来越少，有的几乎绝种。牛、羊、猪、兔由几个专业户饲养，初具规模。全村只有两三家饲养驴、马、骡子，有个别人家养狗、养猫，骆驼已无人饲养。

农户圈养的家禽有鸡、鸭、鹅、火鸡、鸽子等几种。

四、矿产资源

1949年以后，探明并加以开采利用的矿藏主要有铜锌矿、石膏矿、煤矿三种。至2021年，铜锌矿已停产，石膏、煤炭资源已近枯竭。此外，还有一定储量的石灰石和黏土。

1.猪嘴垭巴铜锌矿　位于村南10公里。矿体产于中上奥陶统变质英安岩、安山岩及英安凝灰岩中，呈扁豆体状，矿脉平均宽0.65米、长120余米，矿物为黄铜矿、黄铁矿、闪锌矿、磁铁矿，少量方铅矿。品位铜占0.81%，锌占2.23%。兴泉村开采铜矿、办选矿厂，一度成为兴泉村支柱产业。

2.石膏矿　位于村东南5公里的马昌山尾。石膏硫酸钙含量88.35%，工业储量42.7万吨，20世纪六七十年代曾大量开采。

3.煤矿　茨沟子小煤窑，30多米深，宽0.6～0.8米，民国时至20世纪五六十年代，靠人工筐担背驮，供全村村民做饭及取暖。

4.石灰石　分布于景泰县松山水、猪嘴垭巴、八道泉猎虎山、上沙沃豹子沟、麻黄沟一带。开采于20世纪六七十年代，是本地乡镇厂矿企业生产水泥、石灰的主要原料，产生过良好的经济效益。

5.黏土　龙头岘一带的黏土，质地好，柔性强，是烧砂锅的原材料。20世纪60—80年代，兴泉砂锅厂烧制的砂锅，在周边地区很受欢迎。

五、特产

1.西红柿　即番茄。出自本村水土的西红柿，别具特色。果实有红、黄、粉色等，个大、光泽、色艳、皮薄、肉厚，甜中带酸，生熟可食。

2.红葱　也叫农葱，砂地、土地均可生长。种得早，壅得深，根长秆粗，是炖肉、炒菜、做饭的上佳佐料。兴泉的葱如同锁罕堡的风一样在县内广有名声。

3.苹果　20世纪80年代驰名苹果品种有红元帅、黄元帅，个大、色泽艳、水分足、含糖量高、清脆可口，很受人们的青睐。

4. 蓬灰　秋后水蓬成熟时收割堆小垛，挖土灶，半干时烧结成块，即为蓬灰。蓬灰代替食用碱面，味更佳，是蒸馒头、烧锅盔、做牛肉面的绿色调味佐料。

5. 地软儿　又名地达菜，其外形很像木耳。产于丘陵草滩，雨后繁殖很快。

6. 发菜　又名头发菜或龙须菜。以村南马昌山之闫家掌、土塘子为多。

7. 二毛皮　待滩羊羔毛长到四指多长时即宰杀，其皮称为二毛皮。毛质细密，呈环状。经过鞣制加工做成各种皮衣，俗称九道弯的二毛皮衣。已被羽绒服、鸭绒服替代，不再加工。

8. 砂锅　将黏土与炭渣按1:1混合磨细，和泥制成坯子，煅烧，上釉子而成。

至2021年，曾经的一些本地特产，因产量低、成本高、利润少、品种老化等因素，逐渐退出历史舞台。

第五节　自然灾害

一、旱灾

民国十八年（1929年），夏秋皆旱，颗粒无收，饥荒致84人死亡，外出逃荒34户63人，后返回52人，其他11人下落不明。

1957年，大旱，粮食作物减产五成以上。1959年，夏旱71天。

1960年、1962年、1963年、1968年，1974—1976年，夏季持续大旱。

1981年，夏旱61天，农作物受灾面积大。

1991年，夏旱，全村近40%粮食作物严重受损。

二、风灾

村南受山谷隘口地形的作用，四季多大风天气。

据史载，光绪元年（1875年）六月，大树被大风连根拔起。光绪二十三年（1897年）八月，天雨黄沙数日，天地尽黑，白昼掌灯。民国十七年（1928年）

4月28日，大黑风遮天蔽日，天地昏暗。1950年5月1日下午7时，大风自西北来，至次日晨，断大树多株，毁禾苗无数，有村民街门楼子被揭掉。1952年、1953年、1957年，农作物因大风严重受灾。

▲ 沙尘暴天气

1982年，8级以上大风10次，农作物受害，有通信电线杆及部分农户围墙被吹倒。1986年12月7—8日，出现8级大风。1987年5月15日，8级大风持续近两个小时。1993年5月5日强沙尘暴，持续1个多小时，白杨树被连根拔起，树冠被刮断，农作物遭风沙损失严重。1998年4月19日开始，连续7天大风、沙尘暴，最大风力达11级，农作物受灾严重。当年，出现大风11次。2000年4月12日，遭受沙尘暴袭击，风力达9级，持续时间8小时，农作物严重受损。

三、雹灾

兴泉地处祁连山尾的寿鹿山下，每当盛夏，山上气温骤降，加之西北风迅速，易形成冰雹。20世纪五六十年代，平均每年降雹2~3次，农作物受灾严重。

四、霜灾

霜灾较为普遍，每年晚霜期都会出现不同程度的霜冻。1982年5月11—15日、1987年5月2日、1990年5月31日的霜冻最为严重，农作物严重受灾。

五、霖雨

清同治十一年（1872年）秋，40多天连阴雨，村里墙倒房塌者甚多。

1979年7月26日至8月2日，连阴雨8天，降雨量达73.9毫米，全村小麦发芽、霉烂，损失严重。

六、水灾

1964年8月19日，30分钟内降水32.4毫米，喜集水车站附近铁路大桥被冲坏，洪水流至周庄子冲坏漫水地及堤坝，农作物受灾。

1968年8月9日，日降雨量57.1毫米，造成农作物受损。

1981年7月27日，猛降暴雨，冲垮部分农户院墙，房屋受损，街道泥水泛滥，人车难行。

1999年7月23—24日，突降暴雨，形成特大洪水，冲毁部分耕地，农作物受损。

七、病虫害

1952年，发生大面积地老虎虫害，咬食麦根。

1953年，发生大面积黑穗病，夏粮减产。

1954年7月中旬，发生黏虫，危害谷子，最严重者减产达七成。

1964年5月开始，发生小麦锈病，占小麦播种面积100%。

1982年，发生根腐病，全蚀病，严重地块白穗率达60%～70%。

1986年，发生小麦黑潜叶蝇、麦蚜，胡麻蚜虫，瓜蔓枯萎病，红蜘蛛等，农作物十之八九受害。

1990年，小麦黑穗病发生。同年8月，红蜘蛛发生，平均百叶有虫11880头，个别高达21156头。

八、地震

受祁连山与河西走廊之间的地壳断裂构造带影响，村落所处地层不够稳定。据史料记载，曾发生过多次地震。

光绪十四年（1888年）十二月廿九，大地震，永安堡、锁罕堡房屋俱毁，人畜死伤严重。民国九年（1920年）12月16日晚8时许，甘宁大地发生极震。震中宁夏海源、固原，震级8.5级，震区面积达2万多平方公里，持续十几分钟，断裂带从宁夏固原硝口村到甘肃景泰县喜泉镇，绵延237公里，释放的总能量为2.2亿吨TNT当量，波及锁罕堡，伤亡284人，致死牲畜498头，损失8.7万银圆。锁罕堡至米家山发生山体滑坡，陷长裂缝达22.5公里。

民国十年（1921年）3月27日地震，震级5.5级，锁罕堡房屋有倒塌者，数人伤亡。同年5月4日地震，震中景泰，震级5级，震中烈度6度，锁罕堡房屋有倾倒。

民国十六年（1927年）5月23日，古浪地震，锁罕堡震感强烈，无人畜伤亡。

1990年10月20日16时7分地震，震中寺滩乡新墩湾下趟村，震级6.2级，震中烈度8度。兴泉村震感强烈，部分土房、院墙倒塌，砖房墙体有裂缝。

2000年6月6日18时39分，寺滩乡大庄村崔家墩、兴泉一线地震，震级5.9级，村上房屋受损，无人畜伤亡。

▲ 地震断裂带

第三章　村庄建设

第一节　新农村建设

20世纪50年代，随着农业生产的全面恢复，群众生活水平逐年提高，人口生育自然增长率逐步上升，原有老户人家兄弟分家立户较多，加之1956年经县人民委员会统一协调，从五佛、响水、龙湾三地迁徙105户500余人落户兴泉村，村庄的扩容改建势在必行，乡党支部开展旨在改善人居环境、村容村貌的规划工作。规划主要包括新村建设和居民点建设。结合三堡（烂堡子、旧堡子、新堡子）、三街（后街、中街、前街）进行划片布点，修建房屋、道路、学校、医院等生活办公基础设施。

一是中片，沿烂堡子、营盘台为中心向北扩展；二是以前街为中心向西南上店、上滩滩扩展；三是将新迁入的105户村民除已经安置在其他几个高级社外，剩余56户在村西北鼻滩滩建设一个新村（称新庄）。至1956年底，共有村民452户2480人，比1949年分别增加了164户，699人。仅1956年、1957年两年，就有159户村民按照划分片区建设民房428间，其中9户箍窑洞20筒。二队以新堡子为区域；西南接三队以后街为区域；北接四队、五队以旧堡子、烂堡子、营盘台为区域；南接七队以中街为区域；西接八队、九队以前街为区域；西南一队、十队以上店、上滩滩为区域。六队以新庄为区域；村庄建设自然形成区域共进的发展模式。1958年人民公社时期，10个生产队按区域为界划分管理，一直延续到20世纪70年代中期，这也是村庄规划与村容村貌建设的起步。

1978—2008年，为加快新农村建设步伐，兴泉村先后三次制定村庄建设规划。

一、1978年规划

1978年，兴泉大队有776户4371人，比1956年增加了324户1896人，加之村内许多老旧房屋因年久失修，需要重新改建，还有部分村民子女到适婚年龄，需要新增宅基地。旧式民居院落和街道、巷道已不适应村庄发展需求。因此大队对村庄建设进行第一次规划。

规划坚持以大队为主导，履行村级公共管理和服务职能，发挥党员主体作用，依靠群众力量推进新农村建设。

1.规划布局　围绕村西省道201线自西向东规划四条主街，自南向北通四条，其中老前街从小学门口通往旧电厂。主街道宽为8米，巷道宽为4米。道路

▲ 新农村规划

全部开通后，住宅区域由过去的区域划分变为网格化。住宅每户确定为南北长20米，东西宽20米，总面积400平方米。多为坐北向南，以乾山巽向为主。

2. 住房建设 一是凡影响规划道路的老宅，条件成熟的必须搬迁，在规划区域内划拨宅基地进行建设，原宅基地收回；二是家庭男孩多的，结婚后划给一处宅基地；三是只有一个儿子的家庭或是纯女户家庭一律不安排宅基地，按照规划拆旧建新。

此次规划村上采取以水地换砂地的办法，即以1亩水地兑换6亩砂地的比例，将201线向西原九队和一队的部分砂地换过来，作为兴泉工业园区用地。

据此规划，结合村庄建设实际情况，中片继续沿中街向北七队、八队麦场后扩展，前街以旧电厂西南夹皮沟扩展，西边距201线向西20米规划为住宅区。三处共计规划住宅300多户，从此打破了以生产队为区域划分的住宅格局。1979—1981年秋，在村集体管理统筹期间，在村委会的主导下，对影响道路的住户采取补木料（大树）、给工分的办法，3年累计拆除搬迁43户。其他村民按规划建房的有228户，村庄规划道路，巷道畅通率近40%。

二、1988年规划

1988年，全村有村民846户4464人，由于乡镇集体企业的迅速崛起，给实行家庭联产承包责任制后的剩余劳动力提供了脱贫致富的门路，村民的农业、副业收入大幅度提高，80%的家庭都添置农业生产机械，如手扶拖拉机、四轮拖拉机、播种机，还有几户村民购置了大型农业机具。原有的村庄规划格局已不能满足群众生产、生活的发展需要。村委会针对一期新农村规划方案，进行了二次规划调整。

二次规划按照生产发展、生活富裕、循序渐进的原则，以促进本村各项事业全面发展为目标，突出产业发展优势，注重村容整洁、人居环境美化。鼓励党员群众带头走农工商、种（植）养（殖）加（工）一体化发展路子，在不影响整体规划的情况下，对群众申请自办粮油加工、商业和养殖业的专业户，优先划给经营场地和养殖场地。

在村东南角、付家尕园子、碱台塄、四垧咀周边整平土地160多亩，规划村民宅基地226户，于2007年全部完成建设。

重新制定兴泉村“宅基地管理细则”。申请条件沿用一次规划制度，一切手续不变。经过几年的实施，发展商业经营户7户，饭馆5家，养殖户18家。村庄规划道路、巷道畅通率达到55%。

三、2008年规划

2008年春，根据市、县农村开发办“关于将扶贫、危房、新农村建设补贴”三项资金一体整合，推进新农村建设项目的要求，村上结合一、二期规划，编制第三次新农村建设规划。

是年6月，村上严格按照政策规定，采取规划优先的方针，摸排影响规划道路、商业区、商业一条街的贫困户、危房户和钉子户45户。其中占村庄道路的32户，商业区的7户，商业街的6户；规划制订项目实施方案。

1.45户村民建房享受新农村补贴资金，实行连片建设。

2.住宅道路由专业公司统一规划设计，以生态性、节能性、实用性为原则，每户平均120平方米，院落为20米×20米计400平方米。主街宽10米，巷道宽5米，林带宽3.5米。

3.整体建设由村两委会主导，成立领导小组，全程负责新农村建设，并选用一个监理公司负责按图施工。

4.实行招标、评标的办法，选择两个工程队，一家负责23户，另一家负责22户。

5.由领导小组、监理、工程队负责人三方组成采购组，对大宗原材料实行统一招标采购，保证材料质量，节约采购成本，防止预算超标。

6.由村委会建房领导小组与工程队和搬迁户签订合同。

7.为节约土地资源，建设地点选址在村西南角的旧砖厂，经过拆迁整平空地63亩，其中规划道路、巷道、林地、文化广场占地27亩，规划住宅60户，占地36亩。

由于管理措施得力，项目责任到位，材料供应及时，2009年6月30日，两个工程队同时按期完成45户新农村住房建设任务。经县农业开发办组织有关技术部门验收，项目质量为合格工程。村委会按照合同规定，组织45户搬迁，办理有关结算手续；分房按抓阄的办法对号入住。为清理规划道路、巷道、商业区和商业一条街的障碍，实行搬一户拆一户。经过第三次新农村建设规划的实施，村中道路、巷道通畅率达85%。基本形成沿路经济商业区，入驻商业经营户和经营公司36户。建成商业一条街，入驻商业经营户和经营公司27家。

第二节　道　路

一、村庄外围道路

民国十四年（1925年）以前，村庄外围道路只有两条：一是“丝绸之路古道”局部路段，从索桥渡黄河途经十里沙河通过兴泉村庄向西北现寺滩乡转西进入古浪往北到武威，同时也是媪围城到兰州的必经之地，也是景泰老县城通往兰州、白银的唯一道路；二是“盐路”，即从北向南运输食盐的道路，途经一条山通过兴泉村庄向南进入兰州向外延伸。《白银交通志》记述：1927年，冯玉祥以军工整修沿靖远北部的锁罕堡经一条山去宁夏的大车道，史称盐路。1925年，国民党统治时期兰州至宁夏的土公路全线通车，自南向北从兴泉村西横穿而过。1970年重修，更名为“705公路”。1976年整修铺沥青路面，称“战备路”。2002年加宽重修，称“省道201线”。2014年，因省道网规划，改称“省道101线”。

二、田间道路

1.将1926年修通的兰州到宁夏土公路（盐路）改为田间道路。

2.将丝绸古道经过村庄局部的路段后改为田间道路。

3.1949年前后，以旧堡子为中心有3条田间道路：第一条是自旧堡子到烽火墩的道路（称古墩路）；第二条是自旧堡子到下前台的道路（称杏树路）；第三条是自旧堡子到上前台的道路（称西滩路）。20世纪70年代中期大搞平田整地时，这3条道路被规划为1号路、2号路。还有通往村外砂地的几条道路，没有名称。

三、村内道路

主要围绕清乾隆年间锁罕堡规划的三街为主道路，穿插对接村外道路和村内巷道通行，即后街、中街、前街，加上1956年新建的新庄街道向外延伸，连接田间道路。向西南、正西，西北以今101线为轴线设5个出口，一直沿用到1978年底。1978年，村上编制新农村建设规划，总体以101线为轴心设4个出口。

（一）从西向东的4条道路

1.喜泉加油站路口，通往1号田间道路，总长度约2000米。

2.公司大楼路口通往二号田间道路，总长度约2500米。

3.三兴公路路口通往水磨台台，长度约1500米。

4.军民1号井路口通往三兴公路，连古道与盐路交叉，总长度约2500米。

（二）从南向北的5条道路

1.后街闫穆栋房后向北通往旱涝坝，总长度约1600米。

2.中街原沈文雪房后向北通往王成门前路口，总长度约2000米。

3.前街南旧电厂向北通往小学门口，总长度约1200米，为丁字路。

4.新庄大街南旧大桥通往101线路口，总长度约1500米。

5.省道101线自南向北由军民1号井到旱涝坝，长3000米。

以上道路规划路面宽为10米。自1978年、1988年、2008年村两委会三次规划至2021年，道路通畅率达到85%，实现水泥路面硬化23.6公里，架设太阳能路灯326盏。

第三节　民居院落

兴泉村民房院落较有规模的建设，可追溯到1923年。民国九年（1920年）大地震，民房在大地震及多次余震中损毁严重，在震后恢复建房的过程中，损失严重的商贾名流、大族富户倡议集资，重新选址建房，为防匪患，商贾、富户倡议并决定易地筑堡，以策安全。所筑堡子即新堡子。根据家族大小、辈分人口多少和经济实力，确定修建院落的大小及住宅房间的多少。嗣后的村庄建设，在以新堡子为中心的基础上，逐步拓展、扩大。1949年，全村共有民房院落200余处，大致可分为6种形制：

1. 四合院属串联性二进院，系昌号陈氏家族所建。

2. 四合院属基本性一进院，系德号孙氏家族所建，有6院。

3. 三合院，系商贾名流所建，有9户。

4. 虎抱头八檐，属部分富户所建，有12户。

5. 顶嵌方，属家庭条件较好的老户所建，有七八十户。

6. 驴驮柴的房子，属家庭条件一般的村民所建，有百十来户。

以上几种形制质量较好、规模较大的民房院落，基本上都集中在新堡子内。

▲ 村庄一角

新中国成立后至20世纪60年代，受生产力发展水平限制，各种生产、生活资料的匮乏，村落民房建设进展缓慢。这一阶段，如1956年有159户社员建房，其院落房屋大致分为3种形制：一是条件好的家庭，以顶嵌方住宅为主；二是条件一般的家庭，以驴驮柴住宅为主；三是条件比较差的家庭，以窑洞（又称箍窑）为主。房间多少、大小，由家庭经济条件所定。这个时期所建的房屋，起架低，入深浅，俗称“忙上炕、碰烂头”，意即进门就是炕，抬头就能挨到房梁。

进入70年代，随着农村经济的发展，社员住房条件逐年得到改善。有500多户翻新和重建住宅。这一时期，居住基本废弃了箍窑，住房形制大致分为两种，一是顶嵌方，二是驴驮柴。都采用穿靴戴帽，从外形到实用价值，都得到很大改观。

80年代后，随着党的十一届三中全会的召开，土地实行家庭联产承包责任制，乡镇企业快速发展，兴起民房院落新建和改建的热潮。住房形制大致分为两种：一是虎抱头八檐五间，配东厢房四间；二是创新带过道的明三暗五或明三暗七住宅。彻底废弃用土坯作为建筑材料的穿靴戴帽顶嵌方或驴驮柴住宅。截至2000年，全村有住宅896院，新建砖瓦房的住户是90%，其中虎抱头八檐住宅100多户，明三暗五住宅280多户，砖瓦顶嵌方住宅400多户。

进入21世纪，随着市场经济发展和新农村建设步伐加快，尤其是国家精准扶贫政策的助力，民房院落建设发生三个重要变化：一是经济条件较好的100多户人搬迁到县城定居，但户口关系还在兴泉村；二是明三暗五的住宅，从结构上变为半框架式建筑，即上下圈梁、立柱及过道全部采用钢筋砼现浇，只有屋顶仍用木料大梁（俗称担子）、檩条和椽子，红瓦铺顶，具有生态性、节能性、实用性、保暖和抗震等多种功能；三是一些条件较好的村民，修建二层或三层住宅楼。截至2021年底，全村有1165户居民都住上了砖瓦房，其中住楼房的15户。

第四节　公共建筑

一、村委会

1933年，景泰立县，锁罕堡设立乡公所。自1949年新中国成立至2021年，村委会（大队部）办公地址搬迁8次。

▲ 村委会

1949—1956年，在原乡公所周家大院办公，办公室5间。

1956—1973年，在戏院东南角建造办公室10间。

1973—1987年，在戏院西南建造办公室12间。

1987—1990年，村委会搬到原村西知青点办公，办公室15间。

1990—1995年，在小学北建村委会办公室15间，包括会议室、档案室。

1995—1998年，在农工商实业总公司大楼二楼办公，办公场所面积320平方米。

1999—2010年，村委会搬回到知青点，办公室15间。

2010年起，在剧院东新建办公楼2层，面积720平方米。

二、生产队

1958年人民公社化后，兴泉乡改为兴泉生产大队，社改为生产队。生产大队下属11个生产小队，包括今三塘村为第一生产队（1965年划出另建立三塘大队）。每个生产队都在本队中心建设办公室和会议室3～5间，一直到1982年作价处理给本组村民。

三、学校

1915年，在村南土地庙旧址建成学校一所，称“锁罕堡初级小学”。

1956年，在烂堡子西北老爷庙旧址建成“兴泉小学”。土木结构教室4栋，8个教室，中间加盖两栋土木结构平房为教师宿舍各6间，整体为坐北向南。因入学儿童增加，教职工也随之增加。

1973年，沿第二栋教室向北扩建两栋土木结构教室4个，东面坐东向西重新修建一排教师宿舍6间、会议室3间和教师食堂带餐厅4间。

1983年，修建一栋砖木结构教室两个，对其他6栋土木结构教室全部进行补修。

1993年，兴泉农工商实业总公司出资40多万元，修建一栋三层教学楼，教室6个，教师办公室6间。

2001年4月，学校进行全新翻修改造，拆除所有土木结构的教室、宿舍、会议室和食堂，建成框架结构教室6栋、教师宿舍两栋，开办农村小学少年宫，成为集教研、书法、美术、音乐、体育为一体的多功能小学。改建后，学校占地面积19963平方米，总建筑面积3606平方米，硬化操场，绿化校园，校容校貌焕然一新。

四、中心幼儿园

1958年，为解决家庭妇女参加生产劳动的困难，兴泉村开办幼儿园、托儿所。至1962年，因生活困难等原因停办。

1985年，在原村西知青点恢复建园。至1991年，因入园儿童增加，在剧院东边新建幼儿园。最高峰入园儿童3个班级360多名。

2007年，受规划影响，幼儿园又搬迁到村委会对面。

2012年，在兴泉小学后操场重新建成一所标准化中心幼儿园。教室、宿舍、办公室、儿童午睡休息室、营养餐食堂、塑胶地面操场及儿童活动器材一应俱全。

五、医疗站

创办于1971年，地点在剧院内。1991年，因规划此地建幼儿园，医疗站搬迁至原村西知青点院内。

1997年，医疗站改制一分为三，办公场地由个人建设。

2010年，医疗站重新合并，地点在村委会办公楼后院。

六、老人乐园

1993年，在商店繁华地段新建3间砖木结构老年活动中心，供老人白天下棋，玩牌娱乐，晚上唱小曲、唱秦腔，排练舞蹈。同年，因活动老人增加，又搬迁到剧院排练室。

2010年，在村委办公楼后装修活动室3间，供老人活动、娱乐。

七、寺庙

明清两个朝代，村里相继修建了一些庙宇。村西有关圣帝庙、娘娘庙，村南有土地庙，村中有老爷庙，村东有龙王庙。1949年以后，这些庙宇有的因年久失修，有的在修建学校时被拆除，有的在“文化大革命”中被损毁，处于凋零破败的境地。其间有村里老人在距村北2公里外的山洞中供奉神灵牌位，供部分信众祭拜。

20世纪80年代中期，村民在村东建成土地庙，在村东南建成龙王庙。1985年，村中部分老人出面，选择村北第七生产队饲料场一块场地建成圣帝庙。同时，村中老人自发组织庙宇管理领导小组，小组成员到企业化缘，加上信奉者上布施和每年的香火钱，逐年进行建造塑像。

圣帝庙 建于1985年，又于1998年拆后重建，修暗格、塑神像。

土地庙 建于1987年，2000年9月塑神像。

娘娘庙 建于1997年9月，1998年5月塑神像。

雷神庙 建于2002年2月，2002年4月塑神像。

文昌庙 建于2003年7月，2003年9月塑神像。

老君庙 建于2004年3月，2004年7月塑神像。

三关庙 1975年，农村恢复社火会，“三关大帝”神龛一直被供奉在舞台西耳房3间社火会活动场所内。2012年，舞台东耳房3间被改造成“西路军锁罕堡和谈纪念馆”。

兴云观 在庙宇管理领导小组成员的共同努力下，经过15年的努力、筹措，建成一座总占地面积5476平方米的庙宇，其中建筑面积为2738平方米，山门358平方米，庙院2380平方米。2011年，正式为庙宇起名“兴云观”。

真如寺 地处村西南，占地面积2162平方米。1994年，佛门弟子罗锺（法号圣锺，在五台山受戒）倡导募化，建成大雄宝殿。店内泥塑释迦牟尼、阿弥陀佛、药师佛，两侧泥塑十八罗汉。1999年6月9日（农历四月廿六），举行开光法会。至2021年，相继建成护法殿、菩萨殿、地藏殿、斋堂、念佛堂。寺内共有泥塑佛菩萨30尊，壁画人物36尊。有山门一座，钟鼓亭两座。

第五节 精神文明建设

▲ 甘肃省模范村委会

一、文明村建设活动

1.开展“学雷锋，争做好人好事”活动（1963年3月5日至今）。

2.开展“破四旧、树新风”活动（20世纪60年代中期）。

3.开展“五讲四美”“三热爱”活动（1986年）。

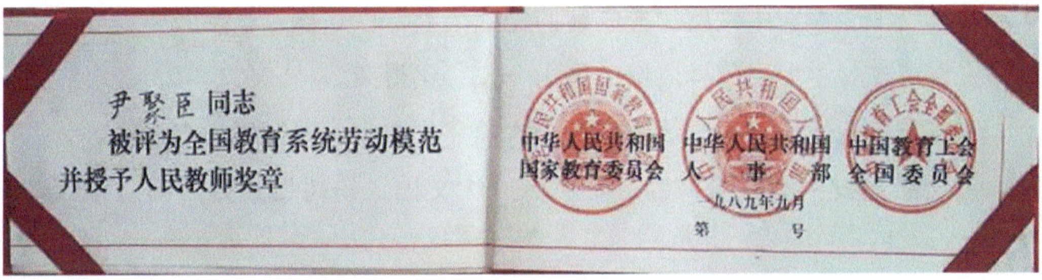

▲ 人民教师奖状

4. 主办黑板报、板报、漫画等文化主题宣传活动（20世纪50—80年代）。

5. 春节期间闹社火。

6. 戏剧、戏曲、舞蹈等演出活动（节假日）。

7. 开展“争创五好家庭”“三八红旗手”“好媳妇”“好婆婆”活动。

8. 举办农民运动会（20世纪50年代至今）。

9. 举办文化小吃交流会（2008年举办第一届，2010年举办第二届）。

10. 村上每年组织评选、表彰奖励先进个人、先进集体。

二、先进集体、先进个人荣誉奖励

在1986年开展的“五讲四美”“三热爱”活动中，兴泉党总支和村委会表彰先进集体和先进个人。

先进集体 喜泉选矿厂、兴泉水泥厂、兴泉小学、村卫生所。

优秀共产党员 毛文栋、王廷杰、王有昌、毛发、周德普、司占昇、郝仲智、刘家林、闫立智、罗文绥、马登玉、魏文祥、苗世堂。

在企业生产中做出优异成绩的先进个人 闫立齐、樊文杰、李文弟、马泰、王朝林、朱生禄、王柏林、马军、李得法、卢昌元、李维龙、杨佑俊、李林春、王建雄、王广恩。

带领群众脱贫致富，在“四化”建设中做出优异成绩的干部 刘宗财、俞宗富、缪金贵、石佛玺、朱万福、师仲章、李森标。

在文化教育事业中做出优异成绩的先进教师 尹聚臣、马如福、马玉梅、罗振娥。

三好学生 刘兴东、周继凤、石生彩。

在医疗卫生事业中做出优异成绩的先进个人 卢守俭、李树芳。

在水电工作中做出优异成绩的先进个人 化得荣。

在各行各业做出优异成绩的先进个体户 化文奎、周德辰、李树标。

在文明建设中涌现出来的五好家庭 沈文柏、杨树祖、方昌阳、张凤花、陈有仁。

在精神文明建设中做出优异成绩的模范妇女 尚有爱、李桂芳、王成兰。

在科学种田中做出优异成绩的先进个人 化兰英。

勤劳致富的先进个人 李延福、郭会莲。

在“四化”建设中做出优异成绩的优秀共青团员 闫立雄、罗文润、罗崇妍、俞有太、杨佑民。

1989年2月8日研究决定，表彰在1988年“四化”建设中做出优异成绩的先进单位和个人。

先进单位 喜泉选矿厂、兴泉水泥厂、兴泉中心幼儿园。

先进个人 朱生录、俞有龙、刘宗财、马军、杨茂楷、卢守相、吴守科、俞宗富、吴守泰、马梅、张兴荣、李得胜、卢有智、曾继雪、李林春、闫立智、王建雄、许开江、尹聚臣、化得荣、沈文柏、全兴学、沈渭义、罗振娥、俞有太、罗文润、刘田珍、杨佑民、张庆军、张凤娥、尚有爱、张仲基、张治元、罗文章、毛正和、化兰英、张守杰、尚玉武、张素兰、马有录、刘家林、魏文祥、卢有君、高启祥、郝仲智、方昌阳、李延勇、石佛玺、王成兰、石贵清、来秀兰、段守本、卢昌军、苟康年。

1991年2月，兴泉村党总支表彰在1990年度工作中做出优异成绩的优秀共产党员和先进个人。

优秀共产党员 刘宗财、杨佑忠、石佛玺、王有昌、王建雄、刘家林、李树芳、杨久清、郝仲智、王廷杰、杨天义。

先进个人 杨天德。

1992年2月11日，兴泉村党总支表彰全村工农业生产中的先进集体和先进个人。

先进集体 喜泉选矿厂、兴泉水泥厂、兴泉中心幼儿园、兴泉水电管理组。

先进个人　闫穆栋、王守法、王有昌、刘宗财、李树芳、郝仲智、杨佑忠、石佛玺、李武、付贞安、杨久清、王焕义、方显阳、卢有智、卢彩霞、杨茂楷、马军、方生国、罗文梅、朱生录、沈文库、李林春、付升安、马泰、吴守科、尹聚臣、田治民、罗振娥、高富阳、石兴盈、王作旺、周文典、毛正平、尚玉武、苟三梅、郝花、尚有爱、李树英、王慧、王建雄、罗文绥、白兴尧、罗维强、付仲燕、康彩云、宋常翠、辛彦军、付廷湖、苟银德、吴大全。

兴泉村志

XINGQUAN VILLAGE ANNALS

第二编 经济

第一章　土地所有制

第一节　1949年前的土地产权制度

历史上，兴泉村耕地均属最早的开发者所有。许多耕地地名都用姓氏冠名，嗣后以宗族姓氏相袭。较有名的有周家庄子、胡家羊圈、俞家梁、王家庄子、杨胡梁、毛家台子、付家渠、郝家槽槽、李家庄、化家沟沟、马家滩、张家水水、闫家掌、孙家园子、付家园子、司家洼洼、闫家岘等。如俞家梁一名，属俞生发的祖先所有，有存世地契。

清朝至民国时期，兴泉村是一个以种植业为主导产业的农业村。在发展过程中，各家族在劳动力、役畜数量和配套农耕用具、运输（铁车）等方面逐渐拉开差距。部分宗族大户拥有较多耕地，在耕作和看护管理中忙不过来时，便采用劳役或地租两种形式经营。

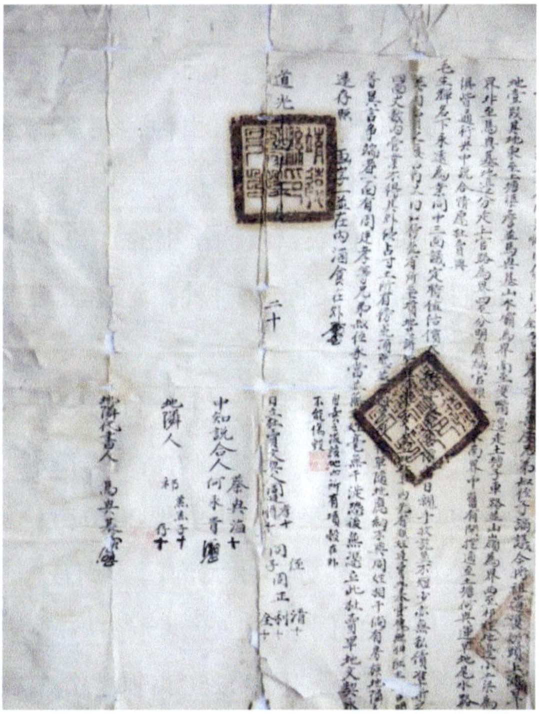

▲ 地契（清）

一、地租

实物地租。因为许多农户缺少或没有耕地，家境困难，为养家糊口，向富户租种并缴纳实物地租，主要是粮食、柴草等。在实物地租中，有三种缴纳方式：

1. 包租 佃户每年定期向地主缴纳限定的粮食，不论年景丰歉，地主照收租子。一般中产田年缴租亩3～4斗（1斗约17.5公斤）。分两期，即夏收后缴小麦，秋收后缴谷子、糜子。

2. 分租 具体租额不定，由主、佃双方预先约定。以当年收成的丰歉按比例分成，一般是对半分。这种方法，每年的租额有浮动，又称软租。地主为确保多收地租，往往对佃户生产予以干涉，也有地主还任意提高分成比例，甚至按“三七”分成，即七成归地主，三成归佃户。分租制的形式较多，有的地主只出租耕地。农具、牲畜、种子、肥料全由佃户出，收获双方平分；有的地主不仅出租土地，佃农还负责饲养牲口、铡草、垫圈、积肥和施肥，收获后，佃户和地主一般按“四六”分成。

3. 估租 由土地主选地块收割验收，以定租额。名义上是平分，实际上由地主选田估产，一般估产要高于平均产量，佃农亏空少分；还有一种叫“抽垅子”，地主看好哪几垅就收哪几垅，剩下的归佃农。这些分租制没有正式文契，口说为凭。

二、劳役

劳役地租是实物地租的一种补充形式，也是一种常见的地租形式。有的富户把少量土地划拨给佃户租种，佃户就完全依附于地主，必须无偿地为地主帮工，有的还需代地主服劳役。民国时期，还存在一种以土地使用权代替工资的长工。领头的佃农（或称掌柜的）和非领头的佃农（或称把锄的），富户分别拨给他们数量不等的土地耕种，这些土地顶替佃农的工钱。待佃农废业时，土地仍归富户。

由于自然条件限制、生产力水平低下，既缺乏役畜，又缺乏生产工具，农民对土地的治理主要依靠驴驮、人背或独轮手推车运输，土地拓展缓慢。

1949年，兴泉村有水浇地2020亩，水旱地720亩，主要分布在村庄的东北部。漫水地主要分布在大沟门、周庄子、毛家坝、俞家梁、郝家槽槽。山地680亩，分布在闫家掌、土塘子山坡地。砂地2100亩，分布在司家洼洼、狼叫山、爷爷庙前后。还有1250亩耕地分布在三塘村周边。

第二节 集体所有制

新中国成立后，兴泉村于1950年成立农会，开展减租反霸斗争。1951年10月，作为全县的试点村，实行土地改革，划分阶级，界定成分。包括三塘村在内，全村有居民398户，划分为贫农236户、中农141户、富农2户、地主12户，其他小商贩7户。同时没收地主的土地、房屋、牲畜、大车、农耕用具及粮食和其他财物，废除封建契约、债务。全村1935口人，共分得土地7490亩及牲畜、车辆、农具、家具等生产、生活资料。1952年春，在此基础上，组成常年互助组14个，88户514人；临时互助组28个，132户703人。组织起来的农户占全村总农户的85%，占总农业人口的67%。

1953年8月，兴泉乡党支部成立，在区党委的领导下，有步骤地组织个体所有者，以互助组为中心，发展农业生产，推动对私有制的社会主义改造。

兴泉乡党支部依靠互助合作组，执行以互助合作为中心发展生产的原则，各项工作做得有声有色。

1. 抽调20名先进分子，对一些等待观望的单干户、部分懒汉落后分子及个别吸食大烟者入户调查，实施田间地头“一帮一”宣传教育。

2. 组织夏粮观摩，将互助组的粮食长势和单干户的粮食长势进行实物对比，现场教育。

3. 开展以互助合作为中心的粮食增产运动来教育单干户。

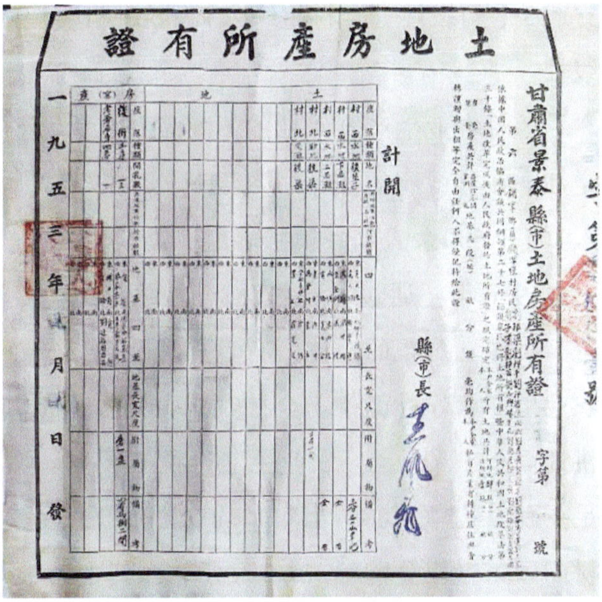
土地房產所有證

甘肅省景泰縣(市)土地房產所有證

字第 號

計開

縣(市)長

一九五三年 月 日發

▲ 土地房产所有证

4. 以社会主义思想教育农民发展农业生产。

5. 宣传贯彻一切工作必须服从生产、有利生产的思想。

6. 向农民群众进行厉行节约的宣传教育。

由于措施得力，收效显著，一是个别抽大烟的人放弃吸食大烟的恶习；二是部分懒汉落后分子做到自食其力；三是部分单干户加入互助组，壮大了互助组的队伍；四是对1952年中秋节擅自宰杀羯羊（每4户1只共宰杀80只）的行为进行严厉批评；五是在兴修水利、农田灌溉方面，发动群众废除封建水规，统一按地段、渠道、坝口依次编号集中轮灌，体现合理公平原则；六是参加集体劳动，全劳一律10分工，以互助组为基础实行分项、分段包工制，消除窝工和“磨洋工”现象。

一、互助组、初级社、高级社

1953年，共产党员罗毅带头的由6名党员、25户124人组成的中心组，率先成立全县第一个农业合作社（初级社）。全体干部和社员努力抓生产，第一年就获得好收成。春耕时，全社有11家口粮供应户，秋收后，全部变成余粮户，人均产粮630公斤，初级社向国家缴售粮食1万多公斤。

是年冬季，又有170多户1560人申请入社，在3个常年互助组的基础上建立起3个初级社，全村组织入社的农民达到90%以上，当年在全县率先转入高级社。

随着农业生产合作社的不断发展壮大，村上兴修水利工程，耕地面积逐年增加。在县政府的主导、协调下，1956年，从景泰县五佛、响水、龙湾等地迁入105户500余人到兴泉村落户，编入高级社。

1956年，通过对合作化政策的深入宣传和先行入社农户的带动，少数等待、犹豫、观望的个体所有者打消疑虑，放下思想包袱，加入农业社，标志着农业生产合作社诞生。全社共有452户2480人，大牲畜415头，羊1890只，总耕地面积1万余亩。农业社实行投工投资、按劳分配的核算方式，全体社员鼓足干劲，力争上游，当年平均亩产125公斤，总产量达到125.59万公斤。兴泉村向国家缴售公购粮30.73万公斤，其中公粮11.42万公斤，购粮19.31万公斤，人均向国家贡献粮食123.9公斤。

高级社，土地归集体所有，村民原有的牲畜和大型农具作价入社，逐年偿还。高级社下设生产队，生产队下设作业组。高级社对生产队采取土地、劳动力、牲畜、农具“四固定”，包工、包产、包成本、超产奖励和减产处罚的办法进行经营管理。生产队依据包工定额指标，对作业组实行小段计划、小段包工、小组作业，小段检查验收，以此给社员评记工分。年终由全社统一核算，收入净值除土地税和一定比例的公积金、公益金，剩余按劳分配，分配部分占总收入的80%左右。

二、人民公社

1958年6月，兴泉村将4个高级农业合作社划分为11个生产队，转入人民公社。将1.191万亩各类耕地、540头大牲畜、2055只羊及农耕用具、运输车辆全部归属11个生产队所有，体现“一大二公、三级所有、队为基础、分级核算”的人民公社化。

同时，营造政治氛围，在全公社掀起“大炼钢铁”“大跃进”运动。农业生产实行“大兵团作战”，产量虚夸冒报“放卫星”。人、财、物均由人民公社统一管理、统一调配使用，收入经公社、大队提留管理费、公积金、公益金后再由生产队核算，按工分配，仅占总收入的60%，比1956年降低20%。

从1958年8月1日开始，村上办起11个食堂，全村523户2884人集体就餐，推行“吃饭不掏钱，干活不记工”的供给制，刮“共产风”。起初，伙食较好，后每况愈下，到1960年6月，相继停办。

1961年6月24日，公社将兴泉生产大队分为3个生产大队，即兴泉大队，辖六队、八队、九队、十队、十一队；新堡大队，辖二队、三队、四队、五队、七队；原兴泉一队改为三塘大队。1965年，公社又将兴泉、新堡合并为一个大队，统称兴泉大队。三塘大队自此分离，独立核算，隶属公社管辖。

1961—1963年连续大旱，地下水位下降，机井上水量不足，50%～60%的水地变成旱地，粮食歉收，口粮锐减，从1960年人均口粮167.5公斤，三年逐年降低，其中1961年94公斤，1962年90公斤，1963年35公斤，社员生活陷入困境。为度饥荒，社员千方百计寻找代食品，米糠、野菜都变成了果腹之物。人们还选用水蓬籽、碱柴籽、三角籽、灰条籽制作炒面；甚至有人用谷壳、麦秸秆、土豆茎按比例加工“面粉”充饥。还有人背井离乡，投亲靠友，外出寻找生路。为此，大队党支部专门组织人员研究“草籽炒面”“谷麸馍馍”制作配方，供社员自行磨制食用。

按照中共中央指示，划出占总耕地7%的水浇地1130亩，作为社员自留地，鼓励社员生产自救。

为帮助社员度过饥荒，1961年，国家给大队调拨供应粮2.25万公斤，1962年调拨3.6万公斤，1963年调拨21万余公斤，3年总计调拨26.85万公斤。县人委给兴泉、新堡、三塘3个大队分配白墩子盐场所产青盐5000公斤。

1963年，上级派工作组进驻各生产队开展“社教”运动。1964年，开展“四清运动”肃清“左倾”错误，动员社员恢复生产。大队一班人带领群众恢复农业合作社时期的“四小作业”，推行包工定额，实行男女同工同酬，调动农民生产积极性，粮食增产，口粮增加。

1964年，人均口粮187公斤，比1963年增长152公斤。

1965年，兴泉大队耕地面积1.5558万亩，其中水地1639亩，水旱地1526亩，旱地3153亩，山地726亩，砂地8108亩。私人自留地334亩（水地）。人均水地面积少，农业生产很大程度受到雨水、地下水的影响和制约。

1966年，“文化大革命”开始，运动很快掀起高潮，突出政治，强调“以粮为纲”，限制多种经营和家庭经济，“铲除资本主义土壤”“割私有制尾巴”，不允许“开荒地”，压减“自留地”，将原来每人0.37亩自留地减少到0.17亩。1970年，全国开展“一打三反”（打击反革命破坏活动、反对贪污盗窃、投机倒把、铺张浪费），批判“唯生产力论”，宣扬“宁要社会主义的草，不要资本主义的苗”。青壮年劳动力不参加农业生产，举行大会游行、高喊政治口号就可以记工分，批斗“四类分子”，张贴大字报，农业生产的正常秩序受到极大干扰。由于政治工分多，导致生产队年终决算工值降低，社员收入减少，口粮严重不足，部分社员逃荒要饭，还有部分社员背着砂锅到靖远的东川、宁夏的银川等地换取粮食。

至1973年，兴泉大队集体经济才基本趋于正常。一是对大小队领导班子进行整顿调整，在党员群众推选的基础上，实行公社任命制，采取行政管理措施，加强各级领导班子组织建设，明确经济责任和目标效益。二是细定三级所有队为基础、分级核算，确定责、权、利关系，核算单位下放至生产队一级，一直保持到改革开放后的“包产到户”。三是实行计划经济管理。播种面积、种植品种、土地轮歇、夏秋倒茬比例、粮食与经济作物比例、农机耕作面积、畜牧业养殖、植树造林、农副产品收购、国家公购粮超购粮油任务全部层层分解，分级下达计划。大多为指令性计划，少部分为指导性计划。四是加强收入分配方案的监督管理。每年夏、秋收前夕，由公社统一组织大小队干部深入田间地头，核算面积，分种类，看长势，估产量（统称估产），检查计划落实情况，由此确定公购粮和群众分粮比例。生产队每年都要上报两次分配方案，8月份是预分方案，年底是决算方案。分配方案均由生产队编制上报大队审核，再报公社审批同意后方可进行分配。每年年终决算前，公社统一组织召开大队文书和财会人员培训会议，明确统一“收、支、留、分”各个环节的政策标准。如民办教师工资、赤脚医生补助、干部报酬、军属补助粮、五保户口粮、储备粮、牲畜饲料、籽种、公积金公益金提留等都执行统一标准。总之，先缴国家的公购粮，留足集体的，最后进入社员分配程序，实行按劳动工分和人口比例分配，简称“人劳比例分配”。

20世纪70年代中期，兴泉大队砖瓦厂、大格达煤矿、铁木综合加工厂、缝纫组、石膏厂等社办企业，综合收入增加，还清信用社贷款。1975年，劳动工值由60年代的0.4～0.6元提高1～2倍，并于1978年底整体改变“吃粮靠供应，花钱靠救济”的局面。副业收入在农业生产中的比重显著提高，各生产队相互竞争，争先发展副业生产。

1979—1981年，农业生产一度放松，再次出现“吃大锅饭”的现象，按出勤天记工分，长期沿用“男十分，女八分，老汉娃娃四六分”的不公平记工标准。村党总支和村委会采取措施，一是将原八队解散，四队分为两个生产队，

▲ 选矿厂车间

成立四队、八队，原八队的村民分编到其他8个生产队。二是执行上级搬迁决定，合理分流，缓解人多地少的压力，于1979年6月29日，从10个生产队迁出部分社员，定居景电一期灌溉区九支胡家羊圈，成立新八队。原八队的所有财产转给移民生产队，大队集体财产按人口比例分配。同时转出原西干八支十三斗、十四斗水地620亩，九支十八斗、十九斗水地626亩，重新划分责任田。三是于1980年春天，以生产队为基础，采取分组作业，实行定额管理，小段包工，明确任务，责任到人，小的队一分为二，大的队一分为三，全村共计分成20个生产作业组，实行独立核算。

第三节　土地承包责任制

1981年秋，全村10个生产队有序开展“包产到户”。以队为基础，清理集体财产，核实土地面积，经全队社员会议民主讨论通过，将土地分类均匀搭配，按人口承包到户；牲畜羊只、农用生产工具折价按人分配到户；凡生产队集体拥有的磨面机、榨油机等承包给个人经营，保证本队社员的粮油加工。上述所有承包项目，集体和农户双方均签订协议和合同书。为保证公平，分配采取“抓阄”的办法确定。生产队集体库存的物资如粮食、皮毛等统一按人口分配到户。现金库存在还清原生产队贷款债务后经过平衡找补后按人口分配。集体所有的办公房、库房、牲畜圈舍全部拆除，木料折价分配到户。

▲ 田野风光

“包产到户”初期，坚持土地“大稳定，小调整”，间隔三五年以各村民小组为单位对承包土地进行小调整，将“农转非”及升学、工作转出户口、老人过世和姑娘出嫁而收回的集体土地，转给新娶进的儿媳妇和新生儿童等新增户口。1991年，根据中央文件规定，取消土地小调整政策，坚持农村土地承包三十年不变的长期稳定政策。

1989年7月，根据县政府安排，从10个生产队向景电二期灌溉区漫水滩乡搬迁移民，成立双树村。1991年5月13日，完成户口转移手续。

1998年，进行第二轮耕地承包，重新核定面积，分类登记造册，签订新的承包责任书。

2001年，公购粮由原来实物缴纳变成现金缴纳，村民可以到当地指定农业银行自行缴纳。

2004年，政府向种粮农户发放籽种、化肥直补金，金额每亩40~60元不等。

2006年开始，有史以来国家第一次全面取消农业税。

2014年开始，县上组织经管站对兴泉村进行土地确权登记、卫星图片定位、土地管理认证。同时将农民宅基地、房屋建筑纳入政府管理，审批办证，合法拥有。村民可以用自己的房产证、土地证到银行或信用社抵押贷款，也可用自己的确权土地向其他农业公司流转。2017年底，全村完成房产、土地确权。2018年秋，村民将十八斗、十九斗、二十斗的两千多亩土地以每亩500元的成交价，流转给“菁茂农业开发有限公司”种植使用，流转期限5年。

第二章 农业生产

第一节 农田治理与耕地种类

兴泉村民多属于明代戍边驻兵及屯田移民的后裔，起初以农牧业为生，逐渐演变为以农耕为主。在由军垦户逐渐转变为农牧户到纯农业户的过程中，兴泉村的先民拓荒造地，建设家园，根据当地的自然条件，大致开垦出五种类型的耕地。

水地 依靠丰富的水资源，开泉筑坝，挖渠引水，得以灌溉的耕地称为“水地”。

水旱地 由于缺水，有些耕地每年只能浇上1次冬墒水，这些耕地被称为“水旱地”。

▲ 砂地播种

漫水地 利用村庄南北两条大沙河，在周边修拦洪坝引水（洪水）浇灌的耕地称“漫水地”。

山地 利用天降雨水，在山坡上土质较好的地段开垦出来的山坡地，称为“山地”。

砂地 在相对平整的滩涂铺砂压田，这类地称为“砂地”。砂地与土地相比，排碱抗旱，保墒性较强。若头一年秋天下一场透雨，经过打耱，第二年春天下种，保墒抗旱，稳产保收。雨少少收，雨多多收。雨水少时，亩产30~50公斤；雨水多时，亩产可达150~175公斤。

1949年，全村五类耕地总面积达7490亩。1950年，土地改革，将全部五类耕地按288户1709人分种类平均分配到户，土地归农民个人所有。农民成为土地的主人，真正实现了“耕者有其田”。

为抗御自然灾害，扩大土地治理面积，不断发展农业生产，全体村民在不同时期，对不同种类土地，采用不同的方法，分阶段先后六次进行“农田治理”。

1.1952年　村民在村南横断河开发新水源，以互助组为依托，组织抽调劳力400多人，采取牲畜犁、镐挖、锨翻、人背、手推车运等方式，对上西滩、前台子的水旱地进行大规模的治理。共发展水浇地1720亩，水浇地总面积达到3740亩。

2.1953年　以共产党员罗毅领导的互助组为中心，在全县率先转为高级社，是全县由互助组直接转为高级社的第一村。在高级社的带动下，抽调劳动力200多人，筑坝、修渠、引水，对毛家坝、俞家梁、周庄子、大沟门的720亩洪漫地进行二次治理。

3.1956年　入社以后，土地所有权归集体所有。为进一步治理土地，扩大种植面积，发展农业生产，村上组织各高级社抽调劳动力200多人，共计投工1980个，对闫家掌、土塘子的山地进行二次治理，在原有680亩的基础上增加46亩，划分给各高级社耕种。

4.1959年　春季，组织劳动力400多人，以民兵营为骨干队伍，大修水利工程，清淤扩渠，开发新水源，进行农田治理，新增水浇地2660多亩，其中包括兴泉一队（三塘村）1260亩。

20世纪50年代，兴泉大队共治理水浇地6400亩，全村人均水地2.5亩。1959年，人均口粮189.5公斤。在村民基本口粮达到自给自足的同时，1956—1960年，全村上缴国家公购粮100.675万公斤，其中公粮47.832万公斤、购粮52.84325万公斤。

5.1961—1963年　其间三年大旱，粮食减产，人均口粮逐年减少，群众生活面临极大的困难。在严峻的形势面前，大队党支部动员全村村民，防灾抗旱夺丰收，自力更生保自救。由大队负责牵头，以生产小队为基础，展开兴泉村有史以来规模较大、时间较长、投资较多、办法适用（人背、驴驮、架子车拉）的铺压砂田运动。3年完成砂田治理任务5000多亩。

1964年之后，铺压砂田由各生产队利用农闲季节相继进行，没有滩涂的生产队起老砂、压新砂，铺压砂田一直延续到1981年秋结束。

6.1973年　大队新一届两委领导班子，组织党、团干部就景电一期工程延伸兴泉、经过试水灌溉，当前急需解决的问题展开讨论。一是农业合作社时期的农田，地块大小都是根据地形来整平的，绝大部分土地高低不平，地埂大，浪费土地资源。二是只适应畜力耕作，不适应机械化耕作。三是灌溉渠道窄小弯曲，战线长、渗漏大，不适应河水灌溉，浪费水资源，灌溉成本增大。

针对这种情况，村上决定对西干八支渠十三斗、十四斗、十八斗、十九斗、二十斗、二十一斗、二十二斗、二十三斗共计8个斗的土地，实施大面积治理。邀请县水利局专家帮助勘测、设计，以地形地貌为基础，黄河水灌溉、井水灌溉为分界线，变畜力耕作为适应农业机械化耕作，以节能灌溉为目的，以“达到田、渠、林、路四配套”为原则，进行整体规划。经技术人员实地勘查，现场测量，用半年时间制订满足上述要求的规划治理方案。

1974年9月6日，召开“兴泉大队农田基本建设誓师动员大会”，成立农田治理指挥部，由大队主任杨凤钧任总指挥。实行“六定”方案：1.定领导，各生产队必须上两名队长。2.定劳力，各生产队抽调总劳动力的40%，以青年民兵为主。3.定工具，机械、马车、架子车相结合，每4个劳动力配架子车1辆。4.定时间。5.定任务。6.定质量。以“民兵营，铁姑娘排”为战斗序列，举行授旗仪式，展开大规模的农田治理——平田整地。包村的县干部、包队的部队官兵奋战在平田整地一线，每天投劳800余人，动用75推土机1台、手扶拖拉机4台、马车12辆、架子车150辆，按照图纸设计要求，逐斗进行整平。人到哪个斗，指挥部就搬到哪个斗，高音喇叭宣传就随之架设在哪个斗的田间地头。发现问题现场解决，发现错误及时纠正，发现好人好事及时报道表扬。为保证进度，不减劳动力，一连民兵程富年的婚礼在平田整地现场举办。县新闻报道组对这一新人、新事、新风尚的婚礼大力宣传，极大地激发了全营民兵和铁姑娘排的劳动热情。平田整地工作实行早安排、日检查、晚总结，十天一评比，一月一验收。在指挥部统一指挥下，同步开展渠道衬砌、道路铺砂和林带细平工作。

1976年5月2日，成立渠道衬砌专业队，由各生产队抽调工匠、民工共计120余人。按照图纸设计要求，各斗渠全部采用水泥砂浆块石砌筑，材料由指挥部统一调配运输，道路上全部铺压厚20厘米的沙砾层。

从1974年到1977年冬季，全大队在井灌、河灌土地治理中共投入劳动力约40万个，拉运土方38万立方米，整平河灌条田5064亩，比原面积增加1264亩（后属余梁村）；井灌土地1608亩，比原面积增加460亩；衬砌、修筑渠道斗渠11条，全长约2.3万米。整修农渠7万米、田间道路2.5万米。铺压砂石14万立方米，细平配套林地187.68亩，林地农渠植树96万株。至此，兴泉大队耕地河水灌溉面积全部实现条田化。按照设计，达到“田、林、渠、路四配套”要求。受条件限制，井灌水地没能达到条田化标准，但治理后的土地基本满足农业机械化的耕作。通过这次土地治理，全大队水浇地面积达到6672亩。

1981年秋，实行家庭联产承包责任制后，土地整理由村民个人投资完成。渠道衬砌由村委会负责投资建设。

1976年兴泉大队耕地面积统计表

表2-2-1　　　　单位：亩

队别	总面积	水地					山地	砂地	旱地
		井灌地	河灌地			合计			
			八支	九支	小计				
一队	1715	93	438	78	516	609	84	947	74
二队	1015	125	450		450	575	55	255	130
三队	1172	179	567		567	746	50	276	100
四队	2137	255	480	98	578	833	58	1146	100
五队	1818	180	458	78	536	716	66	936	100

续表

队别	总面积	水地					山地	砂地	旱地
		井灌地	河灌地			合计			
			八支	九支	小计				
六队	1273	168	249	60	309	477	65	719	12
七队	1763	185	400	78	478	633	72	928	100
八队	1552	143	338	78	416	559	86	807	100
九队	1986	126	469	78	547	673	96	1117	100
十队	1767	154	399	78	477	631	94	942	100
合计	16198	1608	4248	626	4469	6452	726	8073	916

1956—1970年兴泉大队缴售公购粮统计表

表2-2-2　　单位：公斤、亩

项目 年份	总产量	公粮	购粮	种植面积
1956	1255880	114205	193350	10036
1957	675350	92500	90500	8771
1958	944550	119500	188250	11910
1959	917400	73250	137000	8152
1960	796500	79000	127200	11141
1961	432890.5	21465	16829	6662
1962	462271.5	46595	51693	8695
1963	250838.5	13502		6687
1964	841864.5	52947.5	69693.5	10686
1965	534603.5	48232.5	10938	11860
1966	461363	20473.5		12159
1967	10764625	58971	80446.5	12770
1968	5216943	23633		11883
1969	635783.5	18394.5		11630
1970	849052	58984.5	63557	12685

第二节 畜 力

历史上，畜力主要集中在大户、富户，以驴、骡和牛为主，马很少。马被称为“走马”，多当作富人的代步工具，很少干农活。1949年，全村共有大牲畜254头。

土改以后，大部分贫雇农分到地主、富农的牲畜。由于耕作、拉运的需求，一些没有牲畜的农户逐步购买牲畜，全村牲畜数量逐年增加。

在村民的生产和生活中，畜力使用极为普遍。牛可犁地、耙地、耱地，也可驾大铁车运粪、运粮；骡马可拉运、干农活，驴可种地、耖砂地，也可磨面、碾米、拉水、驮水，走远路时当代步工具。20世纪80年代中期以前，男婚女嫁，家境好的会用马套个月牙架子车娶亲。家境贫穷的，赶一头毛驴去娶亲。

1949—1956年，全村畜力统计为1949年254头（匹）、1950年285头（匹）、1951年308头（匹）、1952年329头（匹）、1953年363头（匹）、1954年371头（匹）、1955年394头（匹），至1956年农业合作化时，达到465头（匹）。

经过1956年的农业合作化运动，农业社人口数量增多，土地面积增大，牲畜数量随之增加，品种也有所变化。20世纪60年代以后，大牲畜以马、骡、牛、驴为主；70年代中期，各生产队又购来骆驼。各队都有牲口圈、羊圈，并且派专人饲养牲畜，供生产、生活之用。至1976年，全大队共有马91匹，牛92头，驴114头（其中私人47头），骡135匹（私人4匹），骆驼86峰。其他牲畜有山羊219只（私人30只），绵羊1384只（私人581只），猪1794头（私人1545头）。

80年代中期以前，马、牛、驴、骡、骆驼在农业生产、农民生活中发挥着人力不可代替的作用。公社在村上成立畜牧兽医站，为畜牧业进行专业服务。90年代中期，农业逐步实现机械化，畜力逐渐退出使役。

1965年兴泉大队畜力统计表

表2-2-3

种类 队别	总计役畜	马(匹)	牛(头)	驴(头)	骡(头)	骆驼(峰)	自留驴(头)	自留骡(头)
一队	46	6	11	4	6		19	
二队	37	4	8	5	4		16	
三队	45	4	11	12	7		11	
四队	58	7	11	12	6		21	1
五队	44	3	8	1	6	6	20	
六队	38	4	8	6	5	3	12	
七队	50	5	13	10	6		16	
八队	39	4	14	4	6		11	
九队	63	9	12	7	5		27	3
十队	40	8	9	6	4		13	
合计	460	54	105	67	55	9	166	4

注：大队另有种公马1匹，种公驴1头。

第三节 农机具

一、运输工具

双轮铁木车 也叫花轱辘车，由木匠和铁匠合作制造而成，主要用于拉运粮食、肥料、货物，以马、骡、牛为主。

木制独轮小推车 人力推拉，用于短途拉运小型货物。

架子车 由木制车把、车身和金属车轮以及车轮上的胶皮轮胎组成，使用时，可以套毛驴拉，也可以用人力拉或者推。人力拉车时，如果是向前拉，肩膀上还要套上一个背绳，以助力牵引。20世纪50年代以后，架子车是集体、家庭最重要的运输工具，冬天运肥运沙，夏天拉粮食，建房、修工程时运土运材料。也可以拉老人走远路，用途非常广泛。改革开放以后，架子车被各种机动车所代替，除偶尔还有人使用之外，基本退出历史舞台。

皮车 即马车。由车辕、车身（也称车排）、车轮组成。车轮为橡胶轮胎。一般由三匹或四匹马或骡子做动力。皮车主要用来拉运粮食等，农闲时外出搞副业，增加集体收入。

80年代以后，汽车逐渐成为村民的运输工具，用大牲口做动力的运输方式被淘汰。

二、耕播工具

犁 也称桄子，由桄头、扶柄、桄身、桄键组成，桄头部套上一叶犁铧即成“犁”。畜力牵引，犁地晾晒、翻土、保墒。

耙 有木制和铁制两种。由耙架、耙齿、耙环、耙链组成，130厘米×80厘米×40厘米，耙齿长度30厘米，前后两排，间距40厘米，相互交错，畜力或机械力牵引，耙地、松土、保墒。

耱 由拉链、杂木框加柳条编织而成，畜力或机械牵引，耱地保墒。

耖耧 由耧架、耧腿、耧铧组成，畜力牵引，主要用于耖砂地、除草、翻砂、晾晒、保墒。

籽耧 有独脚耧、双脚耧和三脚耧三种。种砂地用耖耧，耧脚安装带翅膀的耧铧；种水地用籽耧，耧脚安装不带翅膀的耧铧。籽板和籽锤用于调整种子箱下籽种的速度。有经验的老农通过眼观、手刨、步量、心算来估量每亩下种的多少，籽板的升降决定出口的大小，从而控制下籽种数量的多少。籽耧都是一头畜力牵引，种地把式双手扶稳耧柄，左右摇摆，依据畜力行走的快慢决定摇摆的频率，熟练的老农种一个来回就知道每亩种多少籽种。进入21世纪，播种水地多用拖拉机带播种机，速度快、播幅匀称。

石磙 圆柱体，由石匠用一块砂岩石料敲凿而成，直径30~40厘米，长度70~90厘米，畜力牵引，可用来打碾粮食，冬天耕地浇完墒水保墒也多用磙子碾一遍，有保墒功效。柱体上需要凿锻与柱体平行的纹路，以增加磙面与粮食或土地的摩擦力。

锄头、铲子 用于农作除草、清苗、松土。

铡子 由底座和铡刀组成，专给畜类碎草，两人配合，一人喂草入铡口，一人下压铡刀，把草铡成两三厘米长的草节，拌少许饲料喂养牲畜。

另外还有镰刀、连枷、木杈、木枕、木锨、扫帚、簸箕、竹筛、铁筛等用品，都是收割、打碾、筛选粮食时不可缺少的工具

还有一些家家户户必备的用于生产、生活的工具，如镢头、铁锹（也称铁锨，铁头木柄，分直锨、方锨、圆锨几种）、撬棍、洋镐、小锤等。

随着生产力的发展，耕播工具不断更新进步，普遍用于村民耕播的农具有双轮双铧犁、双轮单铧犁、七寸步犁、马拉播种机和三脚耧播种机等。

1965年兴泉大队各种农用车辆、农具基本情况统计表

表2-2-4

名称 队别	皮车	铁车	架子车 公·私	双铧犁	山地犁	转头犁	老木犁	老铁耙	老木耧	木籽耧	播种机	水车
一队	2	4	29+9		4		7	4	24	15	1	
二队	2	1	21+2	4	5		6	7	27	12		
三队	2	3	26+6		3	3	4	7	23	12		2
四队	3	4	32+9		3	2	11	3	35	18		
五队	2	3	23+5		3	3	7	5	26	13		
六队	2	3	29+16		2		7	5	23	11		
七队	2	3	32+12				7	4	22	10		1
八队	2	2	25+7		2		6	6	27	13		
九队	2	3	38+18		4		8	5	32	15		1
十队	2	3	33+15		1		8	5	28	15		
大队			3									5
合计	21	29	291+99	4	27	8	71	51	267	134	1	9

三、防治病虫害的农具

有手摇喷粉器、喷雾器，电动喷雾器，手摇搅拌机（拌种）。

四、农具机械

农具机械化，改变了农民单纯依靠手工劳作、畜力耕作的传统生产方式，把农民从繁重的体力劳动中解放出来，使生产力得到长足发展。

1. 动力机械

20世纪70年代初，公社成立拖拉机站（机械站），李文明、马登银二人成为公社农机站第一代拖拉机手；卢有福成为公社第一位汽车驾驶员。随着景电一期工程延伸兴泉、三塘两村，大队于1974年开展平田整地，当年秋收后部分土地开始机耕。1975年，县知青办给兴泉知青点配给一台手扶拖拉机，李树标成为兴泉村第一个手扶拖拉机司机。1976年，二队、三队各买来一台手扶拖拉机，吴守禄、周德禄成为拖拉机司机，同年大队成立机站，有东风75链轨车1台，胶轮55车1台（也叫铁牛55），附带购置犁和耙。东风75链轨车司机为郝仲财、李新海，55车司机为毛登福、卢昌元。1976年，兴泉机耕面积已达2126亩，占总浇灌地的48%。1977年，五队从504厂购进一台28马力胶轮拖拉机，随后一队、四队、六队、七队、九队、十队均购置手扶拖拉机，附带犁和播种机。1978年，全村机耕面积达到4300亩，占河灌面积的85%，机播面积达到3680亩。自1981年村办企业崛起，经济发展迅速。20世纪末，75%的农户使用手扶拖拉机、四轮拖拉机、农用三轮车、胶轮55拖拉机等农耕机械。

2. 柴油机

1957年，大队挖掘大机坑，开始采用柴油机发电抽水。1960年，挖掘的边渠机井，也采用柴油机发电抽水。发电机由本村村民刘家林、卢有福管理操作。1967年，大队在解放渠上游渠南建成一座自备发电厂发电，发电机组是县水电局支持的一台185马力柴油机，由县水电局总工孟辉设计。同年，由时任村支部副书记樊文雄带领刘家林，从兰州、银川两地购进电磨、电碾子各一台。发电厂的电主要供机井抽水和村民磨面、碾米。由于发电机功率有限，晚上一般不开机磨面、碾米，仅供社员照明用电。兴泉成为全县第一个用电照明的村子。电厂有电工包良兴、张守俭，技工刘家林，碾米师傅杨天德，磨面师傅周得稌。

1972年8月，一条山大队至兴泉大队11公里“工农联盟线”建成，通上高压电，自备电厂随即停用。

3.电动工具

随着电力的发展，电成为农业生产和农民生活的主要动力和清洁能源。兴泉村所有机井更换为电动机带水泵抽水，浇灌效能大为提高。各生产队逐步购置磨面机、榨油机、粉碎机、脱粒机，机械加工农副产品成为常态，农业生产、群众生活、养殖业跃上一个新台阶，一些老式农机具相继淘汰。

第四节 农技推广

一、防治病虫害

1949年前后，村民撒草木灰防治蚜虫，用盐水浸种防止谷物黑穗病。20世纪50年代，开始推广用“赛力散”拌种，粮食作物的黑穗病得到根治，使用666粉、波尔多液、石硫合剂防治农作物病虫害。60年代开始使用1059、1069和滴滴涕乳剂、乐果乳剂等农药杀虫，用磷化锌毒饵灭鼠。70年代，使用高效低毒农药如敌百虫、敌敌畏杀虫，荧光灯灭蚊蝇。80年代，使用高效低毒、低残留且有广谱性、特效性的五氯硝基苯、福美菊酯、抗霜、杀虫蚜碱、“3911”等防治农作物病虫害，用双效灵托布津、多菌灵浸种，效果显著。90年代，使用特效灭草剂，一改往日的手工除草，减轻劳动强度，高效省力。

二、引进优良品种

1952年，乡上成立互助组，县上从外地引进胡麻、糜子、苜蓿三个品种，在兴泉试种两年获得成功，在全县推广。

1967年，大队大量引进小麦良种阿尔巴尼亚2号、垦九8号、杨家山红齐头、甘麦6号、哈什白皮、阿夫，建设豆类，维尔玉米，昭农6号谷子、青苗猫爪谷子，也开始试种洋芋（土豆）。1973年黄河水灌溉，引进甘麦8号、阿勒红品种。通过试种，优选淘汰不适宜品种。1983年，又引进高原338、墨纽、墨卡、墨巴66优良品种，水地亩产达350公斤。但因该品种皮厚粒重，产粉率低，逐渐被淘汰。1991年，从宁夏永宁县引进“永良4号”，通过试种，产量、出粉率各项指标适应本村种植，产量稳定在每亩450~500公斤，成为主要种植品种。2010年起，引进宁春39号、永良15号。

三、倒茬歇地轮作、间作套种

1954年，初级合作社阶段推广夏田（小麦或大麦）总面积30%回茬，品种以60天小糜子为主，复种白菜、小暑荞麦、绿萝卜，20世纪70年代开始间作套种，即小麦套玉米、套豆类，一直持续到2000年。

四、改良土壤环境

1949年前后，由于畜力不足，加之旧式农耕用具落后，农耕靠人拉肩挑，只能达到浅耕。畜力耕地深度一般为5寸（15厘米）左右，人力用铁锹翻地，镢头刨地，深度2~3寸（6~9厘米）。这种耕作方法冬灌蓄水量有限，开春播种时墒情不好，遇到天旱，浇水不及时，就会造成麦苗大量干枯，导致大幅度减产。1952年，兴泉村成立互助组，从初级社到高级社，集体耕作，畜力增多，对土地耕作较细，犁、耙、磙，耕地深度由原来的15厘米达到21厘米。加之新式农具的出现，集体购置马拉双轮双犁铧、双轮单铧深耕犁，初步实现精耕细作。

1973年，开始推广拖拉机耕作播种，耕地深度达27厘米以上。由浅耕变深耕，改变土壤结构，产量随之提高。

五、提高土地肥力

历史上，耕地施肥主要以农家肥为主施底肥，数量、肥力有限。1956年入社后，大力发展畜牧养殖，大搞积肥运动，添加黄绵沙，增施腐殖酸铵，高温堆肥，提高肥效。每亩地施肥4马车（约16立方米），产量有所提高。1970年，在播种时加施有机肥、复合肥，浇水时再撒硝酸铵10公斤，亩产量明显提高。1973年，全大队掀起打炕、拆锅台积肥活动，家家户户的土炕小锅台限期拆除浇水沤肥。1975年，兴泉大队实施大规模平田整治，便于机械化耕作播种，但同时损毁原中台、水磨台、前台子、后渠等老水地的土壤结构、田间道路及林渠，导致发生土壤板结或盐碱。针对这一问题，采用人工压沙、施酸性肥料，治理土壤板结，改良盐碱地。各生产队抽调劳动力200人、马车20辆、架子车

44辆从刺沟子挖腐殖酸铵原料（糠煤）230吨，加8%的氨水搅拌均匀发酵，每亩地施加50～70公斤腐殖酸铵肥料，两年耕地得到改良，粮食产量稳步上升。1981年，土地承包到户，村民采用配方施肥，除施农家肥外，每亩地加复合肥磷二铵10公斤，浇水时分期撒尿素12.5公斤，三肥合一，农家肥与有机肥互补发力，粮食亩产由1973年的300～400公斤逐年提高到450～500公斤。

六、稀播、密播结合

1976年，进行籽耧改造，由尖耧铧改为方铲耧铧（又称宽播幅），增加下籽密度，合理密植。播种试验成功，产量提高。1977年，在抓好宽播幅播种的基础上推行田间套种，小麦套玉米或小麦套黄豆，埂边播种麻籽，夏秋粮合计亩产700多公斤。

七、提高机械化耕作水平

平田整地 从1974年开始，将原来的“牛肋巴”小块田整治为适应机械化耕作的条田，提高水肥利用率。

浅耕变深耕 由20世纪60年代以前的15厘米变为70年代的21厘米，80年代后变为27厘米。

改良土壤 积肥造肥，加沙治碱，科学施肥，改变土壤团粒结构，增加土壤有机成分。

引进优良品种 试种筛选，增强农作物防病抗旱能力，提高单产。

扩大保灌面积 通过截洪水、抽井水、提河水，合理配水，保浇保灌。自1978年起，全部水地都成为保灌面积。

传统粗放耕作与精耕细作产量对照表

表2-2-5 单位：公斤

时 间	耕作方式	施肥方法（数量多少）	小麦亩产量
1949年	人工铁锹耕作	农家肥少	110
20世纪五六十年代	旧式农具耕作	农家肥较少	220
70年代	新式农具耕作	农家肥较多	320
80年代	机械化耕作	科学施肥	450

第五节　收　获

一、收割

分夏粮收割和秋粮收割。夏粮主要是小麦，每年7月中旬开始收割。小麦成熟，俗称麦子黄了。俗话说，麦熟一晌，在很短时间内，必须组织力量抓紧抢收，如果熟过头麦粒容易脱落，造成减产。兴泉村处在风口地带，一年四季最多的就是刮风，小麦成熟季节，最怕风吹雨打、冰雹砸。农谚有“黄田在地，性命在天”之说。但粮食不成熟（不太成熟的粮食称为青粮食）不能收割，否则颗粒不饱满，同样导致减产。20世纪80年代以前，收割庄稼全部由人工完成，一般水浇地、漫水地里收获小麦、大麦、胡麻等庄稼，村民都用镰刀割，手工捆扎，手提肩背。收获砂地小麦，因为砂壤结构松散，不适于镰刀割，只能手拔。收割时期，村上、附近驻军以及工厂工人有时也来支援，甚至中学师生也利用暑假参与到夏收队伍里。收麦子的主力是青壮年，天不亮就到地里，开始一天非常辛苦的劳动。在劳动的间隙吃自带早饭、午饭，傍晚才能收工回家。干活麻利的妇女一人一天能收割一亩多。

秋收则在农历八月十五前后，小秋、大秋作物和蔬菜、瓜果成熟，即可收获。主要农活有割糜子（谷子）、掰玉米、拔萝卜、摘苹果、挖土豆等，也是一年之内季节性最强、特别繁忙辛苦的农活之一。

二、运输

将成熟的麦子收割后打成捆，摞成垛在麦地里暂时存放，如果拉运工具顾得过来，就直接装车拉运到村子里的打麦场。每个生产队都有一个面积很大的打麦场，用来打碾粮食。打麦场四周都有干打垒的土墙，起保护麦场的作用。拉运工具一般是大铁车、皮车、架子车以及拖拉机，将麦子运到场上，靠场院墙边四周摞成几十个高20米左右的大麦垛，麦捆一层一层互相叠压，最后成宝塔形状，一为麦垛稳定，二为防止雨水流进麦垛。垛麦垛要尽量将场中间空出，以便粮食晒干后摊开打碾。

三、打场

粮食晾晒干透后，就要进行打碾。将麦垛拆开，把麦捆一个一个抖散，用大木杈挑开呈圆形均匀地铺在场上，也称摊场；摊开场，再翻腾两三次进行晾晒，称为晒场。晒干晒透后，用马或者骡子等大牲畜拉着石磙，一圈一圈转着碾轧。在碾轧的过程中，还要不停地用木杈翻挑麦秸，让麦粒充分脱离开麦秸。然后就可将麦秸挑起来堆放在一边，把沉落在地面上的混合草节的麦粒扫堆起来，这时候就可以开始扬场了。根据风向和风力的大小，用木锨把麦粒高高扬起来，落地的时候，麦粒跟草秸就分离开了，麦粒就会形成一个粮堆。从收割到打碾完毕，需要近两个月的时间。

四、晾晒

选择晴朗的好天气，将扬出来的麦粒摊开10～15厘米厚进行晾晒，其间要用木锨多次翻晒，将水分晒干为止。晾晒粮食有三种情形：分给社员的口粮晾晒一天即可；给国家上缴公购粮要多晾晒几天，达到国家规定的水分含量要求；给生产队留的籽种和牲畜饲料也要多晾晒几天，以防入仓后发生霉变。

五、储藏

将晾干扬净、分配给个人的麦子运到家中，装入仓里、柜里或口袋中存放。集体的麦子需过秤计量，如数入库，压印（俗名木印板，即给入仓的粮食加上印记）加锁，专人保管。

秋收作物相继成熟，需要及时抢收，妥善储藏。农谚有“秋分的糜子、寒露的谷”。即秋分糜子上场，寒露谷子收割。接着就是掰玉米、摘苹果、挖洋芋、拔萝卜、铲白菜，抓紧时间完成秋收。

20世纪90年代以后，农业生产实现机械化，夏收、秋收速度快、效果好，十天半月即可完成。

▲ 摊　场

▲ 扬　场

第六节 农产品加工

根据兴泉地域的物产，粮食加工主要是将小麦、大麦加工成面粉，将糜子、谷子加工成黄米和小米。

1.磨面 磨，一种将粮食加工成粉的磨具。由具有齿槽的上下两盘石制圆形磨盘组成。上磨盘有一大一小两个进料口，俗称磨眼。磨盘都有齿槽，分八组，呈扇形，中间有无齿槽的圆面空隙。上磨盘和下磨盘的齿槽斜向相反对称扣合。磨盘的周边有集料台，外力驱动磨盘旋转时，从上磨盘其中一个磨眼进入粮食，经齿槽挤压，变成粉状，自磨盘边沿落入集料台。用簸箕收集，通过面罗在专用的木函（俗称案匣或罗面柜）中的双杆上前后拉动，将细粉筛入柜中即为面粉。罗内剩余粗的部分倒入磨盘重磨。磨的过程中，第一、二次用小眼加料，出来的面粉称为白面，第三、四次用大眼加料，出来的面粉称为黑面。反复三至四次后，剩余的部分叫麸皮。

用畜力做动力磨面，叫推磨；用人力做动力磨面，叫搡磨。磨分为旱磨和水磨两种。

旱磨 主要是下磨盘固定在磨台上，通过拉动或推动上磨盘，进行磨面加工。又分平磨和顶针磨两种。平磨，下磨盘中心镶嵌铁制的“磨脐”。上磨盘周边三等分，开三个斜向通孔，供穿绳子、固定磨杠用。在磨盘中央，镶嵌铁制的“磨钏”。两磨合拢后，磨脐插入磨钏，起稳定上磨盘转动的作用。顶针磨，在下磨盘的磨脐中央开一个小孔，在地面上砌两个基座，上面置一横木。横木的中央置一“顶针”通过下磨盘的中孔，顶在上磨盘的中央磨钏上。横木的两头和基座之间，各有一木楔，木楔成锐角形，用木楔的进深度调整上磨盘的轻重。顶针磨的磨盘较大较厚，磨粉的效率较高。

水磨 即用水流作为动力的石磨。分为平轮水磨和立轮水磨。平轮水磨是平向转动，立轮水磨是立向转动的。与旱磨不同的是，水磨上磨盘固定，用三根绳子结在磨盘边上的三个通孔中，把磨盘吊起来，以吊的高低度调整磨的轻重与磨粉的粗细。下磨盘的底部中央镶嵌一木柱，向下和水轮连接而为水轮的中心轴。水轮的外侧装十二个半封闭木斗，水流入木斗，驱动水轮转动，带动下磨盘转动而推磨，叫平轮水磨。立轮水磨，下磨盘中心轴上安装平转的小木轮。木轮的周边安装十二个垂直的小木柱，供水轮拨动。水轮的毂中心镶嵌铁制的中轴，中轴的两头架在石料砌成的“马槽”正中的铁砧上。水轮边安装十二个木制的水斗，水轮的辐条上横向安装十二个小木柱，用以拨动木轮上的木柱，使下磨盘转动而推磨。

1954年，村上派木匠马占贤赴临洮学习水磨建造技术。学成后带领徒弟在五家水台台（张家台子）建成水磨。同畜力或人力做动力的石磨比较，水磨转速快，效率高，可以不停歇地为社员磨面，同时给兴泉粮站代加工面粉。

不论旱磨或水磨，使用一段时间后，磨齿就磨低了，会影响磨面效率，要请专门的石匠锻磨，就是錾锻磨盘的磨齿，以恢复磨粉效率。

2. 碾米 通过石碾将糜子或谷子加工成米。在普遍缺少大牲畜的情况下，碾米主要是通过人力推动碾盘上的碾轱辘碾轧而成。由于碾子的特殊结构，推碾子碾米相对搡磨要轻松一些。碾子比石磨少。石磨安装在室内，而碾子既有安装在室内的，也有安置在户外的。户外的碾盘基本上属于大家共有，都可以随时使用。

3. 榨油 麻子油的制作工艺相对比较简单。选料单一，主要采用“两锅煮法”，体现一个“熬”字。首先将颗粒饱满的麻子碾碎，越细越好，入铁锅，加满水进行煮熬。先大火，后小火。为防止麻渣沉底煳锅，要不停地搅动、观察，等淡黄色油层逐渐上浮，将油用铁勺轻轻撇出来，放在另一口铁锅里，这样周而复始不停地操作，直到锅内不再漂浮油脂为止。将撇出的油用细箩过滤，再入锅煮熬，待水分蒸发完，进行第二次过滤。取少许油，放在铁炒勺里加热试验，发出叭叭响声，油向外溅，说明油还带水分，需要再熬，直到油中的水分全部挥发完为止。经数次过滤，纯麻子油就制成了，是人们较早的食用油。麻子油颜色淡黄稍带微绿，无论拌凉菜、炒菜、炝汤饭、炸油饼，香味独特。胡麻、菜籽也可以制成食用油，其制作方法与制作麻子油基本相同。

4. 酿醋 酿醋首先是选料。根据做醋数量多少而定，要精选颗粒饱满的小麦为佐料，当年的麸皮为辅料，适当添加发酵的醋曲。是将小麦煮熟，麸子炒七八成熟，掺加醋曲，装进缸里，搅拌均匀，逐层压实。在装好醋料的缸上面，加盖床单、棉被保暖。放在干净屋内，每天定时倒翻一遍。大约发酵7天，闻到醋香味时，就将保暖的东西去掉。搅拌降温，再用力压实，放在阳光下晒20多天。缸顶上面结成一层干皮，下面醋料变成红褐色，整个酿醋程序才算完成，酿醋成功。成品叫醋头，适当留一些，待来年再用。酿醋房一般都要挂红忌门，献盘上香，以示对醋坛神的虔诚。搭醋，即过滤，要用专门搭醋缸（侧底部钻有2~3厘米小孔，再安20厘米左右长木制的空心醋筒），底垫3厘米厚的干净麦草（过滤）。然后，将发酵好的醋料装在缸里，加满水，泡够12小时，抽出醋筒上的塞子，流出来的液体就是食用醋。颜色越深，质量越好。

5.做酱 做酱的工艺比酿醋工艺复杂一些。是把选好的黄豆、面粉、麸皮、食盐按比例搅拌均匀，要经过蒸煮、制曲、制醪、发酵、装坛等过程。把黄豆放在盆内浸泡，水要淹过黄豆，充分搅拌除去杂质，再换水继续浸泡，以豆粒膨胀为宜，用清水漂洗数遍，晾干。紧接着放入蒸笼内，蒸3~4小时，停火后再焖2小时。第二天开笼取料，将蒸好的料拌匀装缸，放在屋内发酵。每天都要观察，发现菌丝就要及时翻料，直到有粉状物飞扬时即成为“曲”。再将制好的醪与曲调配，严格控制发酵温度和周期，最后将酱料装坛密封，放在室外暴晒，须防止雨水。存放时间越长越好，晒得酱色越黑越好，搭出的酱味道醇正，色泽油黑，效果极好。

第三章　农作物及林业、养殖业

受地理、气候、季节、土壤、灌溉、耕作等因素的影响，适合本村耕地种植的农作物主要有粮食作物、经济作物（油料、蔬菜、花、草、树木）两大类。按季节可分为夏粮作物和秋粮作物。

第一节　夏作物

一、粮食作物

粮食作物主要有水地、砂地小麦、大麦、青稞、蚕豆、豌豆、扁豆、啤酒大麦等。

二、夏粮作物及分配方式

1. 小麦　除上缴国家公购粮外，主要供农民做口粮食用。

2. 大麦、青稞　主要用于大牲畜、家畜饲料。实行家庭联产承包责任制后，普遍使用农业机械，这两种作物的种植越来越少。

3. 扁豆、豌豆、黄豆　一是主要给骆驼做饲料，二是分配给村民食用，可以用来做灰豆饭，喝灰豆汤，生豆芽菜，亦可炒熟吃。也有一些家庭生下小孩后，用豌豆填缝枕头，意在让婴儿的头型枕好。

4. 高粱　主要是分给农民食用，也用来做牲畜饲料。包产到户后少有人种植。

5. 棉花、蓖麻　1969—1970年期间，村上试种棉花、蓖麻，通过实验，不太适应本地种植被放弃。

6. 啤酒大麦　2000年前后，村民种植啤酒大麦，由县麦芽厂或啤酒厂家收购。

第二节 秋作物

▲谷 子

一、大秋作物

主要有谷子、大糜子和玉米、胡麻、菜籽。

1. 谷子 谷子去壳后即是谷米，又称小米。常用它熬小米粥喝，做小米糁饭。谷草是喂牲畜的主要饲料。

2. 大糜子 糜子脱壳后即是黄米，主要做黄米糁饭。糜子秸秆经过加工，扎成笤帚使用。

3. 玉米 俗称苞谷。20世纪80年代前，玉米是农民的主食。如玉米面熬粥，玉米面烙饼，掺点白面做面条，黄米加玉米粒做糁饭，加点糖蒸发糕。也可通过炒熟、煮熟后作为方便食品直接食用。

4. 胡麻 是本地主要油料植物，含油量高，榨取的油脂称为胡麻油，气味醇香，营养价值高，是日常生活中不可或缺的调味品和营养品。

5. 菜籽 又称油菜籽，也是本地种植比较多的油料作物之一。含油量相对胡麻要低，榨取的油脂可以煎炸食品。

二、小秋作物

夏收结束，大约还有60天的无霜期，“一熟有余，两熟不足”。根据本地气候条件，抢茬复种一些生长期较短的小秋作物。复种的小秋作物有60天即可成熟的小糜子，亩产40～90公斤，荞麦亩产60～100公斤，油料小菜籽亩产40～80公斤，蔬菜类白菜和绿萝卜亩产2500公斤左右。

从1953年开始试种这些作物，20世纪70年代是兴盛期。包产到户后逐年减少，90年代中期以后，很少有人再复种。

第三节 瓜果蔬菜

1923年，锁罕堡有5家菜园子。分别是陈家园子（陈华秾祖上）、马家园子（马泰祖上）、李家园子（李玉民祖上）、毛家园子（毛正坤祖上）和孙家园子（孙启龙祖上）。每户占地面积3～5亩不等，园内种有梨树、杏树和沙枣树等树种；有韭菜、白菜、球茎甘蓝、良姜、甜菜、红葱等蔬菜，还有南瓜、菜瓜、甜瓜、西瓜和籽瓜等瓜类植物。1956年入社时，菜园子收归集体所有，由大队统一管理。从各队抽调原给这些大户种过菜园子的村民，如二队孙乘龙、三队马登青等种植和管理菜园子。1957年，社员们食用菜园子提供的新鲜蔬菜。最初给社员分的菜品较少，数量有限。1958年人民公社化，大队对菜园子进行整顿，成立兴泉大队园艺管理组，也就是后来习惯称呼的“大园子”。确定12人的园艺组领导班子。成立园艺组后，蔬菜品种数量都有所增加。

大园子位于堡子至堡桥之南，占地30多亩。园子里有白菜、韭菜、水萝卜、莲花菜、辣椒、红葱、小葱、球茎甘蓝、西红柿等20来个品种的蔬菜。也种植桃树、杏树、香水梨树、苏木梨树、秋子树、沙枣树，后又种植苹果树、枣树、花椒树等。1958年10月，大队办起11个集体食堂，大园子就担负起为食堂供菜的任务。大园子的收入按各小队参加的劳动日值核算分配，售菜用现金和菜票两种形式。1961年后，食堂逐步解散。园艺组虽未解散，但由于各种原因，效益逐步下滑。

▲ 西瓜地

1964年初，大队批准园

艺组在园内南北两头打两眼“解放牌”水挂井以补充水源的建议。他们边生产，边整地扩园，至年底，园区面积由1956年入社时的15亩扩大近一倍。两眼水井的建成，浇水有保障，蔬菜品种由原来几个增加到20多个。

1965年至1982年，是兴泉村瓜果蔬菜生产的兴盛期，品种从少到多，从差到优，逐步发展。改革开放伊始，园艺组解散，菜园子分包到户。

1981年，土地实行家庭联产承包责任制，菜园子管理问题凸显：一是劳动力调配，二是配水时间，三是瓜果蔬菜定价，四是蔬菜品种等系列矛盾。经研究决定：一队、四队、五队、七队、八队、十队的菜园子全部分地到户，果树、桃树作价处理。二队、三队、六队、九队菜园联产承包，承包户给生产队每年交现金1000～5000元不等。2018年底，因管理问题，再加树种老化和受配水时间限制，效益趋于下滑。村上的孙家园子被乡上修建养老院占用；付家园子被批准建成民居住宅。大园子分给10个生产队当作报酬田。

1966年兴泉园艺组分配明细表

表2-3-1　　单位：元

队别	劳动工日	金额	收入		合计	支出			合计	找补
			转入菜头	畜料找补		已付现金	畜料应扣	称菜籽钱		
一队	5381	273.35	5.2		278.55	245.91	0.8	30.98	277.96	0.86
二队	5897	299.57	11.23		310.6	269.5	0.09	21.86	291.45	19.15
三队	6524	331.42	15.92		347.34	298.15	0.15	24.32	322.62	24.72
四队	9193	467.0	11.82	0.59	479.41	420.12		46.87	466.99	12.42
五队	6592	334.87	7.88		342.75	301.25	0.11	34.27	335.63	7.12
六队	4876	247.7		0.12	247.82	222.83		17.94	240.77	7.05
七队	6482	329.29	11.82		341.11	296.22	0.25	20.38	216.85	24.26
八队	5966	303.07	15.76		318.86	272.65	0.12	27.78	300.55	18.31
九队	8267	419.96	8.27	0.26	428.49	377.8		34.87	412.67	15.82
十队	1099	365.72		0.55	366.24	329.0		32.64	361.64	4.6
合计	60277	3371.95	87.9	1.52	3461.17	3033.43	1.52	291.91	3227.13	134.31

第四节 林 业

自西周至元代，兴泉地区先后属羌戎、月氏、匈奴、汉、蒙古管辖，其时，水草丰茂，以畜牧业为主。明英宗、武宗年间，移民垦疆，由于战乱及自然灾害等因素，草原锐减，植被受损，逐渐过渡到农牧混合乃至以农耕为主。清末至民国，植被荒漠化严重。

至1949年，由于绝大部分土地、水源都归大户家族所有，植树有限，兴泉村除五眼泉水周围有些灌木、红柳外，其他水渠边和地埂栽有少量的柳树、沙枣树和榆树。

1949—1963年，兴泉村大兴水利，修筑堤坝，治理盐碱地，铺压砂田抗旱。以生产队为单位植树造林，在水渠两边剪枝插条、栽树，柳树、榆树成行，沙枣树成片。

1964—1983年，是植树造林的鼎盛期。1965年10月6日，县林业部门推广“兴泉苗圃”育苗、植树造林及种植蔬菜经验，两年时间，培育出各类苗木近7万株，圃地定植4亩经济树，苗行间和小块空地上播种蔬菜，当年每亩收益200多元。根据需要，大队提出4项措施：一是由每个生产队调一个劳动力，共10人组成林业组，并进行技术培训；二是给苗圃四周修筑围墙，防风固沙；三是合理调度，统一配水；四是由一名党支部委员和一名大队干部分管林业。

林业组成立后，打开兴泉村苗圃育苗工作和套种蔬菜试验的工作局面。苗圃由最初的2.5亩、4亩、6亩增加到21亩，苗木种类在原来的柳树、沙枣树、榆树3个品种基础上，又增加椿树、桃树、大白杨、小叶杨和核桃等5个品种。9年时间为大队植树造林提供各种苗木70多万株。兴泉苗圃的成功经验被县上树为典型，在全县推广。

至1972年，全大队共种植柳树10万株，榆树15万株，沙枣树25万株，椿树5.8万株，大白杨8万株，小叶杨6万株，桃树2000株。

1973年，按照县上的要求，景电一期灌区西干八支原十三斗、十八斗、十九斗、二十斗、二十一斗、二十二斗、二十三斗5600多亩土地同步实施地、渠、路、林四配套建设。至1983年，共计完成植树造林1200亩，栽植钻天杨120多万株。

1983—2000年，根据国家政策变化，植树任务分解到户。这一阶段人们着力于粮食生产，对植被和自然环境保护有所轻视。特别是由于农渠边和地头上的树木影响粮食作物生长，这些树木逐年被承包户私自砍伐。浇水和管护方面存在问题，斗渠、道路两边林带的集体树木大部分枯死。20世纪90年代中期，钻天杨、小叶杨、大白杨遭到天牛的侵害，树木大面积干枯死亡，多种原因导致林业面积缩减，树木逐年减少，部分林地变成私人农田。

21世纪初，国家出台“退草还牧、退耕还林”政策，动员、鼓励全社会力量保护植被。由私人承包荒山、荒坡、荒地，成片营造林地，绿化山野，植被覆盖逐年增大，生态环境初步得到改善。

植树造林片区主要有碱台塄、红井井、周庄子、杨胡梁、西滩边、马昌山、闫家掌、土塘子、马家滩（林场）、田间地头、水渠边及部分闲置荒地。

第五节 养殖业

明末清初到国民党统治时期，土地及畜牧养殖业属当地的宗族大户所有。至1949年，大户私人养殖牛、马、驴、骡254头，山羊、绵羊1280只。土改时，这些牲畜全部分给村民。

1950—1957年，畜牧业养殖发展缓慢。

1950—1957年兴泉村畜牧养殖存栏数统计表

表2-3-2 单位：头、只

年 份	大牲畜	羊
1950	285	1285
1951	308	1060

续表

年　份	大牲畜	羊
1952	329	1292
1953	323	1594
1954	371	1640
1955	394	1810
1956	415	1890
1957	440	2410

1958年，人民公社化，土地等生产资料归集体所有，国家实行计划经济，每年从上到下下达牛、羊、生猪和鸡蛋收购任务。上级号召大队、各生产队、各家各户都要大力发展畜牧业养殖。每个生产队办一个百头猪场，每户养1头猪、3只羊、6只鸡。

1961年，兴泉大队被划分为兴泉、新堡、三塘3个大队。接着持续3年的自然灾害，缺水缺草，牲畜、家禽饲养困难，大量死亡，队办猪场名存实亡，养殖业大幅度减少。

1961年划分大队时各大队牲畜养殖存栏数统计表

表2-3-3　　　　单位：只

名称 队别	养羊			养猪			其他养殖	
	合计	集体	私人	合计	集体	私人	鸡	兔
兴泉	1421	1378	43	99	44	55	141	255
新堡	1992	1939	53	75	44	31	173	313
三塘	559	538	21	28	9	19	146	58
合计	3972	3855	117	202	97	105	460	626

1961年划分大队时各大队大牲畜养殖存栏数统计表

表2-3-4　　　　　　　　　　　　　　　　　　　　　　单位：匹、头

名称 队别	大牲畜					
	总计	马	牛	驴	骡	说明
兴泉	220	19	38	130	33	1.大牲畜属生产资料，1957年全部入社，为集体所有，4年内没有发展私人养殖。2.时有大牲畜532头，比1957年多92头，4年中平均每年发展23头大牲畜
新堡	230	22	38	135	35	
三塘	82	7	13	51	11	
合计	532	48	89	316	79	

1960—1988年兴泉大队大牲畜养殖存栏数统计表

表2-3-5

名称 年度	集体养殖（大牲畜）						羊			猪			鸡	兔
	合计	骡	马	牛	驴	骆驼	合计	集体	社员	合计	集体	社员		
1960	597	85	52	86	374		7816	3908	3908	370	141	229	38	108
1965	349	62	60	130	88	9	3130	2912	218	529		529	670	858
1977	467	131	91	92	67	86	2094	1483	611	1734	249	1485	1206	1438
1988	371	148	38	13	156	16	1297		1297	807		807	854	79

注：1956年社员饲养驴227头、1977年饲养驴47头均在合计内。

1982年，实行家庭联产承包责任制后，集体养殖畜牧全部解体，分散到农户饲养。1985年，随着国家全面取消养猪派购统销任务，改为市场流通，乡镇企业兴起，村民利用更多的时间到企业务工以增加收入，家庭散养缩减。

1989—2005年，养殖业又呈现逐年上升趋势。其间，养牛专业户缪银贵家发展到20多头，养鸡专业户吕庆生家最多时发展到5000只。

1990—1994年兴泉村牲畜饲养对比统计表

表2-3-6

年度＼名称	马	牛	驴	骡	骆驼	绵羊	山羊	猪	鸡	兔
1990	32	9	134	134	7	1080	156	1022	1764	
1992	28	5	107	119	4	1300	175	1191	1832	70
1994	13	2	126	142	2	1158	250	1335	1616	324

1989—2005年兴泉村养猪专业户一览表

表2-3-7

户名＼名称	棚舍建筑面积（平方米）	投资（万元）			养殖量（头）					
		合计	自筹	贷款	合计	公猪	母猪	育肥猪	子猪	年出栏
李家功	500	5	3	2	239	1	8	150	80	150
孙启龙	400	6	4	2	299	2	7	130	160	155
段守梓	450	4.8	1.8	3	209		5	150	54	150
李家顺	280	2.7	2.7		213		4	136	73	136
付延谋	360	2.5	1.5	1	161		5	90	66	90
刘作林	300	2.2	0.2	2	246		6	120	120	120
周平川	140	0.8	0.8		104	2	2	60	40	60
马　楷	220	2	2		156	1	5	100	50	100
孙志宏	240	3	3		144		4	70	70	70
石兴盈	450	2	2		239	1	8	180	50	180
孙志学	240	3	3		144		4	70	70	70
曾继荣	260	1.3	1.3		102		2	60	40	60
葛文杰	7000	40	25	15	753	3	50	500	200	1000
刘叶兰	300	2.3	1.8	0.5	164		4	100	60	100
吕庆生	200	1.5	1.5		133		3	100	30	100
卢有君	200	1	1		113		3	50	60	50
合　计	11540	80.1	54.6	25.5	3419	10	120	2066	1223	2591

2005年，村上成立养殖协会。2008年，马家滩办起小规模养殖场；2015年，利用毛家台子多年弃种的180亩荒地、荒坡，进驻40多家养殖户，每户占地面积2400平方米左右，实行统一规划、分户建设的原则，村委会配合景泰县国土资源局给养殖户办理土地证，同时向县政府申请按照养殖户棚区建设面积，经过现场丈量验收合格后，每平方米补助搬迁费140元，面积最大的一户补助27万元。2008—2018年，村庄内原有的30多家养殖户陆续搬迁到养殖园区，村内环境卫生脏、乱、差的状况从根本上得到解决。

养殖园区建成后，养殖户参加县畜牧防疫机构、饲料企业组织的养殖技术讲座，通过培训学习，相互交流，转变小农经济意识和旧的养殖观念，转变经营理念。从2015年开始，村民自愿报名、自愿结合、自我约束，成立养猪专业合作社3个，并注册登记，分别为："景泰县鼎盛养殖专业合作社"，会长罗崇满，有养殖户19家；"景泰县兴达养殖专业合作社"，会长李家功，有养殖户5家；"景泰县兴荣养殖合作社"，会长曾继荣，有养殖户5家。3个合作社年养猪1万头，其中存栏数5400头，出栏数4600头。尚未注册登记的专业养殖户19家，年养猪1万头，其中存栏数6488头，出栏数3512头。

▲ 规模养殖区

2018年，两个养殖园区养猪数量达到2万头，年出栏猪8112头，毛收入1314万元。全村有养羊专业合作社4家，分别为："景泰县福顺养殖专业合作社"，会长罗维福；"景泰县钰鑫种植合作社"，会长化得全；"景泰县振鑫农牧养殖专业合作社"，会长雷光烨；"景泰县农欣源养殖专业合作社"，会长俞宗平。4家合作社养羊5138只，其中存栏3806只，出栏1332只。尚未入社的55家养殖专业户养羊5019只，其中存栏3718只，出栏1301只，合计养殖10157只。年经济效益463万元。

养牛专业户2家，分别为：九组村民罗崇俭，养牛87头，年出栏牛犊收入100万元；十组村民李维虎，养牛犊50头。

养殖业从家庭养殖、集体和社员混合养殖到专业户养殖，逐步发展壮大，步入规模化。特别是2008—2018年，两个养殖园区的建成，极大地调动了养殖户的积极性，畜牧养殖业发展迅速，养猪专业户发展到49户，养殖数量发展到2万多头；养羊专业户发展到59户，养殖数量发展到1万多只；养牛专业户2户，共养牛137头，年收入100多万元。三项养殖业年收入达到2000多万元。

2018年兴泉村养殖专业户养殖情况统计表

表2-3-8　　单位：头、只

序号	名称	负责人	类型	养殖类型	存栏
1	景泰县鼎盛养殖专业合作社	罗崇满	养殖	猪	4500
2	景泰县福顺养殖专业合作社	罗维福	养殖	羊	3046
3	景泰县农欣源养殖专业合作社	俞宗平	养殖	羊	1800
4		李家顺	养殖	猪	680
5		马　楷	养殖	猪	678
6		孙志东	养殖	猪	670
7	景泰县振鑫农牧养殖专业合作社	雷光烨	养殖	羊	600
8		李树泰	养殖	羊	600

续表

序号	名称	负责人	类型	养殖类型	存栏
9		刘作林	养殖	猪	544
10	景泰县兴达养殖专业合作社	李家功	养殖	猪	500
11		周平川	养殖	猪	460
12		张 锋	养殖	猪	457
13		王 军	养殖	羊	450
14	景泰县兴荣养殖专业合作社	曾继荣	养殖	猪	400
15		吕兴泰	养殖	羊	360
16		孙志辉	养殖	猪	360
17		段守儒	养殖	猪	350
18		郝春林	养殖	猪	280
19		沈军林	养殖	猪	276
20		石兴海	养殖	猪	270
21		王作祥	养殖	猪	270
22		马 础	养殖	猪	240
23		罗崇莲	养殖	猪	180
24		俞有兴	养殖	猪	180
25		李延祯	养殖	猪	170
26		马 强	养殖	猪	160
27		郝 兴	养殖	羊	145
28		卢有泰	养殖	猪	143
29		吴强瑞	养殖	羊	140
30		韦秉雪	养殖	猪	120
31		尚可泰	养殖	羊	120

第四章　农电　水利

第一节　水源开发与农电建设

兴泉村东有米家山，南有马昌山，西有寿鹿山，地势西南高东北低，从而形成一个倾斜冲积平原小盆地，东南有较深的红土隔水层，扭转了地下浅层水的流向，将西邻松山一带的地下水和南北两条大沙河渗漏水，全部阻挡汇聚在村庄自西向东南地带，形成一个回旋的地表浅水层、地下深水层。由于地质地理的发育生长和地形地貌的自然形成，使得兴泉村有着较为丰富的地下水资源。1949年前后，开挖的几股泉水均是地表自流水。至2021年，村民取水、饮水、灌溉的水源，有自流的泉水，有人工开挖的大口井水，有机械钻打的深井水，有景电一期工程的黄河水和引大入景工程自来水。这些水源浇灌着兴泉村5426亩耕地，养育着4000多名村民。

一、泉水引灌

1949年以前，村里的农田水利设施均为私人所有。人畜饮水和浇地，主要依靠4个天然泉水，即“河生道”（原速罕泉）、杨家渠、半截渠和边渠。除供人畜饮水外，4股泉水浇灌的耕地面积有2020亩。

1952年，在区党委的直接领导和组织下，动员全乡400多名劳动力，于9月份开始，经60多天大干苦战，在村南横断河开挖一条13米深、500多米长的沟渠，掘出有两个大缸粗的清泉。从此，五泉齐聚，除保灌原有水地外，又发展水地1838亩，全乡包括今三塘村在内的村民都有水浇地。

因泉水清澈甘甜，村民称这眼泉为“幸福泉”，称这条渠为“解放渠”，为纪念这一重大喜事，决定将村名“锁罕堡”改为“兴泉堡”，即“兴修水利得泉

▲ 涝坝

水而利民桑”之意。兴泉村挖泉开渠事迹轰动一时，受到上级政府的表彰。

涝坝 1958年，村民挖渠引水，将大机坑、河生道机坑、边渠机坑的水集中灌溉，在公社门前修筑直径40米、周长120余米的圆形涝坝。2017年，建设美丽乡村活动中，给涝坝四周修建护栏，铺设人行道，植树种花草，修台建亭，建成小公园。村民在这里做健身操、打太极拳、跳广场舞，成为休闲娱乐的重要场地。

兴泉村水源分布图（1949—2018年）

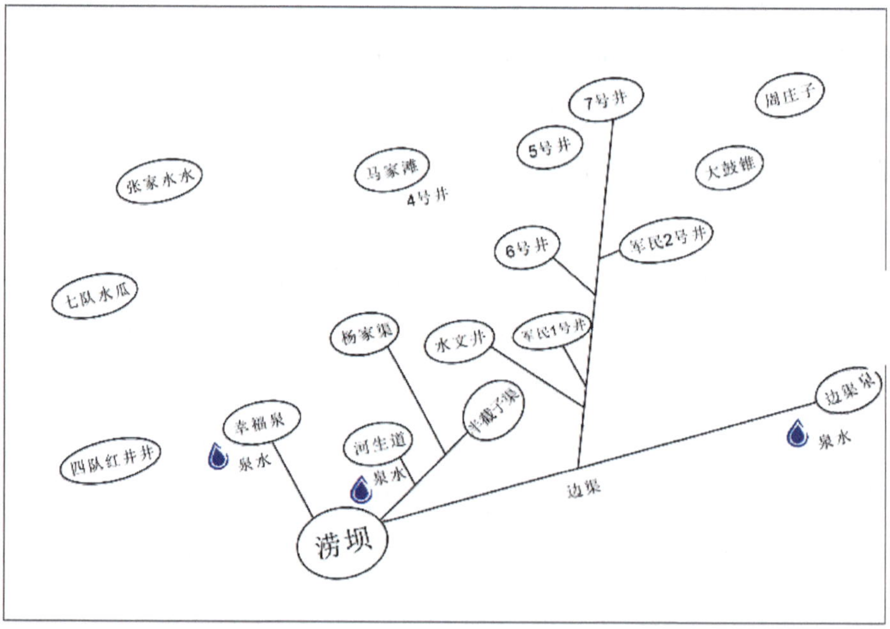

说明：1.圈内表示集体经营，蓝点表示2000年以后各企业自打的机井供内部用水。2.旧堡子里一个供水井未标注，20世纪70年代中期干枯再未使用。

兴泉村“五泉”起止时间表

表2-4-1

序号	名 称	启用时间	停用时间	说 明
1	半截渠	1949年前	1958年	大口井，称大机坑，柴油机抽水
2	边 渠	1949年前	1959年	大口井，称边渠井，柴油机抽水
3	河生道	1949年前	1966年	大口井，称公社门前井，柴油机抽水
4	杨家渠	1949年前	1969年	干枯报废
5	解放渠	1952年秋	1971年	大口井，称胜天井，电厂发电3台泵抽水

兴泉村水渠分布图

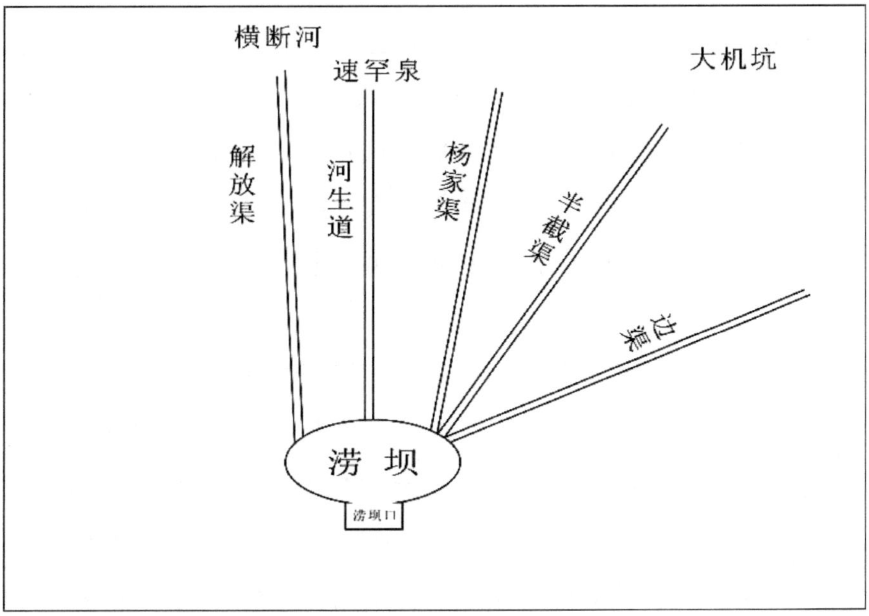

1952年秋挖掘的“幸福泉”，相比其他泉眼水深13米，加之1961—1963年天气干旱，造成地下水位下降。1965年冬灌时，除“幸福泉”水量未减外，其他四股泉水水量均有所减少。针对这一状况，将原泉水点深挖抽水提灌，自流灌溉逐步变为抽引灌溉。

二、打井提灌

1959年9月，全村抽调444名强壮劳动力，以“兵团作战”的方式，组建“水利民兵营”，在杨家渠、边渠、半截渠、河生道、唐家台台、张家水水、大沟门等7处工地，大规模兴修水利。苦战50天，打出深度12米的水井6眼，挖串井36眼，开挖清理渠道6800米，架设12～15马力柴油发电抽水机6台，变自流水引流灌溉为机械抽水灌溉，水量大增，增加水浇地3243亩，人均水浇地2.5亩。1967年，大队建成185马力柴油机自备发电厂，购置电磨2台，电动碾米机1台，榨油机1台，用于农业生产抽水、社员粮油加工及生活照明。

1970年12月24日，兰州军区“674”部队野营拉练到兴泉并驻防。部队首长与大队领导班子座谈，大队党支部书记樊文雄做农业生产情况汇报，时任兰州军区副司令员皮定均将军指出：“兴泉村人多，土地宽广平展，地下水资源丰富，自然条件又好，实现农业丰收，解决水源是关键。”

经过两天的走访和调查，部队首长和大队干部又一起到水源地勘查，确定打井位置。1970年12月26日，打井正式开始。驻村解放军指战员和本村民兵400多人投入，克服天寒地冻、风沙迷眼的困难，夜以继日，大干14天，开挖口面直径20米、井深22米的大口井两眼。共计投工5306个，其中解放军3297个，民兵2009个，挖取土砂6009立方米。如期建成两口“军民团结井”，增加保灌地500亩。

“军民团结井”建成投入使用不到一年，处于下游的幸福泉、河生道（原速罕泉）两处水源水位相继下降，上水量严重不足。村上请来县水利局工程师，经实地实验测算，认为这两处水源无法保证1971年冬灌。为确保冬灌，决定在“幸福泉”的基础上打大口井1眼，井深为32米，直径为4米。从各队抽调劳动力60多人，大战60多天，于1972年1月打成深井，水量充足，安装2台6寸泵、1台4寸泵同时上水，每小时上水量达到540立方米，一口井可以达到其他三口井的水量，被命名为“胜天井”。河生道继续使用。

“胜天井”投入使用后，总结1952—1972年20多年兴修水利的经验，为长久解决土地灌溉问题，提出两个方案：一是向县水电局申请从一条山大队到兴泉大队架设一条6千伏高压线路，在马家滩、杨胡梁、周庄子等水源点打井提水；二是向公社、县上汇报，申请将景电提灌工程一期灌区西干八支渠延伸到兴泉，从根本上解决农业灌溉问题。并决定由时任大队副主任杨天泰抓农业生产，负责全盘工作，大队党支部书记樊文雄重点“跑电跑水”，即通过各种渠道广泛联系，争取得到相关部门的支持，解决通电、上水问题。

甘肃省委、省政府曾经有文件规定：省属大中型工矿企业要对口支援农村农业生产。根据这个文件精神，樊文雄上兰州找到甘肃省冶金公司，递交请求支援的报告，得到公司党委会研究同意。经多方协调，在省冶金公司的帮助和县水电局的积极配合下，1972年8月底，一条长11公里的6千伏高压线架设成功并通电，为农业发展提供动力支持，结束柴油发电提灌、磨面碾米、照明的历史。

三、延伸河灌

1973年6月，全省“农业学大寨”经验交流现场会在景泰县召开，兴泉大队是现场观摩点之一。26日，与会各级领导、代表到兴泉大队现场观摩，发现相邻的两块地粮食长势差别很大，询问原因，樊文雄汇报说：长势好的是浇上水的，亩产能打350～400公斤。长势不好的是只浇了一个冬水，没有浇苗水，亩产只能打100公斤左右。观摩会上，时任景电一期工程总指挥李培福副省长的秘书兼指挥部计划组副组长化成（兴泉籍）也在现场。樊文雄建议，将景电一期西干八支渠延伸到兴泉、三塘两村，让这里的旱地也能浇上水，多打粮食，让兴泉、三塘几千名农民

▲ 西干八支渠延伸渠

能过上旱涝保收的好日子。经过化成协调，李培福专程到兴泉、三塘两村现场了解情况，专门开会研究决定，同意西干八支渠延伸到兴泉、三塘两村。是年7月，指挥部派测量队和设计组前来实地测量设计。经测算，西干八支渠延伸到兴泉，需要在前台子沙河修建一处“倒虹吸”。设计方案确定后，指挥部与兴泉、三塘两个大队的主要负责人商议决定：一是所有延伸渠道由兴泉、三塘两个大队自行承担开挖，费用自理。二是倒虹吸的管道由指挥部负责送到现场，派技术人员指导施工，费用由兴泉、三塘两个大队负担。10月中旬秋收后，兴泉、三塘两个大队抽调劳动力360多人，开始黄河水延伸引入兴泉、三塘村的渠道开挖、衬砌工程。10月20日，倒虹吸管道运到现场后，李培福总指挥亲临现场指导，并向两个大队干部指示，必须如期完成，力争12月25日试水。为保证倒虹吸安装，兴泉大队专门架设2000米的输电照明专线，抽调电工、焊工及技术人员30多人，轮流倒班，7天7夜提前完成任务。经指挥部工程技术人员现场验收，达到设计要求，具备试水条件。经过大家的共同努力，65天就保质保量地完成西干八支下段渠道延伸工程的挖掘、衬砌，兴泉、三塘村从此浇上黄河水。

1973年底，王有昌继任兴泉大队党支部书记。根据公社党委的安排进行党员冬训，调整各生产队的领导班子，整顿充实团总支、民兵营、妇联组织，对大队园艺组及联营企业领导班子进行补充调整，以民兵营、铁姑娘排为主体，从各生产队抽调强壮劳动力400多人、架子车100多辆、大牲畜40头，开展平田整地。

随着西干八支渠的延伸，从1974年开始，水浇地分为河灌地和井灌地两种，即黄河渠以东的地称河灌地，黄河渠以西的地称井灌地。5年内，平田整地共计增加水地面积2320亩。

1975—1977年，在马家滩、周庄子、大锅锥、去喜集水路边共打井6眼，发展井灌地900亩。至1981年秋，全村共有机井11眼，水浇地5426亩，其中河灌地3818亩，井灌地1608亩。

1989年，又相继在杨胡梁、周庄子、马家滩、半截渠、四趟嘴子、佛寺前打110米以上深井7眼。

1999—2004年，村“两委”向市、县有关部门申请水利项目资金，在付兰英、杨明海、杨凤礼等市、县相关领导的协调支持下，由村办企业等多方筹资60余万元，打深井6眼，扩大水浇地1500亩。

2004年，西干八支渠下段延伸渠道建成运行30多年，从倒虹吸出口至二十四斗近3000米渠道水流不畅，因资金原因，虽每年安排劳动力清渠，但未能从根本上治理，不能保证苗水按时灌溉，粮食产量受到影响。2007年10月，新一届领导班子换届，针对倒虹吸流水不畅的问题，多次向省景电管理局汇报申请，在该局干部卢逢春（兴泉籍）的协调帮助下，整修项目获得批准。2009年秋天，省景电管理局投资160多万元，彻底解决延伸渠道流水不畅问题。

1973—1980年兴泉村水利投资修支渠、斗渠、农渠、机井情况一览表

表2-4-2 单位：米、眼

项目 / 年度	支渠	十三斗		十四斗		九支十斗		十八斗		十九斗		二十斗西		二十斗东		二十一斗		二十二斗		二十三斗		二十四斗							
	八支延伸	斗渠	农渠	斗渠	农渠	斗渠	农渠	斗渠	农渠	斗渠	农渠	斗渠	农渠	斗渠	农渠	斗渠	农渠	斗渠	农渠	斗渠	农渠	斗渠	农渠	水文井	3号井	4号井	5号井	6号井	7号井
1973	3500																												
1974		1600	3000	1700	3600	2500	4000																						
1975												8000	16000	3000	6000			3500	7000					1	1				
1976																3300	6900									1	1		
1977								2700	5100	1900	3900																	1	1
1978																				4500	13500	2500	7500						
1979																													
1980																													

第二节 生活用水

村民生活用水，主要依靠河生道（原速罕泉）、杨家渠、半截渠（大机坑）、边渠泉眼水（今中学西南角）以及1952年新开挖的“幸福泉”等五股泉水。多采用抬水、挑水、驴驮水和架子车拉水，在家中水缸储存饮用。

1973—1990年，村民生活用水是40米深的地下水，由电力水泵提水，人工水渠引流汇集到涝坝（原旧公社门前），保障人畜饮水和农田浇灌。其间，家庭饮用水仍然采用人工挑水和架子车拉水，有条件的家庭在自家院内修建水窖，用拖拉机装载水箱或水囊拉水存储使用。

1991—1992年，村上集资15万元，其中县水利局补助资金5万元，当地县乡驻村单位集资2万元，各村办企业投资8万多元，在杨胡梁原5号机井进行自来水工程建设。1992年4月22日破土动工，抽调本村3个工程队分段承包，历时60多天，埋设管道2800多米，建成14个自来水取水点，1992年10月23日正式供水，供应全村居民及8个驻村单位生活用水。

1999年开始，5号机井水位逐年严重下降，勉强维持到2002年6月，几经深捞，由40米深大口井变成100米深井取水，村民家庭采用拖拉机运水装窖储水饮用，水窖覆盖率达到80%以上。

2007年5月，县政府实施引大入秦延伸景泰城区人饮工程。2010年，村党总支书记俞宗富前往兰州，向时任省水利水电设计院副院长马明（兴泉籍）汇报“兴泉村人饮工程”设想，请求在过境村管道设分支口，为村民提供生活饮用自来水。在马明的协助下，县政府同意供水管道（兴泉段）设分支口。2015年4月，按照设计要求，县水利局“兴泉村人饮工程”破土动工，10月主管道全线建成通水，并完成自来水入户工程覆盖率达95%。按1170户每户600元标准征收安装、水管、水表等相关费用，总计70.2万元。

第五章 手工业 副业 企业

第一节 传统手工业

兴泉村传统手工业制作，最早可追溯到西汉时期。20世纪60—80年代，村民建房、村上平田整地时，又发现多处汉墓。每座汉墓都用汉砖和白灰、沙子浆砌而成。

明初建村定堡，随着居民的增多，制作加工相关生产工具、生活用品的工匠及小手工业作坊相继出现。这些工匠侧重传统的家庭作坊和资源性的浅层开发利用，以满足生产和生活之用。如制作加工铁木铧、耙、车等农耕用具，从事砖瓦烧制、砂锅烧制、石器锻凿等居民生活用具用品的加工活动，进行榨油、磨面、碾米、酿造醋酱、制作黏糖等食品加工活动。同时还衍生出以畜产品为原料的纺织业，以草本植物为原料的编织业，修建庙宇并衍生到居民住房的建筑业，各行各业的艺人们成为手工业的主力军。

一、口袋匠

缝织口袋的匠人。织口袋工具包括一台手摇纺线机、一台织梭机、一副挑线架等。主要工序有两道：一是备料选料，先将清理好的羊毛或棉花装入纺线机的织箱内，用手边摇边纺线，粗、细可调节，然后把线分类绕团；二是纺织，把分类好的经线固定在线架上，通过挑线架挑起下排经线，纬线随梭子来回穿越进行纺织。根据需要，有的织成卷，有的织成片，再行缝合即成产品。产品有用毛线制作盛粮的毛口袋、毛包子（麻袋）、钱叉子；用棉线制作的褐褂子、褐子被褥和线口袋等。20世纪50—70年代，由于资源短缺，生活贫困，有些老人用线杆将自产羊毛或生产队分的羊毛捻成线，给孩子们织（俗称“挑”）成袜子、帽子、耳套、手套，用以防冻保暖。随着社会的发展和物质条件的极大改善，至20世纪80年代初，这些技艺基本失传。

知名的口袋匠是顾生智、顾发春父子，被称为顾口袋匠。

二、篾匠

篾匠，也称编织匠，主要以一些植物的皮、茎、枝、叶为原料，如柳条、芨芨草、大麻子秆、大糜子梢等。制作的主要产品有：用柳条编织的地耱、淘洗麦子的漏勺，用芨芨草编织的筐、背篼、圈笆（用在马车上圈堵粪肥、砂土等）、芨芨帘子、芨芨笆子（铺房顶）、扫帚等。用芨芨草搓成的草绳，在农业生产中用途较多。大麻秆上剥下来的皮，经泡制后称为“麻”，搓编成粗、细麻绳，与编草绳技艺相同，但比草绳又上了档次，质量好，结实耐用。粗麻绳农用，细麻绳民用，扎口袋绳子、编芨芨帘子、扎笤帚、锥帮纳底做鞋子，用途广泛。糜子收割后，先将颗粒脱净，经挑选加工，用秆梢编制的笤帚，用于扫炕、扫地、扫面、扫米。这类技艺大多淘汰于20世纪70年代末，仅有扎扫帚、扎笤帚手艺一直在沿用。

三、毡匠

毡匠，主要以羊毛、牛毛及骆驼毛为原料制作以毛毡为主的生活用品的匠人。用毛毡铺炕，可以保暖，隔潮，是过去土炕上最实用的铺炕用品。制作毛毡也称擀毡，一般需要一个固定的作坊，基本工具是一张案子、一把弓、两把剁刀和一个穿心针。分六道工序：一是先将毛处理干净，用弹毛弓弹开弹匀；二是确定毡型大小，将弹好的毛均匀铺好；三是在铺好的毛上均匀地喷上水，达到微潮即可；四是用提花针引线穿心，使之稳定；五是压铺面子卷起来成筒状；六是将卷好的毛筒用绳子揽起来然后两人合力蹬压，挤干水分，并用剁刀砍压瓷实；最后压毡成型。毡匠除制作整炕毡、双人毡、单人毡等不同规格的毛毡外，也制作毡袄、毡包、毡鞋、毡靴、毡帽、毡门帘等。毡袄和毡包可在野外时防寒防风，是牧羊人的必要装备，外出放羊时，如有母羊产羔，即可把羊羔放在毡包内背回羊圈。还有在使役大牲畜时用来保护其脖子的毡拥脖等。随着生活方式的变化，擀毡、做毡活的行业，至20世纪末基本消失。

知名的毡匠有罗俊、罗文奎叔侄，马占伟和其子马登泰、马登山等。

四、皮匠

以动物毛皮经鞣制后制作各种生活用品的匠人。皮匠工艺一般分为两个步骤：一是熟皮子，即将羊皮、牛皮等生皮进行鞣制的过程。将水、芒硝、糜面按比例勾兑搅拌均匀倒进缸内，放入毛皮进行浸泡，每天翻动一次，一般7～10天皮子就熟好了。之后就是铲皮、刮皮、揉皮，即是将皮子上的油脂铲刮干净，再将皮子揉搓使之变软。熟皮一般选在三伏天，这时气温高，发酵效果好且皮子不易受损。二是裁剪缝制，将鞣制好的皮子经过裁剪进行缝制，大多缝制成长皮袄、半截皮袄（短皮袄）、皮套裤等。一般在秋收后春节前缝制。皮衣分为两种，一种是山羊皮衣，另一种是绵羊皮衣。绵羊皮比山羊皮的皮质绵软，保暖性能更好。绵羊的毛呈蜷曲环状，上好的毛皮是绵羊的羔皮，毛环达到7环、9环时质量最好。在熟皮子时羊羔皮要单独鞣制，时间一般为5~7天。用绵羊羔皮制成的衣服称“二毛筒子”，相对大羊皮轻便、贴身、舒适，更受人们的喜爱。皮匠缝制好的二毛筒子，还需要裁缝用不同的布料缝制皮衣的面子和里子。一般用颜色不同的绸料做里子，以保护毛环的形状和洁白。用不同的哔叽呢（一种斜纹棉布）做面子，也称“挂里子”“挂面子”，面子一般装两个斜插口袋，衣领采用复合绒制作而成，是过去较富裕或较有身份的人才穿得起的服饰。一直到20世纪70年代，因其价格贵、产量少，一般收入低的人很难买得起。

其他大牲畜的毛皮，经加工后可制成农业生产用具，如马围脖、皮搭背、马鞧子、皮套绳、马鞭等。牛皮质量较好，一般用于缦大鼓、干鼓、腰鼓。用牛皮做的鼓，质地坚韧，声音清脆而响亮。剩余边角料再制成做皮鞋用的后皮弯、前缦尖，结实耐用。经过鞣制加工的皮料，不生虫，不怕雨，遇水不僵硬，不变形，柔软舒适，防寒保暖，经久耐用。20世纪80年代中期，传统手工作坊演变为皮革厂、皮革公司。

知名的皮匠有辛田荣、郑升福、吕尚忠、吕民德和潘发义、潘进禄父子等。

五、铁匠

手工制作各种生产生活铁器的工匠。制作铁器的过程被称为打铁。打铁作坊是一间简易房子，房间里用土块泥巴砌一烧铁炉，安装一台风箱，安放一个淬火水槽，中间再固定一台铁砧子。打铁需要两人配合，一般为师徒关系，师傅用小锤，徒弟掌大锤。辅助工具有火钳、火剪、火铲、火钩等。打铁时，将烧红的铁件用火钳放在铁砧上，师傅用小锤引导指点，徒弟用大锤着力击打，叮当作响，节奏明快。经煅烧、锤打、淬火、定型，就可以制作出生产生活所需的工具（用具）了。打制的铁具有马掌、嚼口、门扣、门闩、磨轴、碾轴、磙秤、耙链、车排包铁、铡刀、斧头、刀勺、锥剪、铃铛、马镫、马钉、鼓钉、门钉等。随着现代工业发展，这门手艺面临失传。

知名的铁匠有樊文福、樊文禄、罗均仁、罗正显、吕兴成、吕养德、吕忠生、吴玉峰、王顺义、高永俭等。

六、木匠

用木料加工、制作各种生产工具、生活用具的工匠。他们主要从事建房屋、修庙宇、剔木雕、刻花草、制门窗的工作。木匠所用工具有大锯、二锯、开锯、手锯等，还有大小斧头、钉锤、凿子、推刨子和米尺、角尺、方尺、墨斗等。制作从事农耕生产工具有桄子、耧、耙、耱、手推车、架子车、大木轱辘车、马车排、驴格子、马鞍子、夹板子、杈把、木锨、风车、升子和斗等。生活用具用品有桌椅板凳、单头柜、双头柜、三头柜、炕柜子、炕桌子、地桌子、供桌、办公桌、箱子、水桶、风箱、锨把、洋钩（镐）把、镢头把、木锨把、扫帚把、锤把、杈把等，还有糁饭板子、擀面杖、木勺、水瓢。木匠也从事刻尺子、定盘子、做寿材的工作。木匠在农村生活中极其重要，也最受重视和尊重。至20世纪末，原来的老式农耕用具和居民生活用具被工业产品所代替，木匠行业大幅萎缩。

知名的木匠有马占贤、马占壮、李怀珠、李怀渭、王万寿、化福、沈文彦、宋怀奇、马登孝、刘作楷、罗崇义、罗崇顺、杨天义、辛世楷、张治德、王治义、白玉广等。

七、砖瓦匠

也称泥水匠。主要指利用土坯（俗称胡墼、土墼）、石块、砖、木料等材料修建住宅、公共设施、庙宇建筑的工匠。兴泉村的砖瓦匠起步于民国初年，较早的泥水匠修建房子，由于生活资料的匮乏，多属土块、草泥建成的箍窑、平房等，技术水平较低。民国九年（1920年）大地震，村上富户陈家、李家和毛家在重建家宅时，采用了穿靴戴帽式结构，即在石料根脚之上，平砌几层青砖，可防碱化，牢固墙体，然后在上面砌土墼墙体；码头房砌七层青砖，前檐砌三层青砖包封，可防雨水冲刷，美观大方。虽然所用砖瓦数量不多，但在本地还算豪华气派。泥水匠数量增长较快是20世纪50年代中期到70年代末，壮大于80年代。

1955年，兴泉村建成青砖窑，开始大量用青砖做建筑材料。1956年，建成兴泉小学；1957年，修建兴泉剧院戏台；1963—1964年，修建喜泉公社（涝坝西侧）；1967年，修建兴泉自备电厂厂房和车间；1974年，为砖瓦厂修建24门烧砖轮窑及32米高的砖烟囱。30年里相继完成近400户民房建设。

土地实行家庭联产承包责任制后，兴泉的砖瓦匠队伍不断壮大，曾于1981年修建砖木结构的兴泉剧院400多平方米。1982年，成立喜泉公社建筑工程队，主要承接砖木结构的厂房、车间、民房，也有砖混结构的办公室、办公楼、教学楼和村民居住的二层、三层小楼。同年修建兴泉二砖厂、县物资局兴泉物资站；1983年，修建兴泉一砖厂、八道泉乡政府、县邮电局兴泉邮电所、县粮食局兴泉粮管所办公室；1984年，修建景泰县税务局兴泉税务所、喜泉选矿厂车间、红水乡二期砖瓦厂。1985—1987年，修建兴泉水泥厂办公室、化验楼、成品库房、灶房、围墙、机房、库房。1994年，相继修建大安乡政府、喜泉乡政府、兴电联营砖厂、兴泉石膏粉厂生产车间及库房等。相继改造、新建860户砖瓦住房6020间。通过这些工程的建设，兴泉“砖瓦匠”逐步发展成正规建筑业队伍。2021年底，兴泉村有砖瓦匠160余名。

由于建筑材料的改变，原来的“泥水匠”逐步被正名为“砖瓦匠”。兴泉村知名的砖瓦匠有张久禄、李延永、段文升、沈益财、李延保、张素贵、沈渭天、杨天敏、王建雄等。

八、铧匠

铧匠俗称翻砂匠，即通过熔化金属浇铸成各种产品的工匠。其工艺流程主要包括：制作砂模具，晒干凝固，熔铁成水，灌注在模具里，冷却即成型。主要产品有犁、耧铧、火盆、碾槽、铁车链条、石磙子针窝、磨脐、铁蒜窝、铁蒜锤等。至20世纪70年代中期，翻砂手工作坊逐渐被铁木加工厂所替代，手工产品已少见了。

因为翻砂需要熔化铁水，又衍生出了一个别具特色的工艺——打铁花，即将熔化的铁水用力抛打在空中，形成亮丽璀璨的烟花。打铁花多在每年正月十五元宵节晚上表演，为元宵节增添别样的气氛。具体做法是：选一开阔场地，架炉生火，把选好的废铁熔化成铁水，放入一块长条木板顶端的小窝里，由师傅用力抛打在夜空中，完成打铁花的表演。景泰打铁花已经被收录进甘肃省非物质文化遗产名录。

知名的铧匠及打铁花传承人，有张开基、张治荣父子，吴仲仁、吴守勤父子。司占芳浇铸铝锅、铝茶壶、铝盆等也很有影响。

九、石匠

用石料制作各种生产生活用具的工匠。所用的工具有大锤、手锤、凿子、錾子、锲子等。主要制作石磨、石碾子、石磙子，建房的柱顶石、砌墙的石条、镶门台垫脚的石块、粉碎调料的石礓窝等。因为手工制作，比较粗糙简单，但经久耐用。石制产品一直沿用到20世纪末。20世纪70年代，由于中苏关系紧张，为响应国家“备战、备荒”“提高警惕，准备打仗”的号召，社员在村上石匠的带动指导下，制作了大量的石质“地雷”。

知名的石匠有段文德、孙占虎、冀树民、尚步君等，由于这几位匠人都没有传承人，石匠的手艺基本失传。

十、制糖匠

每年腊月廿三送灶娘娘上天，需要制作甜品敬献灶君，就有了专门的制糖匠。主要是用发芽的小麦制作黏牙糖。选好麦粒，清洗干净，加温水促其发芽。采芽进行发酵，然后入锅熬煮。煮好后经过打折、发酥、切条切片等过程，香甜粘牙的麦芽糖就做好了。有时在麦芽糖上粘上芝麻。

知名的制糖师傅有郭朝宗、马登仕等。

十一、纸匠

也称纸扎匠，起源于古代民间宗教祭祀活动，也称丧俗纸活。是将扎制、贴糊、剪纸、纸塑、彩绘等艺术融为一体的一种民间技艺，后期逐渐演变为节庆或丧葬的一种装饰艺术。制作方式是以竹、木、线、纸为主要材料，以竹、木、芨芨草为骨架，用线绳绑扎节点，糊彩纸为装饰，制作出各种各样的纸扎作品。每逢节日或喜庆之时，以制作各种灯笼为最多，扎制成寓意诙谐的“老鼠葡萄灯”、喜得贵子的“麒麟灯”、望子健康的“鸭（压）子灯”、祝贺新婚的“鸳鸯灯”、祈求丰收的“金鱼灯”等。还有节庆用的彩门、耍社火的旱船、花轿、竹马，戏曲人物中的唐僧、孙悟空、猪八戒、沙和尚、白龙马，纸浆塑成的大头娃娃、龙、狮子和各种花灯。丧俗用品有治丧用的引魂幡、孝幡、花圈、金山银斗、童男童女、毛驴白鹤、挽联、吊丧彩门、门头大纸等，改革开放以后，也有制作小轿车、电冰箱、洗衣机、电视机和楼房等现代用品的。“文革”时期，民间纸扎一度销声匿迹，直至1977年才逐渐恢复。

知名的纸匠有杨桂清、杨天德父子以及周文富、朱有基等。其中杨桂清纸扎技艺精湛，被村民称为“杨能人”。

十二、油漆匠

20世纪80年代以前，油漆匠一般通称“画匠”，主要从事庙宇和居民家中门窗、柜、箱子、桌子、寿材等刷漆绘画。画柜、画箱子等家具，多选择画牡丹，象征富贵、吉祥、繁荣。也画其他花鸟虫鱼等内容。最能体现一个画匠绘画水平的是画寿材即画棺材。画寿材分上五彩、中五彩、下五彩；材头、材尾画“前蟒后鹤”“前帐后荷”“福寿八宝”“君子八宝”“二十四孝”等图案。材头题字十分讲究，富有寓意。至20世纪末，除了画寿材的传统被传承外，油画家具的需求越来越少，因此画匠行业大幅萎缩。

知名的画匠有周世桐、武同略、朱万祥、雷孝；油漆匠有毛正平、白玉清、付廷泽、魏武军、范富奎等。

十三、裁缝

至20世纪60年代，居民衣着穿戴除了极少数请专业裁缝缝制外，大多是由家庭妇女手工缝制，家家户户都有自备缝衣的材料，如平布、口布、粗布，还有少量的条绒布、华达呢、哔叽呢等，以及用作缝补补丁的各种碎布块。还有缝制衣物的工具——剪刀、针、线、顶针等。有心灵手巧者，除了给自己家人制作衣服外，还帮助邻居裁剪、缝制衣服，受到人们的尊重。也有通过给别人缝制衣服，收取一定的手工费，贴补家用。至70年代，大队成立缝纫加工组，由组长朱万花带领15人的缝纫组，为社员裁剪制衣，解决穿衣难问题。1973—1977年，缝纫组昼夜加班加点制作白布衬衫，供社员到中卫银川换粮，解决生活困难。

80年代，由于缝纫机的普及，大大提高了缝制衣服的效率，纯粹的手工缝制被逐步淘汰。90年代，村民的衣着穿戴基本进入商场挑选购买。原来作为裁缝工具的尺子、剪子、缝纫机逐渐退出人们的日常生活，成为家里的摆设。而作为日常生活中的女红，主要集中在“刺绣”“十字绣”工艺品、装饰品的制作上。

较早、较有名的裁缝是朱万花，后起的有罗颖聪、闫美兰等。

十四、食品加工

1949年前后，兴泉村有樊三奶、陈文升、王三爷等三家烤馍店。有一家油炸食品店，是吴大孝制作油饼、麻花、油果果的作坊，还有杨尕奶开的包子店，蒸的羊肉包子皮薄馅多，量足味美，深受村民喜爱。20世纪70年代以前，醋、酱等调味品都是以家庭手工制作为主，全村大多数家庭妇女都会制作。一是主要用于自家食用；二是供周边村民及南来北往的商贩、客人购买；三是在庙会、集市上出售；四是到兴泉火车站向过往的旅客推销。习惯上，卖馍论个，焦糖论条，醋酱论碗，而很少用秤称。70年代以后，这些手工制作食品逐渐被醋酱厂、食品厂所代替。但作为地方特色小吃，同时也作为平常的饮食。如烤馍馍、花卷、羊肉包子、麻腐包子、韭菜包子、红枣盘、腊月廿三的灶干粮、正月初一和十五的臊子面、小孩百禄吃的荞面搅团、日常生活中的黄米糁饭、麻麦炒面和结婚出嫁、建房上梁办喜事吃的大茶等被延续了下来。

十五、水车、水挂

水车也称“天车”。车高10米余，由一根长5米、口径0.5米的车轴支撑着24根木辐条，呈放射状向四周展开。每根辐条的顶端都带着一个刮板和水斗。刮板刮水，水斗装水。河水冲来借水势缓缓转动着十多吨重的水车，一个个水斗装满了水被逐级提升。临顶，水斗又自然倾斜，将水注入渡槽，流入农田。20世纪五六十年代，村里派几个木匠，在水磨台台建造一台双轮双转水磨，以解决村民磨面难问题。在红井井建造水挂，灌溉农田。水挂也是一种取水工具，安装在井内，经外力转动水斗提水，用以灌溉及生活。

十六、烧砂锅

20世纪六七十年代，兴泉砂锅很有名气。

制作砂锅的主要原料是陶土，产于大水磅龙头岘一带。土源较少，且在石山的夹缝中，取斜井开采，人工挖掘，用背篼从井下背上来，然后用毛驴驮、架子车、皮车运至砂锅厂。将陶土先洒上水使其粉化，再用石磙子碾碎，然后用筛子筛选，除去杂物。辅助原料为炉渣，先将炉渣砸碎，再用石磨磨成粉。按陶土和炉渣5∶1的比例混合后加水和泥，反复搅拌，赤脚反复踩踏，使其具有柔韧性，存放一天后便可使用。

制作砂锅是在作坊内的轮盘上进行。轮盘用料石制成，下面的中心镶嵌铁钏，底下挖一小圆坑，坑内装置一个小圆柱，顶端镶嵌一铁块，顶在轮盘的铁钏内。作业时先将砂锅模子放在轮盘上，再置泥于模子顶端，匠人一边推转轮盘，一边作业，先用压板子从顶端旋转下压，使泥均匀地沿模子成型。再用锤板子捶打锅的外壁，使其压实。接着用水刷蘸水涮其一周，特别是在锅口部位涮得较多较细致。然后用压线模子在距离锅口2.5厘米处压一条滚圆形线条，最后用裁刀将锅口裁整齐，一个砂锅坯子就算完成了。取下后放在一个上面撒有炉灰的圆盘上，搬到院子里晾晒。晾干后收回存放，积够一定数量后上炉烧制。

烧砂锅的炉，是一个平台，呈长方体。高宽约1.4米，长约2.5米，分为3个炉灶。炉条相通，和风箱连接。长的一个横边上，置40厘米高的隔墙，墙后装有两个立式风箱。20世纪70年代后期，改用鼓风机。烧锅使用烟煤，先燃火拉起风箱，把锅坯反扣在灶上。头号锅一灶扣1个，三号锅一灶扣3个，上面撒少许烟煤，将盖锅扣在上面，把锅坯加热烧红。在烧的过程中，用煤铲加数次煤，用火棍翻动数次，待锅坯烧红烧软后，用火棍挑下。此时锅坯很软，但有韧性，如发现锅不圆，可用火棍挤压圆。挑下的锅反扣在熏灶里，上下均撒少许烟煤，扣上盖锅使其自行燃烧上釉。不上釉的锅呈黄白色，声音沙哑，质地较差；上釉的锅呈青蓝色，声音清脆，质地较坚硬。

制作砂锅在农活空闲时进行，烧砂锅都在冬春农闲时进行，多数在晚上烧，这样可以减轻焰火对人的辐射。每次烧200~300套，有一户烧一次的，也有联户烧一次的。

砂锅的规格、式样、品种有八九个。主要有三个一套的套锅，其内口径分别为：头号27/13厘米，二号22/12厘米，三号17/11厘米。还有内口径15厘米以下的尕锅，内口径和高约25/20厘米的耳罐及其小罐，35/8厘米两件套的鏊锅。鏊锅是烤饼子用的，分上下两层，上层放火，下层放饼子。还有一种较接锅，就是在头号锅的基础上加深约6厘米。另外还有煎中药用的药罐。

第二节 社队企业

1956—1978年，大队利用当地的黏土、煤、石膏、硫铁矿等资源，相继建成多个社队集体企业；同时利用农闲时间和生产队富余劳动力，由大队统一组织、分工、分业，从各生产队按比例抽调劳动力、牲畜车辆，参加国家公路、铁路修筑以及白银厂矿企业建设，即外出搞副业。同时利用农村能工巧匠，外出参加公共基础建设创收，壮大集体经济，提高社员劳动工值收入。

一、砖瓦厂

1956年，县手工业联社在兴泉村建成青砖砖厂，年生产青砖60多万块。除管理人员由县手工业联社指派外，砖厂劳动力30余人由大队从各生产队抽调，由手工业联社统一管理，报酬实行计件工资制。每月完成任务，由生产队记工分，砖厂给每人每天补助现金0.15~0.4元不等。其他收入年终决算，扣除成本和提留，按参加砖厂劳动的社员工值分配给各生产队。依托临洮县砖厂派遣人员负责指导生产人员的技术技能，边干边学，外出培训与现场传帮带相结合，培养熟练拓砖坯技工，有李朝吉、张有华、张仲南、陈有仁、魏文楷、沈文彦、陈多奎、张兆福和烧窑技工李延永、范正国等人。20世纪50年代中期至80年代，青砖、青瓦是建造房屋的主要材料。

1972年，兴泉大队“工农联盟线”架设通电后，砖厂投资1.8万多元，从兰州沙井驿砖瓦企业购进电动压瓦机1台（套），班产瓦坯8500片，比人工生产

▲砖 窑

提高15倍，年产青瓦40万片，填补景泰县没有青瓦厂的空白。此后，砖厂每年砖瓦销售收入突破10万元。

1973年，一队、四队、七队相继建成砖厂。由于大队与生产队同时办厂，出现大队与生产队争土地资源、争匠工，副业与农业争效益的现象，农业生产也因此受到冲击。1975年，大队党总支组织干部、群众研究讨论，作出三项决定：1.砖厂由大队联办，归集体所有，队办企业按6月13日全停，只允许一队、四队、七队各烧一窑，其余归公，折价交大队；2.确定砖厂劳动力120人，除挖石膏、挖煤外，其他副业一律停业，外出副业劳动力不能超过总劳动力的7%～10%；3.以后各生产队外出搞副业须报大队审批。

1975年11月，为充分利用黏土资源，实行统一管理，提高经济效益，停业所有青砖窑厂，投资10万元建成24门轮窑一座，制砖实现半机械化，年产红砖600万块，产量是4个青砖窑产量的1.5倍。

二、砂锅厂

兴泉烧砂锅始于1962年，兴盛于20世纪70年代，落幕于90年代。1960年，十队社员崔田父子提议队办砂锅厂，经队长朱万福同意，办起村上第一个砂锅厂。一两年后，一队、五队、九队也办起砂锅厂。一队砂锅厂师傅有崔克林、崔克勤，五队砂锅厂师傅是王兴强，九队砂锅厂师傅是王兴家。

1962年8月，一队、五队、九队、十队利用龙头岘陶土资源，结合本队有烧砂锅匠人的优势，先后分别建起4家砂锅厂，当年建厂当年收益，共烧砂锅2000套，增加收入3000元。砂锅系列有头号锅、二号锅、三号锅（三个为一套）。另外还有大小砂罐、大碣锅、尕砂锅、煎中药的药罐子。1963年生产3000套，收入达4500元。1964年，“社教”运动开始，大队联营，改为“兴泉大队联营砂锅厂”，王有昌任厂长。砂锅厂总结过去两年的成功经验，分析存在的问题，改善工艺条件，1964年底生产9000套，实现收入13500元。

1966年底决算分配后，砂锅厂又下放各生产队经营。

砂锅的销售大多数采取自产自销，按工分多少分给社员，年终决算扣除提留，成本计入社员账户，也有外地村民前来购买。生活困难时期，有的村民用砂锅去邻村换粮，也有用架子车拉砂锅到外县换粮、换萝卜，还有人背着砂锅扒火车到中卫、银川去换粮。

至20世纪80年代末，砂锅厂全部停办。

烧砂锅工艺主要流程：1.将原材料陶土和炉渣按6∶4的比例搅拌均匀，用石磨磨成粉状入库存放；2.搅拌和好砂锅泥，手工捏制砂锅坯。3.自然干燥。4.开炉炼烧、上釉。

三、铁木综合加工厂

1962年4月，针对各队制作生产工具、农耕用具、社员穿衣“三难”问题，大队研究决定从各生产队抽调30多人，成立“兴泉大队铁木综合加工厂”，任命杨天义为厂长，以铁木翻砂工为主组成加工组，主要生产制作架子车、砖坯模子、瓦架尺杆、砂锅模具、火钩火铲、木锨木杈、马车、耥耙、马掌等，为生产、生活服务。

加工厂自主经营、自负盈亏，分项定价、分户建账、批量生产，凡是本大队企业、社员到加工厂购买所需生产、农耕工具或来料加工，一律实行挂账结算，年终决算分配时由大队负责组织各生产队会计、各企业会计进行联合决算、记账、平账。

铁木加工厂职工有宋怀奇、刘作楷、罗崇义、罗崇顺、罗正显、吴守勤、化福、辛世楷、吕忠生等。

四、副业队

1956—1981年，兴泉大队从各生产队抽调20多人，组建副业队，参加兴泉小学、喜泉粮站、兴泉剧院（一、二期）、喜泉公社、兴泉第一砖瓦厂和村庄民居建设。

1963年，大队抽调劳动力15人，在胡麻水煤矿挖煤100吨，收入3000元；抽调皮车5辆、劳动力15人到靖远拉煤，创收3000元；抽调劳动力50人、皮车3辆在煤凼山挖石膏300吨，创收5400元。加上其他副业共计收入25479元，每人平均分到副业收入9元。

1965年底，县手工联社将青砖砖厂交给兴泉大队管理经营，联社管理人员全部撤走。为提高产品质量，1966年2月9日，兴泉大队与宁夏中卫县兴墩大队签订合同，聘请刘宝珍师傅为烧青砖技术指导，每月支付工资100元，生活补助26元。同时，成立领导班子，大队任命张久禄为厂长，罗文胜为副厂长。

1966年3月，大队抽调9名劳动力到中卫工务段修铁路搞副业。他们吃苦耐劳，得到工务段领导的认可，第二年又增加二十几名，副业人员发展到30多人。连续创收5年，于1970年底结束。

1967年，抽调20多人参加大队自备发电厂厂房及车间建设。1968年9月，抽调马车20辆、劳动力80人参加皋营公路建设，直到1970年底结束。第四生产队同景泰公路段结缘，每年利用冬春农闲时间抽调马车加劳动力15~20人搞副业，直到1975年底撤回。

1970年4月，大队抽调42人前往胡麻水、十里沟煤矿挖煤。26日，大队与兰州煤建公司签订8000吨煤炭供销合同，约定马车运到火车站，每吨付给运费12元，煤炭价格每吨14元。当年，煤炭一项创收20.8万元。5月，抽调20名工匠参加喜泉农中建设。一队、四队、五队、九队、十队共15人到茨沟子挖煤，解决社员的生活用煤问题，持续到1969年底全部撤回。

第三节　村办企业

党的十一届三中全会后，大队先后自筹资金121.6万元，贷款255万元，兴办选矿厂、水泥厂、石膏粉厂、砖厂、建筑队等村办企业。至1990年底，共形成固定资产376.6万元，累计完成企业产值1315.2万元，占工农业总产值的55%，年人均纯收入478元，与1977年末队办企业相比，人均增加398元，完成国家税收80.8万元，上交村委会管理费41.72万元，企业累计提留公共积累118.5万元。年均安排土地承包后的剩余劳动力620人，占总劳动力的45%，支付劳务工资345.2万元，偿还银行贷款164万元。

创办之初，大队依托人脉关系，查信息，找资源。1978年，从二队下乡知青周银兰父亲口中得知，距村十多公里的红沟村寿鹿山猪嘴垭巴山下有硫铁矿，经多方考察、反复论证，大队决定开矿。经上报县企业局批准，于1978年8月10日正式上马，在猪嘴垭巴建设年产1万吨铁矿石采矿场。办矿初期一无设备，二无技术，三无住所，四无资金，困难重重。社员在海拔2770米高山上安营扎寨，吃水运粮往返30公里驴驮人背，工作条件非常艰苦。大队党支部副书记付贞安负责专抓开矿工作，抽调大队党总支委员、二队队长孙志学为一线具体负责人，从各生产队挑选杨佑孝等30多名骨干，开始艰难的探矿、建场工作。经过两年多的艰苦奋战，于1980年5月探明硫铁矿。其间，由于矿山出现安全疏漏，造成一死两伤的重大事故，这给大队党总支、村委会和矿山领导班子造成巨大的精神压力。大队党总支组织召开党员干部大会，展开讨论，反复算账，坚定办矿决心。此时，派到白银化验矿石的王怀恩回来告诉大家，矿石不仅含硫品位高，而且含铜品位较好，开采多少，白银矿山处就收多少，这一信息极大地鼓舞了大家的信心。大队随后向县企业局求援，投资购置两台汽油打钻机，一台空气高压机，向银行贷款4万元，自筹资金6万元，架设高压输电线路6公里，恢复开矿。1980年下半年，生产矿石850吨，收入12.5万元，除矿山支出外，给各生产队补发社员在矿山两年多的劳务工资，下半年采矿每个工值达5元。

1981年，村党总支调整矿山领导班子，任命刘宗财为矿长。矿山年收入23.1万元，1984年底，有打钻机4台，卷扬机2台，办公室宿舍18间，固定资产20多万元。4年累计收入达92.6万元，还清银行贷款，收入增加，矿山生产设备也相应增加。

1978.8—1980年底兴泉村硫铜矿收益分配情况一览表

表2-5-1　　　　单位：元

收入部分		支出部分（一）		支出部分（二）	
项目	金额	项目	金额	项目	金额
矿山收入	125180.75	生产支出	9925.91	公积金	10017.64
其他收入	62.72	劳报支出	947.04	生产队分配	51854.4
		矿内补助	10134.4	社员补助	18110.7
		出差支出	924.01		
		运卸支出	22047.21		
		财产支出	452.11		
		其他支出	807.08		
合计	125243.47		45237.76		79982.74

1981年初，利用村上能工巧匠优势，注册成立“喜泉乡第一建筑队”，队长俞宗富，副队长王建雄，技术员沈渭天，三人共出资5000元，施工人员28人。建队初期，承接县物资局兴泉物资站工程、县邮电局兴泉邮电所工程，1982年，两个工程全部保质保量完成交付使用。扣去购置架杆、模具等成本1.8万元外，物资局工程每个工值2.68元，邮电所工程每个工值3.86元，上交村集体管理费0.4万元。1982年下半年，又承接喜泉粮管所办公室、八道泉乡政府办公室、景电二期工程八泵工棚建设和兴泉新一砖厂24门轮窑建设；1984年，承接喜泉选矿厂办公室及生产选矿车间和景电二期灌区红水村24门轮窑砖厂建设；1985年，承接兴泉水泥厂办公室、库房、灶房、车库及二层化验楼工程建设。至1986年底，完成总产值156万元，由最初28人发展到68人，固定资产由

1.8万元增长到8.8万元，施工人员分配总计62.4万元，每个工值由2.68元提高到11.6元，累计上缴税费3.6万元，上交村集体管理费2.8万元。1986年村水泥厂建成后，经村党总支研究决定，俞宗富、沈渭天二人留水泥厂任用，建筑队移交王建雄管理经营。

1982年6月，投资7.8万元建成兴泉二砖厂，厂长毛发，会计王维国，保管吴守玉。

1983年秋，在大锅锥新建兴泉大队三砖厂，厂长张有贵，副厂长朱万福，会计吴守珍。三个砖厂共安排农业剩余劳动力330人。固定资产20多万元。

1984年，在白银选矿厂技术人员的指导帮助下，在乡经联委专干付贞安的支持下，经在白银、柳源实地考察之后，开工筹建年处理矿石7000吨的选矿厂，占地面积3.162万平方米，拥有固定资产58.6万元，下设采选、浮选两个生产车间，安排劳动力120人。1985年正式投产，由单纯破碎出售矿石变为深加工，年产含10%以上的铜精粉860吨，含32%以上的硫金砂3000吨，产值比卖原矿石提高6倍多。

1985年初，村“两委”决定建水泥厂，采取一贷、二引、三投、四入股集资筹建的方式。同时决定，王连科负责选矿厂建设投产并分管部分经济工作，孙志学负责水电工作，杨佑忠主抓农业全盘工作。俞宗富移交分管的其他工作，

▲ 喜泉选矿厂

全面负责水泥厂建设，王有昌总抓协调。

村“两委”邀请白银地质三队技术人员对石灰石、石膏、黏土资源进行普查、测算和质检，经普查、测算，符合建厂条件。又分别实地考察草窝滩水泥厂、景城水泥厂两个年产4万吨立窑生产线和北滩水泥厂、周世标水泥厂两个年产7000吨土窑生产线。经过考察对比，土窑投资低，但生产水泥质量不稳定。机立窑生产线投资大，水泥质量相对稳定。经研究决定，筹建一座年产2.2万吨水泥生产线。通过在县水泥厂工作的尚有荣（兴泉籍）和曾在村上插队的白银公司知青尤志萍的父亲尤成海，找到甘肃省成套设备管理公司领导和白银选矿厂领导，达成引资130万元的合作意向，其中白银选矿厂垫付建厂所需钢材、木料等材料款50万元，省成套设备公司垫付建厂所需大小设备款80多万元，三方签订投资协议。经县乡镇企业局批准并推荐，向景泰县农行申请贷款50万元，村上投资（积累中拿出）14.42万元。通过宣传、动员，全村愿意到水泥厂务工的村民采取以资代劳付利息的办法，最高2000元，最低500元，有67户村民入股筹资6万多元，其他职工入股4万元，基本解决办厂资金。为加快建设进度，将120多万元的土建工程，采取分项承包按期完成。由景泰县第一建筑工程队、龚家湾工程队和喜泉第一建筑工程队分段承建，1985年8月12日正式破土动工，1986年建成，1987年投产，共计安排土地承包后的剩余劳动力170人，固定资产258万元。

矿山、选矿厂、水泥厂三家企业曾先后请白银公司矿山处、选矿厂研究所和省建材局、科研所等单位的工程技术人员60多人次，帮助勘探、设计、安装、化验，技术攻关。采取请进来教、派出去学的办法，进行岗前培训，选派技术、管理人员60多人次到省、市、县厂矿企业和县乡镇企业局参加专业培训，岗位培训人员达150多人次。

1988年，在各企业实行承包责任制，坚持所有权与经营权相分离的原则，由村委会发包，本村村民投标承包。企业承包后由承包人独立经营，自负盈亏，在保证完成上缴国家税收外，按财务管理制度提留各项费用，足额上交村集体管理费，盈余部分按6：4分成，六成归集体扩大再生产，四成归承包人分配使用。完不成总产值和各项提留者，由承包人赔偿。投标承包后，经济效益明显提高。选矿厂自1985年投产，产值连续3年均保持在30万元左右。企业承包后，到1989年产值翻一番，1990年完成总产值101万元，增长2.4倍。水泥厂、砖厂等企业效益明显提高，职工收入不断增加。

1993年3月，选矿厂与县电力局在毛家台子北侧联办“兴电砖厂”，总投资18万元，选矿厂投资9.18万元，占股51%，县电力局投资8.82万元，占股49%，砖厂建成安排劳动力110多人。

1991年3月，利用原公社旧址、房舍折合资金4万元，又从二砖厂积累中拿出6万元，外加流动资金共计10万元，建成兴泉食品加工厂，李林春任厂长，生产醋、酱、玉米圈等产品，安排劳动力20余人。同时由选矿厂投资10万元，在原县饮食服务公司屠宰厂地址新建地毯车间，毛登一任车间主任，安排劳动力60多人。1992年9月，由选矿厂投资45万元，在原乡医院旧址新建年产1.5万吨石膏粉生产线，李维龙任厂长，安排劳动力40多人。同年在地毯车间厂区，由选矿厂投资8万元，建成水泥、石膏粉编织袋厂，俞有龙任厂长。年产编织袋50万条，安排劳动力30多人。

1984年，周世标投资70多万元，注册“喜泉水泥厂”在红山山建成年产7000吨土法水泥生产线，安排劳动力60多人。

1989年，罗文胜利用新建一砖厂迁址，投资15万元，注册“兴泉砖瓦厂”，建成24门轮窑，年产600万块红砖生产线，安排劳动力60多人。

截至1991年底，水泥厂完成工业产值568.5万元，上交村集体管理费13.8万元，提留设备折旧费68.7万元，支付劳务工资96.8万元，上缴国家税金28.6万元，偿还建厂贷款100万元。选矿厂从初期的单独采矿发

▲ 水泥厂

展到选矿，13年共完成产值569.8万元，占全村村办企业总收入的45.6%，上交村集体管理费23.4万元，厂提留管理费8.8万元，折旧费52.3万元，支付工资192.3万元，提留公共积累10.6万元，上缴税金40.2万元。

在质量、品种、效益年活动中，选矿厂进行技术改造，对原矿石进行手工筛选，提高原矿品位，降低选矿耗能；对选矿浮槽加大改造，使铜精矿品位由原来的10%提高到15%，吨售价由原来的480元提高到650元。硫金砂品位由原来的32%提高到40%，吨销售价由原来的45元提高到60元。年铜精粉销售实现利润14.62万元、硫金砂销售实现利润4.5万元，新增利润共计19.12万元。

随着企业的发展，集体经济实力逐步壮大，1991年开始，公益事业的支出，不再向村民摊派。

村办企业给全村带来巨大变化。至1992年，有80%的农户翻修、新建住房。有大小汽车15辆、大中型拖拉机8台，580户有电视机，村民私人购置手扶拖拉机、四轮拖拉机256台，摩托车10辆，各种米面粮油加工机械37台，个人存款70多万元。原有247户贫困户1026人基本解决温饱。

1992年11—12月，经县企业局批准，村上成立“兴泉农工商实业总公司”，形成以工促农、以农稳工、以强带弱、产供销一条龙的集团经营模式，加快集体治穷致富的步伐。总公司下设三个子公司，其中工业公司主抓各企业的生产计划、产品升级、设备更新换代及日常维护和检修工作；供销公司负责各企业的原料供应、产品销售及运输设备配件的采购工作；农业商贸服务公司负责农业生产所需籽种、化肥集中采购供应，为农业生产提供优质服务。

总公司对所属选矿厂、水泥厂、石膏粉厂、砖厂、编织厂等8家村办企业机电维修人员统一调度，统一检修。供销公司组织供销人员，对各企业所需生产原料、设备配件按照计划实行集中采购，分项供应。产品销货采取分片包干、多品种销售，改变过去单一的销售办法，形成产供销一条龙、全方位销售新格局。在各分厂的共同努力下，1993年，总公司实现工业总产值600万元，是上年的157%；销售收入460多万元，是上年的137%；实现上缴税金30多万元，是上年的111%；实现纯利润22万元，是上年的142%；企业提留91万元，是上年的113%；节约原料、检修等费用50万元。农业公司为村民供应农用物资27

吨，购置收割机、深翻犁和圆盘耙等农机为村民服务。

▲ 喜泉农工商实业总公司

1993年，总公司一次投入技术改造、重大项目发展资金94万元，其中向农业公司投资15万元，衬砌斗渠400米，维修斗渠2000米，架设改造农电线路40公里，新建小学教室1栋，维修教室1栋；工业公司投资20万元，完成选矿厂设备技术改造；投资59万元，建成1760平方米集饭店、商店、农贸、综合办公为一体的办公、服务大楼和20间农贸市场商铺。1993年，全村工农业总产值达到1026.13万元。人均纯收入达到778元。

按照“搞好农业、兴办企业、富村富民”的发展思路，村“两委”为群众落实8件实事：一是每年解决5名村干部、19名民办教师和幼儿园教师工资3.5万元，并从福利费中每年支付4000元解决特困户和退休村干部家属的婚丧嫁娶费用。二是加大对农业的投入。先后拿出30多万元，打深井4眼，发展有效灌溉面积850亩，衬砌斗渠6300米，维修斗渠3000米。向景电二期灌区移民点投资18.5万元，用于学校、医疗站、村委会、农电线路、机井和砖厂搬迁建设，为移民到新灌区的兄弟村兴建家园奠定基础。三是投资4.75万元，修建露天剧场一座，购置16毫米电影放映机1部；建文化室1处，购置各类书籍4000多册，订购各类报刊30多份，购置篮球、象棋等活动器材，丰富群众业余文化生活。四是投资19.6万元，新建和改建中心小学，先后新建和维修教室、宿舍1336平方米，维修围墙400米，新建大门一座。五是投资1.5万元，扩建村卫生所，修建房屋8间176平方米，安排医疗人员5名，解决村民就医难问题。六是投资6000元，修建“老人乐园”86平方米，使村上老人们有活动娱乐场所。七是投资5.2万元，修建兴泉村幼儿园教室18间、宿舍6间，安排教师10名，促进本村幼教事业发展。入园儿童最高达1032名，其中12名纯女户儿童免费入学，解决青年妇女生产的后顾之忧。八是投资12.5万元，开挖维修机井1眼，铺设自来水管道2550米，设立取水点12个，解决村民和机关单位吃水难问题。

1993年12月，经上报乡党委批复同意，原村党总支、村委会与农工商实业总公司两套班子调整为一套班子，王有昌为顾问；刘宗财任村党总支书记、公司董事长，总经理；杨久清任村委会主任兼副总经理；俞宗富任村委会副主任、副总经理兼供销公司经理；杨佑忠任村委会副主任、副总经理兼工业公司经理；王建雄任村委会副主任、副总经理兼商贸公司经理；师仲章任村委会副主任兼农业公司经理。

1994年10月，总公司所属企业实行承包经营责任制。1997年10月，成立企业改制领导小组，在乡党委、乡政府的主持下，由县财政局、企业局、法制局、审计局、司法局、政研室、公证处组成联合评估组，于11月完成企业资产评估，对兴泉农工商实业总公司所属村办企业进行重组，12月8日签订合同，各企业依法按规改制为私营企业。

兴泉村（大队）村办企业历任负责人一览表

表2-5-2

姓　名	任职时间	企业名称	职务	姓　名	任职时间	企业名称	职务
孙廷伟	1961—1965	石膏厂	厂长	陈有雄	1966—1973	石膏厂	厂长
王有昌	1963—1965	砂锅厂	厂长	张久禄	1965—1967	青砖厂	厂长
罗文胜	1967—1974	青砖厂	厂长	程登礼	1971—1974	青砖厂	厂长
罗文胜	1974—1979	一砖厂	厂长	周世标	1982—1983	一砖厂	厂长
王焕义	1983—1985	一砖厂	厂长	孙志学	1978—1979	铜矿	负责
司占昇	1979—1984	铜矿	负责	刘宗财	1980—1986	铜矿	矿长
毛　发	1983—1986	二砖厂	厂长	李林春	1987—1994	二砖厂	厂长
李桂芳	1994—1996	二砖厂	厂长	张有贵	1983—1987	新一砖	厂长
付贞安	1983—1986	选矿厂	厂长	王连科	1983—1986	选矿厂	副职

续表

姓　名	任职时间	企业名称	职务	姓　名	任职时间	企业名称	职务
刘宗财	1986—1992	选矿厂	厂长	孙志学	1993—1997	选矿厂	厂长
俞宗富	1985—1991	水泥厂	厂长	王有昌	1991—1992	水泥厂	厂长
吴守泰	1993—1994	水泥厂	厂长	俞宗富	1994—1997	水泥厂	厂长
俞宗富	1982—1987	第一建筑队	队长	沈渭天	1982—1987	第一建筑队	副队
王建雄	1987—1992	第一建筑队	队长	毛登一	1989—1991	地毯厂	厂长
卢守相	1990—1994	兴电砖厂	厂长	王建雄	1994—1997	兴电砖厂	厂长
段守宏	1992—1997	食品厂	厂长	李维龙	1992—1994	石膏制品厂	厂长
杨佑忠	1994—1997	石膏制品厂	厂长	俞有龙	1993—1997	编织厂	厂长

第四节　建筑业

1949年前后，兴泉村有从事个体建筑业的工匠（俗称泥水匠）七八人，木匠五六人，这些工匠平时以农耕为主，很少外出务工。只有农闲季节义务为本村村民或亲戚修建房屋、建箍窑、砌围墙，俗称“帮工”。人民公社化时期，这些工匠归属各生产队集体管理，以农业生产为主，只能在本村辖区内为国家或集体单位搞土建。

1981年秋，实行家庭联产承包责任制后，为解决剩余劳动力，增加村民收入，大队成立“喜泉公社第一建筑工程队”，吸收本村砖瓦匠和相关手艺人，开始有规模地对外承揽建筑工程。1981—1986年，累计完成县物资局兴泉物资站等十几家工程建设，建筑队从无到有，由小到大，由弱到强，工值从1982年的每天2.6元提高到1986年的每天8.8元，人员由1982年的30多人发展到1986年的60多人，由盖平房发展到修建楼房，固定资产积累达15万元。

2000年，全村从事各类建筑行业的公司发展到16家，从业人员达200多人。做工程监理的有宋常青、马兴忠；经营石膏粉厂和石膏制品的有毛正平、杨佑忠、曾继才、范富德、尚建武、樊胜义、罗崇敬等；经营水暖建材、防盗门窗销售及安装的有毛登延；经营涂料厂的有朱万珍、朱万德；从事内外墙面涂料装修及石膏板吊顶的有白玉清、付廷泽、范富奎、毛正富、王文胜等；经营建筑工程队的有段守仁、段守宏、谈显平、缪银贵等；经营玻璃建材公司的有朱生浩和马红琴。

第五节 商 业

民国初年，兴泉村有8家商铺，主要经营日用百货、驮运、皮毛收购及加工。民国十一年（1922年），分别由“昌号”（陈华秾祖上）、“德号”（孙志学祖上）、“冯号”（人称冯魁骥，由几家商贩联合组建）等几家商号集资建成“新堡子”，从事商品贸易，村民都到“新堡子”几家商号货栈购物。1948年，其中3家陕西籍商人返回老家，尚有5家本地人经营商铺。1950年划定阶级成分时，确认有7家小商贩户。

1949年后，政府没收“昌号”货栈，另外几家商号货栈也被取消。1958年，喜泉供销合作社成立，设在新堡子内。商品种类相对较少，主要生活用品如布匹、棉花、火柴、煤油、烟、酒、糖、茶，都是按人头定量供应，实行一证（购货证）两票（棉花票、布票），凭票证供应。每人每年2丈布票、3斤棉花票，一直延续到1980年。也有外来的小商贩和货郎走街串巷，与村民进行针线、玩具、化妆品等小百货交易，也可以物易物，如兑换鸡蛋、猪鬃、猪毛、头发、粮食、食品、衣物等。

1981年，随着市场的逐步开放，商品种类增多，货源供应充足，全面取消定量供应和票证制度，村里涌现出多名个体经商户，如村民李积德、吕志生、毛正平等，与国营喜泉供销社公平竞争。

2000年后，兴泉村个体经营者数量快速增加，活跃于城乡，约有120家，服务较广。

第六节　务　工

新中国成立之初，由于国家修建铁路、公路等基础设施的需要，部分村民自愿或被征调参加康藏公路、包兰铁路的修建。这些人部分被留用参加工作，部分返乡务农，如周世杰、周世福、张有禄、罗文才、杨凤元、毛正绥等。

20世纪50—70年代，村上组织社员成立副业队，在本地就近或外出搞副业，为集体创收。如调配民工参加景电一期工程水利建设，到石膏矿挖石膏、拉石膏，去土塘子、黑山挖煤、背煤，赴八盘峡参加铁路土建，在大格达装车皮等。

80—90年代，村上成立专业建筑队，在本乡本土或外出承包建筑工程，为集体创收，如景电二期工程建设（修路、开渠、平地、建房），修建乡政府及各单位办公用房。部分农民在本地村办企业如选矿厂、水泥厂、石膏粉厂、编织厂、食品厂、砖厂务工创收。

21世纪初，由政府引导、协调、组织农民到白银、兰州、新疆、内蒙古、北上广、长江珠江三角洲等地务工创收。还有致富能人如朱生浩、周文祯、张永宏等创办建筑、装饰公司，招募农民工进行房地产开发或承揽其他建筑项目工程。

2006年，在白银市劳务输出现场会暨揭牌仪式上，兴泉村党总支书记卢有君代表村上作劳务输出经验交流发言。

第七节　民营企业

一、景泰县宏泰有限责任公司

成立于1992年12月，法定代表人朱万祥。注册资本1060万元。

农村土地实行家庭联产承包责任制后，朱万祥凭一把刷子、一把灰刀起家。

1988年自筹资金4万元，创办景泰县首家内外墙涂料厂。随着改革开放政策的纵深发展和景泰县建材市场的蓬勃兴起，又相继建成一条山玻璃建材经销部、一条山塑料编织袋厂。1992年12月，合资成立“景泰县宏泰有限责任公司”，拥有股东16名，吸纳股金66万元，是白银市第一家股份合作制企业。

1997年，公司销售啤酒大麦167万公斤，收入133.6万元；销售水泥1020吨，收入18.36万元；全年销售收入151.96万元，上缴税费4.8万元，实现利润8.6万元，按章程根据持股比例全部分红。截至2003年，公司安排农村剩余劳动力300多人次，下岗职工再就业人员20多人次，发放职工工资100多万元。

2004年，通过政府拍卖，竞得“白银饭店”经营权。公司以白银饭店为依托，实行多元化经营，企业发展步入快车道。其子女四人也先后分别成立各自的公司。

长子朱生浩，于2005年3月成立“白银宏泰房地产开发有限公司”，为企业法定代表人，至2021年企业相继完成白银饭店“迎宾楼”和1号、2号、3号商住楼的工程建设。2009年转入景泰县相继开发建设景泰宏泰祥和湾、宏泰步行街、宏泰浩庭、祥和福地，共计完成开发建设商业、住宅楼面积达10多万平方米。公司旗下于2014年3月创办“景泰宏泰商贸有限公司”，建成宏泰CNG天然气加气站，累计安排就业人员1300多人次，上缴各种税费3000多万元，为社会公益事业捐款50多万元。被选为第九届县政协委员，县工商联第五届常委，县建材商会副会长，第六届市政协委员，第十届县政协委员、常委。

▲ 白银饭店

次子朱生翰，于2004年一直经营管理白银饭店有限公司。白银饭店是一家集住宿、餐饮、会务接待、健康水疗、休闲娱乐、旅游购物为一体的“四星级”大型酒店，占地面积2.258万平方米，总建筑面积2.815万平方米。拥有宏泰楼、迎宾楼、喜宴楼、会议楼（地下水疗中心）、行政楼5栋，商业铺面18间，有各类型客房218间，可容纳380多人入住，综合接待能力1200人。年均经营收入2000多万元，安排下岗职工再就业人员200多人次，为社会公益事业捐款40多万元。2004年被评为市十佳优秀企业。2008年获得“甘肃金厨奖”等系列荣誉奖。

长女朱沁红，经营“景泰宏祥农资有限公司”，主要从事农业生产资料，销售地膜，复合肥，化肥。公司在全国几家大型化肥企业取得白银及景泰地区化肥代理经销权，建立农资连锁配送销售网点50多家，累计销售化肥10万吨。2017年，与“贵州老干妈”签订辣椒订单种植回收加工合作协议，推行“公司+合作社+农户”的合作模式，带动全县1000多户农民种植辣椒5380亩，产生良好的经济效益和社会效益。

次女朱栟，于2004年被任命为宏泰公司塑编公司总经理，带领全体职工每年超额完成公司下达的生产任务。2015年，随着部分水泥企业的关停转产，成立“甘肃麟郡房地产开发有限公司”从事房地产行业，同时通过竞拍景泰华卉啤酒麦芽厂地皮35亩，共计拍得土地67亩，几年来先后建成商业住宅楼面积约10万平方米，安排就业劳动力800多人次，上缴各种税费1600多万元，向社会公益事业捐款30多万元。分别当选第七届、第十四届县人大代表。

二、甘肃旌达水泥有限责任公司

成立于2004年10月，注册资金2088万元。经营范围有水泥制造、销售，建筑材料、五金交电销售，石灰石开采及销售，普通货物道路运输等。总经理俞宗富。

公司前身系兴泉村集体企业兴泉水泥厂，始建于1985年8月，1987年10月投产，设计能力为年产32.5级普通硅酸盐水泥2.2万吨，总投资225万元。1997年12月，兴泉水泥厂经评估拍卖后改制为民营企业。至2004年10月，历时7年，进行5次重大技术改造，年产量由1997年的2.2万吨，发展到2008年的22万吨；固定资产投资由原来的225万元增加到2008年的4500多万元；水泥品种

▲ 旌达水泥公司

由原来单一的32.5级发展到32.5R、42.5R、道路水泥、散装水泥等5个品种，合格率100%，强度富裕标号达到100%，通过ISO9001：2000质量体系认证。安排就业人数由1999年的100人增加到2005年的270多人，其中各专业技术人员65人，本村村民占98%。

公司被农业部授予“全国乡镇企业名牌重点企业”称号，中国农业银行甘肃省分行“AA+信用企业”，省“质量效益型先进企业”，省“重合同讲信誉”企业。旌达牌水泥产品被评为“甘肃省质量优秀产品”“甘肃省乡镇企业名牌产品”；“旌达牌”商标被评为“甘肃省著名商标”。职工工资由1997年的40多万元增长到2008年的460多万元，上缴税费由1997年的20多万元增加到2008年的230多万元，为兴泉村基础建设、帮扶济贫、教育卫生和公益慈善事业捐款捐物17年累计180余万元。2014年底，因国家政策调控，甘肃旌达水泥有限责任公司关闭停产。

1. 甘肃旌御宫餐饮服务有限公司　总经理俞有坚。公司前身“三福大酒店”，2010年10月24日，以3320万元竞拍所有权后更今名。经营十余年，吸纳周边村民1000多人次就业，上缴税费200多万元，为就业人员发放工资1600多万元。

2. 甘肃大唐景泰乾丰风电有限公司　副总经理俞有文。2012年，以甘肃大唐发电有限公司控股70%、甘肃旌达水泥有限责任公司控股30%合资建成，总投资额3.7亿元，至2020年，税后分红900多万元。

3. 飞天美术馆　馆长俞有文。2016年建成，投资3500万元，总建筑面积3200多平方米，收藏国内著名书法家、画家作品3000余幅，总资产4500多万元，是省内最大的民营美术馆。

三、景泰县辉煌新型预制有限责任公司

成立于2001年6月12日。法定代表人罗崇辉，副总经理罗梓睿。注册资本1618万元。经营范围包括石棉水泥瓦、空心砌块、墙砖、地砖、预拌混凝土、混凝土制品、建筑用石灰、砖瓦制造及销售，砂石料销售，土石方工程服务等。

公司前身系1987年私人创办的兴泉砖厂。1995年，筹措资金26万元，新建一条26门轮窑生产线，采购真空挤砖机和自动切坯台，一次性试产成功。产量由原来年产红砖400万块增加到1000万块。

1999年，投资50万元创办“辉煌”砂厂，年产建筑用砂5万立方米。2000年，投资80万元创办“辉煌”水泥构件预制厂，生产石棉水泥瓦、砼道牙、电缆管孔和多种规格彩色本色水泥广场砖、人行道砖。2001年9月，投资260万元创办“辉煌种羊场”，发展养殖业；投资156万元创办“辉煌洗煤厂”，年产精煤3万吨。2004年，投资700多万元创建“景泰辉煌机械化工程公司”，2005—2012年，共承建土石方挖运工程6项，土地治理项目2项，完成工程总造价1800多万元。

2012年，投资2600万元创办全县首家商品混凝土搅拌站，年销售各种标号的商品砼9万多立方米。2014年，筹措资金5479万元，建成白银市首家全自动化新型节能空心砖生产线，年产9孔、12孔和多孔节能砖折标砖1.2亿块，年吞吐建筑垃圾2万多立方米，节约标煤8000吨，节约耕地30亩。经有关部门验收，公司所办企业均达到节能排放标准。2017年，公司被中国质量信用企业

▲ 辉煌水泥厂

资质评审中心、全国节能降耗产业发展推广中心授予“甘肃重质量、讲诚信、创品牌三满意示范单位”。

安排当地农民就业186人，年发放农民工工资560多万元。至2021年，注册资金达9697万元。年上缴税费200多万元。多年向村文教、农业、寺庙等公益事业捐资捐物合计金额160多万元。1998—2020年，每年向本村70岁以上老人和本乡部分残疾人赠送清油、大米、面粉、毛毯等物，累计折价240多万元。

四、景泰县旭丰物资有限公司

创建于2002年4月7日，董事长、总经理、法定代表人罗崇佑。公司前身景泰县物资局。注册资金200万元。经营范围包括有色金属、建筑材料、五金交电、机电产品、民爆器材、烟花爆竹、汽车农机配件零售、日用百货零售、餐饮、住宿服务等。是全县唯一有许可证批发民爆器材、烟花爆竹经营企业。年销售炸药2000吨，雷管120万发，烟花爆竹200多吨。有资产2000多万元，累计上缴税费1000多万元。

2004年，以150万元收购“宏远宾馆”，改扩后更名“景泰川大酒店”。有客房100余间，一次可容纳200人入住，同时兼营餐饮业。2005年，投资200万元创办“新旭丰幼儿园”，占地面积3000多平方米，室外活动场地近1000平方米。有校舍20间，可接纳200余名儿童进行学前教育。

截至2021年，公司为本地各项公益事业捐款捐物折合累积200万元。连续13年被县政府评为“先进企业”；2011年，被省商业联合会授予“诚信企业”称号；2013年，新旭丰幼儿园被县教育局评为“景泰县标准化幼儿园”，2016年，被市教育局评为“白银市标准化幼儿园”，2020年，被评为“白银市示范化幼儿园”。

五、景泰县三益筑绿有限责任公司

成立于2002年7月24日，法定代表人王建金。注册资金6800万元，在腾格里沙漠南缘及县域北部沙漠地带建成防风治沙林场，享受国家50年土地无偿经营权的优惠政策。公司占地总面积5505亩，其中景电二期灌区4800亩，县城南部产业园区705亩，经营范围涉及商贸建材物流、农业观光、农产品交易、种苗繁育养殖多个领域，包括林木、农作物种植及销售；园林绿化工程设计、施工、服务；化肥、地膜、农业机械、建材批发零售等。

2005年，公司被评定为“甘肃省白银市农业产业化重点龙头企业”；2008—2012年，投资建成全县最大农副产品交易批发零售市场“景泰县农贸市场”。2018年，投资建设占地284.6亩的农作物、黑枸杞及林木良种培育、繁殖育种育苗基地和四星级生态植物园。同年11月12日，注册成立“甘肃山江润田生态高科技发展有限公司”。

▲ 三益公司

截至2021年，公司累计造林4万多亩，完成沙化地改良30万亩，封沙育林（草）13.5万亩，营造大型防风阻沙林带30万亩，区域内植被覆盖率由0%～20%提高到40%～75%。

六、景泰天祥房地产开发有限责任公司

2005年，刘军政带领本村村民30多人，组建兴泉村建筑工程队，步入建筑行业。至2006年，完成私人建房19家，总建筑面积2800平方米，交房合格率95%以上。2012年，承包“灵源寺”部分建筑工程项目，经验收工程质量达标。2013年8月，成立物业公司，增加物业管理业务。2014年5月，注册资金2000万元，成立房地产开发有限责任公司，主要经营房地产开发业务。法定代表人刘军政。

公司完成建筑总面积4万多平方米，同时开办“唇辣火锅城”，安排就业人员30多人。相继成立“甘肃亿祥源建筑有限公司”“景泰天祥昌盛达农业发展有限公司”，建成占地50亩的万头养猪场。

累计上缴税费500多万元，安排本村农民工600多人次，先后为村上公益慈善、文化教育、疫情防控等捐资捐物累计10万余元。

七、德祥广告公司

2001年，周德强从部队转业，在吴忠市创办德祥广告文化传播中心。至2018年，开办3个门店，拥有大型喷绘机、写真机、雕刻机、热转印机等固定资产100多万元，主要业务是为大型庆典活动和户外广告媒体提供服务。

公司解决就业岗位30多个，培训电脑人员200多人，吸收社会闲置、伤残人员、复转军人和农民工300多人次。年上缴税费近20万元。

八、甘肃金泰安防有限公司

1996年，毛登延购进一辆客运车，经营靖远—兰州客运业务，通过7个月的运营，毛收入达40万元，盈利14万元。2003年，投资20万元，创建“景泰县登延防盗门销售中心”。承接县城多个小区安防工程施工，经综合验收，各项施工技术达标。业务拓展到兰州市区和兰州新区。

2006年11月，注册资金300万元，成立安防有限公司，经营范围包括防盗门、监控设备、水暖、消防设施等，经营面积120多平方米。

至2021年，公司年上缴税费10万多元，企业资产500多万元。公司安排当地就业人员300多人次。为村上文化教育及公益事业捐款捐物合计金额3万元。

九、甘肃盛龙工贸有限公司

成立于2006年8月，法定代表人马茂。注册资金300万元。经营范围包括破碎机锤头、齿板、筛板、球磨机衬板、钢球、钢锻等。

公司占地面积1.5万平方米，有现代化生产车间1800平方米。建成一条生产线，生产耐磨材料，年生产能力1.2万吨。以“盛龙牌”为商标的产品，被广泛用于甘肃省冶金、火电、矿山和水泥等行业。外聘两名技术人员指导生产，产品通过质检，合格率100%。有员工108人，中级以上技术人员18人。2008年，公司被甘肃省工商行政管理局评为“守合同重信誉企业”。2009年，通过ISO9001质量体系认证。

曾于1998年投资8000元，在201省道边开一家润滑油专卖店。2000—2005年，先后筹资购买散装水泥罐车3辆，为相关水泥企业及白银、兰州等地建筑工程运送水泥。

公司累计上缴税费200多万元。安排本村农民工300多人次，支付劳务工资

800多万元，为本村文化公益事业捐资4万余元。

十、景泰积德商贸有限公司

成立于2010年5月，法定代表人李积德。固定资产600多万元。经营范围包括日用百货、烟酒、糖茶批发、零售等。投资6万元购置货车一辆，在喜泉镇、上沙沃镇、寺滩乡建立多家销售网点。2018年，公司由其子李瑾善经营管理。

1983年筹款5000元，在村内经营一家小商店。1993年，将小商店迁至县城经营。2002年，贷款100多万元，租赁490平方米的铺面，创办积德批发超市，是全县最早的超市。超市为本村解决就业人员600多人次，为慈善和村上公益事业捐款捐物合计金额10万多元，陇南地震后，向灾区捐献价值6万多元的方便面、矿泉水等。

十一、额济纳旗鑫泰商贸有限公司

成立于1996年3月，注册资金2000万元，企业法定代表人郭茂宗。副总经理杨佑琳，财务主管李晓芳。

斥资300万元，在额济纳旗工业园区占地4000平方米，创办集仓储、运输、生活、办公于一体的民营企业，主营水泥、钢材、室内装修及小五金等建筑材料。公司利用胡杨林旅游资源和策克口岸的地理优势，积极参与对外贸易和地方经济建设，业绩显著。

从1999—2006年，通过招投标方式，向蒙古边境飞机场、加拿大驻蒙古艾芬豪公司至策克口岸公路、蒙古巴音红古勒省居民楼建设和达镇至策克口岸一级公路工程供应水泥共计9.88万吨，供应钢材3400吨，两项完成销售额6645.6万元，上缴税费720.64万元，安排农民工就业260人次，发放工资及运费914.6万元，公司实现利润294.4万元。

2004—2015年，为中央对居延海工程调水黑河工程修建，在达镇工业园区修建水泥拆包站一处，建成散装水泥库4个，容纳散装水泥4000吨，为中铁6局工程标段供应散装水泥。2021年，为黑龙江龙建路桥公司由十七号向阳桥古日乃苏木、十四号至阿右旗公路建设项目累计供应袋装、散装水泥28.75万吨，销售总金额1.2593亿元，上缴税费653万元，安排农民工就业160人次，支付工资及运费5885万元，公司实现利润236万元。

2011年，承建鹏飞矿业公司办公大楼；2012年，承建物宝永盛矿业公司办公及生活楼；2013—2018年，承建移民扶贫搬迁住宅工程及达镇王府一号楼工程、苏泊淖尔苏木伊布图嘎查“十个全覆盖”工程、策克口岸人民法庭办公楼等工程。共计完成建筑面积3.16万平方米，工程总造价4652.97万元，上缴税费460多万元，安排农民工就业600人次，支付农民工工资1885.4万元。

总经理郭茂宗在任职期间，帮助家乡水泥厂销售水泥1.6万吨、为家乡解决劳动力就业160多人次，其中20多人迁居额济纳旗。2021年，公司向额济纳旗红十字会捐款1万元，用于疫情防控。

1989—2020年兴泉村民营企业统计表

表2-5-3

序号	企业名称	法人代表	成立日期	经营期限	企业类型
1	喜泉供销合作社	田维东	1989.6	2029.6	股份合作制
2	景泰县辉煌新型预制有限责任公司	罗崇辉	2001.6	2041.6	有限责任公司
3	甘肃旌达水泥有限责任公司	俞宗富	2004.10	2034.10	有限责任公司
4	甘肃盛龙工贸有限公司	马　茂	2006.5	2026.5	有限责任公司
5	景泰旌达汽车运输有限公司	俞宗平	2007.5	2037.11	有限责任公司
6	景泰县天翔物资有限公司	马　茂	2008.10	2028.10	有限责任公司
7	景泰县万通矿业有限公司	俞宗贵	2010.12	2030.2	有限责任公司
8	兴达养殖专业合作社	李家功	2010.4	2020.4	农民专业合作社
9	兴荣养殖专业合作社	曾继荣	2010.5	2020.5	农民专业合作社
10	积德种植专业合作社	李积德	2010.10	2020.10	农民专业合作社
11	鸿盛工贸有限责任公司	周德忠	2012.1	2032.1	有限责任公司
12	云峰养殖专业合作社	罗维玉	2012.4	2032.4	农民专业合作社
13	福顺养殖专业合作社	罗维福	2012.5	2032.5	农民专业合作社
14	喜泉农工商有限公司	罗文浚	2012.6	2042.7	有限责任公司

续表

序号	企业名称	法人代表	成立日期	经营期限	企业类型
15	建民牧业有限公司兴泉直营店	吕长福	2012.10	2032.11	内资分公司
16	农欣源养殖专业合作社	俞宗平	2012.11	2032.11	农民专业合作社
17	陇兴种植专业合作社	周继盛	2013.7	2063.7	农民专业合作社
18	永升养殖专业合作社	张玉琴	2013.7	2033.7	农民专业合作社
19	陇盛种植专业合作社	马　财	2013.7	2063.7	农民专业合作社
20	保民养殖专业合作社	马　军	2013.8	2033.8	农民专业合作社
21	鸿达养殖专业合作社	王小翻	2013.9	2033.9	农民专业合作社
22	得鑫养殖专业合作社	王得鑫	2013.9	2033.9	农民专业合作社
23	常富种植专业合作社	赵常福	2013.10	2033.10	农民专业合作社
24	祥和种植专业合作社	毛正财	2013.10	2033.10	农民专业合作社
25	新宏翔养殖专业合作社	王毓海	2013.11	2033.11	农民专业合作社
26	四季春种植专业合作社	罗维玉	2013.12	2033.12	农民专业合作社
27	兴圳农牧专业合作社	师仲贵	2014.12	2034.1	农民专业合作社
28	盛荣种植专业合作社	石生荣	2014.4	2034.3	农民专业合作社
29	顺兴养殖专业合作社	石钰清	2014.4	2034.4	农民专业合作社
30	六畜旺养殖专业合作社	孙　科	2014.5	2034.5	农民专业合作社
31	甘肃积德物流配送有限公司	李瑾善	2014.6	2034.6	有限责任公司
32	钰鑫种植专业合作社	化得全	2014.6	2034.6	农民专业合作社
33	鑫泉养殖专业合作社	李积灵	2014.6	2064.6	农民专业合作社
34	世元兽药有限公司	苟世元	2014.12	2034.12	有限责任公司
35	广博养殖专业合作社	石兴广	2014.12	2034.12	农民专业合作社
36	旺作农机专业合作社	杨佑伟	2014.12	2034.12	农民专业合作社
37	鸿盛新型建材有限公司	俞宗平	2015.3	2035.3	有限责任公司
38	盛成粮油购销专业合作社	王富伟	2015.9	2035.9	农民专业合作社
39	兴雪岩建材有限公司	罗崇敬	2015.11	2035.11	有限责任公司
40	鸿琛商贸有限公司	周德宪	2015.11	2035.11	有限责任公司
41	振鑫农牧专业合作社	雷光烨	2015.12	2035.12	农民专业合作社
42	振鑫养殖场	雷光烨	2015.12	2035.12	个人独资企业

续表

序号	企业名称	法人代表	成立日期	经营期限	企业类型
43	景泰县喜泉选矿厂	刘如源	2015.12	2035.12	个人独资企业
44	国军养殖场	马国军	2015.12	2035.12	个人独资企业
45	庆忠生活用品有限公司	张庆忠	2016.10	2036.10	有限责任公司
46	景泰县宏泰有限责任公司废旧塑料回收站	朱 栟	2006.1	2046.1	有限责任公司分公司
47	乡土情缘家庭农场	杨锦嵘	2016.2	2036.3	个人独资企业
48	金潮商贸有限责任公司	杨世金	2016.3	2036.3	有限责任公司
49	景泰县人和林场	李兴平	2016.5	2036.5	个人独资企业
50	鼎盛养殖专业合作社	罗崇满	2017.8	2037.8	农民专业合作社
51	果乐商贸有限公司	张亮忠	2017.11	2037.11	有限责任公司
52	学政商贸有限公司	王学政	2018.1	2038.1	有限责任公司
53	祥伟农牧专业合作社	付廷祥	2018.1	2038.1	农民专业合作社
54	茂林生态养殖有限公司	曾林茂	2018.5	2038.5	有限责任公司
55	陇晟辉煌渔业发展有限责任公司	罗梓睿	2018.6	2038.6	有限责任公司
56	广顺源煤业有限公司	刘富政	2018.8	2038.8	有限责任公司
57	兴泉秦韵演艺有限公司	张 锋	2018.11	2038.11	有限责任公司
58	景泰县中磐选矿厂	刘启文	2019.4	2039.4	个人独资企业
59	昌盛源预制构件有限公司	卢昌盛	2019.5	2039.5	有限责任公司
60	金元瑞建筑工程有限公司	杨世金	2019.11	2039.11	有限责任公司
61	鑫鑫明建材有限公司	李玉明	2019.10	2039.10	有限责任公司
62	甘肃省卢昌金建筑劳务工程有限公司	卢昌金	2019.12	2039.12	有限责任公司
63	新如农场	郝 锋	2020.3	2040.3	个人独资企业
64	甘肃聚广星商贸有限责任公司	段好雄	2020.5	2040.5	有限责任公司
65	荣得亨农牧科技有限公司	罗文润	2020.9	2040.9	有限责任公司
66	广盛翔汽车服务有限公司	张广勤	2020.11	2040.11	有限责任公司
67	嘉禾兴养殖场	毛建雄	2020.11	2040.11	普通合伙企业

兴泉村（村内）个体工商户一览表

表2-5-4

铺面、商店名称	经营者姓名	铺面、商店名称	经营者姓名
丽萍商店	石秀丽	盛旺机械租赁部	程文斐
兴盛饭馆	程　瑜	卢昌盛预制厂	卢昌盛
庆丰百货店	毛　庆	王琴百货经销部	王海琴
应军商店	李应军	利秀百货超市	孙　秀
惠丰喜泉农资加盟连锁店	田维东	霖霞百货部	吴克霞
丰泰农机配件门市部	罗维民	农之友农资经营部	杨璟祖
兴盛批发部	李祖花	乡土情缘生态农产品专卖店	杨锦嵘
金土地餐厅	王彩芳	鑫玉餐厅	马保玉
小王汽修部	王　伟	嘉慧化妆品店	王生贵
兴雪岩石膏制品厂	罗崇敬	克峰焊接维修部	逯海云
兴荣商店	张兴荣	万翠电动车经销部	王万翠
旭桂猪厂	李家旭	福兴惠蔬菜百货超市	郝立盛
兴顺猪厂	刘作林	春玲磨面坊	王娟泰
顺鑫猪厂	段守儒	乡音音乐酒吧	宋常翠
万吉经销部	司万吉	旭缘百货批发部	马旭祯
和玲小卖部	李家和	昌顺达百货批发部	陈玉斐
下麻黄沟石灰石矿	范东仁	旭丰烟花爆竹兴泉经销店	罗维元
兴荣修理部	顾登荣	老闫榨油坊	闫立学
兴天祥百货超市	杨天强	豫泉废品回收站	段好红
玲珑乐购百货店	闫立菊	恒达百货批发部	罗淳心
鑫盛商店	尚菊武	马珍羊羔肉店	马　珍
君悦信百货店	刘建玲	锐达轮胎修理部	陈建庆
桑乐太阳能喜泉专卖店	周继广	爱车港湾汽车美容店	王新伟
维民商行	罗维民	范家榨油坊	范富润
兴瑞百货部	石兴瑞	亿丰园牛肉面馆	周继荣
祥和润滑油门市部	马　祥	旺旺百货店	俞宗翠
文琴百货部	包文琴	长乐百货店	崔　俊
欣荣批发部	朱富君	旺旺电瓶修理店	马　文
林芳百货经销部	沈建林	靓华理发店	尚华武

续表

铺面、商店名称	经营者姓名	铺面、商店名称	经营者姓名
意如批发部	王万翠	品味居餐厅	周继强
彩羚蔬菜百货店	张彩羚	江江百货店	尚立将
永信商店	罗　文	靖润百货商店	尚立秀
立俊百货批发部	闫立俊	隆顺牛肉面馆	刘强政
聚源百货部	孙全龙	延民榨油坊	辛延民
佑玲商店	杨佑玲	博豪货运部	李博泽
爱军商店	张建军	宏沅百货超市	苟发宏
泓宇生态养殖场	尚有参	海晶百货商行	王永琴
辛海百货批发中心	辛彦海	垚兴停车场	尚立垚
正财农资经销部	毛正财	富利源养殖场	张海霞
小朱电脑部	朱浩郡	旭丰烟花爆竹经销店兴泉村一分店	罗维元
桃科百货经销店	李桃科	兴言通信店	王兴言
金珊瑚理发店	陈爱妍	江泊养殖场	周平川
兴泉照相馆	杨锦嵘	锦祥乐蔬菜批发超市	杨天祥
土柱小家电经销部	朱万宏	涵沛百货经销店	李世鑫
崇玲百货店	罗崇玲	福鑫寿材社	马　俊
玉梅手机超市	赵玉梅	马国盛养殖场	马　楷
文刚手机超市	赵文刚	纪佑养殖场	郝大伟
芳芳百货部	周文芳	景扬货物运输部	程　瑜
农家饭庄	王　成	食面来面馆	马　燕
顺梅小吃店	周得萍	兴通货运信息部	罗崇昇
海宏经销部	张海宏	增彩百货超市	曾　彩
梦翔烧烤吧	缪中燕	海义养殖场	王海义
守广建材部	吴守广	欧可百货店	张全卉
兴泉文化艺术中心	马　银	德荣新旺养殖场	周德荣
绿生源烤馍店	冯生霞	张举国百货店	张举国
沈成电焊维修部	王朝刚	辰宇鑫建材经销部	李全清
应香小吃店	万应香	小朱电焊维修店	朱生文
卓诺通讯部	马保晶	好味佳百货店	周继花
立松家庭养殖场	闫立松	小朵百货批发部	毛登朝
崇齐家庭养殖场	罗崇齐	景强养殖场	孙　瑜

第六章　交通运输　邮电通信

第一节　交通运输

历史上，交通运输工具匮乏，交通不便，村民出行多为步行，年长者或妇女骑毛驴，只有条件较好家庭用驴车或骡马铁车。至民国十五年（1926年），短途运输主要靠人背驴驮，长途运输业依靠骆驼队运输。兴泉村有毛家和王家两家驼队，其中王家（王建胜祖上）的驼队规模较大。两支驼队共有骆驼30多峰。驼队出发时以驮盐为主，途经兰州，往东走陕西的西安、汉中，往西走青海、西藏，返程时以百货、皮毛等物交付各个商号和宗族大户。

1926年，兰州—宁夏的土公路建成通车后，本村的宗族大户和几家商号开始置办马车（大轱辘铁车）进行货运，马车运输一直延续到人民公社化时期。家境贫穷的老百姓依然用人背、驴驮进行货运。新堡子陈家最先置办第一辆皮车（胶皮轮胎）。

1958—1981年人民公社化时期，车辆、牲畜全部归集体所有。车辆逐渐更换为胶皮轮胎车，主要用于生产队的夏收和秋收运输。有时由大队抽调外出搞副业、运输货物。

20世纪五六十年代，交通工具没有多大改善，村里出现为数不多的自行车。70年代，生产队开始购置手扶拖拉机，家庭自行车开始普及。

1975年，知识青年下乡，县知青办给兴泉大队分配一辆手扶拖拉机供生产使用。为了改善、提高生产队的运输能力，1978—1980年，全大队大多数生产小队利用公共积累购买手扶拖拉机，1979年，九队购置一辆二手解放牌汽车，1980年，兴泉铜矿购置喀尔巴阡汽车一辆。

1983年，兴泉一砖厂购置解放牌汽车1辆，主要给砖厂拉煤、送砖、跑运输。同年，兴泉铜矿购置解放牌汽车2辆，往白银送矿石。1984年，村上购置55铁牛拖拉机1台，农忙时给村民犁地，农闲时给各企业搞运输，成本单独核算。1986年，兴泉水泥厂购置解放牌汽车2辆，主要是拉煤、送水泥。部分村民购置手扶拖拉机给水泥厂拉石灰、黏土，从各砖厂往县城运砖。与此同时，部分富裕村民开始购置摩托车、卡车；20世纪90年代，有些村民将手扶拖拉机换成四轮拖拉机，专门搞运输。1997年底，企业改制为民营企业，根据生产需要，有些运输户又将四轮拖拉机换成解放牌翻斗东风车、农用三轮车、散装水泥罐车。2000年后，出现家庭轿车。截至2021年底，兴泉村共有各品牌汽车30多辆，铁牛55拖拉机5台，各种品牌的四轮拖拉机和农用三轮车700多台，务农、运输同时兼顾。

村里有从县城往返于村子的小型客运和出租车营运。有往返于兴泉—喜集水、兴泉—县城—景电二期灌区双树村的大客车营运，极大地方便了村民及沿途群众的出行。村上跑客运的有吕全生、张锋、王作宾、付廷柏、司万宏、杨来国、周德辰、付廷虎、俞有平等。

随着科技进步，村民出行，短途有自行车、电动车、摩托车，长途有公交车、小轿车、火车、高铁、飞机等。

第二节 邮电通信

民国时期，兴泉村就有专业的邮电服务。新中国成立后，1951年设立锁罕堡邮电所，专门从事邮差服务的职员有李永福、徐昌荣、寇世奇、魏品三、张权盈等。在芦阳、锁罕堡、芳草、一条山、大安、正路、皋兰、兰州一线，分段递送。早期各段邮差赶着一头毛驴，响着铃铛，驮着邮包，内装信件、汇票（通知单）、报纸（《甘肃日报》）、包裹等，两人两地之间相约半途对接手续，交换邮包并签字。

邮电所设在前街，有一部旧式手摇电话，由接线员专门负责电话通知公私重要、紧急事务，或读电码（电报底稿）至有电报业务的邮电所，完成加急通信、电报业务。

1952年，锁罕堡邮电所改为兴泉邮电所。1957年，包兰铁路建成，邮包改为火车长途传递，取送邮件在火车站对接。邮递员一身绿色着装，骑一辆绿色自行车，后车架上两个绿色邮包，递送更快。

1955年，县邮电局在兴泉邮电所安装30门磁石落地式交换机1部、自用单机1部、用户单机8部，外挂邮政信箱，扩大报刊征订发行、电报电话传输、包裹邮寄传送业务。

1958年，兴泉对外接通多路电话线路。设有长线传输站，由两名工人巡查维护长途线路，保障通信畅通。

20世纪70年代，寄送报刊、信件、包裹等邮电业务改为两轮摩托车，递送效率大为提升。

1986年夏秋，增设邮政储蓄业务，开通绿色便民服务渠道。

1992年，景泰电信局在喜泉乡开通程控电话业务。1994年，数据电话开通，村委会、农工商实业总公司、选矿厂、水泥厂、石膏粉厂和7户农户分别安装一部，共计12部。

1997年，企业改制，邮电、通信分家，网络通信、光纤数字传输系统逐步推广，村民普遍安装、使用传呼机、座机、手提电话（大哥大）、手机、可视电话等通信工具换代升级，通信流畅。

毛正伟、石作金、李青、李凤英、罗文重、毛登永、张锋等先后在兴泉邮电所工作。

2012年，移动公司架通宽带网络通信，村民开始使用计算机网络。至2019年，通信从2G到5G，提速很快，网络电视、网购、视频聊天、电子商务等进村入户达到全覆盖。

兴泉村志
XINGQUAN VILLAGE ANNALS

第三编 政治

第一章　组织建设

第一节　村党组织建设与发展

1949年9月21日，中共景泰县委成立。景泰县设立五个行政区，锁罕堡村属芦阳（一区）管辖。

1952年秋，锁罕堡挖出“旺泉”，村名改为“兴泉村”。是年11月9日，县委决定增设兴泉区委（六区）。

1953年8月，成立中共景泰县第六区兴泉乡支部委员会，有党员8名，隶属兴泉区委。

第一届兴泉乡党支部（1953.8—1955.10）　书记罗文昌。党支部按照区委统一部署，组织村民组建互助组，互帮互助搞生产，从互助组发展到初级社、高级社。截至1955年10月，发展党员11名。是月，撤区并乡，“兴泉乡党支部”改为“兴泉乡党总支”。

第二届兴泉乡党总支（1955.11—1957.2）　书记邱之福。有党员23名。1957年3月，“兴泉乡党总支”改为“兴泉乡党委”。

第三届兴泉乡党委（1957.3—1958.4）　书记包有禄。有党员39名。1958年4月，实现人民公社化，乡改为大队，小组改为生产队。“兴泉乡党委”改为“兴泉大队党总支”。

第四届兴泉大队党支部（1958.5—1959.6）　书记罗文元。有党员43名。

第五届兴泉大队党总支（1959.7—1960.3）　书记王廷杰。有党员46名。

第六届兴泉大队党总支（1960.4—1961.6）　书记刘海晏。有党员49名。党总支下设党小组、团支部、民兵营和村妇联，按照上级党委工作部署，认真宣传贯彻落实党在农村的各项方针政策，带领全体社员开展土地治理，兴修水利，扩大水浇地面积，提高粮食产量，切实保障社员基本温饱。

1961年6月，经上级党委批准，将兴泉生产大队分为兴泉、新堡、三塘3个生产大队，其中三塘村原属兴泉一队。建立“兴泉大队党支部”和“新堡大队党支部”。

第七届兴泉大队党支部（1961.7—1965.2） 书记张有贵；新堡大队书记王守法。时值三年困难时期，党支部带领全体村民铺压砂田，抗旱救灾。1963年，配合社教工作队，开展社会主义思想教育。班子成员认真检讨个人主义思想及工作和生活中的不足，总结经验，提高对社会主义制度建设的认识。通过“四清”运动，树立党组织威望，丢掉思想包袱，带领大家创办育苗林场，植树造林，夯筑固砂墙，营造防风林，促进农业生产发展。

第八届兴泉大队党支部（1965.3—1969.7） 书记罗毅。1965年3月，兴泉、新堡两个大队合并为一个大队，原两个大队党支部合并为一个党支部，成立“兴泉大队党支部”。党支部下辖7个党小组，有党员55名。党支部带领全体党员干部继续推行合作社时期的生产管理方式，实施分段承包、分项计酬的办法，精耕细作提高产量，扩大育苗基地植树造林。新开水源，确保菜园子用水，恢复大园子、孙家园子的蔬菜种植，改善群众生活。

第九届兴泉大队党支部（1969.8—1973.11） 书记樊文雄。1966年“文化大革命”期间，党支部工作一度陷入涣散状态，大队党支部工作由副书记樊文雄负责。1969年，公社党委任命樊文雄为大队党支部书记，组建第九届兴泉大队党支部。党组织工作逐步恢复。

是年6月，大队从各生产队抽调100名强壮劳动力，参加景电一期提灌工程大会战。8月，派大队、生产队优秀干部5名前往山西大寨村参观学习。1970年，响应毛泽东主席关于“深挖洞、广积粮、不称霸”的指示，“五一”劳动节期间，动员全大队社员开始“百日大战挖地道”，挖通各生产队之间的主干线。8月8日零时，由喜泉公社武装部拉响防空警报，组织全体社员钻地道进行防空演习。

1972年3月，按照省委“工业支援农业”的会议精神，大队对接省冶金厅，架通一条山大队到兴泉大队的6千伏高压输电线路。12月3日，《人民日报》以《一条“工农联盟线”》为题进行报道。

第十届兴泉大队党总支（1973.12—1986.8） 书记王有昌。1973年12月12日，大队两委班子换届选举，王有昌被选为大队党总支书记。党总支部有党员89名。党总支从组织建设工作着手，建立健全党支部、团总支、民兵营、妇联组织。党总支下设4个党支部，其中农业支部3个、企业支部1个。团总支设团支部3个，下辖10个团小组。民兵营下辖10个民兵连。大队妇联下辖10个妇女小组。

1975年，在第二生产队、第六生产队建立两个知青点，安排上山下乡知识青年18人，第九生产队安排1人。

1975年9月，根据县委安排部署，开展严厉打击流窜犯、现行反革命分子战役。党总支选调13名政治觉悟高、思想品德好的骨干，组建兴泉大队“民兵小分队”，在路口、火车站昼夜站岗巡逻，保护兰州至北京的列车在兴泉区段的运行安全。

1976年4月，中国人民解放军守备二师进驻兴泉村。大队党总支部根据县委指示，给部队划拨周庄子、司家岴岴漫水地、砂地220多亩，作为部队营建用地。

是年9月9日，毛泽东主席逝世。治丧期间，全大队举行形式多样的悼念活动，18日下午3时，大队党总支组织党员、干部、社员及学校师生数千人，冒雨在兴泉剧院参加追悼大会。

1977年12月，国家恢复高考制度。大队党总支决定给本村高考生每人放假20天，集中精力复习。当年有3名考生被本科院校录取，6名考生被中专、技校录取。

1980年8月1日，“兴泉大队党总支”更名为“兴泉村党总支”，“兴泉大队革命委员会”变更为“兴泉村村民管理委员会”，“生产队”变更为“村民小组”。

第十一届兴泉村党总支（1986.9—1991.3） 书记付贞安。村党总支注重企业发展，调整企业法人，治理整合机构，于1988年5月对7家村办企业实行厂长承包责任制。6月，利用黏土资源，从集体积累中出资10万元，与县电力局在毛家台台开办年产800万块红砖的股份制企业——兴电砖厂，当年建厂当年盈利。

1989年，针对小学、幼儿园23名民办教师工资待遇低的问题，村党总支研究决定为每人每月上调25元，调整后为每人每月45元，全年上调总计6900元，从企业上交管理费中列支。《白银日报》头版头条予以报道。是年秋，利用企业公共积累40万元，在周庄子、杨胡梁新打120米深井两眼，发展周庄子水浇地370亩，扩大水地保灌面积达720亩。

1991年3月，有党员92名。

第十二届兴泉村党总支（1991.4—1993.12） 书记杨久清。根据本村农业生产中井灌地机井上水不足、河灌地部分渠道破烂而浪费水资源及群众水费增加等问题，村党总支决定走以工促农一体化发展道路。1991年3月24日，免去俞宗富水泥厂厂长职务，调任村委会主任（党总支委员），王有昌任水泥厂厂长。5月，村上动用二砖厂积累资金8万元，在公社旧址建成兴泉食品加工厂。1992年9月，贷款75万元，建成兴泉石膏制品厂、水泥编织袋加工厂。同年，投资8万元，建成自来水取水点6个，村民凭票取水。幼儿园扩班，增修教室12间。

是年11月17日，杨久清赴兰州参加甘肃省关心下一代工作委员会大会，兴泉村党总支受到表彰奖励。

是年，经村党总支研究上报、县乡企局批复同意，于12月11日成立“兴泉农工商实业总公司”。

是年，有党员96名。

第十三届兴泉村党总支（1994.1—1998.1） 书记刘宗财。1994年5月25日，兴泉农工商实业总公司办公大楼落成，一套班子、两块牌子。9月7日，省委组织部部长由市县领导陪同，调研兴泉村党组织建设情况。12月，总公司对全村企业实行独立经营承包制，采取保资产、交管理费的办法，以包代管。1995年3月11日，村党总支副书记、村主任杨久清由市委组织部选派随团到华西村学习考察。1997年10月，随着全国企业改制，在县乡工作组的指导下，成立“企业改制领导小组”，负责有关企业改制事项。11月10日，对各企业的评估意见及评估价出炉，其中水泥厂227.3759万元，选矿厂128.8万元，石膏制品厂75万元，兴电砖厂15.6657万元。11月28日晚，县乡领导参加，村上对上述企业挂牌竞标拍卖，7天内无人竞标。经过县公证处公证，于12月8日签订拍卖合同，完成企业改制。

第十四届兴泉村党总支（1998.2—1999.8）　书记王有昌。村党总支强化组织建设，抓企业，促农业，保民生。1998年5月23日，村“两委”从公司大楼搬迁到原来办公地点。9月16日，组织召开村民代表大会，成立兴泉村议事小组、理财小组、监督执行组。11月3日，组织全体村民进行村委会换届选举。杨久清当选村委会主任，师仲章、化得荣当选村委会副主任。

第十五届兴泉村党总支（1999.9—2004.11）　书记杨久清。村党总支推行村务公开，建立健全各项管理制度。2000年1月10日，各村民小组组长换届完成。2月17日，在县上组织的表演活动中，村社火队被评为第一名，受到奖励。9月13日，杨久清参加省关心下一代工作会议，兴泉村受到表彰。12月7日，村党总支评选奖励优秀党员12名，先进企业1家，科技户5户，科学养殖户1户，五好家庭2户，好婆婆、好媳妇8名，女能人1名。2002年3月6日，组织村民代表举行村委会选举，李森标任村委会主任，师仲章、化得荣任副主任。2003年5月2日，成立“防非典领导小组”，组织全体村民防“非典”疫情。2004年1月22日，成立老龄委员会，设主任1人，委员6人。

第十六届兴泉村党总支（2004.12—2007.7）　书记卢有君。2005年1月，利用春节假日，村党总支邀请兴泉籍在外工作人士和本村能人志士举办同乡联谊会，提出走“绿色发展”之路。2月，组织群众选举村委会领导班子，李森标当选村委会主任，吴守财当选副主任。村“两委”班子在抓好“两水”（井水、黄河水）建设的同时，以发展养殖业为突破口，走养殖富民之路。是年，兰州铁路局将包兰线兴泉段道口拆除，对村民在铁路西的农业生产造成很大安全隐患。经卢有君与兰州铁路局多次协商，于2006年在拆除的小砂梁道口西50米处建成铁路涵洞一座，解决农业生产绕道问题。是年3月，因水文1号井枯竭，为确保井灌地浇水，争取县水利局水利资金，在真如寺东新打120米深井1

眼。2007年，衬砌中台33家水井灌农渠1.5公里。至2007年7月1日，村党总支有党员103名。

第十七届兴泉村党总支（2007.8—2010.10） 书记俞宗富。2007年10月，组织全体村民选举村委会，化得荣当选村委会主任，罗崇福、谈明田当选副主任。11月，组织召开本村民营企业负责人会议，引导企业发展品牌，以环境美化亮化为基点，切实推行技术改造，促进企业提质增效，不断提高职工待遇。节能减排，种草种树，改造环境，实现“绿色发展”。同年，甘肃大唐兴泉风电场45兆瓦清洁能源风电项目开工建设，村民得到旱砂地补偿款30多万元。2008年5月，村“两委”班子争取县交通局首批乡村道路硬化项目资金40多万元，拆除沿途9户占道猪圈和厕所，从201线接口至三塘南沙河沿，硬化道路2.7公里，架设太阳能路灯32盏。7月，争取县农办渠道衬砌项目资金12万元，衬砌涝坝南出水口至红井井的井灌渠道3.5公里。10月，举办“兴泉村第一届文化小吃交流会”，邀请任复兴团长带队的省秦剧团来兴泉，于中秋节期间演出秦腔本戏和折子戏13场次。邀请省内著名书画家毛志成、尚墨、宣兵、秋子、李秀峰等来村上举行书画交流活动。2009年3月，争取省景电管理局有关西干八支延伸渠道改造工程项目资金160多万元，于7月份动工，完成改造西干八支渠4.2公里。争取县水利局渠道衬砌项目资金19.5万元，对老二十一斗斗渠实施重新改造，衬砌渠道4.5公里。4月，争取县农办首批新农村建设整合资金120多万元，建设新农村住宅45套，其间省建设厅厅长李慧到现场指导工作。10月19日，收回公司大楼原出让合同，重新组织公开拍卖，三塘村武克军以59万元胜出。10月26日，争取县农业银行支农资金项目，行长焦学元到村上，主持为新农村住房、养殖业120多户发放贷款400多万元。2010年3月，争取县文化局乡村文化站建设项目资金25万元，整合拍卖大楼款50多万元，对剧院重新改造，新建村文化站综合办公楼600多平方米，改造化装室、戏楼320平方米，新建村委会大门及围墙100多米，硬化院子2200平方米，共计投入资金90多万元。国庆节期间，举办“兴泉村第二届文化小吃交流会”。邀请省秦剧团为村民演出秦腔本戏、折子戏13场次。邀请省内著名书画家鲁克俊、张广宇、郝万铎、张兰宇、何建韵、王敬东、张旭东等前来开展书画交流活动。

第十八届兴泉村党总支（2010.11—2013.11） 书记卢有君。2011年3月，组织村民代表对村委会进行换届选举，段守宏当选村委会主任，谈明田当选副主任。2011年，组织打深井1眼，保证井灌地灌溉面积。2012年5月，争取水利项目资金，衬砌二十斗斗渠2.5公里。是年秋筹建兴泉中心幼儿园，动员拆迁小学周边农户住房，建成小学和中心幼儿园“一场两用”的体育场。2013年，浇筑修建“三兴”公路从201线路口至原四队场边1.3公里。是年12月，村党总支获县委“先进基层党组织”和镇党委“先进党支部”称号。

第十九届兴泉村党总支（2013.12—2020.12） 书记罗崇福。村党总支认真贯彻落实各项精准扶贫政策，于2013年底确定上报兴泉村建档立卡户219户754人。积极实施政策帮扶、生活帮扶、产业帮扶计划，帮助贫困户创业。2014年3月，村委会领导班子换届选举，王永军当选村委会主任，一年后补选周德勇为村委会副主任。2014年7月，争取县交通局乡村道路硬化项目，完成硬化道路2.7公里，村上投资购买并在村内主街道安装太阳能路灯70套。新建村医疗站及老人幸福院。2015年，争取县人饮工程项目，全村95%的村民用上大通河自来水。配套垃圾桶43个、铲车1台、电动车2辆、三轮车1辆、垃圾清理车2辆，用于村庄卫生保洁。更新周庄子井、军民2号井、杨胡梁机井、5号机井设备。2016—2017年，为优化人居环境，利用毛家台子荒山、荒坡和撂荒地200多亩，规划养殖区，经与县自然资源局协调，由村内迁出养殖户47家（每户占地4～6亩不等），其中毛家台子33家养殖户全部完成土地证办理手续。配合测绘专业工作队完成土地、房产确权登记工作。争取县交通局乡村道路硬化指标，硬化道路2.3公里。争取县水利局渠道项目，衬砌十八斗、十九斗斗渠5000米。2017年，硬化沿八支渠一号路、二号路乡村便道4.4公里。12月15日，《兴泉村志》编纂工作在旌御宫大酒店7楼会议厅举行启动仪式。2018年2月，在白银市元宵节社火调演中，兴泉社火攻鼓子（背鼓子）获二等奖。11月，村委会与甘肃菁茂公司签订土地流转5年（2018—2023年）合同，以每年每亩500元流转西干八支二十三斗、二十四斗、二十六斗2546亩土地，用于乙方种植中草药（甘草），带动430户村民实现增收。2018年，争取财政项目资金修缮村委会。2019年，争取县人饮工程项目资金，为2015年通自来水时遗留的

93户边远村民实现通水，实现自来水全面覆盖。7月，拆除无人居住危旧房86院，清理杂物垃圾3.4256万吨，整平拆除旧宅基地88处。争取光伏扶贫带动项目资金100万元，增加公益性岗位93人，工资支出75万元，公共设施费用25万元。2020年1月，武汉发生新冠肺炎疫情，根据省市县疫情防控精神，村“两委”班子和党员志愿者20多名，坚守工作岗位47天。是年7月，争取国家高标准农田项目，衬砌二十三斗、二十五斗、二十六斗、二十七斗、二十八斗和中台渠道56公里（其中县财政项目渠道4.5公里）。10月，重修村委会大院，铺设水泥砖1200平方米。两年内向村外搬迁养殖户30户。村上公共积累52万元（养殖户、企业管理费，土地流转费）。

是年底，精准扶贫建档立卡户全部脱贫。

第二十届兴泉村党总支（2020.12—） 书记李元龙。2020年3月11日，由县委组织部下派到兴泉村党总支任专职化书记。12月，“两委”班子换届选举。李元龙担任村党总支书记、村委会主任。罗维峰、段好雄、付仲伟任村党总支副书记。刘兴军、樊胜军当选村委会副主任，苟世元为监委主任。2021年1月，对村妇联举行换届调整，邓莲翠当选村妇联主席。

进一步改善人居环境，加强治脏、治乱，垃圾清除，维护公共设施管理，保障村内交通安全，监督执行村规民约相关制度。同年，争取到有28人的公益性岗位，其中环卫工24人，交通安全员2人，治安员2人。2021年10月，根据市县相关新冠肺炎疫情防控精神，村“两委”和党员志愿者在村庄出入口设立防疫点10处，轮流换班坚守53天，确保全村疫情防控安全。是月，原甘肃菁茂公司流转土地5年期合同提前两年中止执行，以年每亩550元重新发包给自然人郭伟，为430户村民多增收12.73万元，每户平均增收296元。同年，争取县财政项目，重修硬化201线接口至兴泉小学十字路口道路1.3公里。

兴泉村党总支支部书记、副书记任职一览表

表3-1-1　　　　1953.8—2021.12

组织名称	职　务	姓　名	任职时间	备　注
兴泉乡党支部	书　记	罗文昌	1953.8—1955.10	
	副书记	李国珠	1953.8—1955.10	
兴泉乡党总支	书　记	邱之福	1955.10—1956.6	1955年11月，兴泉乡党支部改为兴泉乡党总支
	副书记	包有禄	1955.11—1956.6	
	副书记	张承祥	1955.11—1956.6	
	书　记	包有禄	1956.7—1957.2	
	副书记	罗文昌	1956.7—1957.2	
兴泉乡党委	书　记	包有禄	1957.3—1958.4	1957年3月，兴泉乡党总支改为兴泉乡党委
	副书记	罗文昌	1957.3—1958.4	
	副书记	王廷杰	1957.3—1958.4	
兴泉大队党总支	书　记	罗文元	1958.5—1959.6	1958年4月，兴泉乡党委改为兴泉大队党总支
	副书记	王廷杰	1958.5—1959.6	
	书　记	王廷杰	1959.7—1960.3	
	副书记	周文焕	1959.7—1960.3	
	书　记	刘海晏	1960.4—1961.6	
	副书记	张守信	1960.4—1961.6	
	副书记	李贵清	1960.4—1961.6	
兴泉大队党支部	书　记	张有贵	1961.7—1965.2	因体制变动，兴泉大队分为兴泉、新堡、三塘3个大队
	副书记	罗　毅	1961.7—1963.9	
	副书记	周文焕	1963.10—1965.2	
新堡大队党支部	书　记	王守法	1961.7—1962.6	
	书　记	王朝富	1962.7—1963.9	
	书　记	罗　毅	1963.10—1965.2	
	副书记	郝仲智	1961.7—1963.9	
	副书记	苗世堂	1963.10—1965.2	
兴泉大队党支部	书　记	罗　毅	1965.3—1969.7	因体制变动，兴泉大队、新堡大队又合并为兴泉大队
	副书记	樊文雄	1965.3—1969.7	
	书　记	樊文雄	1969.8—1973.11	
	副书记	张有贵	1969.8—1971.7	
	副书记	杨天泰	1969.11—1973.11	

续表

组织名称	职　务	姓　名	任职时间	备　　注
兴泉大队党总支	书　记	王有昌	1973.12—1986.8	1980年变更为兴泉村党总支
	副书记	杨天泰	1973.12—1975.5	
	副书记	杨凤钧	1975.6—1982.12	
	副书记	罗文绥	1983.11—1986.7	
	副书记	付贞安	1976.8—1981.8	
兴泉村党总支	书　记	付贞安	1986.9—1991.3	
	副书记	苗世堂	1990.6—1991.3	
	书　记	杨久清	1991.4—1993.12	
	副书记	苗世堂	1991.1—1992.6	
	书　记	刘宗财	1994.1—1998.1	
	副书记	卢有君	1994.5—1999.1	
	副书记	杨久清	1994.1—1998.1	
	书　记	王有昌	1998.2—1999.8	
	副书记	杨久清	1998.2—1999.8	
	书　记	杨久清	1999.9—2004.11	
	书　记	卢有君	2004.12—2007.7	
	副书记	化得荣	2004.12—2007.7	
	书　记	俞宗富	2007.8—2010.10	
	副书记	卢有君	2007.8—2010.10	
	书　记	卢有君	2010.11—2013.11	
	副书记	罗崇福	2010.11—2013.11	
	书　记	罗崇福	2013.12—2020.12	
	副书记	马　财	2013.12—2020.7	
	副书记	吕长斌	2014.12—2015.7	
	专职书记	李元龙	2020.3—2020.11	
	书　记	李元龙	2020.12—	
	副书记	罗维峰	2020.12—	
	副书记	段好雄	2020.12—	
	副书记	付仲伟	2020.12—	

1953—2021年兴泉村（大队）党员统计表

表3-1-2　　单位：人

时　间	总　数	时　间	总　数	时　间	总　数
1953年	8	1976年	73	1999年	96
1954年	19	1977年	76	2000年	96
1955年	23	1978年	78	2001年	98
1956年	28	1979年	80	2002年	98
1957年	39	1980年	74	2003年	101
1958年	43	1981年	77	2004年	101
1959年	49	1982年	79	2005年	101
1960年	49	1983年	81	2006年	103
1961年	52	1984年	83	2007年	103
1962年	52	1985年	85	2008年	105
1963年	53	1986年	89	2009年	108
1964年	53	1987年	89	2010年	110
1965年	55	1988年	92	2011年	110
1966年	55	1989年	95	2012年	110
1967年	55	1990年	95	2013年	108
1968年	55	1991年	88	2014年	109
1969年	55	1992年	92	2015年	107
1970年	58	1993年	96	2016年	107
1971年	58	1994年	96	2017年	105
1972年	60	1995年	96	2018年	103
1973年	63	1996年	96	2019年	102
1974年	63	1997年	96	2020年	103
1975年	68	1998年	96	2021年	106

第二节 村党组织重大活动

新中国成立后的各个历史时期，在上级党委和政府的领导下，村党组织大力开展各项工作，积极配合党和政府下派的驻村工作组，在农业合作化、“大跃进”、人民公社及“文化大革命”等时期，坚决贯彻执行党在农村的各项方针政策，充分发挥战斗堡垒作用。艰苦奋斗，挖渠引水，抗旱救灾，铺压砂田，植树造林，治沙防风，狠抓农业生产。党的十一届三中全会后，大队党总支大力兴办村属企业，努力加快集体经济发展和村民致富步伐，注重新农村规划和建设，改善村容村貌等，成效显著。

一、农业合作化运动

1949年10月，锁罕堡乡人民政府成立。1950年，在区委的领导下，开展减租反霸斗争。1951年10月，作为全县的试点村实行土地改革，划阶级，定成分，没收地主土地、牲畜及财物，分田分地，全村1935人均有了自己的土地。12月15日，中共中央下达《关于农业生产互助的决议草案》。1952年春，共产党员罗毅带头组织8户村民率先成立兴泉第一个互助组，后又成立常年互助组11个，临时互助组18个。在互助组的带领下，全村开展大规模农田治理。

1953年8月，建立兴泉乡党支部。党支部带领全体村民，认真贯彻落实党在农村的各项方针政策，以贫雇农为主体，团结下中农，民主选举带头人。以互助组为中心，推行小段包工，分项计酬，以劳计分，按出工出畜、出农具的份额互相补偿，粮食增产60%。年底，兴泉村常年互助组、临时互助组总人数达1200多人。互助组是在个体经济的基础上实行集体劳动的生产组织，生产资料所有权、收益权归个人。人与人、户与户之间的劳动力、牲畜、农具等可以更好地统一调剂和补充。互助组推行有困难大家帮，有灾害共同抗，推动封建地主土地所有制为农民个体土地所有制的社会主义改造。

1953年，《中共中央关于发展农业生产合作社的决议》颁布，乡党组织广泛宣传，教育、引导农民以互助合作组为中心发展农业生产。对一些等待观望的单干户，采取田间地头“一帮一”的宣传教育，转变思想观念，促动加入互助组。

1954年春，兴泉第一个初级合作社诞生。罗毅任社长，李国治、王守法、马忠任副社长，李长鸿任会计。初级农业合作社成立，主要生产资料交由合作社统一管理使用，社员参加社内劳动，按劳计分，按工分取酬。不断激发社员的劳动积极性，提高劳动效率。废除旧的水规制度，利用水资源优势，扩大水地保灌面积，增加粮食产量。年终决算时，总收入中扣除生产费用、公积金和税金后，剩余全部为劳动报酬，采用地四、人六或地三、人七的比例进行分配。当年农业获得大丰收，合作社取得前所未有的好成绩，每个社员分口粮480公斤，每户分得现金120元，同时还向国家首次缴售公购粮1万公斤。当年春节，宰杀羯羊40只，每户平均1只羊，家家户户置换毛毡、被褥，购置新衣裳。

1955年10月，中共七届六中全会通过《关于农业合作化问题的决议》。党组织深入宣传中央农业合作社政策，先行入社农户帮教少数等待、犹豫、观望的个体所有者全部加入初级合作社。

1956年3月，兴泉第一个高级农业合作社诞生。初级社转入高级社，耕地、牲畜、农具等生产资料全部作价入社，耕地归集体所有，社员不再分红，只保留每个社员0.17亩的自留地自主经营，其他全部实行土地连成块、作物连成片，统一经营，统一调配，多劳多得。当年粮食总产量达到125.588万公斤，水、旱、砂地平均亩产125公斤，兴泉首次向国家缴售公购粮30.7305万公斤，其中公粮11.4205万公斤，购粮19.31万公斤，人均向国家贡献粮食123.9公斤。1956年10月，按照上级党委部署，兴泉村11个初级社452户社员2480人，大牲畜415头，羊1890只，全部转为5个高级农业合作社。1957年，按照中央指示，组织全体社员开展反“右”运动。针对1954年春节互助组宰杀羯羊、大吃大喝奢侈浪费现象，开展厉行节约教育。

二、“大跃进”、人民公社

1958年5月，党的八大二次会议召开，会议确立“鼓足干劲，力争上游，多快好省地建设社会主义”的总路线。在上级党委的安排下，兴泉乡对五个高级农业合作社提出高指标高速度要求，体现“大跃进”。高指标带来高估产，引发严重的浮夸风。当年夏收期间，出现虚报农业亩产量。通过“并田合社”造假放高产“卫星”，“以钢为纲”，党组织动员群众开展大炼钢铁运动，上山找矿，砍树挖煤，建小土焦炉，降低生产标准，用土法炼铁、炼钢，甚至动员社员把家庭做饭用的铁锅和其他铁器砸碎，用作炼铁炼钢的原料。为营造“大跃进，大炼钢铁”运动政治氛围，不影响妇女参加运动，于7月兴建幼儿园、托儿所。

1958年，兴泉乡更名为“兴泉生产大队”，隶属喜泉公社管辖。10月，人民公社将兴泉村5个高级农业社划分为11个生产队，把高级社的人力物力统一平调，由人民公社调动使用，牲畜合槽喂养，羊只集圈放养，采取小社并大社、大社集一社（人民公社）的统一核算管理模式，体现“一大二公”三级所有。在公社党委的部署下，兴泉大队在农业生产劳动中推行组织军事化、生产战斗化、生活集体化，劳动力按班、排、连、营编制，实行“大兵团”作战，全民皆“兵”。为适应“大跃进”政治氛围，全大队建立公共食堂11个，每个生产队办1个食堂，全大队523户2884人集体就餐，实行吃饭不要钱，劳动不计工。在“大跃进”的形势下，各级政府不断调整生产计划，层层加码，推行粮食亩产“打擂台”“夺帅旗”。为创高产完成高指标，家家户户打炕、清圈、挖锅台，以实现亩施万斤肥。公社一级核算，经营管理不到位，导致农业生产严重受损。当年全大队社员人均分口粮140.5公斤，比1956年每人少分159.5公斤。

1959年3月，大队党总支带领民兵700多人，组建“红星”民兵营，下辖跃进连、火箭连、战斗连、穆桂英排，大队党总支书记王廷杰任教导员，大队长罗文昌任营长，开展轰轰烈烈的水利建设和土地治理，扩大农作物灌溉面积，提高粮食产量。全大队社员人均分到口粮199.5公斤，比1958年人均增加口粮59公斤。“大跃进”“浮夸风”导致公共食堂伙食越来越差，每况愈下，无力支撑，到1960年6月底陆续停办。

1958年底，党的八届六中全会决定调整国民经济计划，实行以生产队为基础核算单位的经济体制。各生产小队逐步恢复生产。

1961年6月，喜泉公社党委决定，将兴泉生产大队分为兴泉、新堡、三塘

3个生产大队，分别成立党支部，各大队、生产队均实行独立核算。

三、抗旱救灾度饥荒

1961年夏收结束，8月旱情加重，泉水水位下降，水浇地保灌面积不足50%，旱地秋田颗粒无收。兴泉、新堡大队合力研究抗旱救灾的措施办法：一是制定抗旱保收4项32条措施指导生产；二是带领群众在原水源点挖井，改自流灌溉为柴油机抽水灌溉，提高水地保灌面积；三是为度饥荒，大队专门组织人员研究草籽炒面配方和谷麸子馍馍配方，供社员制作充饥；四是向国家申请调拨部分供应粮。是年11月，国家给两个大队调供应粮2.25万公斤，1962年调拨3.6万公斤，1963年调拨21.02345万公斤；五是两个大队统一组织全体社员开展铺压砂田运动，人背、驴驮、架子车拉，三年累计压砂5700多亩；六是利用当地陶土资源和砂锅匠人优势，创办4个砂锅厂，其中兴泉大队3家，新堡大队1家。社员背砂锅到靖远、中卫等地换粮。

1963年，“社教”运动开始，工作队进驻村、队。1964年，“四清”运动展开，工作队针对各支部、大队班子个别干部和部分社员对社会主义思想认识不清、观念不强，只抓生产和副业，放松社会主义思想教育，开展批评和自我批评，书写检讨保证书。对各生产队粮食、财务进行清库、查账。1964年，调整大队党支部班子。新班子带领全体社员群策群力，挖渠引水，治沙防风，植树造林，创办苗圃21亩，栽防风林带5公里，共计植沙枣树、榆树、小叶杨68亩7万多株。当年兴泉、新堡两个大队人均口粮达187公斤。

全大队有水地1639亩，人均水浇地面积0.536亩，受“雨水、地下水”的制约，“靠天”吃饭。大队党支部总结经验，制定如下措施：一是重新开发地下水资源，新打机井4眼，用柴油机发电抽水，扩大水浇地面积；二是继续推进农业合作社时期“四小作业”生产经验，提高广大社员的劳动积极性和生产效率；三是扩大育苗基地，培育经济林，植树造林，改善自然环境。育苗基地增加36亩，除满足本大队植树造林任务，每年还可向兄弟大队提供部分苗木；四是针对农田与菜园子争水现象，在大院子内新打水井2眼，专门为大园子、孙家园子供水，确保蔬菜种植。

四、"文化大革命"时期

1966年8月8日，中共中央发布《关于无产阶级文化大革命的决定》，"文化大革命"开始。10月秋收后，兴泉大队以民兵、团员和青年骨干组织起一支红卫兵队伍，开始"破四旧，立四新"，强行收缴家谱、神主牌位、祖先牌位、灶爷牌位、古书旧字画，甚至连埋人用的老杆也一起烧毁。几座庙宇内的神像、门窗也遭到损毁。1967年2月，大队党支部工作受到冲击，书记不再主持工作，党支部暂由副书记樊文雄负责。其间，大队党支部带领全村干部群众，一边搞运动，一边坚持生产。当年全大队粮食产量达到107.95万公斤，人均口粮223.5公斤。1969年8月，喜泉公社党委正式任命樊文雄为大队党支部书记。大队架通高压线，打井抗旱，建起缝纫组。1973年初，生产秩序逐渐恢复正常，大队党支部利用党员冬训会议，专题研究农业生产问题。是年6月，经多方协调，西干八支渠延伸到兴泉、三塘两村。8月8日，开始实行国家计划生育政策。

五、体制变更、兴办企业

1978年12月，党的十一届三中全会胜利召开，开启我国改革开放和社会主义现代化建设的新时期。1979年10月，各生产队群众自愿组合，分成两个农业生产承包作业组，采取小组作业、小段包工、小段检查评比、小段奖励的"四小管理"和定人员、定任务、定产量、定时间、定报酬、超产者奖的"五定一奖"制度，打破大锅饭，调动生产积极性，试行一年。1981年秋，依据政策精神和外村经验，大队10个生产队实行家庭联产承包责任制，农具、牲畜、圈棚等生产资料全部清库作价处理到户。为体现公平合理，采取"抓阄"的土办法，顺利完成各类土地等级搭配和生产工具、生活资料、牲畜分配到户的任务。家庭联产承包责任制的农村经济体制改革，极大地激发了广大农民的积极性创造性和治穷致富的热情。农民按照合同约定交足国家的，留够集体的，剩下的都是自己的。大队党总支提出"依靠村集体力量，大办经济实体，把发展村办集体企业作为振兴经济的突破口"的发展思路，兴办企业，富村富民。

1981年10月，创办兴泉第一建筑工程队。1982年，兴建兴泉二砖厂，年产红砖600万块。1983年，兴建兴泉三砖厂，年产红砖700万块。1984年6月，合资建成喜泉选矿厂，完成原矿石深加工，年产铜粉7000吨。1985年8月，筹建年产普通硅酸盐水泥2.2万吨生产线一条——“兴泉水泥厂”。村民周世标与武威水泥厂合资建成年产325水泥7000吨的土法生产线，命名“喜泉水泥厂”，是全县第一家公私合资企业。短短几年，完成固定资产投资460多万元，建成6家企业，安排农业承包后的剩余劳动力780余人。在大办集体企业的同时，利用企业上缴利润，投资改善公益设施。1981年重新修建兴泉剧院。1982年，新建医疗站，改造恢复建成兴泉村幼儿园。

1986年，兴泉村第十一届党总支班子换届。10月，村党总支依据1978年村庄道路规划方案，进行二期规划调整，修订补充宅基地管理制度，严禁超标或侵占规划道路，规划村民住宅用地318户，于1987年1月1日起执行。1988年，积极争取景电二期灌区移民搬迁项目，成立景电二期灌区搬迁领导小组，村党总支书记带队入驻现场6个多月，指导平田整地，架设高压线路，为本村移民打井，修建学校、村两委办公室、医疗站等基础设施。1989年，顺利完成景电二期灌区移民搬迁工作。

六、历年来获得省、市、县、镇（乡、公社）表彰奖励

1976年，武威地委授予“农业学大寨先进集体”称号。

1978年，省景电一期管理指挥部授予“标准化农田示范村”称号。

1984年，武威地委授予“双文明建设先进单位”称号。

1985年，省委、省政府授予“大办乡镇企业先进单位”称号。同年6月，获景泰县首批“精神文明村”称号。

1986年，兰州军区授予“拥军爱军双拥单位”称号。

1987年，省委、省政府授予“扶贫工作先进单位”称号。

1988年，市委、市政府授予“扶贫工作先进集体”“白银市先进单位”称号。

1988年，县委、县政府授予“脱贫致富先进集体”“模范单位”称号。

1989年，市委、市政府授予“集资办学先进集体”称号。

1989年11月，省委授予村党总支“先进基层党组织”称号。

1990年7月，市委授予村党总支“先进党支部”称号。

1991年7月，市委授予村党总支“先进党支部”称号。

▲ 荣誉称号

1992年11月，省政府授予“关心下一代先进集体”称号。

1993年5月，市政府授予“老龄工作先进单位”称号。

1993年7月，省教育委员会授予“尊师重教先进集体”称号。

1994年12月，省政府授予“富村富民先进单位”称号。

1995年7月，市委授予村党总支“红旗党支部”称号。

1996年，省民政厅、人社厅授予“甘肃省模范村”称号。

2000年8月，省关工委授予“关怀下一代先进集体”称号。

2004年7月，司法部、民政部授予“全国民主法治示范村”称号。

1993年，喜泉乡党委奖励1992年完成责任制目标的先进村和先进个人，兴泉村被评选为“发展企业先进村”。刘宗财、罗文浚为先进个人。

1993年5月8日，石佛玺被喜泉乡党委表彰为“优秀共产党员”。

1994年，喜泉乡政府做出关于表彰奖励先进集体与个人的决定，表彰在发展乡镇企业工作中做出突出贡献的兴泉农工商实业总公司；表彰先进党务工作者杨久清，表彰乡镇企业先进工作者刘宗财。

第三节 组织沿革

民国时期，村隶属于县（区），设村长1人。民国二十二年（1933年）1月31日，甘肃省政府决定，将靖远县北区的锁罕堡从靖远县划出，与红水县合并成立景泰县，锁罕堡设乡公所，设保长1人，成员若干人。

1949年9月12日，锁罕堡解放。10月，成立锁罕堡乡人民政府。1952年秋，锁罕堡更名为兴泉堡。11月19日，锁罕堡乡改为兴泉乡。

1953年冬，以共产党员罗毅领导的互助组为中心，成立初级农业生产合作社（称初级社）。

1954年，4个初级社在全县率先转为高级社。

1958年5月，成立喜泉人民公社，8月1日，兴泉乡改为兴泉生产大队，高级社分为11个生产队，其中三塘为第一生产队。

1961年6月，兴泉生产大队分为兴泉、新堡、三塘3个生产大队。

1965年2月，兴泉、新堡两个大队合并为一个大队，兴泉大队原十一队改为一队，共计10个生产队。

1966年，“文化大革命”运动开始。1968年3月，兴泉生产大队更名为“兴泉大队革命委员会”，设主任1人，副主任及委员若干人。10个生产队各设队长1人。

1980年，兴泉大队改为兴泉村村民管理委员会，生产队改为村民小组。

兴泉大队、革委会、村委会历届干部任职一览表

表 3-1-3 1949.10—2021.12

<table>
<tr><th>组织名称</th><th>职 务</th><th>姓 名</th><th>任职时间</th><th>备注</th></tr>
<tr><td rowspan="3">锁罕堡乡人民政府</td><td>乡长</td><td>王怀恩</td><td>1949.10—1950.10</td><td></td></tr>
<tr><td></td><td>化 忠</td><td>1950.11—1951.8</td><td></td></tr>
<tr><td></td><td>沈玉林</td><td>1951.9—1952.10</td><td></td></tr>
<tr><td rowspan="5">兴泉乡人民政府</td><td>乡长</td><td>李积祯</td><td>1952.11—1954.4</td><td></td></tr>
<tr><td></td><td>吴大荣</td><td>1954.5—1954.11</td><td></td></tr>
<tr><td></td><td>王廷杰</td><td>1954.12—1955.10</td><td></td></tr>
<tr><td>副乡长</td><td>马登清</td><td>1954.5—1955.10</td><td></td></tr>
<tr><td>副乡长</td><td>吴大荣</td><td>1954.11—1955.10</td><td></td></tr>
<tr><td rowspan="3">兴泉乡人民委员会</td><td>乡长</td><td>王廷杰</td><td>1955.11—1957.4</td><td></td></tr>
<tr><td>乡长</td><td>曹 发</td><td>1957.5—1958.4</td><td></td></tr>
<tr><td>乡长</td><td>包有录</td><td>1958.5—1959.9</td><td></td></tr>
<tr><td rowspan="4">兴泉生产大队</td><td>大队长</td><td>蒋正堂</td><td>1959.10—1960.2</td><td></td></tr>
<tr><td>副大队长</td><td>罗文昌</td><td>1958.5—1960.6</td><td></td></tr>
<tr><td>大队长</td><td>张有贵</td><td>1960.3—1961.6</td><td></td></tr>
<tr><td>副大队长</td><td>吴大荣</td><td>1960.7—1961.6</td><td></td></tr>
<tr><td rowspan="7">兴泉生产大队</td><td>大队长</td><td>李国治</td><td>1961.7—1965.2</td><td rowspan="13">因体制变动，兴泉生产大队分为兴泉、新堡、三塘 3 个生产大队</td></tr>
<tr><td>副大队长</td><td>周文焕</td><td>1961.7—1963.9</td></tr>
<tr><td>副大队长</td><td>杨德玉</td><td>1963.10—1965.2</td></tr>
<tr><td>副大队长</td><td>杨怀云</td><td>1961.7—1965.2</td></tr>
<tr><td>监察主任</td><td>杨天义</td><td>1961.7—1965.2</td></tr>
<tr><td>会计</td><td>杨天泰</td><td>1961.7—1965.2</td></tr>
<tr><td>统计</td><td>周文炳</td><td>1961.7—1965.2</td></tr>
<tr><td rowspan="6">新堡生产大队</td><td>大队长</td><td>罗 毅</td><td>1961.7—1963.9</td></tr>
<tr><td>大队长</td><td>吴大荣</td><td>1963.10—1965.2</td></tr>
<tr><td>副大队长</td><td>周月英</td><td>1961.7—1965.2</td></tr>
<tr><td>监察主任</td><td>马 忠</td><td>1961.7—1965.2</td></tr>
<tr><td>会计</td><td>李长鸿</td><td>1961.7—1965.2</td></tr>
<tr><td>统计</td><td>李林春</td><td>1961.7—1965.2</td></tr>
</table>

续表

组织名称	职　务	姓　名	任职时间	备注
兴泉生产大队	大队长	张有贵	1965.3—1968.2	
	副大队长	吴大荣	1965.3—1966.5	
	副大队长	周文焕	1966.6—1968.2	
	大队文书	杨天泰	1965.3—1968.2	
兴泉大队革命委员会	主任	张有贵	1968.3—1970.7	
	主任	周文焕	1970.8—1973.11	
	副主任	马　忠	1968.3—1973.11	
	副主任	王学功	1968.3—1973.11	
	文书	李林春	1968.3—1973.12	
兴泉大队革命委员会	主任	王有昌（兼）	1973.12—1974.6	
	主任	杨凤钧	1974.7—1979.12	
	副主任	雷　泰	1974.1—1978.9	
	副主任	段红元	1976.7—1977.11	
	副主任	张平治	1976.7—1978.9	
	副主任	高富阳	1974.1—1978.9	
	副主任	王连科	1978.10—1979.12	
	副主任	孙志学	1978.10—1979.12	
	文书	付贞安	1973.12—1976.7	
	文书	罗　镪	1976.8—1977.7	
	文书	俞宗富	1977.8—1979.12	
兴泉大队管理委员会	大队长	杨凤钧	1980.1—1982.12	
	副大队长	王连科	1980.1—1982.12	
	副大队长	孙志学	1980.1—1982.12	
	副大队长	雷　泰	1980.1—1982.12	
	副大队长	李林春	1980.1—1982.12	
	文书	俞宗富	1980.1—1982.12	
兴泉村村民委员会	主任	王连科	1983.1—1984.12	
	副主任	孙志学	1983.1—1984.12	
	副主任	雷　泰	1983.1—1984.12	
	副主任	俞宗富	1984.1—1984.12	
	文书	俞宗富	1983.1—1983.12	
	文书	缪金贵	1984.1—1984.12	

续表

组织名称	职 务	姓 名	任职时间	备注
兴泉村村民委员会	主任	杨佑忠	1985.1—1989.10	
	副主任	孙志学	1985.1—1986.7	
	副主任	雷 泰	1985.1—1986.7	
	副主任	俞宗富	1985.1—1986.7	
	副主任	苗世堂	1986.8—1989.10	
	副主任	师仲章	1986.8—1989.10	
	副主任	周文种	1986.8—1989.10	
	副主任	杨凤钧	1987.1—1988.10	
	文书	缪金贵	1985.1—1988.5	
	文书	沈文模	1988.6—1989.10	
	主任	杨久清	1989.11—1991.3	
	副主任	苗世堂	1989.11—1991.3	
	副主任	师仲章	1989.11—1991.3	
	文书	沈文模	1989.11—1991.3	
	主任	俞宗富	1991.4—1993.12	
	副主任	师仲章	1991.4—1993.12	
	副主任	王建雄	1991.4—1993.12	
	文书	沈文模	1991.4—1993.12	
	主任	杨久清	1994.1—1999.8	
	副主任	王建雄	1994.1—1999.8	
	副主任	师仲章	1994.1—1999.8	
	文书	何 亮	1994.1—1997.10	
	文书	白兴尧	1997.11—1999.8	
	主任	王建雄	1999.9—2003.12	
	副主任	师仲章	1999.9—2003.12	
	副主任	李森标	1999.9—2003.12	
	副主任	化得荣	1999.9—2003.12	
	文书	白兴尧	1999.9—2003.12	
	主任	李森标	2004.1—2007.9	
	副主任	吴守财	2004.1—2007.9	
	副主任	化得荣	2004.1—2007.9	
	文书	白兴尧	2004.1—2007.9	
	主任	化得荣	2007.10—2011.4	

续表

组织名称	职　务	姓　名	任职时间	备注
兴泉村村民委员会	副主任	罗崇福	2007.10—2011.4	
	副主任	谈明田	2007.10—2011.4	
	文书	白兴尧	2007.10—2011.4	
	主任	段守宏	2011.5—2014.5	
	助理	谈明田	2011.5—2014.5	
	文书	沈文模	2011.5—2014.5	
	主任	王永军	2014.5—2017.12	
	助理	段守宏	2014.5—2015.6	
	助理	谈明田	2014.5—2016.9	
	副主任	周德勇	2016.12—2017.12	
	文书	沈文模	2014.5—2016.7	
	文书	范富润	2016.8—2017.12	
	主任	周德勇	2018.1—2020.7	
	副主任	樊胜军	2018.1—2020.7	
	文书	刘兴军	2018.1—2020.7	
	主任	李元龙	2020.8—	
	副主任	刘兴军	2020.8—	
	副主任	樊胜军	2020.8—	

第四节　历届村（大队）党政负责人

一、历任兴泉村（大队）党支部（党委、党总支）书记、副书记①

罗文昌　生于1922年，中共党员。1953年8月至1955年10月，任兴泉乡第一届党支部书记。1956年7月至1958年4月，任兴泉乡党委副书记。1958年5月至1960年6月，任兴泉大队副大队长。1960年7月至1969年12月，负责大队副业队工作。1970年1月任喜泉公社加工厂厂长。1970年7月逝世。

① 副书记担任村主任（乡长、大队长、革委会主任、管委会主任）者，在“二、历任兴泉村村委会主任（乡长、大队长、革委会主任、管委会主任）”中记述介绍。

邱之福　生于1939年，武威市凉州区人，中共党员，1955年1月至1956年6月任兴泉乡党总支书记。后任三水乡党委书记、寺滩公社党委书记及县统计科科长、县司法局局长、县委机关党委书记等职务。2014年9月逝世。

包有禄　生于1929年，芦阳镇人，中共党员，1955年11月至1957年2月任兴泉乡党委（总支）副书记，1957年3月至1958年4月任兴泉乡党委书记，1958年5月至1959年9月任兴泉乡乡长。后任县农牧局局长等职务，1980年任县人大常委会副主任，1984年任县政协副主席。2014年12月逝世。

罗文元　生于1925年2月。中共党员。1956年自龙湾迁徙兴泉村高级社落户第四生产队。1958年5月至1959年6月，任大队党总支书记。1961年8月，接任大队园艺组负责人。1979年，搬迁景电一期灌区胡家羊圈余梁村落户。2005年12月逝世。

王廷杰　生于1927年。1954年12月至1955年10月，任兴泉乡人民政府乡长。1955年7月加入中国共产党。1955年11月至1957年4月，任兴泉乡乡长。1957年3月至1958年4月，任兴泉乡党委副书记。1958年5月至1959年6月，任兴泉大队党总支副书记，1959年7月至1960年3月，任党总支书记。后期调任景泰县法院工作。2015年逝世。

刘海晏　生卒不详。寺滩乡人，中共党员。1958年2月至4月任大安乡人民委员会副乡长，9月至11月任大安公社党委副书记，1959年2月至5月任喜泉公社管委会副社长，1960年4月至1961年6月任兴泉大队党总支书记。

张有贵　生于1927年11月。原籍五佛乡，中共党员。1951年至1954年，参加援藏运输队。1960年3月至1961年6月，任兴泉大队大队长；1961年7月至1965年2月，任大队党支部书记；1965年3月至1968年2月，任大队长；1968年3月至1970年7月，任大队革委会主任；1969年8月至1971年7

月，任大队党支部副书记。1972年调景泰川水管处工作（1981年回村）。1983—1986年，在兴泉一砖厂任厂长。2019年3月逝世。

王守法 生于1917年5月。中共党员。1952年11月至1954年12月，任村长。1955年至1958年，任高级社二社社长。1958年8月至1961年6月，任第四生产队队长。1961年7月至1962年6月，任新堡大队党支部书记、副大队长。1965年3月至1976年，任兴泉大队调解委员会主任。1994年4月逝世。

王朝富 生于1933年8月。中共党员，原籍五佛乡泰和村，1956年迁徙兴泉村落户（5队）。1962年7月至1963年9月，任新堡大队党支部书记。1965年至1981年，任兴泉大队石膏矿喜集水火车站石膏销售负责人。1985年至1987年，任兴泉幼儿园园长。1989年，搬迁景电二期灌区漫水滩乡双树村。2014年6月逝世。

罗　毅 生于1916年。中共党员。土改后，积极响应党的号召，动员6户农民成立兴泉村第一个互助组，任组长。1953年冬，组织25户农民参加的互助组转为初级社，任社长。后转为高级农业合作社。1958年任大安乡文书。1959年回村负责大队菜园子蔬菜种植、林木育苗工作。1961年7月至1963年9月，任新堡大队大队长。1963年10月至1965年2月，任新堡大队党支部书记。1965年3月至1969年7月，任兴泉大队党支部书记。1983年逝世。

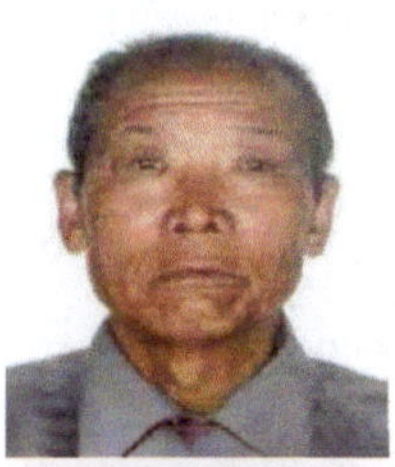

樊文雄 生于1940年3月。中共党员。1963年至1965年2月，任新堡大队文书。1965年3月至1969年7月，任兴泉大队党支部副书记。1969年8月至1973年11月，任大队党支部书记。1984年调景泰县农村信用社，任主任。

王有昌 生于1935年9月。原籍五佛乡泰和村。中共党员。1964年至1966年，任兴泉砂锅厂厂长。1966年至1970年12月，任大队白银副业队队长。1973年12月至1986年8月，任大队党总支书记（至1974年6月，兼任大队革委会主任），公社党委委员。1986年9月至1991年3月，任兴泉水泥厂党支部书记。1991年4月至1992年11月，任兴泉水泥厂厂长。1992年12月至1994年11月，任兴泉农工商实业总公司董事长。1994年12月至1998年1月，任兴泉农工商实业总公司顾问。1998年2月至1999年8月，任村党总支书记。2020年7月逝世。

付贞安 生于1943年10月。中共党员。1973年12月至1986年8月，历任兴泉大队文书、党总支副书记，喜泉选矿厂厂长；1986年9月1991年3月，任兴泉村党总支书记。1991年4月，任喜泉乡党委书记。后任县财政局党支部书记。1995年获市优秀党务工作者。

杨久清 生于1954年。中共党员。1970年12月至1981年，在部队服役。1981年至1985年，在大队医疗站工作，其间1982年任党总支委员。1986年至1989年10月，担任兴泉水泥厂供销科副科长、科长。1989年11月至1991年3月，任村委会主任。1991年4月至1993年12月，任大队党总支书记兼兴泉农工商实业总公司副董事长。1994年1月至1999年8月，任村委会主任，其间（1997年12月）兼兴泉农工商实业总公司副总经理。1999年9月至2004年11月，任村党总支书记。第十届、十三届、十五届县党代表。第十三届县人大代表。

刘宗财 生于1943年12月。中共党员。1963年至1965年，在民乐县参加社教工作队。1975年至1978年12月，任兴泉大队第五生产队队长。1979年至1985年12月，任兴泉铜矿矿长。1986年6月至1992年10月，任喜泉选矿厂厂长。1991年11月至1993年12月，任兴泉农工商实业总公司总经理。1994年1月至1998年1月，任村党总支书记、农工商实业总公司董事长、总经理。1997年12月8日，任兴泉选矿厂厂长。2005年5月逝世。

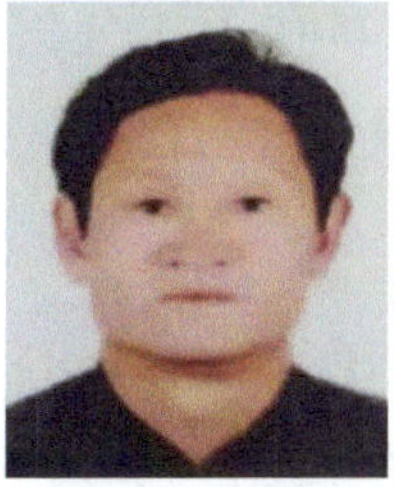

卢有君　生于1963年4月。中共党员。1991年6月，任村团总支部书记，其间被团县委授予"星火带头人"。1994年5月至1999年1月，任村党总支副书记。2004年12月至2007年7月，任村党总支书记。2007年8月至2010年10月，任村党总支副书记。2010年11月至2013年10月，任村党总支书记。第十四届县人大代表。

俞宗富　生于1956年2月。中共党员。1977年8月至1983年12月，任大队文书。1984年1月至1986年7月，任村委会副主任兼兴泉水泥厂筹建处负责人（1981年10月至1986年12月，任兴泉建筑工程队队长）。1987年1月至1991年3月，任兴泉水泥厂厂长。1991年4月至1993年12月，任村委会主任。1994年10月至1997年12月，任兴泉水泥厂厂长兼兴泉农工商实业总公司副总经理。1997年12月，任甘肃旌达水泥有限责任公司法定代表人（总经理）。2007年8月至2010年10月，任村党总支书记。2011年11月起，担任甘肃旌御宫餐饮服务有限公司董事长。第十、第十四届县人大代表，第四届市人大代表，常务委员会委员，第八届市人大代表，第六届县政协第六届委员。县第二届工商联副会长。

罗崇福　生于1962年1月。中共党员。1982年10月入伍中国人民武装警察部队，1985年10月退伍。1989年至1991年，任民营企业厂长。1992年3月至2007年9月，在村水电管理组工作。2007年10月至2011年4月，任村委会副主任。2010年11月至2013年11月，任村党总支副书记。2013年12月至2020年12月，任村党总支书记。2016年被评为县优秀党务工作者，2019年为镇优秀党务工作者。第十六届县人大代表。

李元龙　生于1989年11月。芦阳人。大学本科，中共党员。2020年3月，由县委组织部下派到兴泉村任专职化书记。7月，当选兴泉村村委会主任。12月，任村党总支书记、村委会主任。

李国珠 生于1909年12月。中共党员。1953年8月至1955年10月，任兴泉乡党支部副书记，后任兴泉信用社监事，贫协代表（管理学校）。20世纪六七十年代，任第七生产队副队长。1990年8月逝世。

张承祥 生于1931年，芦阳镇人，中共党员。1955年11月至1956年6月任兴泉乡党总支副书记；后任芦阳、寺滩、红水、喜泉公社（革委会）书记、主任及县城乡建设环保局局长等职务。1997年10月逝世。

张守信 生于1919年，喜集水人，中共党员。1960年4月至1961年6月任兴泉大队党总支副书记，1962年至1976年任喜集水大队党支部书记。2003年逝世。

李贵清 生卒不详。皋兰县人。中共党员。1960年4月至1961年6月任兴泉大队党总支副书记。

郝仲智 生于1929年6月。中共党员。1958年6月至1961年7月，任兴泉高级农业合作社副社长。1961年7月至1963年9月，任新堡大队党支部副书记。1965年3月至1971年8月，任兴泉大队第七生产队队长。1976年7月至1978年10月，任大队贫协会副主席。第二届公社人大代表。2015年10月逝世。

苗世堂 生于1942年8月。中共党员。1963年10月至1965年2月，任新堡大队党支部副书记。1976年9月至1983年2月，任兴泉大队第七生产队队长，1980年6月，1986年8月至1989年10月，任兴泉村委会副主任。1990年6月至1993年1月，任村党总支副书记。第九届公社人大代表。2015年9月逝世。

杨天泰 生于1938年12月，中共党员。1961年7月至1965年2月，任大队会计。1965年3月至1968年2月，任大队文书。1969年11月至1973年11月，任大队党总支副书记。1973年12月至1975年5月，任大队党总支副书记、革委会副主任。1975年6月，县水电局工作。1979年6月逝世。

罗文绥 生于1937年2月。中共党员。1978年11月至1983年，任第二生产队队长。1983年11月至1986年7月，任村党总支副书记。第九届公社人大代表。2013年11月逝世。

马　财　生于1973年8月，中共党员。2008年2月至2013年12月，任兴泉村九组组长。2018年12月任村党总支副书记。

吕长斌　生于1988年6月，研究生学历。2012年参加工作，先后任喜泉镇党委秘书、办公室主任、团委书记，2014年12月至2015年7月，兼任兴泉村党总支副书记。2016年调县委办工作。

罗维峰　生于1987年6月。高中文化。中共党员。2006年8月至2010年12月在白银市鑫大公司工作，任营销部副部长；2011年1月在景泰县辉煌新型预制有限责任公司工作。2020年12月，任村党总支副书记。

段好雄　生于1985年8月。大专文化，中共党员。2002年12月至2018年12月，在部队服役。2020年12月，任村党总支副书记。

付仲伟　生于1990年7月。中专文化，中共党员。2008年12月至2016年12月，在部队服役，任军械员兼文书；2020年12月，任村党总支副书记。

二、历任兴泉村村委会主任（乡长、大队长、革委会主任、管委会主任）

王怀恩　生于1926年吉月，毕业于兰州一中。民国时期，在锁罕堡初级小学任教师、校长。1949年10月至1950年10月，任锁罕堡乡第一任乡长。20世纪70年代，在机井负责抽水，80年代，调兴泉铜矿、喜泉选矿厂任销售科长，参与兴泉水泥厂筹建。

化　忠　生于1917年。三塘村人。1950年11月至1951年8月任锁罕堡乡乡长。1959年逝世。

沈玉林　1933年生，芦阳镇人。中共党员。1951年9月至1952年10月任锁罕堡乡乡长。后任一、三区委副书记，县委宣传部副部长，共青团白银市委副书记。1983任县人大常委会副主任。1990年后任市委党校校长、市政协副秘书长。

李积祯　（后改名为李长鸿）生于1931年7月，寺滩乡人，（新中国成立初加入中国共产党至1959年）。1952年11月至1953年7月任兴泉乡乡长。1953年8月至11月任大安乡党支部书记，1953年12月至1954年4月任兴泉乡乡长。后落户兴泉二队，长期从事生产队会计工作。2005年逝世。

吴大荣 生于1910年10月。1952年加入中国共产党。1954年5月至11月，任兴泉乡乡长。1954年11月至1955年10月，任兴泉乡副乡长。1956年，获白银市第二届农业生产先进工作者称号。1960年7月至1961年6月，任兴泉大队副大队长，1963年10月至1965年2月，担任新堡大队大队长。1965年3月至1966年5月，担任兴泉大队副大队长。1996年逝世。

曹 发 生卒不详，陕西人。1957年5月至1958年4月任兴泉乡乡长。

蒋正堂 生卒不详，寺滩乡人。1959年10月至1960年2月任兴泉大队大队长。

李国治 生于1917年12月。中共党员。1961年7月至1965年2月，任兴泉大队大队长。1965年6月至1973年，担任第九生产队队长。1991年3月逝世。

周文焕 生于1932年1月。中共党员。1959年7月至1960年3月，任兴泉大队党总支副书记，1961年7月至1963年9月，任大队副大队长。1963年10月至1965年2月，任大队党支部副书记。1966年6月至1968年2月，任大队副大队长。1970年8月至1973年11月，任大队革委会主任。1973年在园艺组工作。2008年5月逝世。

杨凤钧 生于1933年4月23日。中共党员。1956年4月参加工作，1957年4月任兴泉乡文书。1957年4月至1958年4月，任兴泉乡党课教员兼团总支书记。1958年5月至1961年，任喜集水大队大队长、党支部书记。1962年3月，团县委工作。1964年至1969年9月，在县石膏矿工作。1974年7月至1982年12月，任兴泉大队大队长（其间曾任大队革委会主任）。1975年6月至1982年12月，任兴泉大队党总支副书记。1974年至1979年，在大队平田整地工作中担任总指挥。1978年，主持完成大队村庄道路建设第一期规划。1983年，喜泉乡政府任企业专干。1987年1月至1988年12月，任村委会副主任。

王连科 生于1942年9月。中共党员。1965年至1978年9月，任兴泉大队石膏厂会计，后任第十生产队队长。1979年12月任大队副大队长（革委会副主任、党总支委员）。1983年1月至1984年12月，任村委会主任。1984年5月至1988年6月，任喜泉选矿厂副厂长。1988年7月至1991年，任兴泉水泥厂供销科科长。1992年至1994年10月，任兴泉农工商实业总公司供销科科长。1994年11月至1997年12月，任兴泉水泥厂供销科科长。2009年3月去世。

杨佑忠 生于1952年3月。中共党员。1974年至1975年，任大队团总支书记。1976年至1979年，任大队副主任兼村专业队副总指挥。1980年至1984年，在喜泉中学任教。1985年1月至1989年10月，任村委会主任。1989年11月至1991年，任兴泉选矿厂副厂长。1992年12月至1994年9月，任兴泉农工商实业公司副总经理兼工业公司经理。1994年10月至1997年12月，任兴泉石膏制品厂厂长。1998年企业改制为民营企业任企业法人（厂长）。第三届市人大代表、常务委员会委员。

王建雄 生于1953年2月。中共党员。1969年3月至1976年3月，在部队服役。1976年9月至1982年，任兴泉民兵营副营长、营长。1983年至1990年，任兴泉建筑工程队副队长、队长。1991年4月至1999年8月，任村委会副主任，其间先后兼兴泉农工商实业总公司副总经理、兴电砖厂厂长。1999年9月至2003年12月，任村党总支副书记、村委会主任。

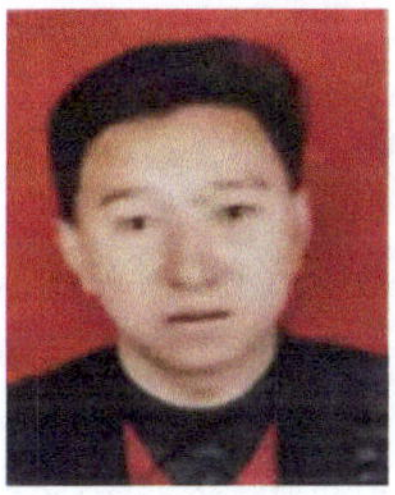

李森标 生于1958年10月。中共党员。1986年5月至1991年5月，任村团总支部书记。1999年9月至2003年12月，任村委会副主任。2004年1月至2007年9月，任村委会主任。2008年11月逝世。

化得荣 生于1959年4月。中共党员。1977年至1981年，任大队电工。1982年至1999年，任村水电管理组组长。1999年9月至2007年9月，任村委会副主任。2004年12月至2007年7月，任村党总支副书记。2007年10月至2011年4月，任村委会主任。

段守宏 生于1964年8月。小学文化。青年时务农，建筑队打工。1996年，购置小型搅拌机等简易设备，拉起小建筑队，起步农村民房建筑。2011年5月至2013年12月任村委会主任。2014年5月至2015年6月，任村委会主任助理。2018年9月逝世。

王永军 生于1972年8月。2005年，任民营企业法定代表人。2014年5月至2017年12月，任村委会主任。

周德勇 生于1958年10月。1981年，任第三村民小组组长。2000年后任民营企业负责人。2016年12月至2017年12月，任村委会副主任。2018年1月至2020年7月，任村委会主任。

马登清 生于1930年9月。1954年5月至1955年10月被任命兴泉乡副乡长。2014年2月逝世。

杨德玉 生于1930年1月。中共党员。1958年8月至1961年4月，任大队治保主任。1963年10月至1965年2月，任大队副大队长。1965年3月至1975年6月，任第二生产队队长。第六届公社人大代表。2004年2月逝世。

杨怀云 女，生于1938年5月。中共党员。1961年7月至1965年2月，任大队副大队长兼妇联主任。1965年11月至1973年11月，任大队贫协副主席。第二届、第八届公社人大代表。

周月英 女，生于1943年5月。1961年7月至1965年2月，任新堡大队副大队长。

马　忠 生于1931年1月。中共党员。1955年1月至1958年6月，任兴泉村高级农业合作社一社副社长。1961年7月至1965年2月，任新堡大队监察室主任。1968年3月至1973年11月，任大队革命委员会副主任。1991年8月逝世。

王学功 生于1941年7月。中共党员。1967年至1970年，任兴泉治保委员会主任。1968年3月至1973年11月，任大队革命委员会副主任。1973年12月至1976年7月，任大队贫协副主席。1976年8月至1980年，任大队治保主任。1990年搬迁景电二期灌区双树村。

雷 泰 生于1949年5月。中共党员。1968年3月参军，1973年复员。1974年1月至1978年9月，任大队革委会副主任兼大队武装民兵连连长。1980年1月至1982年12月，任大队副大队长。1983年1月至1984年12月，任村委会副主任。

段红元 女，生于1958年7月。中共党员。兰州人（下乡知青），1976年7月至1977年11月，任兴泉大队革委会副主任。1977年11月返城。

张平治 生于1954年2月。中共党员。1975年至1977年2月任大队团总支副书记。1976年7月至1978年9月，任大队革委会副主任。

高富阳 生于1945年2月。中共党员。1972年12月至1975年11月，任大队武装民兵连副连长。1974年1月至1978年9月，任大队革委会副主任。1978年10月至1982年10月，任大队民兵营营长。

孙志学 生于1944年1月。中共党员。1975年7月至1978年4月，任兴泉第二生产队队长。1978年10月至1982年12月，先后任大队革委会副主任、副大队长（1981年兼任兴泉铜矿负责人）。1983年1月至1986年7月，任村委会副主任。1986年8月，任喜泉选矿厂副厂长。1992年至1997年，任喜泉选矿厂代厂长。

李林春 生于1940年5月。1961年7月至1965年2月，任新堡大队统计员。1968年3月至1973年11月，任兴泉大队文书。1980年1月至1983年12月，任大队副大队长。1987年至1992年，任兴泉二砖厂厂长。

师仲章 生于1954年6月，中共党员。1974年5月至1983年2月，任第一生产队副队长。1986年8月至2003年12月，任村委会副主任。1994年1月至

1998年3月，任兴泉农工商实业总公司农业公司经理。1998年3月至2004年11月，兼村民事调解委员会主任。

周文种 生于1939年9月。1986年8月至1989年12月，任村委会副主任。1989年5月，负责景电二期灌区搬迁村平田整地和新村建设工作。第九届公社人大代表。2013年11月逝世。

吴守财 生于1959年2月。1979年至1983年10月，在部队服役。2004年1月至2007年9月，任村委会副主任。

谈明田 生于1966年12月。初中文化，中共党员。2007年10月至2011年4月任村委会副主任，2011年5月至2016年9月任村委会主任助理。第十七、十八届乡人大代表，第十七届乡党代表。

樊胜军 生于1975年10月，初中文化。2018年6月，任村委会副主任。

刘兴军 生于1974年2月。大专毕业，中共党员。2018年6月任村文书，2020年8月，任村委会副主任。

1952—1958年兴泉村村社干部任职一览表

表3-1-4

<table>
<tr><th colspan="2">组织名称</th><th>职 务</th><th>姓 名</th><th>任职时间</th></tr>
<tr><td colspan="2">兴泉村</td><td>村长</td><td>王守法</td><td>1952.10—1954.12</td></tr>
<tr><td colspan="2">初级社</td><td>社长</td><td>罗 毅</td><td>1953.4—1954.12</td></tr>
<tr><td rowspan="9">高级农业合作社</td><td rowspan="3">一社</td><td>社长</td><td>罗 毅</td><td>1955.1—1958.6</td></tr>
<tr><td>副社长</td><td>马 忠</td><td>1955.1—1958.6</td></tr>
<tr><td>副社长</td><td>刘作花</td><td>1955.1—1958.6</td></tr>
<tr><td rowspan="3">二社</td><td>社长</td><td>王守法</td><td>1955.6—1958.6</td></tr>
<tr><td>副社长</td><td>吴大军</td><td>1955.6—1958.6</td></tr>
<tr><td>副社长</td><td>付生智</td><td>1955.6—1958.6</td></tr>
<tr><td rowspan="3">三社</td><td>社长</td><td>周文焕</td><td>1955.8—1958.6</td></tr>
<tr><td>副社长</td><td>郑 秀</td><td>1955.8—1958.6</td></tr>
<tr><td>副社长</td><td>王守天</td><td>1955.8—1958.6</td></tr>
</table>

续表

组织名称		职　务	姓　名	任职时间
高级农业合作社	四社	社长	罗文英	1956.1—1958.6
		副社长	郝仲智	1956.1—1958.6
		副社长	李润德	1956.1—1958.6
	五社			三塘一队资料不详

兴泉大队各生产队队长名单一览表

表3-1-5

姓　名	队别	任职时间	姓　名	队别	任职时间
王守天	一队	1958.7—1961.6	魏文祥	五队	1980.11—1983.3
周文焕	一队	1961.4—1965.2	陈吉杰	六队	1959.7—1961.6
田建民	一队	1965.3—1970.3	马登科	六队	1961.3—1971.8
杨天学	一队	1970.4—1973.11	毛　发	六队	1971.9—1981.12
朱万禄	一队	1973.12—1979.12	毛　银	六队	1982.1—1983.2
张治元	一队	1980.1—1983.2	吴大钧	七队	1958.7—1961.6
毛文政	二队	1958.7—1961.6	苗世满	七队	1961.4—1965.2
罗　铸	二队	1961.4—1965.2	郝仲智	七队	1965.3—1971.8
杨德玉	二队	1965.3—1975.6	吕广德	七队	1971.9—1973.11
孙志学	二队	1975.7—1978.10	郝仲智	七队	1973.12—1976.8
罗文绥	二队	1978.11—1983.2	苗世堂	七队	1976.9—1983.2
郑　秀	三队	1958.7—1965.2	司占云	老八队	1958.7—1961.6
马登清	三队	1965.3—1967.6	闫穆忠	老八队	1961.4—1962.2
张守杰	三队	1967.7—1972.9	吕兴荣	老八队	1965.3—1967.6
沈文柏	三队	1972.10—1974.5	康兴德	老八队	1967.7—1970.12
郑　秀	三队	1974.6—1976.3	司占昇	老八队	1971.1—1979.7
马登玉	三队	1976.4—1983.2	苟三财	新八队	1979.4—1980.11

续表

姓 名	队别	任职时间	姓 名	队别	任职时间
王守法	四队	1958.7—1961.6	方昌阳	新八队	1980.12—1983.2
李润德	四队	1961.4—1965.2	张有贵	九队	1958.7—1961.6
王守法	四队	1965.3—1970.1	化 德	九队	1961.7—1968.6
王有昌	四队	1970.2—1973.11	谈家银	九队	1968.7—1970.12
缪生玉	四队	1973.12—1977.6	杨凤钧	九队	1971.1—1975.6
王焕义	四队	1977.7—1979.8	周文泰	九队	1975.7—1980.6
吴守祯	四队	1979.9—1983.2	石佛玺	九队	1980.7—1983.2
付生智	五队	1958.7—1961.6	罗文祖	十队	1958.7—1961.6
李树清	五队	1961.4—1965.2	马登义	十队	1961.7—1965.3
魏文祥	五队	1965.3—1972.6	罗文祖	十队	1965.4—1971.7
付贞安	五队	1972.7—1974.12	王连科	十队	1971.8—1978.10
张久禄	五队	1975.1—1976.2	朱万福	十队	1978.11—1983.2
刘宗财	五队	1976.3—1980.10			

兴泉村各村民小组组长一览表

表 3-1-6

姓名	性别	组别	任职时间	姓名	性别	组别	任职时间
张治元	男	一组	1983.2—1993.2	杨天敏	男	六组	2013.7—2016.7
师仲贵	男	一组	1993.3—2002.10	王兆友	男	六组	2016.7—2021.12
刘学英	男	一组	2002.11—2009.2	马登岳	男	七组	1983.2—1988.3
罗维臣	男	一组	2009.3—2014.8	罗崇政	男	七组	1988.7—1990.12
张玲治	男	一组	2014.9—2021.12	俞有齐	男	七组	1995.8—2000.6
罗文绥	男	二组	1986.8—1992.12	闫立齐	男	七组	2000.7—2005.8
程登信	男	二组	1992.3—1998.12	卢有祥	男	七组	2005.9—2011.8
文兆峰	男	二组	1999.1—2002.12	李应宏	男	七组	2011.9—2021.12
马 全	男	二组	2003.1—2009.12	苟三财	男	八组	1983.2—1987.12

续表

姓名	性别	组别	任职时间	姓名	性别	组别	任职时间
陈华稔	男	二组	2010.1—2021.12	方昌阳	男	八组	1988.1—1993.12
马登玉	男	三组	1983.2—1991.12	吴守玉	男	八组	1994—2005.12
闫穆栋	男	三组	1992.1—1995.12	逯延忠	男	八组	2006.1—2007.12
周文照	男	三组	1996.1—2005.12	赵文功	男	八组	2008.1—2010.12
马　全	男	三组	2006.1—2009.12	李家功	男	八组	2011.1—2018.3
刘富政	男	三组	2010.1—2021.12	杨广明	男	八组	2018.4—2021.12
罗崇德	男	四组	1983—1995.12	石佛玺	男	九组	1983.3—1998.12
王培民	男	四组	1996.1—1997.12	石兴盈	男	九组	1999.1—2001.12
吴守祯	男	四组	1998.1—2006.12	谈明田	男	九组	2002.1—2007.10
周文典	男	四组	2007.1—2011.5	马　财	男	九组	2007.11—2013.12
李桂芳	女	四组	2011.6—2019.5	辛延军	男	九组	2014.1—2021.12
吴守科	男	四组	2019.6—2021.12	王树平	男	十组	1983.2—1986.7
魏文祥	男	五组	1983.2—1990.12	罗崇亮	男	十组	1986.8—1992.7
刘正勤	男	五组	1991.1—1993.12	曾强学	男	十组	1992.8—1998
张利荣	男	五组	1994.1—1999.12	李兴泉	男	十组	1998.7—2003.9
赵文功	男	五组	2000.1—2021.12	李维虎	男	十组	2003.10—2011.4
司占升	男	六组	1983.2—1996.12	马　楷	男	十组	2011.5—2021.12
王守军	男	六组	1997.1—2007.12				

第五节　选　举

一、村民委员会选举

1980年，“兴泉大队”更名为“兴泉村民委员会”。自此，村委会领导班子由村民选举产生。1984年4月，兴泉村首次等额选举村委会班子成员。由村民提名，村党总支研究确定，报乡党委批准，无记名投票，票过半数即可当选。兴泉村民主选举产生的第一届村委会领导班子成员为主任杨佑忠，副主任俞宗富、孙志学，妇联主任李林花。

1988年12月，《中华人民共和国村民委员会组织法》和《甘肃省村民委员会选举办法》颁布实施，村民委员会领导班子成员改为村民直接选举，凡18周岁以上本村村民均有选举权和被选举权。经过投票选举出候选人，按照得票多少确定两名主任候选人。两名主任候选人在村民代表大会上发表施政演讲，通过代表认真研究讨论，再举行二轮投票选举，票数过半者当选。1998年11月28日，村委会领导班子成员首次海选杨久清任村委会主任，师仲章、化得荣任村委会副主任。

二、市、县、乡人民代表大会代表

1. 出席历届市人民代表大会代表

第三届　1985年12月至1991年4月，杨佑忠，并当选人大常委会委员。

第四届　1991年4月至1996年4月，俞宗富，并当选人大常委会委员。

第八届　2011年11月至2016年11月，俞宗富。

第九届　2016年11月至2021年12月，化莲。

2. 出席历届县人民代表大会代表

第一届　1954年6月至1956年9月，在本届第二次会议上，罗毅当选第一届县人民委员会委员。

第二届　1956年9月至1963年5月，杨怀云（女）。

第三届　1963年5月至1965年8月，罗毅。

第四届　1965年8月至1968年3月，赵兴国（回族）。

第六届　1978年10月至1980年7月，杨凤钧。

第七届　1980年7月至1984年1月，杨凤钧、朱万福、王万芳。

第八届　1984年1月至1987年2月，王连科。

第九届　1987年2月至1990年2月，杨佑忠。

第十届　1990年2月至1993年2月，俞宗富。

第十一届　1993年2月至1998年1月，赵文功（回族）。

第十三届　2002年12月至2007年1月，杨久清。

第十四届　2007年1月至2011年10月，卢有君、俞宗富。

第十五届 2011年10月至2016年10月，卢有君。

第十六届 2016年10月至2020年9月，罗崇福。

第十七届 2020年10月，李元龙、赵文功。

3.出席历届乡（镇）人民代表大会代表

第一届 1958年5月，罗文元、毛文政、周文焕、李秀英、李国珠、罗文昌。

第二届 1961年5月。**新堡大队：**王朝富、罗毅、郝仲智、卢有祥、周月英、杨德玉、吴大均、马登秀、吴大荣、崔希兰、王守法、张守林、张素兰、王占奎、付香安、吕广德、陈月芝、樊文雄；**兴泉大队：**张有贵、周文焕、杨怀云、化德、杨凤钧、马秀英、毛发、李国治、苗永清、闫永忠、罗文祖、张素芳、范世清、罗文英、全进福、刘志尚。

第三届 1963年4月8日。吕志德、周文焕、杨怀云、吴大瑞、张素芳、王福、李文库、张久英、赵兴国、毛文恒。

第六届 1965年6月。张有贵、张素兰、赵兴国、罗文昌、周文焕、杨德玉、崔希兰、王守法、曾满堂、张久英、沈益云、闫永忠、闫美兰、王福。

第八届 1978年6月19日。王有昌、杨凤钧、付贞安、杨怀云、王守天、罗文萍、马如山、王积君、郑秀、雷泰、王占奎、王守法、刘庭基、李秀英、徐福、付成安、郝仲智、高延英、雷雄、王作花、田万林、马登香、罗文祖、赵宗陈、杨天德。

第九届 1980年6月。杨怀云、罗文绥、苗世堂、周文种、张有贵、王焕义、杨凤钧、朱万福、李秀英、王万芳。

第十届 1984年12月28日。朱万福、罗崇德、郝仲智、张治元、化福、罗文章、张有贵、李秀英、魏文祥、石荣清、王连科、李林花、杨佑忠(列席)。

第十一届 1987年2月。苗永清、尹聚臣、付贞安、师仲章、杨德福、杨莲清、化福、王述平、石佛玺、卢有祥、李秀英、吴守强。

第十三届 1992年12月。杨久清、俞宗富、刘宗财、王廷杰、尹聚臣、李树芳、尚有爱、张治元、周文典、罗崇亮。

第十四届　1998年2月。杨久清、卢有君、白兴尧、马如山、郝仲智、张治元、吴守玉、李树芳、张素兰。

第十五届　1998年12月。王有昌、杨久清、王建雄、吴守泰、罗文浚、王生秀、石兴盈、李树芳、杨佑俊、王维国。

第十六届　1998年2月。杨久清、俞宗富、王建雄、赵文功、周文照、李树芳、郝燕、张锋、路怀章。

第十九届　罗崇福、康彩云、苟世元、辛彦军、赵文功、罗崇辉、罗崇玲。

第二十届　刘兴军、陈华秾、马元祯、刘正勤、柏东山、杨佑勤、化莲、李应宏、马楷、辛彦军。

第六节　民政工作与精准扶贫

一、“拥政爱民”“拥军爱民”工作

根据军属家庭情况，村上组织村民开展助耕、代耕优属活动，补助义务工分及补助粮，解决实际困难；每有参军者，组织村民及学生为光荣入伍者披红戴花、敲锣打鼓送行；每逢元旦、春节和“八一”建军节，开展慰问、清洁卫生等拥军优属活动；现役军人立功受奖，村上配合部队、武装部、民政部门送达军功章、立功受奖证书及慰问金，座谈“双拥”体会。全村形成“一人参军，全家光荣”的良好风尚。

20世纪七八十年代，解放军野营拉练部队数次进驻村庄，利用野训间隙，军民携手打成“军民1号”“军民2号”机井，帮助农民抗旱夺丰收。村民们踊跃为驻村野营拉练部队战士提供最好的房屋，漂洗、缝补衣服。战士们则主动帮助村民扫院、挑水、劈柴，为中小学生军训。五队无条件为汽车连腾出办公室房舍、场地，作为部队办公室、停车场地。夏收大忙季节，汽车连派车义务帮助生产队拉运小麦。

兰州军区独立二师进驻景泰搞国防工程建设，其中师部医院、工兵营、汽车修理所选址在兴泉大队境内，大队无偿为部队在周庄子划给漫水地、砂地

220多亩。同时，解放军专门为兴泉大队派驻支农工作队12人，每个生产队进驻1名队员，协助大队和生产队搞好农业生产。

从1971年至1987年，驻地独立师工兵营、师部医院经常放映各种题材的影片，并为地方群众敞开大门，诊治疾病。军医张玉忠率队进村入户，白天同社员一块劳动，晚饭后为村民免费诊病医疗，康复后的村民送旌旗深表感谢。大队修建剧院，驻地部队无偿支援钢材、水泥、木材。部队军事演练期间，两名战士不幸牺牲，大队干部、群众第一时间积极帮助善后事宜，受到部队官兵、家属的高度评价。部队经常组织球队与大队民兵营进行篮球、足球、乒乓球友谊赛，通过文体活动，密切部队与地方的联系。景电一期工程延伸至兴泉、三塘大队，独立师二团张营长派一个连战士帮助兴泉大队平田整地，一直坚持完成农田治理任务。二团选派五连连长安生旺为民兵营进行军事实操训练。1977年，县武装部组织全县民兵大比武，兴泉民兵营获得第一名。2000年，师部医院有一眼闲置机井，经村党总支书记杨久清与兰州军区房管局多次协调，军区领导同意将该井整套设备无偿赠予兴泉村使用。因村上民兵工作和国防工程设施保护成绩突出，2002年，中央军委、兰州军区、西北五省军区国防工程管护现场观摩经验交流会在兴泉村召开，村党总支书记杨久清的口头汇报，赢得与会领导的赞许，兴泉村"双拥"工作受到军、地上级部门的表彰奖励。

二、贫困、残疾救助

每年春节，村干部都要入户慰问五保户老人和特困户，赠送生活必需品。

1990年春夏，村上出资6万余元，分别为特困户社员马登弟和残疾人陈宝雄各修建6间砖瓦房。

2013年底，建档立卡户219户754人，残疾265人，特困供养户11户11人，低保户50户142人，村上建立相应的扶贫、济困、救助措施，并定期实施帮扶。

2021年，对残疾人、建档立卡户及困难村民以不同形式改善其生活状况，联系民政部门、帮扶单位、帮扶干部走访慰问低保户、五保户，帮助受灾群众累计向民政部门申请临时救助资金16.74万元，救灾资金7.8万元。慰问退伍军人3人，发给慰问金1500元，慰问党员5人，发给慰问金2500元。领导干部上门为14名特困人员发放衣物、洗涤用品及煤炭，保证其温暖过冬、舒心过年。

开发公益性岗位42个，累计发放工资30.2万元，雇工工资25.9万元，贷款18万元。通过广播、微信群、入户等各种渠道，宣传城乡居民医疗保险和养老保险收缴优惠政策，完成城乡居民养老保险缴纳983人，完成率为91.61%；完成城乡居民合作医疗缴纳3747人，完成率为94.66%。建档立卡户全覆盖。

三、精准扶贫

全村贫困户219户754人。其中贷款169户，主要用于发展种养殖业、创办企业或带动致富脱贫。种植业60户、养殖业6户自主经营，创业致富。企业带动发展173户，其中景泰金戈壁农业发展有限公司带动55户，年分红500元/户；景泰德勤农业科技有限公司带动94户，年分红3200元/户；甘肃华达农业科技有限公司带动24户，年分红3200元/户。

全村公益性岗位由原来的11个增加到28个，工资报酬每人每年7200元。主要负责村内垃圾清扫、公共设施维护、道路安全维护及交通疏导等工作。全村长期外出务工270户，农闲短期外出务工520户，主要从事运输、建筑装潢、餐饮、经商等，劳务输出收入约占村民人均收入的90%。2021年，全村脱贫15户31人，建档立卡户及边缘户人口收入稳定超过脱贫标准。

开展精准扶贫工作期间，市公安局、县财政局及镇政府共90名下派干部对兴泉村进行帮扶。

第七节　民事调解与治安保卫

一、民事调解　1949年10月，锁罕堡乡人民政府成立。在乡政府的主导下，组建民事调解委员会（1949.12—1958.8），由3～5人组成，主任由副乡长兼任，委员由本村德高望重、善于调解民事纠纷的人担任，调解家庭矛盾、邻里纠纷。

新堡、兴泉大队历届调解委员会主任

表 3-1-7

组织名称	职务	姓名	任职时间
调解委员会	主任	吴大荣	1965.4—1973
	主任	王守法	1973.5—1976
	副主任	高富阳	1973.5—1983
	主任	张凤娥	1976.7—1983
	副主任	罗文绥	1976.7—1983

二、治安保卫　1958年人民公社成立，土地、牲畜、农具等财产均为集体所有，大队一级设治保会。治保会主任一般由大队副大队长（村委会副主任）或党支部委员担任，成员是生产队副队长。从1958年8月至1981年秋，治保会协助负责破案、审讯嫌疑人、保卫公共财产安全和维持社会秩序，及时化解社会矛盾，维护稳定团结，防止事态恶化和扩大化。

新堡、兴泉大队历任治保主任（1961—1981年）

表 3-1-8

组织名称	职务	姓名	任职时间
治保委员会	主任	杨德玉	1958.8—1961.6
	主任	马　忠	1961.7—1965.2
	主任	张有贵	1965.3—1967.9
	主任	王学功	1967.10—1970.10
	主任	王守法	1970.11—1977.11
	主任	王学功	1977.12—1981.12

第二章 社群团体

第一节 农民团体

1950年1月，成立锁罕堡乡农会，主任罗文彩。1954年10月，景泰县委成立农村生产合作部取代农会职能，撤销乡村农会。

1965年11月，兴泉大队贫下中农协会成立，主任王福。贫协发动和组织贫下中农入会，会员由起初的128人发展到768人。贫协接受大队党支部和上级贫协组织领导，依靠贫下中农对大队各项工作进行监督，帮扶困难社员生产、生活自救。1968年9月，贫协组织参加“上层建筑领域的斗、批、改”运动，派代表进驻兴泉小学管理学校。1978年，党的十一届三中全会后撤销。

兴泉大队历届贫下中农协会：

第一届（1965.11—1973.11） 主席：王福，副主席：杨怀云、王守天；

第二届（1973.12—1976.7） 主席：王守法，副主席：王学功、卢有祥；

第三届（1976.7—1978.10） 主席：周文焕，副主席：何天菊、郝仲智。

第二节 共青团组织

1949年10月，景泰县成立新民主主义青年团组织。锁罕堡进步青年化孝为领导班子成员。1950年春，锁罕堡成立新民主主义青年团支部委员会。1957年，更名为中国共产主义青年团兴泉乡支部委员会。在乡党委的领导下，配合党组织坚定不移地贯彻党在农村的各项方针政策，开展以青年为主体的宣传教育活动，在建设社会主义的实践中，造就一批有理想、有道德、有文化、有纪律的接班人，努力为党组织输送新鲜血液，团结带领全村青年加入团组织，发扬自力更生，艰苦创业的精神，推动全村各项事业的全面发展。

20世纪七八十年代农业集体化时期，是兴泉大队团总支发展的鼎盛阶段，团组织吸引一批有文化、有理想的初高中毕业男女青年加入共青团组织，成为农业生产建设中的一支生力军。团总支与民兵营在兴泉村水利工程建设、平田整地、植树造林、夏收秋收中发挥带头作用，做出了贡献，涌现出一批优秀青年和铁姑娘，如杨佑忠、杨兴平、张平治、刘志成、张凤娥、罗文萍、段守梅等。

1992年9月，团中央书记宋德福、团省委书记张天理、团市委书记宋斌武，在县委副书记彭维友的陪同下，到兴泉村调研共青团组织建设和发展工作，并奖励电视机一台。

兴泉村历任团支部书记、副书记一览表

表3-2-1

组织名称	职　务	姓　名	任职时间
共青团兴泉支部	书　记	马登清	1952.8—1957.3
	副书记	吕兴荣	1952.8—1957.3
	副书记	何耀宗	1952.8—1957.3
	书　记	杨凤钧	1957.4—1959.12
	副书记	周德安	1957.4—1959.12
共青团兴泉支部	书　记	马兆银	1960.1—1961.5
	副书记	卢有祥	1960.1—1961.5
新堡大队团支部	书　记	周月英	1961.6—1965.3
	副书记	付恒安	1961.6—1965.3
兴泉大队团支部	书　记	苗永清	1961.6—1965.3
	副书记	谈香兰	1961.6—1965.3
	书　记	卢有祥	1965.4—1965.7

续表

组织名称	职　务	姓　名	任职时间
兴泉大队团支部	副书记	赵兴国	1965.4—1965.7
	书　记	赵兴国	1965.8—1970
	书　记	卢有祥	1971—1974.1
	副书记	李林春	1971—1974.1
	书　记	杨佑忠	1974.2—1975.5
	副书记	沈文家	1974.2—1975.5
	副书记	杨兴平	1974.2—1975.5
	书　记	杨兴平	1975.6—1977.2
	副书记	张平治	1975.6—1977.2
	副书记	卢月春	1975.6—1977.2
	副书记	李兴国	1975.6—1977.2
	副书记	张正福	1975.6—1977.2
	副书记	代淑娟	1975.6—1977.2
兴泉大队团总支部	书　记	张平治	1977.3—1981.11
	副书记	郭延强	1977.3—1981.11
	副书记	许桂荣	1977.3—1981.11
兴泉村团支部	书　记	石兴银	1981.12—1986.12
	书　记	李森标	1987.1—1988.4
	书　记	俞有泰	1988.5—1991.5
	副书记	卢有君	1988.5—1991.5
	副书记	罗文润	1988.5—1991.5
	书　记	卢有君	1991.6—
	副书记	罗文润	1991.6—
	副书记	白兴尧	1991.6—

1955—1998年兴泉村团员情况统计表

表3-2-2　　单位：人

年　份	总数	男	女	年　份	总数	男	女
1955	28	23	5	1979	128	69	59
1959	33	27	6	1980	146	83	63
1962	62	48	14	1981	156	86	70
1965	75	53	22	1986	148	88	60
1967	95	78	17	1991	106	66	40
1973	99	77	22	1993	136	84	52
1974	126	87	39	1996	136	84	52
1977	153	83	70	1998	126	76	50
1978	154	88	66				

第三节　妇联组织

1952年10月，兴泉村成立“民主妇女联合会”。共产党员郝占花任村第一任联合会主席。在兴泉乡党支部的领导下，宣传维护妇女合法权益，废除封建思想，动员全村妇女取缔“裹脚”，解除对妇女不合理的束缚，积极投身农业生产劳动。农业合作化时期，妇联引领妇女，带动家庭，走合作化道路。

1957年7月，村民主妇女联合会变更为“兴泉村妇女联合会”，郝占花任会长。1958年8月，人民公社化，“兴泉村妇女联合会”更名为“兴泉大队妇联”，郝占花任妇联主任。在大队党支部的领导下，组织妇女学习社会主义集体思想，教育鼓励妇女积极参加农业生产劳动，贯彻落实男女同工同酬。大跃进大炼钢时期，妇联择优选用有文化的青年妇女创办全县第一家幼儿园、托儿所，罗颖聪、来秀兰任正副园长。全村幼儿入托，解决广大妇女的后顾之忧。1959年8月至1961年5月，成立村民兵营，妇联积极响应，组建“穆桂英”排，刘作花、张素兰任正副排长，吴大芳任指导员，在兴修水利工程建设中实行男女同工同酬，“穆桂英”排出色完成任务。

在大队党支部的领导下，妇联组织妇女积极投身铺压砂田、植树造林、抗旱救灾、新修水利工程、田间管理、科学种田，发展家庭养殖、脱贫致富等各项农事活动中，动员全体妇女学习国家计划生育政策，宣传晚婚晚育、优生优育。宣传教育青年妇女尊老爱幼、讲文明、讲礼貌、树新风，积极开展争创五好家庭、好婆婆、好媳妇、养殖致富能手、科学种植能手活动，涌现出一批妇女积极分子。如优秀共产党员郝占花、张素兰、杨怀云、司万花、张凤娥；优秀妇女干部张举珍、杨树花、付香安、罗兴花、李秀英、马登香、苗世兰、罗文兰、罗振娥、李桂芳；优秀铁姑娘罗文萍、魏至兰、王万芳、李文荣、李振翠；先进骨干朱万花、罗颖聪、来秀兰、闫美兰、李林花；优秀女知青代淑娟、许桂荣、毕小丽、尤志萍、张洪芳；优秀戏剧演员张梅花、康兰英、杨怀英、杨佑林；钢琴伴奏李家彩等。

1975年，推荐品学兼优的女青年付惠钟到甘肃农业大学读书。这是“文革”期间兴泉大队的第一名女大学生。

1976年，段桂林（女）被甘肃省体工大队选招为自行车运动员。

1995年3月8日，村妇联主任李树芳被全国妇联、人事部授予“全国妇联系统先进工作者”“三八”红旗手称号。2010年被省妇联授予“先进工作者”称号。

兴泉村（大队）历任妇联主席、主任一览表

表3-2-3

序号	组织名称	职　务	姓　名	任职时间	备注
1	兴泉村民主妇联	主　席	郝占花	1952.1—1956.12	
2	兴泉村妇联	主　席	郝占花	1957.1—1958.7	
3	兴泉大队妇联	主　任	郝占花	1958.8—1961.6	
4	兴泉大队妇联	主　任	杨怀云	1961.7—1965.2	
5	新堡大队妇联	主　任	张素兰	1961.7—1965.2	

续表

序号	组织名称	职 务	姓 名	任职时间	备注
6	兴泉大队妇联	主 任	张秀英	1965.3—1967.8	
7	兴泉大队妇联	主 任	张素兰	1967.9—1972.2	
8	兴泉大队妇联	副主任	杨怀云	1967.9—1971.6	
9	兴泉大队妇联	主 任	张素英	1972.3—1974.11	
10	兴泉大队妇联	副主任	张素兰	1972.3—1974.11	
11	兴泉大队妇联	副主任	张凤娥	1972.3—1974.11	
12	兴泉大队妇联	主 任	张凤娥	1974.12—1982.7	兼村党总支委员
13	兴泉村妇联	主 任	李林花	1982.8—1986.6	
14	兴泉村妇联	主 任	李树芳	1986.7—2013.9	
15	兴泉村妇联	主 席	罗维霞	2013.10—2015.10	
16	兴泉村妇联	主 席	化 莲	2015.11—2017.10	
17	兴泉村妇联	主 席	付建霞	2017.11—2020.12	
18	兴泉村妇联	主 席	邓莲翠	2021.1—	

第三章　兵役 民兵 战事

第一节　兵　役

20世纪30年代，国民政府连续两次公布施行“新兵役法”。1930—1949年，国民政府层层加码，采取“抓壮丁”的方式补充兵员。每户有兄弟两人，必须有一人当兵。有王守美、付生寿、刘邦殿、卢有俊、周世刚、吕义德、罗廷祯等人被抓壮丁。也有一些生活较富裕的家庭，不愿送子弟当兵的，则采取出钱捐款的方式“买丁”。

抗日战争时期，罗廷祯于1938年在台儿庄战役中牺牲，刘邦殿于1941年5月在中条山战役中牺牲。

1949年，王守美、卢有俊、周世刚等随国民党起义部队被收编入中国人民解放军序列。

自1950年10月至1952年，先后有毛文栋、张兆福、毛正家、王守美、吕广德、闫穆盛、周文翰、苗发春、曾满堂、吴大瑞、司占昇、王继龙、张克温、吕兴元、化勇等转为和参加中国人民志愿军序列。毛文栋、王守美、苗发春、吴大瑞等先后随志愿军赴朝参战。张兆福、吕广德、毛正家、曾满堂、司占昇、王继龙等随入朝预备部队留守东北集训。

1951年7月，闫穆盛被分派到景泰县公安大队。周文翰、吕兴元、张克温被调派到陕西宝鸡驻军单位。

1955年7月30日，《中华人民共和国兵役法》公布，实行义务兵役制度，截至2021年，全村有180余名男青年自愿报名应征入伍。

1949—2021年兴泉村服兵役人员统计表

表3-3-1

序号	姓 名	参军时间	退役时间	军功受奖	序号	姓 名	参军时间	退役时间	军功受奖
1	周世刚	1949.9	转入兵团		21	谈明贵	1968.12	1971.6	
2	吴大绥	1949.9	转入军工		22	高启栋	1969.3	1982.1	
3	付利安	1960.9	1968.3		23	闫立智	1969.3	1973.1	
4	罗文明	1961.5	1966.3		24	曾强义	1969.3	1973.1	
5	吴大绪	1963.1	1970.3		25	马登岳	1969.3	1972.3	
6	潘进福	1963.1	1968.3		26	王树成	1969.3	1970.12	
7	杨德福	1964.12	1969.7		27	付国安	1969.3	1973.1	
8	罗正军	1964.12	1969.7	嘉奖1次	28	王 友	1969.3	1973.1	
9	张守万	1964.12	1969.7		29	朱可德	1969.12	1986.10	
10	武玉身	1964.12	1968.7		30	王建雄	1969.12	1976.3	
11	谈家连	1964.12	1969.7		31	康天福	1969.12	1980.10	
12	王建忠	1964.12	1969.7		32	卢平安	1970.12	1979.3	
13	陈怀奎	1965.3	1968.3		33	田荣民	1970.12	1978.4	
14	周德成	1965.12	1971.10		34	李北汉	1970.12	1983.9	
15	樊文祯	1965.12	1971.10		35	孙志和	1970.12	1983.3	
16	沈文发	1965.12	1971.10		36	王登有	1970.12	1974.3	
17	闫穆栋	1968.3	1975.6		37	张正吉	1970.12	军干休所	二等功1次 嘉奖12次
18	杨佑森	1968.3	1985.1		38	杨久清	1970.12	1981.1	
19	王兆宽	1968.3	1989.1		39	郝 永	1970.12	1975.3	
20	雷 泰	1968.3	1973.3		40	卢有珍	1970.12	1976.3	

续表

序号	姓 名	参军时间	退役时间	军功受奖	序号	姓 名	参军时间	退役时间	军功受奖
41	田元民	1970.12	1982.3		61	张维新	1977.1	1983.3	
42	沈文刚	1970.12	1982.1		62	徐小平	1977.1	1983.3	
43	李文绥	1973.01	1977.3		63	郝廷胜	1977.1	1983.3	
44	谈明仁	1973.01	1976.3		64	杨荣清	1977.1	1983.3	
45	程 福	1973.01	1977.3	嘉奖2次	65	杨凤升	1978.3	1981.12	
46	宋常青	1974.12	1983.10		66	石生科	1978.3	1985.12	
47	王继强	1974.12	1983.10		67	徐有权	1978.3	1984.12	
48	李保财	1974.12	1980.1		68	马 兴	1978.3	1981.1	
49	来耀文	1974.12	1982.1	三等功2次	69	俞有齐	1978.3	1981.1	
50	张成元	1975.10	1978.5		70	李家庆	1978.3	1988.4	
51	李兴成	1975.10	1981.1		71	周德强	1978.11	2001.3	三等功6次 嘉奖26次
52	张利荣	1976.3	1980.12		72	闫穆录	1978.12	1983.10	
53	曾继才	1976.3	1981.1		73	吴守财	1979.12	1983.10	
54	王存忠	1976.3	1980.12		74	吴克学	1979.12	1983.10	
55	曾继科	1977.1	1983.3	嘉奖1次	75	方生国	1980.12	1983.10	
56	石兴海	1977.1	1981.3		76	张庆学	1980.12	1987.10	
57	全兴元	1977.1	1981.3		77	罗文学	1980.12	1985.12	
58	张正禄	1977.1	1983.5		78	赵永福	1980.12	1985.12	
59	魏武成	1977.1	1983.3		79	罗维强	1980.12	2001.3	
60	谈明亮	1977.1	1981.3		80	司万泰	1980.12	1993.3	三等功1次 优秀士兵

续表

序号	姓　名	参军时间	退役时间	军功受奖	序号	姓　名	参军时间	退役时间	军功受奖
81	万廷祯	1981.10	1984.12		101	周德元	1985.10	1989.2	
82	罗崇福	1981.10	1985.1	嘉奖7次	102	卢有东	1985.10	1989.3	
83	张庆堂	1981.10	1986.1	嘉奖7次	103	王作旺	1986.1	1989.1	
84	李永民	1982.12	1991.1		104	周文学	1986.1	1989.12	三等功1次
85	周文强	1982.12	1985.12		105	全兴忠	1987.1	1990.12	
86	卢昌平	1982.12	1985.12		106	周德深	1987.10	2005.3	三等功1次
87	逯延国	1982.12	1987.10		107	陈子福	1987.10	1990.12	
88	赵文忠	1982.12	1985.12		108	周文智	1989.12	1991.12	三等功1次
89	杨兴福	1982.12	1986.12		109	王培杰	1990.12	1994.12	
90	刘正勤	1983.1	1988.1		110	郝　玉	1991.12	1994.12	
91	王治友	1983.1	1988.1		111	周继杰	1992.12	1998.11	
92	王培杰	1983.1	1988.1		112	李　前	1993.06	现役	
93	周文博	1983.1	1986.1		113	毛登翔	1993.12	1996.12	
94	王有忠	1984.10	1987.10		114	王生贵	1993.12	1997.11	
95	师仲贵	1984.10	1988.1		115	化得全	1993.12	1996.12	
96	卢昌全	1984.10	1989.9		116	吴克峰	1993.12	1996.12	
97	沈文俊	1985.10	1987.10		117	马国军	1995.12	1999.11	
98	赵兴宝	1985.10	1987.10		118	俞　刚	1996.12	1999.12	
99	郝　孝	1985.10	1988.1		119	谈明军	1996.12	1998.10	
100	王守明	1985.10	1995.1		120	张生伟	1997.12	2000.12	

续表

序号	姓　名	参军时间	退役时间	军功受奖	序号	姓　名	参军时间	退役时间	军功受奖
121	刘在平	1997.12	2014.1		141	全辉成	2005.12	2016.4	优秀士兵
122	杨广亮	1997.12	1999.12		142	魏君蛟	2005.12	2007.12	优秀士兵
123	周文学	1998.12	2000.12	嘉奖2次	143	周德荣	2005.12	2010.12	
124	毛登峰	2000.1	2003.1		144	杨昌金	2006.12	现役	优秀士官 三等功1次
125	段好伟	2001.12	现役	三等功2次 嘉奖10次	145	段好鹏	2007.12	2009.12	优秀士兵
126	李进平	2001.12	2003.12		146	卢昌旺	2007.12	2012.12	
127	罗耀华	2001.12	2006.12		147	王富教	2008.12	2020.12	
128	王世平	2001.12	2009.12	优秀士兵	148	付仲伟	2009.10	2016.12	三等功1次
129	赵玉安	2014.9	2016.9		149	司政刚	2010.12	2015.12	
130	卢海春	2014.9	2016.9		150	文　涛	2011.12	2013.12	
131	石旺清	2014.9	2016.9		151	毛　宁	2011.12	2016.12	
132	张荃麟	2014.9	现役		152	张全太	2012.12	2017.10	
133	毛登鹏	2015.9	现役		153	张玉旺	2012.12	2014.12	
134	王诚琳	2016.9	2018.9		154	李志成	2012.12	现役	
135	周继强	2016.9	2021.9		155	师文尧	2012.12	2017.12	
136	段好雄	2002.12	现役	三等功1次	156	卢昌辉	2012.12	2017.12	
137	孙志东	2003.12	2018.12		157	张全仕	2012.12	2017.12	嘉奖2次
138	李长军	2003.12	2005.11		158	樊兴世	2013.9	现役	嘉奖2次
139	曾永强	2003.12	2005.11	优秀士兵	159	田富胜	2014.9	2018.9	
140	马卿祯	2003.12	2015.12	嘉奖6次	160	卢海春	2014.9	2016.6	

续表

序号	姓　名	参军时间	退役时间	军功受奖	序号	姓　名	参军时间	退役时间	军功受奖
161	付仲强	2014.9	2019.12		165	曾永泰	2018.10	2020.9	2021.3—现役
162	沈茂鸿	2016.9	现役		166	王国行	2019.9	2021.9	嘉奖1次
163	罗耀坤	2017.9	2019.9		167	杨庆明	2020.9	现役	
164	李志远	2017.9	现役		168	张海云	2021.3	现役	嘉奖6次

第二节　民　兵

1958年，遵照毛泽东主席指示，中央军委下达地方基层组织“大办民兵师”的命令。按照上级党委部署，是年3月，兴泉大队组建“红星”民兵营，下设3个民兵连，共计17个排38个班，有民兵715人，其中男390人、女325人，大队党支部书记任民兵营指导员，大队长任营长。民兵营自成立之日起，分基干民兵和普通民兵两种，基干民兵每年利用农闲季节要参加一定时间的军事训练，一直延续到1972年底。训练以762步枪为主要武器。

1959年9月，在兴修水利建设中，大队抽调民兵营4个连444人，组建“水利民兵营”，下设即“火箭连”“跃进连”“战斗连”3个连及“穆桂英”直属排1个，共11个排38个班，其中有“花木兰”“赵云”“武松”“黄忠”“罗成”等突击班5个。民兵营由营长罗文昌、教导员王廷杰率领，提出“政治挂帅思想红，抗旱运动打先锋。树雄心，立大志，力争全面红”的口号，机构健全，任务分工明确，责任到班组，各连相继应战，提前20天完成原计划60天的任务。1961年10月至1963年12月，三年大旱，兴泉、新堡大队党支部带领民兵营抗旱救灾，共计完成铺压砂田任务1980亩。

1970年，响应毛泽东主席“深挖洞、广积粮、不称霸”的号召，在指导员

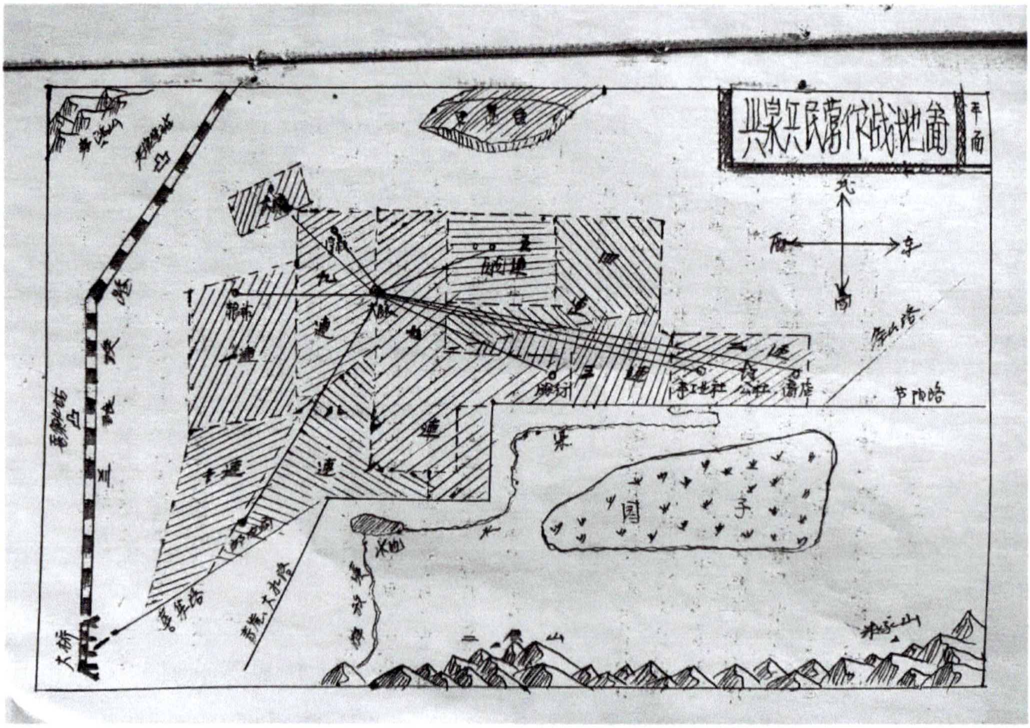

▲ 兴泉民兵营作战地图

樊文雄、营长张有贵的率领下，“百日大战”挖地道，提前10天完成任务。8月8日零时，全体民兵组织协同全大队3900多名社员进地道，进行防空演习。

从1973年开始，按照上级部署，另成立武装民兵连，实行全部武装。武装民兵要通过严格的政审方能加入。每年利用农闲季节分别由县、公社两级武装部或地方驻军组织军事训练，经过训练对民兵进行实弹射击、投弹、打炮实弹演练考核。对成绩优异者推荐到由县武装部组织的全县民兵大比武进行训练考核。

1983年，民兵营变更为兴泉村民兵连，至1993年，有民兵60人。

1958—1993年兴泉村（大队）民兵组织领导任职一览表

表3-3-2

组织名称	职　务	姓　名	任职时间
兴泉民兵营	营长	罗文昌	1958.1—1960.1
	副营长	吴大瑞	1958.1—1960.1
	教导员	王廷杰	1958.1—1960.1
战斗连	连长	周万福	1958.1—1960.1
	指导员	吴大芳	1958.1—1960.1
跃进连	连长	罗文瑛	1958.1—1960.1
	指导员	马　忠	1958.1—1960.1
火箭连	连长	化　德	1958.1—1960.1
	指导员	马兆银	1958.1—1960.1
穆桂英排	排长	刘作花	1958.1—1960.1
	指导员	张素兰	1958.1—1960.1
兴泉民兵营	营长	张有贵	1960.2—1961.5
	副营长	化　德	1960.2—1961.5
	教导员	刘海宴	1960.2—1961.5
	副教导员	周文焕	1960.2—1961.5
民兵营普通一连	连长	王守法	1960.2—1961.5
	副连长	化　柱	1960.2—1961.5
	指导员	吴大荣	1960.2—1961.5
	副指导员	杨天义	1960.2—1961.5
	排长	朱发敏	1960.2—1961.5
	副排长	张克温	1960.2—1961.5
	排长	付成安	1960.2—1961.5
	副排长	马秀英	1960.2—1961.5
	排长	雷　杰	1960.2—1961.5
	副排长	苗永清	1960.2—1961.5
民兵营普通二连	连长	李国治	1960.2—1961.5
	副指导员	张素兰	1960.2—1961.5
	排长	李润德	1960.2—1961.5
	副排长	郝占花	1960.2—1961.5

续表

组织名称	职　务	姓　名	任职时间
民兵营普通二连	排长	李勤德	1960.2—1961.5
	副排长	付生智	1960.2—1961.5
	排长	毛文政	1960.2—1961.5
	副排长	罗　铸	1960.2—1961.5
	排长	郑　秀	1960.2—1961.5
	副排长	卢昌福	1960.2—1961.5
民兵营基干一连	连长	罗文瑛	1960.2—1961.5
	指导员	罗　毅	1960.2—1961.5
	副指导员	周文炳	1960.2—1961.5
	排长	吕兴元	1960.2—1961.5
	副排长	闫永忠	1960.2—1961.5
	排长	刘永昇	1960.2—1961.5
	副排长	李长鸿	1960.2—1961.5
	排长	冯武友	1960.2—1961.5
	副排长	何耀宗	1960.2—1961.5
民兵营基干二连	连长	刘家林	1960.2—1961.5
	副连长	魏文祥	1960.2—1961.5
	指导员	郝仲智	1960.2—1961.5
	副指导员	卢有祥	1960.2—1961.5
	排长	马如元	1960.2—1961.5
	副排长	马兆财	1960.2—1961.5
	排长	武占元	1960.2—1961.5
	副排长	曹秀英	1960.2—1961.5
	排长	王朝宗	1960.2—1961.5
	副排长	周万福	1960.2—1961.5
民兵营基干三连	连长	吕广德	1960.2—1961.5
	副连长	罗文奎	1960.2—1961.5
	指导员	马　忠	1960.2—1961.5
	排长	陈怀孝	1960.2—1961.5
	副排长	陈有仁	1960.2—1961.5

续表

组织名称	职 务	姓 名	任职时间
民兵营基干三连	副排长	沈文佐	1960.2—1961.5
	排长	崔希兰	1960.2—1961.5
	副排长	杨美英	1960.2—1961.5
	排长	方昌阳	1960.2—1961.5
	副排长	王继花	1960.2—1961.5
兴泉大队民兵连	连长	李国治	1961.6—1965.3
	副连长	化 德	1961.6—1965.3
	指导员	张有贵	1961.6—1965.3
	副指导员	周文焕	1961.6—1965.3
新堡大队民兵连	连长	吴大荣	1961.6—1965.3
	副连长	王守法	1961.6—1965.3
	指导员	王朝富	1961.6—1965.3
	指导员	罗 毅	1961.6—1965.3
三塘大队民兵连	连长	化 柱	1961.6—1965.3
	副连长	周万福	1961.6—1965.3
	指导员	马兆银	1961.6—1965.3
兴泉大队民兵营	营长	张有贵	1965.4—1972.11
	副营长、营长	樊文雄	1965.4—1973.11
	教导员	罗 毅	1965.4—1969.7
	副教导员	周文焕	1965.4—1972.11
	文书	李林春	1965.4—1972.11
民兵连	连长兼指导员	杨天泰	1972.12—1975.10
	副连长	高富阳	1972.12—1975.10
	副连长	杨德福	1972.12—1973.10
大队民兵连	副连长	张凤娥	1972.12—1974.11
大队武装民兵连	连长	雷 泰	1973.12—1978.10
	副连长	高富阳	1975.11—1978.10
	指导员	王有昌	1973.12—1986.7
	副指导员	杨凤钧	1974.9—1980.5
	副连长	段守梅	1974.12—1979.6
	连长	高富阳	1979.11—1981.11

续表

组织名称	职　务	姓　名	任职时间
大队武装民兵连	文书	张平治	1974.12—1975.10
	副连长	杨兴平	1974.12—1977.1
	副连长	闫穆栋	1975.6—1978.12
	文书	罗　镪	1975.11—1976.8
	文书	俞宗富	1976.9—1983.10
	连长	王建雄	1981.12—1993.12
	指导员	付贞安	1986.8—1991.11
	文书	缪金贵	1983.11—1989.8
	文书	沈文模	1989.9—1993.12
	指导员	杨久清	1991.12—1993.12

兴泉大队（村）民兵营民兵人数及武器配备数量统计表

表3-3-3

<table>
<tr><th rowspan="4">队别</th><th colspan="6">民兵</th><th colspan="3">配备武器名称及数量</th><th rowspan="4">备　注</th></tr>
<tr><th rowspan="3">总人数</th><th colspan="4">其中</th><th rowspan="3">合计</th><th rowspan="3">半自动步枪</th><th rowspan="3">冲锋枪</th><th rowspan="3">825炮</th></tr>
<tr><th rowspan="2">普通民兵</th><th rowspan="2">基干民兵</th><th colspan="2">武装民兵</th></tr>
<tr><th>男</th><th>女</th></tr>
<tr><td>一排</td><td>48</td><td>29</td><td>19</td><td></td><td></td><td></td><td></td><td></td><td></td><td rowspan="8">1.一排是三塘。1965年6月兴泉大队正式分家，另成立三塘大队；
2.民兵总数包括兴泉小学41名，其中基干民兵20名；
3.1965年6月，十一排转为一排；</td></tr>
<tr><td>二排</td><td>69</td><td>42</td><td>27</td><td>5</td><td>4</td><td>9</td><td>4</td><td>1</td><td></td></tr>
<tr><td>三排</td><td>98</td><td>58</td><td>40</td><td>9</td><td>3</td><td>12</td><td>5</td><td>2</td><td></td></tr>
<tr><td>四排</td><td>126</td><td>76</td><td>50</td><td>9</td><td>4</td><td>13</td><td>7</td><td>3</td><td>2</td></tr>
<tr><td>五排</td><td>118</td><td>71</td><td>47</td><td>8</td><td>3</td><td>11</td><td>6</td><td>2</td><td>1</td></tr>
<tr><td>六排</td><td>95</td><td>57</td><td>38</td><td>7</td><td>2</td><td>9</td><td>3</td><td>1</td><td></td></tr>
<tr><td>七排</td><td>108</td><td>65</td><td>43</td><td>8</td><td>2</td><td>10</td><td>3</td><td>1</td><td></td></tr>
<tr><td>八排</td><td>106</td><td>64</td><td>42</td><td>8</td><td>2</td><td>10</td><td>4</td><td>1</td><td></td></tr>
</table>

续表

队别	民兵						配备武器名称及数量			备　注
	总人数	其中				合计	半自动步枪	冲锋枪	825炮	
		普通民兵	基干民兵	武装民兵						
				男	女					
九排	124	74	50	9	4	13	7	3	2	4.1972年以后逐渐配发武器，武器由民兵个人在家存放管理。1979年10月，所有武器全部收缴公社武装部。
十排	109	65	44	7	3	10	6	2		
十一排	118	71	47	8	3	11	5	2	1	
合计	1119	672	447	78	30	108	50	18	6	

第三节　红西路军在锁罕堡

一、锁罕堡和谈

1936年10月28日，红三十军先头部队一路追击尾泉溃败之敌，向一条山一带挺进，他们在赵家水西北约20公里处大水磅附近的沙塆子，与马家军的一些散兵不期而遇，红军在一邱梁架起机枪，与之展开激战，打死打伤敌军数人。马家军一个个无心恋战，向锁罕堡方向逃窜，红军紧追其后。31日，在锁罕堡经过短暂激烈的战斗，成功地将这股散兵游勇和前一天从尾泉逃到这里的马禄旅600多人，包围在锁罕堡北面的堡子里。

当日下午，红九军二十五师赶到接替三十军。

二十五师围困锁罕堡后，派宣传干事向堡内的马家军不断喊话：中国人不打中国人，我们要联合起来共同打日本，把日本人赶出中国……忽然，一声枪响，喊话的一名小战士应声倒下。在此之前，给红军带路到一条山的沙塆子村民陈学礼，在返回途经锁罕堡时，被马家军枪杀在堡墙外。

按照总部要求，红军不计前嫌与马禄谈判。11月1日，红军请村民周世楷给马禄送上一封信件，阐明联合抗日、不打内战的主张。面对红军的包围，马禄表示愿意与红军谈判，但迟迟不给明确答复，目的是拖延时间等待救援。11月2日，青海援军到达寺滩后派来救援的部队，被红军在狼叫山击溃。马禄闻讯立即派出代表，从堡子的墙拐子用绳索吊下一名“和谈使者”，红军将其带到村口，与住在全进福家的红军首长谈判。经过谈判达成协议，马家军表示不打内战，愿意向红军献出部分粮草、弹药、衣服，马禄即率部撤出锁罕堡。陈昌浩下令解除包围，并集合战士列队司号欢送。但是，马禄将两个半团的兵力撤出锁罕堡后，自食其言，伙同青海马元海援军与芨芨水（今喜集水）的韩起禄旅残部，向一条山红三十军阵地大举进攻。

11月2日下午，马家军援军先头部队逼近一条山时，四方面军总指挥部调九军二十五师两个团配合八十八师，牵制敌人，在兴泉滩一带的沙河里伏击敌人的先头部队，俘虏部分后勤、医护人员及文职人员。经九军敌工部进行抗日统一战线宣传教育后，发放路费，劝其回家。时任九军敌工部副部长的吴仲廉（女），对一名叫罗承训的马家军军医进行教育后将其释放。几个月后，在祁连山区的战斗中，红军寡不敌众，吴仲廉的丈夫、红九军政治部主任曾日三为掩护伤病员和妇女突围而牺牲，吴仲廉也被俘，从张掖被押解到西宁。在中山医院做苦工时，被军医罗承训认出，罗承训当即表示设法帮助吴仲廉脱离虎口。

二、狼叫山战斗

二十五师进占锁罕堡，占据锁罕堡各交通要道，当时锁罕堡有300多人，一半在堡外。红军深入堡子外各家各户，宣传红军北上抗日、攻打宁夏的意义。

红二十五师一营长了解到，马禄被围，青海马步芳援军已于11月2日到寺滩、一条山，马元海派出一部住井子川，企图解救马禄，11月2日，青海援军一部从井子川向锁罕堡行动。二十五师一个连与妇女独立团一部被派往狼叫山，他们一到狼叫山就挖战壕，当青海援军到狼叫山下，二十五师一个连、妇女独立团进行顽强阻击，使青海援军不能前进，狼狈退去，青海马家军援军死伤十多人。二十五师亦有一名战士牺牲。

三、三十军集结锁罕堡

三十军分兵驻守芦阳各地，控制五佛各渡口，目的在于攻打宁夏。由于河东形势发生变化，红一方面红军不能如期渡河，国民党马鸿逵提前占据宁夏中卫，攻打宁夏机会丧失。根据中革军委指示，四方面军过河。总部于1936年11月6日提出平（番）大（靖）古（浪）凉（州）计划，准备放弃一条山、五佛寺向河西进军。在五佛、芦阳的三十军各部于6日晚行动，于七八日集结锁罕堡，原驻红九军二十五师向福禄水、大拉牌转移。8日，西路军在赵家水组建，根据总部部署，三十军为第一纵队，从锁罕堡出发，经东梁过寺滩向古浪、大靖进发。

四、红五军经过锁罕堡

红五军过黄河后，稍作休整，11月7日，沿着总部与三十军的行动路线，于11月8日到达赵家水，参加西路军组建，9日，先头部队到达野狐水（今白水），于10日、11日途经锁罕堡，在井子川与马家军进行激战，赶跑马家军，经过永泰向寺滩靠拢，由三道墒随三十军向古浪大靖行动。

五、捐资捐物支援红西路军

二十五师驻锁罕堡期间，宣传抗日，在红军的宣传下，外出躲避的村民纷纷回家。其间，村民还自发成立筹粮委员会，周万海任主席，委员有周世英、周世杰、罗文彩等，他们不仅带头捐粮捐物，还奔走各家各户，为西路军筹集粮食、物资，安排住宿。村民罗廷禄为部队支援毛驴一头。红军与群众同甘共苦，结下深厚友谊。

六、群众自发掩埋红军尸体

马禄旅被围新堡子时，二十五师一名战士向堡子喊话时被冷枪击中牺牲，师部为牺牲的红军战士购买寿材，经过动员，村民周万镒将寿材卖给红军，军民一起把牺牲的红军战士埋在锁罕堡东边的沙河旁。后因洪水冲刷，将坟茔冲毁，棺材外露，村民们发现后，又将红军遗骨易地掩埋。

二十五师一个连与妇女独立团在狼叫山阻击敌青海援军，战斗中一名红军战士牺牲。村民俞怀恩与两个邻居悄悄将红军战士尸体掩埋在红岻岻，每年都去烧纸钱祭奠，坟茔至今仍在。

部队进驻堡子后，几名战士因伤势过重牺牲，堡子内大户陈蔼勋一家，联络村民一起掩埋了红军战士尸体。

七、救护红军战士

西路军向河西开拔后，有一天，三个掉队的红军小战士走进了司占礼家。司占礼母亲给三个小红军做饭吃，并给他们送了馍馍和衣服鞋子。之后，三个小红军追赶大部队。

西路军前进剧团跳舞股股长程淑珍，从赵家水到锁罕堡的行军途中受了伤，不能随军前行，需留下养伤。村民陈世信（陈蔼勋父亲）是位开明绅士，早年在外地做生意时就听说过红军的名气，非常敬佩，因此决意将程淑珍留在家里养伤。为掩人耳目，陈家让女红军装哑巴。不久，国民党芦阳县大队准备到锁罕堡搜捕，芦阳人高兴德听到消息，提前赶到锁罕堡，向陈世信和程淑珍通报消息。高兴德赶着陈家的毛驴，将程淑珍送到靖远发裕堡舅舅家里，躲过国民党的搜捕。后来程淑珍与高兴德结婚，定居景泰。

兴泉村志
XINGQUAN VILLAGE ANNALS

第四编

文教 卫生

第一章　教　育

第一节　私　塾

清末民初，锁罕堡就有私塾（私学），上过私塾的有马占芝、周世模、付元安等；后来周世模也做过私塾先生。20世纪初，陈世信家的四合院内设过学堂，办过私塾。私塾多在家中设馆，以教授本族子女为主，兼收本村邻里乡亲子女。小者六七岁，大者十余岁，同窗共读，分别授课，多采取注入式教学，强调死记硬背，对特别调皮捣蛋和粗心大意的学生，也会实行惩戒手段予以教育，或罚站，或用戒尺打手心，或罚抄写、背诵课文。受家境经济条件制约，当时能接受私塾教育的儿童为数不多。只有陈家、孙家、毛家、罗家、李家、周家等大户、富户的子女，才去读私塾。考上秀才的则更少，仅马占芝考取文秀才，毛文选考取武秀才。

民国时期，私塾课程以启蒙教育内容为主，开设国文、写字（临帖）、算术、常识、绘画等课目，侧重启蒙开发和养成教育。幼儿启蒙教材常用的有童谣（儿歌）、《蒙经》《三字经》《百家姓》《弟子规》《千字文》《教儿经》《增广贤文》《日用杂学》《九九乘法口诀》《朱子家训》等，特别注重毛笔字（大楷、小楷）的书写练习。村上读过私塾的不过十余人。

第二节 学前教育

早期，本村幼儿启蒙教育主要有三种方式：一是源自家长的言传身教和习惯养成，诸如口耳相传的歌谣、小曲、故事、神话、传说；二是私塾和私学的专门启智教育和养成教育；三是基于家庭的基本生活、简单家务劳作技能的灌输。

1949年以后，幼儿学前教育才受到真正的重视并逐步走向正轨。

1952—1956年，村小学设有幼稚班，实施学前启蒙教育。

1958年人民公社化后，村上开办幼儿园、托儿所，大队选拔任用罗颖聪负责幼儿园工作。1960年初，罗颖聪被推选为幼教先进工作者，受到公社表彰奖励。随后，每个生产队都办起幼儿园、托儿所，共计11个。苟秀德家、周家大院等为办学点，入托儿童有248名，其中3周岁幼儿215名。李国珠任组长，来秀兰具体负责，以保育为主兼顾保教。有15名教工。

1966—1976年，“文化大革命”时期，幼儿园停办。

1985年夏季，县上投资1万元，村上配套投资10.6万元，在原知青点新建中心幼儿园，占地面积3500平方米，19间校舍，配备幼儿桌凳60套。教职工10人，8个教学班，招收363名儿童入园。

学前教育的JIP实验教学（世界教科文组织在甘肃实施的教材教法改革），由“满堂灌”“填鸭式”改为“快乐教学”“赏识教育”“三合一”。评估措施：1.摸清村上幼儿底细，登记造册；2.办好学前班、幼儿园；3.培训提高幼儿师资；4.确定标准，做到“四有”；5.防止“小学化”，寓教于乐。这一教改实验，进一步规范村办学前教育。

1992年，由于扩班的需求，村上再次投资7万元，改扩建幼儿园。11月14日，村党总支书记杨久清在兰州参加省关工委“热心教育、集资办学先进集体”表彰会议，村党总支获省级“先进集体”奖。

1993年，村上又追加投资1.2万元，村民李树标捐资5000元，修建幼儿园大门。同期，村“两委”研究决定，筹资重建幼儿园。选矿厂筹资5万元，水泥厂筹资2万元，二砖厂筹资2万元，水泥厂、二砖厂以物顶款，由兴泉建筑队承建，建成4栋12间393平方米的幼儿园。1996年，经评估验收，兴泉村幼儿园达到市级标准化幼儿园标准。

2000年6月地震后，村委会分配幼儿园维修资金3万元，进行加固维修。

2005年，村委会将幼儿园移交兴泉小学接管。

2011年6月2日，将原村委会、卫生所及周边几家农户拆迁，新建喜泉镇中心幼儿园（原兴泉幼儿园）。8月2日，村党总支召开全体党员大会通过决议，由村委会领导分头做好各项协调工作，3天内完成新建日托幼儿园的拆迁工作。

新建喜泉镇中心幼儿园是白银市为民兴办实事项目工程，也是全县第一所乡镇中心幼儿园，国家专项投资170余万元，于2011年8月奠基动工，兴建园舍、购置设备，2012年9月投入使用。同年从兴泉小学中分离，独立办园。幼儿园占地面积2100平方米，建筑面积739平方米，可容纳200多名幼儿入托。2013年6月，由县政府投资16万元，对幼儿园活动场地、教室地面进行硬化。

2012年，中心幼儿园获喜泉镇“六一”儿童节文艺会演幼儿组一等奖；2013年11月，被评为市标准化幼儿园。

2014年7月，县教育局拨付经费2.4万元改造幼儿园食堂。2018年春季，幼儿园有幼儿183名，分为大、中、小3个年级6个教学班；有教职工15人，教师学历达标率100%。课程设置有语言、社会、科学、健康、艺术五大类。

▲ 喜泉镇中心幼儿园

2014年、2016年，中心幼儿园分别获喜泉镇庆“六一”儿童节文艺会演幼儿组优秀奖、一等奖，2016年，获景泰县幼儿园自制教玩具大赛三等奖；2017年、2018年两次获年度教育系统“先进集体”称号。

2019年，幼儿园实施“改善贫困地区义务教育薄弱学校办学条件项目”（简称“改薄”项目）投资专项资金90多万元，改扩建336平方米的现代化幼儿活动室，重新硬化活动场地，配备电子白板，教育教学装备实现规范化、现代化，2020年，被评为“白银市示范化幼儿园”。

凡入园幼儿，国家财政补贴给家长每年1000元的保育费。幼儿园按学期收取保育费，日托收630元，全托收585元。园内环境净化、塑化、美化、童化，有配套齐全、符合幼儿健康发展要求的活动室、午休室、盥洗室、餐厅；有培养幼儿兴趣与能力的多功能室、美工室；有功能多样的大中型玩具和形象生动的教具；有环境优美的花圃、林带；有生动活泼、充满童趣的墙画；有为日托幼儿提供卫生、健康、安全的食宿服务。

截至2021年，罗振娥园长获乡镇先进奖励4次、县级奖励1次；罗文兰园长获得县级奖励1次、市级奖励1次；杨世萍园长获县级奖励2次、乡镇级奖励3次。教师获乡镇级奖励56人次；获喜泉镇第一至第五届教师基本功大赛二等奖2人次、三等奖3人次；教师粉笔字简笔画比赛一等奖1人次、三等奖3人次；师生硬笔书法比赛二等奖、三等奖各1人次；“优秀幼教工作者”17人次；“师德师风先进个人”2人次；“师德演讲赛”三等奖2人次。

中心幼儿园历任园长 有罗颖聪（1958.3—1966.7）、来秀兰（1966.8—1967.7）、王朝富（1983.8—1984.7）、罗振娥（1984.7—1992.5）、罗文兰（1992.6—2000.10）、卢桂荣（2000.11—2009.7）、闫立香（2009.8—2012.8）、田春霞（2012.9—2013.5）、杨世萍（2013.6—2020.4）、魏佩云（2020.5—）等。

中心幼儿园历任教师（按姓氏笔画为序） 王万香、王成洁、王伟燕、王自晓、王兴建、王亨秀、王海燕、王琼、王媛婷、王燕、王燕霞、毛琴、毛翠、付廷翠、付仲花、付晓钟、包文琴、朱克兰、刘尚英、孙嘉励、李惠义、杨玉翔、杨菊兰、杨婷、来进霞、吴永红、吴克玲、吴克琴、吴治河、沈秉琼、沈珍林、沈桂云、沈彩林、张广香、张玉琴、张生霞、张兰香、张忠英、张治梅、张晓菲、张祥雪、张菊香、陈雯、罗文娟、罗洁文、罗崇娥、罗崇霞、罗维香、周振彩、周德庆、赵德玲、郝婧、段宝蕊、俞有霞、徐晓华、高志娟、高纳庆、高明莹、高佳琪、高承娜、高美玲、唐正霞、常俊杰、寇朝霞、曾玲芳、樊胜芳、魏晋阳。

第三节 兴泉小学

一、学校建设与发展

兴泉小学始建于1915年。办过初小、高小，也办过“戴帽”初中。在校学生最多时达800余人，毕业生总数逾6000人。

民国四年（1915年）9月，靖远县北区第二十一学区在兴泉村创立第四初级小学——锁罕堡初级小学，性质为公立学校，校址在今土地庙边。归属县教育局（科）管理，由地方绅士组成的校董会监管学校工作，稽核经费财产，主持校舍建设，裁决人事任免。学校最初有2个班级26名学生，3名教师。学校有几亩水浇地，作为师生的福利地种粮种菜，自给自足。

学校既有小学国语读本，也有学校老师自编的乡土教材。如教师杨桂清自编幼稚语言教材，朗朗上口。

油灯（小学三年级语文）
灯先生，灯先生，
头大脖子细，
眼中放光明，
虽无弃恶劝善能，
但有照我读书功。
灯先生，灯先生，
我愿同你做亲朋，
照我读书谢你功。

20世纪30年代，开明人士陈世信也曾在家宅院创办过私学。

当时有条件念书的学子，如周世谋、马占芝、罗文彩、司占彩、王怀恩、周世杰、陈荫勋、付元安等，最初在本村念初小，接着在喜集水、福禄水、永泰、芦阳等地念高小、简师，也有后来远赴酒泉、兰州、宁夏等地读初中、高中，或者上农校、师范及医学院等。完成学业（毕业）后的学子，或返乡公干、教书，或在宁夏、青海等地就业。

1934—1940年，学校设在李家庄南面即毛家菜园子，有一个拱形的青砖校门和几间土木结构教室。1943年，迁至涝坝的西面、庙路沙河的高台（老爷庙的遗址）上。学校院子内东西各有一栋教室，南面一栋是教师办公宿舍，东南各有一间伙房，均为土木结构，校门朝北。本村在校就读的学子80余名，有女生3人。在校任教者有李作林、黄再忠、周世桐、周世杰、毛文焕、毛文兴、孙廷瑄、罗文源、卢大梁等。使用民国教材读本。

1949年，一、二年级开设国语、算数、美术、唱游，三、四年级开设国语、算数、常识、音乐、体育，实行5分制测评。

1949年以后，学校由景泰县文教局（科）管理。

1952年，锁罕堡更名为“兴泉”，“锁罕堡小学”随之更名为“兴泉小学”。小学课程国语改为语文、美术改为美工。1953年，美工改为图画。

1954年，学校成立“中国少先队”组织。1955年秋季，由安永昭（芦阳人）负责筹建新学校。1956年整合福禄水小学校产和师资成立高小，面向全公社招生，师生增多，设备增加，学校采取复式班教学，全村80%的学龄儿童入学就读。

1956年，国务院颁布第一套《汉字简化方案》，学校推广使用简化字。同期，教育部颁发《小学生守则》，进一步明确小学生行为规范。

学校有一座小型自鸣钟，供师生上学放学、上下课计时之用。学习造成的废纸不得随地乱扔，收集后定期到村南大沟门“字纸山”焚烧。

学校每年7月份举行一次祭孔仪式，届时由校长主持，全体师生们向孔子牌位行大礼。仪式庄重，程序严谨；晚上，学生要在教室里住一夜，感受集体生活。

学生课余时间上社会实践课堂，由焦林老师导演，学生排演《新农村》《三世仇》《夫妻识字》《兄妹开荒》《梁秋燕》等现代剧。

1958年，学生成绩测评改为百分制。

1959年5月31日，大队研究决定给本村15名家庭困难的学生给予3～7元的补贴以助完成学业。

1959年后，小学受文教（体）局和公社双重领导。20世纪60年代初期，中小学管理权下放到生产大队一级，主要负责学校校委会人选、民办教师选拔推荐及报酬兑现、校舍建设落实等，教育经费、业务及公办老师调配则由县文教（体）局统一管理。

1964年“六一”节，兴泉小学教师祝定国（上海籍）获团县委“先进儿童工作者”奖励。

是年10月下旬，村上办起“耕读小学”。学校设在大队部，学生大多是本村8～10岁的女孩子，个别为男孩子。学生上午到校读书，下午回家做家务、帮父母带孩子；教师上午教书，下午参加生产劳动。教员有罗德、李文亮、闫穆顺、罗文兰等。

1965年，学生学业测评分为平时、期中、期末，各占20%、30%、50%。

1966年10月23日，大队依据群众意见、建议，报请喜泉公社审批同意，将四所耕读小学的“三级复式”教学改为“合并班级，以级代课”。“文革”伊始，“耕读小学”撤并到兴泉小学，合二为一。

1968年，首批农宣队贫协代表王福和转业军人

▲ 兴泉小学1962年师生合影（前排左起：李青、杨佑荣、李振花、化文奎、李得忠；中排左起：郭天寿、张素英、王立言、王兴国、辛世才、张定策；后排左起：马登明、罗文亮、李新刚、武玉新、罗文深、刘志毅、罗崇亮、王贵荣、李宜祖）

陈怀奎、吴大绪进校协管学校，同师生一道修缮学校。

20世纪70年代，全国推广牛头沟大队办学经验，采取多种形式办学，农村普及五年教育，提高普及率；举办政治夜校、读报组、识字班，组织青壮年社员学政治、学文化，掀起农民扫盲运动。

1972年，全村学龄儿童630人，入学儿童486人。小学有教师20人，公办教师6人，民办教师14人；包括转入学生在内，14个教学班613人。其中，一年级4个班实行二部制教学，即上午、下午分年级上课。初中班使用甘肃省四年制统编教材，实行闭卷考试，主课不及格者或留级或发肄业证。

师生每周半天参加劳动，先后铺压砂地7亩，拾粪积肥，建立学农基地，种植小麦、麻籽等农作物，改善师生伙食；修缮校舍围墙，改善办学条件。

响应毛泽东“在农村，则由工人阶级最可靠的同盟者——贫下中农管理学校”的号召，1974年3月30日，村上第二次推荐上报张素英、张凤花、吴大钧、杨德玉、石善福组成贫协委员会，石善福进校协助参与学校管理。

1974年6月20日，小学成立革委会，经大队推荐上报，11月公社审批下文，戴靖国任主任，贫管会主任张素英、教师王连生任副主任；教师委员有马如福、田治民、周邦盛、药朝芬等；学生委员有毛正礼、罗颖香。同期，大队购买建材，修建教室4个。

由于初中一年级增加3个班，1975年10月底，大队批复小学修建报告，供给木料，学校负责制作课桌凳；灶房、库房由学校教师利用周末修建完成；大队免收小学当年度电费，用于解决学校冬季取暖；民办教师补助并入生产队收入，专款专用。

“文革”期间，中国少年先锋队（简称少先队）组织的名字、标志被取消，代之以“红小兵”组织。以印有“红小兵”字样的红袖章取代红领巾。

20世纪50年代初期至70年代，历任教师有焦林、俞树家、罗文源、张长寿、李生禄、罗廷祥、卢守贤、范学坤、刘家模、王有臣、周世惇、周世桐、王鸿恩、周德广、刘邦万、化成、王仲科、刘邦禄、吴大绪、辛世才、郝举奎、罗忠、张学让、李诒祖、周福吾、王怀恩、郭天寿等。

党的十一届三中全会以后，恢复校长负责制，第一任校长戴靖国。校长、教导主任由县文教局征求乡政府意见后任免。

1978年，小学取消“红小兵”，恢复“少先队”。

1982年，兴泉小学增设初一、初二年级两个班，小学部设5个年级，全校学生800多名。

1984年，小学改为全日制六年制。1985年9月10日，为国家设立的第一个教师节，为祝贺教师节，乡上和村上领导到学校为教师发放奖金及纪念品。

1986年4月，《中华人民共和国义务教育法》颁布。是年秋，小学调整领导班子，周德普任校长，周德尧任主任。

1987年，毕业班的学生，95%考上初中；其他年级学生统考成绩也名列全乡前茅。

村“两委”研究决定，为小学免费供电，增加民教工资，按年限分为3档，分别是100元、90元、80元，每人每年取暖补助20元，教师灶每年补助小麦150公斤；维修学生课桌凳，为教师配制新座椅，为贫困生免费定做校服。

1987年11月16日，村党总支、村委会首次为11名教学认真、成绩优秀的教师颁发奖金。一等奖尹聚臣，奖金35元；二等奖王廷楷、马如福、田治民，奖金每人15元；三等奖毛正发、王万琼、张莲祥、李文绥、罗文兰、罗维香、马玉梅，奖金每人10元。

根据小学修建申请报告，村“两委”研究决定，于1987年7月由王建雄、王广恩建筑队分别承包修建小学校舍，王建雄完成2.48万元的修建任务，王广恩完成1.76万元的修建任务。

1988年，为庆祝“六一”儿童节，村上拨款1000元为小学购置大小军乐鼓、号、彩旗一套。9月，为灌区双树村新建小学一所。

1989年，教师尹聚臣（临洮籍）获市先进工作者、省“园丁”奖。翌年，获国家教委、人事部“全国教育系统劳动模范”称号，并被授予“人民教师”奖章。

20世纪90年代，小学实行县、乡、村三级办学，乡、村两级管理。

1993年，村上农工商实业总公司投资40万元，由景泰县第一建筑公司为小学建起一栋三层教学楼。是年秋，学校实行周五工作制。

1996年，兴泉小学成为市级示范化学校。

2000年6月6日，县域发生里氏5.9级地震，兴泉小学、幼儿园校舍不同程度受损，学校停课6天。

2001年9月至2004年7月，学校完成并通过市五星级学校、园林化学校、科技示范校、课改实验基地等验收工作，并获相关荣誉称号。

2006年，兴泉小学获得县政府“教育质量管理年先进集体”称号。

2008年，5·12汶川地震发生，学校全体师生捐款2.6万元，支援灾区人民抗震救灾，重建家园。

2009年，学校获得“白银市农村远程教育应用市级示范化学校”和“甘肃省农村远程教育应用先进集体”称号，在县、市教育系统介绍经验；2010年，获“白银市语言文字规范化示范校”称号。2012年春起始，实施新课改，进行高效课堂实践活动。

2013年，在校园文化建设中，精心提炼出“泉水精神”文化主题，建成“三园两廊”（德育园、育才园、趣味园、行为规范长廊、古诗文欣赏长廊）校园文化体系，并将“泉水精神”融入、渗透于学校各项活动之中。市、县校园文化现场会在兴泉小学召开，学校被评为“白银市校园文化示范校”。9月25日，省委常委、副省长咸辉一行视察兴泉小学和幼儿园。2014年，学校获“白银市德育示范化学校”称号；2015年，获“白银市快乐校园示范化学校”称号，8月25日，省教育厅厅长王嘉毅来兴泉小学调研。2016年，市、县兄弟学校参观学习兴泉小学营养餐管理先进经验。

二、学制与课程设置

民国时期，学校开设的课程有国语、新修身、算术、历史、初等地理、常识、图画、手工、音乐、童训等，1-4年级每周25节，5-6年级每周30节。学生个人综合表现及学业实行优、良、中、差等级评价，平常小测验、期中期末考试与日常考察相结合，不合格者留级。

1951年秋起始，学校统一使用人教版统编新教材。

1952年，学制、课程调整较大，课时缩短，小学开设语文、算数、历史、地理、自然、体育、唱歌、图画、劳动，中低年级每周24节，高年级每周25

节。思想品德注重“五爱”教育，提倡“又红又专”德智体美劳全面发展。

1952—1956年，学校设幼稚班、初小（1—4年级）。1953年前在福禄读完小，1953年后在芦阳读完小。

1955年，学校增设珠算课，推行第一套少年儿童广播体操，加强体育健身运动。次年秋，实行六年一贯制。

1958年，国家推行新汉语拼音方案，开设思想品德、语文、算数、自然、地理、常识、劳动（手工）、音乐、美术、体育、写字等课程。

“文革”期间，按照上级要求，学制改为五二二制，开设毛泽东思想、语文、算数、科学常识、军体、革命文艺，同时调整为春季开学。

1978年，使用全日制十年统编教材。

1979年，恢复秋季开学。小学部开设政治（高年级）、语文、数学、自然常识、体育、音乐、美术等课程，每周26节；初中部开设政治、语文、数学、外语、物理、化学、生物、农基、地理、历史、生理卫生、体育、音乐、美术等课程，每周28节。

1986年国家实施九年义务教育，学制改为六三三制。

每周课时安排：品德与生活2课时，语文6～9课时，数学4～5课时，外语3课时，体育3课时，音乐2课时，美术2课时，科学2～3课时，信息技术1课时，综合实践活动1课时，总计25～30课时。

三、教育经费筹措与拨付

1950年，教育经费由村上征收粮食解决。1952年，教师报酬由粮食改为现金。1954年，国家财政拨款、社队筹措、收取学杂费解决学校经费。

1966年，民办耕读学校每月的办公费从各队公益金中抽出1～3元解决，一学期一次性领取，实报实销。

20世纪70年代，小学每学期每生收学费0.5元。

1987年初，每学期每生收费10元，其中杂费5元，民教工资5元。

从1988年下半年开始，幼儿园每学期每生收学费4元。小学一至三年级每生每学期收学费4元，四、五年级每生每学期收学费5元，一至五年级每生收电费1元，特困户子女免收学费及电费。

1991年8月，再次调整幼儿收费。本村儿童每学期10元，外地儿童每学期20元。

2000年，俞宗富、俞宗平捐助水泥100吨，按市价计合2万元，朱万祥捐资2000元，李北汉捐资2000元，罗崇辉捐助水泥花砖4000块、红砖3万块，曾继才捐资2000元，杨佑忠捐资1000元，驻兴泉村各单位、商界及其他人士共捐资1.5万元，用于兴泉小学修建文化长廊，硬化、美化校园。

2003年2月，幼儿园每生每学期按60元收取。

从2005年开始，国家在义务教育阶段实施“两免一补”政策。

2013年8—11月，兴泉小学争取中央财政资金80万元，新建学生餐厅400.2平方米，彻底解决师生用餐问题；又争取县文明办乡村少年宫项目20万元，创建美术室、舞蹈室、科技室、葫芦丝室、二胡室、体育室、电子琴室、微机室等。

2014年起始，甘肃省义务教育进入“全面改薄”及教育均衡发展阶段。

2014—2015年，争取上级资金12.8万元，拆迁操场内农户，平整操场；又争取资金56万元，硬化操场7000多平方米，设置篮球场2个、排球场1个、200米跑道5条和各种健身器材，拓展校园活动场地。

2016年10月至2017年10月，争取上级项目资金271万元，新建框架结构教室、办公室844平方米，并完成所有教室、办公室、会议室、多功能教室的电暖工程，全面改善教学环境。再次争取项目资金70多万元，校园实现硬化。

通过多方努力，争取到多个爱心项目。2014年，“链家集团”为3名贫困生每生每年捐助500元；2015年，“苗计划”项目为13名贫困生每年每生捐助500元，并为每生捐赠校服和学具各一套；同期又争取浙江教育基金会李秋白女士捐款20万元和价值4万元的图书，用以兴建一座110平方米多功能教室，设立秋宁第二图书室；2016年，“太阳花”爱心项目为3名贫困生每生每年捐助800元，其中五年级范富莹同学免费参加该项目组织的北京冬令营活动；2017年，“点滴生命”爱心补助餐项目为43名走读生每生每天补助3元，共计1.4万多元；2018年，兰州三十五中七年级八班全体师生及家长为23位家庭贫困学生捐赠图书、衣服、运动鞋、学习用具等共计价值1.5万元，并为其中3名品学兼优的困

▲ 兴泉小学

难生每年提供1200元的长期救助。从1992年至2018年，共收到朱万祥捐赠师生奖学金7.8万元，罗崇辉捐赠师生奖学金2万元。

四、师资与培训

新中国成立初期至20世纪60年代，小学师资由两部分组成：一部分是师范毕业生；一部分是选拔、培养、使用初中、高中毕业生。

70—90年代，小学民办教师、代课教师通过笔试考试、面试测试和综合考评，得以转正。部分民办教师、社队青年或经基层推荐或经参加中专选拔考试进入武威师范、靖远师范学习，取得中师文凭，毕业返乡分配任教。部分社会青年参加成人自学考试，取得大专、大学本科文凭，招录为公办教师。

1986年9月，国家教委颁布实施《中小学教师考核合格证书（试行）办法》。1995年12月颁布《教师资格条例》，进一步规范教师资格认定。

20世纪90年代开始至21世纪初，分别由喜泉学区、县教育局在寒暑假组织中小学校长、教师，集中进行教师基本功、教材教法、师德师风、教育教学管理、网络平台远程培训，提高师资水平，教师学历合格率达100%。中小学师资培训步入常态化、系统化、科学化、专业化。

2001—2021年兴泉小学获得荣誉奖励一览表

表4-1-1

序号	荣誉称号	授予机构	授予时间
1	科技示范校	白银市教育局	2001
2	课改实验基地	白银市教育局	2001
3	先进集体	白银市人民政府	2002.7
4	园林化学校	白银市教育局	2003.12
5	五星级学校	白银市教育局	2003.12
6	安全文明单位	景泰县人民政府	2006.2
7	先进集体	景泰县人民政府	2006.4
8	平安校园	景泰县教育局	2006.12
9	先进学校	景泰县教育局、档案局	2006.12
10	景泰县平安学校	景泰县人民政府	2007.3
11	先进集体	甘肃省远程教育应用中心	2009.1
12	雏鹰红旗大队	共青团景泰县委	2009.5
13	景泰县教育系统先进集体	景泰县人民政府	2009.9
14	市级示范学校	白银市教育局	2009.12
15	先进班集体	白银市教育局	2009.12
16	白银市市级语言文字规范化示范学校	白银市语言文字工作委员会、白银市教育局	2010.12
17	优秀少先大队	景泰县教育局、景泰县少工委	2011.1
18	全市教育系统先进集体	白银市人民政府	2011.9
19	先进基层党组织	景泰县人民政府	2013.7
20	白银市校园文化建设示范学校	白银市教育局	2013.2
21	基本普及九年义务教育先进单位	景泰县人民政府	2013.6
22	景泰县校园文化建设先进集体	景泰县人民政府	2013.9
23	优秀组织单位	景泰县教育局	2013.12
24	校园文化建设五星级学校	景泰县教育局	2014.2
25	白银市德育示范学校	白银市教育局	2014.3
26	县级文明单位	景泰县人民政府	2014.3
27	甘肃省优秀少先大队	甘肃省教育厅	2014.5

续表

序号	荣誉称号	授予机构	授予时间
28	景泰县德育示范学校	景泰县教育局	2014.12
29	快乐校园示范学校	景泰县教育局	2015.9
30	先进基层党组织	中共景泰县委	2016.6
31	少先队红旗大队	共青团景泰县委	2017.5
32	鲁迅青少年文学奖	甘肃教育出版社、鲁迅青少年文学奖组委会	2017.7
33	白银市党建引领奔小康行动先进示范点	中共白银市委组织部	2018.3
34	甘肃省快乐校园示范校	甘肃省教育厅	2018.9
35	景泰县先进基层党组织	中共景泰县委	2021.6

第四节　教师报酬

清末，私塾先生报酬主要来自学生家庭，以人头计算，均以粮食收取。

民国时期，因老师由县教育科聘任后委派，报酬由县政府指示当地管理机构多方筹措支付。到民国三十年（1941年）改为米津，教师每月可领取粮食4斗5升。

20世纪50年代初，教师报酬延续以粮代薪方式获取。自1952年后起始，公办教师纳入国家干部事业编制，按学历、教龄、业绩综合评定工资报酬，实行薪金制。

60年代开始，毕业分配的教师初师39.21元，中师44.82元。80年代初有所提高，中师为49.89元，师专为51.68元。

1985年起，按教龄5年、10年、15年、20年分四档相应发放教龄补贴3、5、7、10元。1987年，教师开始评定专业技术职称，工资按教龄和职称计算。

1993年，教师工资实行套改，两年浮动一次。

2006年，实行职称工资套改。2011年学校实行绩效工资。

2013年7月，又实行教师工资=岗位工资+薪级工资+前两项和的10%+地方补贴。其中岗位工资标准分为三档，即初级、中级、高级岗位。

从50年代开始，教师队伍就有相当比例的民办教师，初期民办教师占比在80%。

从1955年开始，民办教师待遇采取记工分（纳入生产队年终分配）加补贴的形式。工分每天以10分计，即生产队壮劳力最高分，津贴在3～10元。一直延续到70年代末，此时教育系统统一实行民办教师任用证制度，有任用证者，每月补贴领取18元。80年代初提高到25元。

从1976年开始逐年解决民办教师问题，至2000年前后民办教师已不复存在。1985年后，“民办教师”统称为“代课教师”，分县聘、校聘两类。随着全民重视教育，村“两委”每年也对代课教师、幼儿园教师给予数额不等的补贴。到1992年，小学、幼儿园教师最低收入定为80元。

1993年，在国家财政补助40元的基础上，村“两委”确定按教龄逐年提高民办教师报酬。到2012年，县聘代课教师报酬达到800元上下，校聘代课教师报酬达到600元上下。

1941—2020年兴泉小学历任校长一览表

表4-1-2

序号	姓　名	性别	籍　贯	职　务	任职时间
1	司占彩	男	兴泉村	校长	1941.8—1945.7
2	罗文彩	男	兴泉村	校长	1945.8—1946.7
3	毛文兴	男	兴泉村	校长	1946.8—1947.7
4	周世杰	男	兴泉村	校长	1947.8—1949.10
5	付元安	男	兴泉村	校长	1949.11—1951.12
6	王怀恩	男	兴泉村	校长	1952.1—1953.1
7	张明泰	男	五佛乡	校长	1953.2—1954.12
8	刘家模	男	芦阳镇	校长	1954.1—1955.12
9	马统朝	男	寺滩乡	校长	1956.1—1957.2

续表

序号	姓　名	性别	籍　贯	职　务	任职时间
10	张学让	男	寺滩乡	副校长	1957.3—1960.1
11	罗　忠	男	兴泉村	校长	1960.3—1962.4
12	王立言	男	寺滩乡	校长	1962.5-1966.8
13	王培基	男	正路镇	校长	1966.9—1970.1
14	戴靖国	男	芦阳镇	校长	1970.3—1978.1
15	焦续祖	男	寺滩乡	校长	1978.3—1979.7
16	石荣清	男	兴泉村	校长	1979.8—1986.7
17	周德普	男	兴泉村	校长	1986.8—1987.7
18	达文湖	男	喜泉英武村	校长	1987.8—1990.12
19	李　武	男	喜泉中心村	校长	1991.1—1992.3
20	李明晓	男	兴泉村	校长	1992.4—2001.9
21	路怀章	男	会宁县	校长	2001.9—2004.7
22	张树仁	男	平川区	校长	2004.9—2005.7
23	苗辅珍	男	喜泉镇	校长	2005.9—2018.7
24	周　勇	男	正路镇	校长	2018.8—2020.8
25	李维勤	男	兴泉村	校长	2020.9—

兴泉小学本籍教师（按姓氏笔画为序）　马玉梅（女）、马如福、马宝莲（女）、马道、马翠（女）、王万琼（女）、王生全、王永宁、王有臣、王廷楷、王兴国、王连生、王作义、王树林、王鸿恩、王琼（女）、毛文焕、毛正发、毛正海、毛琴琴（女）、毛登蕊（女）、化成、卢守贤、卢昌秀（女）、卢昌悦、田卫东、田治民、田维霞（女）、付惠钟（女）、包能强、吕吉生、朱万祥、朱沁玲（女）、刘邦万、刘邦禄、刘存政、刘志银、闫永和、闫穆顺、闫穆盛、孙廷瑄、李文亮、李文绥、李生禄、李延新、李明晓、李得忠、杨佑军、杨佑荣、杨佑辉、杨宏清、杨显玲（女）、杨桂清、吴大绪、吴凤兰（女）、吴克福、吴承娟（女）、何耀芬（女）、辛世才、沈文栋、沈桂云（女）、沈彩林（女）、张长寿、张正福、张平治、张建元、张举和、张素英（女）、张莲祥（女）、张海

霞（女）、陈怀银、苗永盛、苗永瑞、苗国婷（女）、罗文兰（女）、罗文源、罗文瀛、罗廷祥、罗明花（女）、罗振娥（女）、罗崇明、罗崇亮、罗崇燕（女）、罗维香（女）、罗维莲（女）、罗锋、罗德、周世桐、周世惇、周振彩（女）、周德乃、周德尧、周德辰、赵兴家、郝成奎、段守荣、段医春（女）、俞有玲（女）、郭天寿、郭延学、郭延强、谈军萍（女）、寇明惠、缪金贵。

兴泉小学非本籍教师（按姓氏笔画为序） 马小平（女、古浪）、马占宝（喜集水）、马占玲（女、喜集水）、马永鹏（靖远）、马登明（喜集水）、王万秀（福禄）、王万琴（女、一条山镇）、王万瑞（福禄水）、王成勋（芦阳）、王仲科（芦阳）、王明玉（三塘）、王建涵（靖远）、王莉（女、芦阳）、韦性宏（芦阳）、韦倩（女、五佛）、化清波（天津）、尹剑英（临洮）、尹聚臣（临洮）、石明海（正路）、卢大梁、卢守远（南滩）、卢芳（女、中泉）、卢昌秀（中泉）、卢昌霞（女、胡麻水）、田景兰（女、内蒙古）、田燕燕（女、芦阳）、白守云（芦阳）、白芳兰（女、陕西）、包成军（中泉）、冯良兰（女、武威）、冯国棠（正路）、达文湖（大安）、安永昭（芦阳）、刘昭慧（女、喜集水）、闫立香（女、喜集水）、闫立屏（马莲水）、闫沛瑶（一条山镇）、闫穆梧（寺滩）、许文章（天津）、李作林（红光）、李宜祖（天津）、李明高（五佛）、李效花（女、一条山镇）、杨言英（皋兰）、杨家伟（芦阳）、肖生玺（寺滩）、吴永红（会宁）、余培贤（正宁）、辛彦飞（北滩）、沈煦林（五佛）、张长寿（芦阳）、张玉秀（女、一条山镇）、张定策（山西）、张建祥（余梁）、张著聪（三塘）、张清玲（一条山镇）、张耀宪（陈庄）、陈晓瑾（一条山镇）、妙学广（杨家磨）、范学坤（新民）、尚立宽（陈庄）、尚伦安（中泉）、尚兴玉（北滩）、尚灵武（芳草）、罗荣荣（一条山镇）、周世迁（三塘）、周邦盛（芦阳）、周福吾（中泉）、郝国莉（女、响水）、郝举奎（芦阳）、胡广瑞（芦阳）、药朝凤（女、武威）、侯东玲（女、兰州）、俞树家（福禄）、祝定国（上海）、姚凤英（女、芳草）、黄再忠、常桂兰（女、芦阳）、韩晓（一条山镇）、焦林（芦阳）、翟正元（一条山镇）、魏烈才（尚坝）、魏烈玖（一条山镇）、魏著勇（中泉）、魏琛邦（尚坝）。

第五节 扫盲教育

1949年后，景泰县文教科要求，村上办起冬学、民校，分夜班、午班、识字组，学习《农民识字课本》等识字教材。1952年，推广祁建华注音识字速成经验，提高扫盲效率。1954年，开办常年民校，由马孝、罗兴花负责，小学教师义务授课扫盲。兴泉村176名原来一字不识或粗识字的男女青年（男女各占一半）边生产边脱盲，开设识字、算数、音乐，要求识字300～2500个，能读、能写普通的书信。

1955年，按照公社要求，利用一周时间，主要依靠学校师生采取“半天上课，半天扫盲”的办法突击扫盲，生产队积极配合，抓脱盲工作。

1958年开始，在“人人学文化，个个脱文盲”的号召下，大队办夜校，小队办夜班；社员白天参加生产劳动，晚饭后上夜校，以生字表、识字卡片、实物识字、识字牌、看图识字、简单的算术等形式为主，利用田间地头、水利工地空闲休息时间，抓紧脱盲学习。全村村民基本达到低标准扫盲要求，掌握常用汉字1500个以上，会简单的加减乘除运算。

1964年10月。喜泉公社调任罗德、罗锋、闫穆盛为兴堡大队民校教员，负责村民扫盲识字教育。经过扫盲教育，全村503户2820人，青壮年722人，脱盲631人，达到初小程度284人、高小程度341人。

20世纪90年代“普九”时期，学区中小学校师生坚持学校教学点、扫盲工作点“两个点”和担教学、担扫盲“两肩担”，教学、扫盲“两不误”，帮助乡村扫盲，1992年，达到省颁基本扫除青壮年文盲县级标准；1996年，扫除青壮年文盲工作顺利通过国家“两基”达标验收，全县两基达标现场会在喜泉召开。

第二章 文化 体育

第一节 文化宣传

20世纪50年代初期，每逢春节，必搭台唱戏。大多演唱古装秦腔戏剧，从正月初一唱到正月十五。唱戏多在晚上，照明用的是两盏麻籽油灯。1953年冬季，王怀恩从福禄水马统朝处借来一盏煤油汽灯，之后，唱戏就改用煤油汽灯照明。主要演员有张久禄、毛正忠、张梅花、杨怀英、李延永、沈益财、张守华、王继凤、张鹏、张凤花、康天泰等，杨天和负责舞台照明。

1957年，村上整合原业余剧团，吸收文艺爱好者，成立七人俱乐部委员会，下设创作组、宣传队，创作组负责编写剧目、简报编印、标语张贴、板报更换；宣传队负责广播宣传、骨干培训、排练演出。前后有300多人参加。

兴泉村文化活动的“一挂、二参、三有、四提高、五抓、三深入、四结合”被树为县乡典型示范村。

剧团演出的《夫妻修渠》《表英雄》《争上游》《积肥争先》《小两口运肥》《木兰从军》《送郎参军》等节目很受社员喜欢。

在46人的业余剧团内，设12人的戏剧研究组，专门创作、编写剧本。成立两个歌咏队，其中老年合唱团由12人组成，演唱革命歌曲；成立业余创作组，创作群众喜欢的文艺作品；成立12人组成的剪纸组、7人组成的刺绣组，创作民俗文化作品（剪纸、布艺）；创办图书室，藏书1200多本，基本满足社员读书学文化需求。

1962年冬，重新成立业余剧团，排演现代剧；设图书室，开展读书识字及文体活动。

业余剧团乐器、道具、服装齐全，演职人员有百人之多，总计排演32本传统古装戏。如《烈火扬州》《窦娥冤》《铡美案》《十五贯》《五典坡》《赵氏孤儿》《打金枝》《劈山救母》《三娘教子》《穆桂英挂帅》《辕门斩子》《九件衣》《游西湖》《游龟山》《周仁回府》《三滴血》《拾黄金》《白蛇传》《双罗衫》《串龙珠》《桃花扇》《蟠桃会》《真假美猴王》等。秦腔传统古装折子戏有《断桥》《杀庙》《探窑》《别窑》《起解》。秦腔现代戏剧有《三世仇》《红岩•江姐》《槐树庄》。秦腔现代样板戏有《白毛女》《红色娘子军》《红灯记》《智取威虎山》《杜鹃山》《沙家浜》。现代歌舞剧有《收租院》《老两口学毛选》《兄妹开荒》《夫妻识字》《小二黑结婚》。话剧有《打锅》。陇剧有《半篮花生》。

毛正忠饰演《杀庙》中的韩琦，王继凤饰演《江姐》中的江队长，李延永饰演《红灯记》《智取威虎山》中的李玉和、杨子荣，张久禄饰演《智取威虎山》《三滴血》《五典坡》中的座山雕、晋信书、魏虎，罗文勤饰演《智取威虎山》《十五贯》中的栾平、娄阿鼠，沈益财饰演《二堂舍子》《五典坡》中的刘延昌、马虎，赵元禄饰演《蟠桃会》《三世仇》中的孙悟空、张九，康天泰饰演《铡美案》中的包公，张梅花饰演《窦娥冤》《江姐》《红灯记》中的窦娥、江姐、李铁梅，杨怀英饰演《断桥》《杀庙》中的白蛇、秦香莲，张美兰饰演《烈火扬州》中的谢太后，康兰英饰演《沙家浜》中的阿庆嫂，程富年饰演《拾黄金》中的胡来，张兴荣饰演《游西湖》中的裴生，杨兰清饰演《红灯记》中的李铁梅，杨佑林饰演《智取威虎山》中的小常宝，郝廷林饰演《劈山救母》中二郎神杨戬的哮天犬……演员们念唱字正腔圆，做打功底扎实，演绎到位，司鼓调板、器乐伴奏、舞台音响、服装道具搭配等配合默契，浑然一体。

陈有仁得到外聘导演吴易中师傅的赏识和指点，成为剧团骨干，担纲首席司鼓。演出中四鼓（干鼓、爆鼓、堂鼓、战鼓）五槌得心应手，起鼓、定调、叫板、收尾一气呵成，节奏明快，受到专业评委及观众的好评。

1965年3月26日，大队评选剧团张久禄、张梅花、李延永、毛正忠、杨怀英、赵元禄、赵国香、樊文杰、杨怀莲、张守华、罗廷财等11名演员为文艺骨干。

1965年冬，大队成立毛主席著作学习研究小组，由罗毅、樊文雄、张有贵、赵兴国、张素兰、王学功、杨得玉7人组成，下设党支部、文化室、园艺组、副业组、砂锅厂、水管会、高淀粉组7个组，组长分别为罗毅、赵兴国、张守林、罗文元、王有昌、刘家林、吴大荣等；设10个排，排长（组长）分别为周文焕、杨得玉、郑秀、王守法、魏文祥、李秀英、郝仲智、吕兴元、化德、司占昇等。

在活学活用毛主席著作活动中，成立11人学“毛选”、转作风委员会，大队党支部书记罗毅担任主任，团支部书记、民兵营长、业余剧团团长赵兴国、张久禄担任副主任，党支部领导、县文化馆辅助、团支部主办、全体青年参与。下设学习组、宣传组、军体组、文艺组，学用结合，有毛主席著作学习室、阶级斗争展览室、科学实验室、图书室、文化娱乐活动室等“五室”。本年度，大队文化室被公社评为先进文化室。

“文化大革命”时期，为“忆苦思甜”活动需要，达世雄（大安人）创作漫画800多幅，反映旧中国的阶级剥削、阶级压迫。

1973年底，剧团团长张久禄、副团长张守林推荐上报大队扩大文艺宣传队，共计70名，其中男42名，女28名。

1974年10月，成立大队文艺宣传队，张久禄任队长，宋常青、王生全任副队长，张守林、杨怀英、吕全德、司万勇任领导小组成员。

1976年，时任大队党总支书记王有昌、村委会主任杨凤钧等重视并支持剧团文艺宣传工作，派专人请来宁夏民间艺人吴易中师傅，为期半年，改编剧本，编导戏剧，演职人员排练刻苦，用心表演。

是年10月，在武威地区戏剧会演中，《烈火扬州》获戏剧表演一等奖。12月，县戏剧会演在芦阳剧院举办，兴泉剧团的秦腔《烈火扬州》《江姐》获戏剧表演一等奖，《收租院》获二等奖。演职人员王继凤、陈有仁、康天泰、杨兰清、段守吉受到时任县委书记杨作良接见并合影留念。

省景电工程指挥部特邀兴泉秦剧团在指挥部剧院进行专场演出，受到好评。总指挥李培福特别赞扬陈有仁司鼓出色。

1979年12月，《烈火扬州》参加白银市文艺现场会并专场演出。

1984年9月，村上购来一台16毫米宽银幕电影放映机，抽调沈文模、孙启龙为业余放映员，利用节假日、农闲时机为村民放映新闻片、农业科教片、战争题材片、生活教育片、样板戏剧片等。影片由县电影院定期配送，每年义务放映50～60场。

1985年，兴泉村成为全县首批精神文明村。

本地驻军守备二师师部医院和工兵营营部经常放映电影，村民大都爱去看电影。

1992年1月，村上又添置16毫米放映机一台。

2000年6月地震后，村委会分配维修资金1.5万元，用于剧院的加固维修。

2000年10月18日，邀请县秦剧团来村上演出秦腔戏。每年春节，邀请省秦剧团或甘南秦剧团、县秦剧团演职人员来村上专场演出古装戏，活跃村民文化生活。

2001年11月，李树芳任剧团团长，马平任剧团副团长，添置音响设备和服装道具，吸纳有演戏特长的村民50多人，逢年过节排练演唱古装折子戏，自编自演现代歌舞、快板、三句半等。

第二节　文化团体

一、兴泉剧团

民国时期，锁罕堡逢年过节就演唱秦腔折子戏，地点在地方绅士毛文楷家的院子里，戏台都是临时搭建的。演出的折子戏主要有《瞎子观灯》《揭幕》《杀狗劝妻》《阴会》(后改名《游西湖》)等。主要演员有周世才、吕尚文、张鹏、司万福、康正忠、王仲义、吴大全、王继凤、罗廷祥、郭生财、张守林等人。吴仲仁司鼓，乔占成拉板胡，陈明芝敲铜器。唱戏的着装单一，都穿着不同颜色的长衫。化装也十分简单，只要能分出生、老、丑、旦即可。很少唱全本戏，偶尔唱时，必须邀请芦塘城里的多名演员同台搭配。

每次搭台唱戏均由毛文楷出资并组织、管理。

兴泉剧团成立于1956年。1960年改称兴泉秦剧团，团长张久禄。剧团成立后，演职人员逐年增加，演出条件逐步改善，乐队班子也随之逐渐完善。

这一时期自编自演的节目有《夫妻修渠》《表英雄》《争上游》《积肥先生》《小两口运肥》《木兰从军》《送郎参军》等。

随着演职人员的增加和表演水平的提高，折子戏的演出逐年减少，而全本戏的演出不断增加。前期的代表作有《二进宫》《侧美案》《劈山救母》《三世仇》等。后期的代表作有《江姐》《红灯记》《沙家浜》《智取威虎山》等。

在创作《江姐》的过程中，张久禄和全体演职人员一起，仅凭《江姐》的剧本，自编、自导、自排、反复编练，最终定型登台演出。尤其是《江姐》《三世仇》在县城演出时，观众达三千多人。县上召开县、乡（公社）、村（大队）三级干部会议（简称“三干会”），应参会者要求进行演出，白天一场，晚上一场，引起轰动。当时甚至有“景泰县的文化馆”成了“兴泉人的文化馆”之说。同时，《江姐》《三世仇》也成为县上农业、工业、商业等会议指定调演的戏剧。

这一时期的主要演职人员有张久禄、张梅花、毛正忠、李延永、沈益财、康兰英、杨怀英、赵国香、康天泰、罗文勤、罗文胜、张守华、赵德民、赵元禄、李文明、李文亮、杨怀莲、张美兰、沈文佐、俞生茂、马登科、司万勇、程丰年、程富年、程乐年、陈有仁、罗雄、李树珍、罗廷财、王继凤、卢有祥、郝廷林、王岳豪、周文泰、王焕章、张守林等。

“文化大革命”期间，时兴演《红灯记》《沙家浜》《智取威虎山》等“革命样板戏”。到1969年，恢复古装戏演出。

20世纪70年代中期，是兴泉秦剧团发展的巅峰时期，其中由陕西人吴易忠指导排练的秦腔《烈火扬州》，更是在武威地区名噪一时。1977年，在武威地区戏剧调演中获戏剧表演一等奖；在全县戏剧调演中，毛正忠、张梅花、陈有仁分别获个人一等奖。《十五贯》《三滴血》《辕门斩子》等戏剧都是剧团的保留戏剧。当时，兴泉秦剧团的服饰、道具等装备不亚于景泰县秦剧团。

这一时期，由于部分老演员的隐退，剧团充实一批新的演职人员，主要有马平、陈怀奎、张玉英、罗明显、马勇、毛正刚、付廷兰、魏至兰、刘莲政、马福、张建元、罗颖慧、苟源芳、杨佑林、杨兰清、卢昌淑、李蜜茸、周文香、张兴荣、杨佑林、陈华贤、张锋、吴可福、王培民、李家彩、李家庆、郭富宗、

▲ 兴泉社火队

樊文杰、张海莲、罗莲、吕兴霞、王朝林、李维虎、王学贞等。其中陈华贤、卢昌淑、李蜜茸、马福四人后被选入景泰县秦剧团。

1978年，马平接任兴泉秦剧团团长。到1981年之前，剧团除演出《红色娘子军》《沙家浜》《红娘》等戏剧外，还演出过一批自编自演的红色革命题材节目以及体现现代生活气息的说唱、舞蹈文艺节目。

1981年，实行家庭联产承包责任制后，兴泉秦剧团的演出活动告一段落。

2000年后，随着社会经济的发展，村民生活水平逐步提高，群众性文化娱乐活动日趋活跃。截至2021年，有村民自发组织的文化娱乐群体十来个，有广场舞团队、现代舞团队、说唱团队等，参与的群众达数百人。

二、社火会

民国时期，锁罕堡村民年节时常自发组织闹社火。春节闹社火非常讲究。会长代表社火会要请风水先生择取黄道吉日良辰吉时出行。或走街串巷，或定点耍闹，直到正月十六。正月十七社火结束时必须追瘟，祈求全村老少安宁，大吉大利。

50年代初期，每年春节闹社火，由春官领头，社火队的领队指挥由10~12只桶鼓组成的背鼓队，高跷、低跷配着彩绘十二属相的灯笼一路踩着鼓点，扭着秧歌，走街串巷；船姑娘划着彩船，小推车紧随其后，一队12名青年组成的龙灯跳跃腾挪，还有竹马、大头和尚、大头娃娃以及卖膏药的小曲表演。而大鼓的司鼓是整个社火队伍节奏的最高指挥，某种程度上决定了一场社火的质量高低。

担任过社火会会长的有郝仲智、师仲章、马平、俞生发、李树芳等；担任鼓手的有陈有仁、杨得福、赵成连等。划彩船的有王货郎（原籍凉州人），耍龙领队的有李怀奇、李怀珠（原籍中卫），表演竹马有程登礼（原籍陕西）。社火会的所有道具大都出自本村民间艺人杨桂清、杨天德父子之手。

社火队伍庞大，机构齐全，多时300余人。村社火多次上原县城芦阳和新县城一条山镇、武威地区、白银市参加会演比赛，屡屡得奖。尤其是背鼓队表演，受到观众欢迎。

背鼓队　社火最具特色的是背鼓队。背鼓，鼓长约40厘米，直径约30厘米，圆柱体，中间略鼓，两头略小，两端蒙有牛皮或羊皮，鼓面绘画有太极八卦阴阳图，鼓身一般涂红色，敲之咚咚发声。主要流传于景泰县喜泉镇的兴泉、三塘、喜集水和寺滩乡一带。明朝初期至万历年间随大量移民带入本地，得到传承。兴泉背鼓的规格、形状与寺滩攻鼓相似，但队形、步态、阵型、打法有着鲜明的区别。

▲ 兴泉背鼓

背鼓领队又叫“卖膏药的”，头扎红巾，一身红装，手执令旗，发号施令。背鼓队队员多为身强力壮的男性青年，服装类似古代士兵黄金甲兵服，头扎黄巾，一身戎装，英武威猛。先后担任过领队的有化廷槐、化廷柏、化军、化俊、化德、张守法、王学功、陈有雄、曾继德、魏文祥、俞生发、白玉润等。

20世纪五六十年代，背鼓队有24桶鼓，由40多人组成。21世纪初期增加到20桶鼓，由2名领队和38个队员组成。表演招式主要有套四环，套五方，八卦阵，单、双蒜辫子，插花子等。整个背鼓表演，场面宏大，粗犷豪迈，集舞蹈技巧、武术动作、击鼓手法、思想情感于一体，酣畅淋漓。整个过程，鼓声激越，舞步铿锵有力，阵列变化多端。或鼓舞、或节庆、或祝贺、或祈祷、或驱邪，祭祀仪式庄重。

舞龙 又称耍龙。单龙一般由13人组成，双龙由26人组成。领龙者主要有李怀珠、李怀奇、吴守勤、张守伦等，跑龙套的则由12个身强力壮的小伙子担纲。每逢闰年龙为13节，意为农历13个月。

庄农人 两个装扮怪异的一男一女，男的是“怪老头”，头扎毛巾、反穿皮袄、肩扛锄头，女的是“妖婆子”，头戴手帕、耳坠红枣，手臂挎着篮子，一手拿着笤帚，两人扭着秧歌步，一唱一和、边走边扫、边唱边说，活泼大方，语言诙谐，动作滑稽，说的内容主要是节日祝福，祈愿天下太平，四季平安，五谷丰登，如“一扫天门开，二扫斗大的元宝滚进来，三扫无病无灾无难，四扫老少吉祥全家平安”等，被祝福的人心情愉快，喜笑颜开，一般都要打赏喜钱；而得到赏钱的“怪老头”“妖婆子”，更是精神抖擞，好话连连……

腰鼓舞 腰鼓状似圆筒，两端略细，中间略鼓，长约一尺，直径5寸，布带斜挎过肩背于腰间。腰鼓队少则几十人多则上百人，男女不限，均着彩服，双手各执一短小棒且一端缀有红穗，腰扎红绸。鼓手表演时双手击鼓，左右开弓，边走边舞，边打边行，或击鼓面，或击鼓身，走、跑、跳、蹦、劈单叉、劈双叉，花样多变。要求鼓舞者上身笔挺，下盘稳健，动作灵活，鼓点按小节变换，鼓声清脆，节奏强烈。腰鼓队走街串巷时有十字步、行进步，有单过街、双过街，有路鼓和场地鼓之分。鼓点主要有起点、止点、流水、单点、乱点、紧三锤，还有凤凰三点头、老虎大洗脸、雷神鼓、蝴蝶飞、鸡啄米，舞姿有踢腿、转身、骑马式、飞脚、翻身、矮步、下蹲等，队形变化有卷白菜、九连环、十支梅、丹凤展翅等，整个表演人、鼓、舞融为一体，节奏明快，扣人心弦。

20世纪90年代初期，村上派杨佑民、师仲贵等人赴兰州武警大队学习安塞腰鼓技艺，此后，春节社火里便有了亮眼、洒脱的安塞腰鼓。

还有手提彩灯踩着高跷、低跷的戏剧人物，也是秧歌队里最吸引人的看点。

大鼓 整个社火队，大鼓最具权威，最能掌握节奏，最能壮大声势。人推车拉，由鼓手击打，其声浑厚响亮，撼人魂魄。

唱小曲 每年闹社火、扭秧歌时，大家口耳相传、喜闻乐见的传统小曲较多，如《儿女心》《十不该》《十劝人心》《十劝郎》《夫妻和睦》《闹社火》《社火曲儿》《古代二十四孝》《十盏灯》《夕阳红》《小放牛》《小赐福》《杨家将》等。20世纪70年代，由于景电一期工程的建成上水，彻底改变了景泰人民的生产生活条件，民间艺人创作了大量的歌唱景电工程及其新生活的小曲，如《歌唱李培福》《景泰好风光》《人人赞美景泰川》《尕老汉真福气》等。小曲一般由本村爱好戏剧表演的民间艺人演唱，也是春节社火的重要内容之一。

毛文成、毛正刚在社火队里扮演济公活佛，形象诙谐生动。他们现场应时即兴发挥，出口成章。也是村民、观众最喜爱的节目之一。

2016—2019年，兴泉村社火连续获景泰县社火会演二等奖4次，白银市社火会演二等奖3次，其中2019年元宵节白银市迎新春社火会演比赛获得一等奖。

2000年2月17日，村上组织演职人员220人、16辆运输车的社火队参加县上春节会演，获第一名，受到县委、县政府的表彰。

第三节 文化设施

兴泉剧院（戏楼） 始建于1954年，受村上委托由村民张久禄主持修建，为土木结构，作为文化传播的主要场所。戏台宽9米，深7米，有二层楼高。前院约有2000平方米，是一个露天剧场。戏台两旁书写“百花齐放，百家争鸣”八个大字，上端左右两侧画两个“飞天”造型，正中间画一颗红色五角星，并排刻写“兴泉剧院”四个大字。西面建有一库房，东面建有一化装室。20世纪60年代，剧院门面绘画装饰由李诒祖（天津人）、朱万祥二人完成。

1981年夏秋，拆除旧剧院，重建新剧院，整体在原址上向西移动10米。新建剧院坐北向南，宽13米，深11米，有二层楼高，为砖木结构。台口恢复原来设计。剧院两侧各有一个化装室、道具室。露天剧场约4000平方米。同期，文化室也再次得以扩建、加固。

2010年9月13日，剧院完成修建暨“喜泉镇文化活动中心”落成，举办“庆国庆，促和谐”民俗文化节，邀请省实验秦剧团演出，社火会闹社火，召开文化（物资）交流会，表彰修建兴泉村文化活动中心捐资先进集体旌达水泥有限公司、景泰辉煌公司、景顺水泥公司、宏泰公司等单位，同时对卢逢春、罗崇佑、王连生、包能惠、朱万祥、马明、罗崇辉、卢守世、马茂、崔明、张宏伟、缪银贵、段守宏、罗崇俭、化得荣、俞宗富、俞宗贵、俞宗平、朱生浩、王继强、徐小平、张佰才等22名先进个人予以表彰。本村在职干部、教育工作者、个体户、社会贤达多有赞助。

2010年夏秋，剧院再次得以修缮、加固，改为砖混结构，更换木梁为钢梁屋架，台口前移，耳房扩建，增加拔檐前庭4米，深为14.5米，宽13米，西3间为化装室、库房，东3间为西路军锁罕堡和谈纪念室，后面为剧团库房。新建村委会办公大楼（乡文化活动中心）、硬化剧院露天剧场6000平方米、修缮

▲ 兴泉剧院（戏楼）

村医疗所。

群众文化广场　2009年春夏，在喜泉中学大门南、705省道边修建45户新农村砖瓦房。村上争取“新农村建设”项目资金10万元，由村民刘作忠建筑队承包新建兴泉村第一个群众文化广场，配套的体育健身器材、音响设备由县文体局无偿支持提供。文化广场占地1200平方米，设有一个篮球场，建有一堵文化背景墙，周边栽树种花，方便群众文化娱乐健身。

2017年夏秋，村上利用“美丽乡村”项目资金，由喜集水苏英堂建筑队承包修建兴泉村第二个文化广场，广场占地1200平方米，东、北、西三面紧靠民居，南面毗邻涝坝，设置背景墙、主席台。

农家书屋、图书室　农家书屋设在喜泉镇文化活动中心二楼，图书室60平方米，藏书2000册，报刊16种，有电子图书阅览平台。

锁罕堡和谈纪念馆　2015年，在县文广局、镇文化站的指导下，俞宗富、李积德热心支持，俞生发积极筹办，在兴泉剧院东侧排练室成立锁罕堡和谈纪念馆，共13个展板，陈列当年红军经过兴泉村用过的水缸和部分书画作品，成为对地方干部、群众以及学校师生进行革命传统教育和爱国主义教育的基地。

第四节　体　育

清末民初，村里就有练武之人。

民国至1949年前，村子时有匪患侵扰，出于防匪保村护院的需求，村里的武秀才毛文选、彭文彦等人经常习练棍术、拳术，受其影响，彭勤、卢有祥、马登龙、刘作兴等人也会些棍术、拳术。崔成信是黄埔军校毕业生，擅长体育。民国三十四年（1945年），崔成信在西安参加省级运动会，获100米、200米、400米、800米赛跑和跳高、跳远、三级跳远等7个第一。

1974年，省体工大队来兴泉大队驻队集训，促进群众体育活动。群众体育以篮球、排球、乒乓球、象棋、拔河、跳绳、踢毽子等为主，多次参加县级比赛，并多次获奖。兴泉村篮球运动兴起于20世纪60年代，鼎盛于70年代，大队经常举行篮球赛。逢年过节，篮球赛必不可少。大队篮球队与喜泉中学校队（教练王维刚）及驻村单位球队比赛，与本地驻军守备二师机关球队及野训拉练部队球队经常举行友谊比赛，也参加公社、县级比赛，多次获奖。兴泉小学男、女篮球多次参加球赛，夺得县级、市级名次，并获得奖励。

农闲之余、节庆期间，中青年开展篮球、排球、乒乓球、拔河比赛，也有妇女儿童下军棋、下四道坊、狼吃娃娃，儿童少年练短跑长跑、滚铁环、踢毽子、打毛蛋、玩垒球、打锅子、打三角板四角板、学鸡盘腿叨仗、跳绳等，集娱乐、健身于一体。

10年间，篮球运动形成三个梯队。第一批有化德、卢有福、崔克林、崔克勤、郭正宗、石常青、罗正军、罗文奎、吕全德、田建民、尚有恒等；第二批有尚有才、范泰仁、徐小平、卢昌元、周德辰、李明晓、王存忠、吴守科、郝建明（二队知青）、荀三涛、杨佑玉、王建明、吕连生等；第三批有杨宏清、马茂、孙元龙、吴克学、马勤、王建金、周文彩等。尚有才被选拔到县水电局篮球队，后选入县队。杨宏清被选入县队，后被选入省队。

1978—1980年，在教练兼领队毛正海老师的指导、训练下，兴泉小学女子篮球队夺得县级比赛冠军，也参加过市级比赛。主力队员有王建凤、郑凤云、谈守霞、吴守琴、付廷翠、罗崇萍等。

兴泉村为省、市自行车训练基地输送的段桂林（女）、王建金、王维翠（女）、段好琴（女）等优秀运动员，在国内外赛事中多次获得奖牌。

兴泉村一直定期或不定期召开农民运动会，以比赛促健身。进入21世纪，接近40%的村民参加各类全民健身活动，主要以农闲时间跳广场舞、健美操为主。

▲ 运动健将王建金

第五节 游艺竞技

民间游艺竞技项目较多，寓娱乐性、竞技性、健身性、趣味性为一体。

象棋 是一种二人对抗的智力游戏。楚汉相争，将遇良才，棋逢对手，乐在其中。尤其夏天，大树下、墙根的阴凉处、院子里，甚至田间地头，都有人摆开棋盘，博弈高下，决战胜负。虽说只是二人对弈，但往往围观者甚多，大家七嘴八舌，出谋划策，跃跃欲试，呐喊助阵，很是紧张激烈。两个人的对弈变成多人参与，娱乐性很强，受到人们的喜爱。

麻将 是一种四人一起玩的益智博戏。逢年过节，农闲时节，茶余饭后，亲友相聚，如果能凑够四个共同的爱好者，就会玩一会儿麻将牌。但毕竟麻将属于一种博弈游戏，有些人通过这种方式获取不当得利，甚至沉溺于赌博，动辄数万之上，不仅严重影响到正常的生活，也是一种犯罪行为。对于后者，一直都是被禁止被打击的行为，行为严重者要受到法律的惩处。

扑克 由于扑克的玩法自由、灵活、多变，一人至多人均可玩乐。可以占卜、算卦、娱乐、行酒令、要魔术，也可升级、双扣、抽百分、砸金花、挖坑、斗地主、赶毛驴、捉王八、干瞪眼等。生活中，一有闲暇，朋友聚会，在交谈的过程中同时玩扑克，成为人们联络感情、增进相互了解的一种方式。

行酒令、猜拳 也称划拳，行酒令饮酒，如石头砸砂锅，砂锅舀水，水冲石头；老虎吃鸡，鸡吃虫，虫嗾（咬、蛀）杠子，杠子打老虎；布包石头，石头砸剪刀，剪刀剪布；五个指头大压小；青蛙数嘴巴、眼睛、腿。猜拳喝酒，如一字清，江湖乱道。猜错者算输。行酒令五花八门，除了增加气氛外，目的只有一个，就是让对方喝酒。

拔河 分男子组、女子组、混合组，各队出相等的人数，如15~30人不等，采取三局两胜制，队队见面，循环赛制。指定裁判两名，巡视监测4名；各队可设指挥一人，组建啦啦队呐喊助威。拔河比赛，比体力，比耐力，比技巧，比团队合作。通过这种方式，激发人们的合作意识、团队精神，同时可以增强集体荣誉感。

狼吃娃娃 这是一种斗智斗勇的心理游戏。对弈双方是狼和娃娃。在六横五纵网格状棋盘上，排兵布阵。3只狼，20个娃娃，狼站一排，娃娃站4排，面对面挑战。或者娃娃被狼叼走，或者几个娃娃围捕一只狼。规则是娃娃只进不退，可左右走动；狼可进可退，左右可行。狼一旦被娃娃围住，无路可走，即告死亡。而娃娃一旦落单，一狼即可拿下。以双方谁先被对方吃光为输。这种游戏很受小学生的喜欢。有些青年男女在闲暇时也以这种游戏娱乐。

抓羊儿 这是一种以蚕豆大小的石子为游戏材料的双人或多人游戏，有“十双一”和“五双一”两种玩法。主要在石子的数量上区别，一种是21个石子，一种是11个石子。玩者席地而坐，围成一圈，按游戏规则，一人先抓，双手捧起所有“羊儿”，向上约30厘米抛撒开来，一只手很快用手背接住往下落的一枚或几枚石子，然后将接到的石子抛起来，反手迅速抓住地上一只“羊儿”，然后跟这只抓到的“羊儿”一起同时接住落下来的“羊儿”，从地上抓到的就算是收获；再用同样方法抓第二次，但每次抓的数字要比上一次增加一个，依此类推，直到抓完。规则是，每次都必须抓牢，不得失手落子。抓羊时，不能触碰到其他的“羊儿”，否则算输。如“羊儿”被一家抓完了，另一家要起身去再找石子做“羊儿”，游戏接着进行，其他人观看并监督。最后的一只“母羊”，要求手掌握着，向上抛出，手背接子，再翻手抓“羊儿”，或“前弯子”“后弯子”，或空心抓，大家商量而定。

游戏考验玩者的手眼配合，需要眼疾手快，眼到手到，尤其落在地上的“羊儿”要么靠得太近要么分得太开，都是对玩者的考验。在缺乏玩具和游戏材料的时代，“抓羊儿”对场地、人员的要求非常低，但技术要求高，娱乐性强，是大人小孩都乐此不疲的游戏。

打垒球 分两队，一队为守垒方，一队为跑（攻）垒方。每队5~7人。守垒方分主攻手1人，负责定位投球、接球、抹杀对手，副攻手1人，在主垒的对方击球手身后接球回球抹杀对手，也是守垒者，助手4人，灵活跑动，守边垒，接球、抓球、捡球、传球、抹杀对手。跑（攻）垒方的几个队员按事先排好的顺序，依次上垒击打对方主攻手的投球，可连续击打三次，击空也算一次，将垒球击打得越远越高越好，可以击球自跑自救，以一口气跑完4个垒为胜，也可以合作互救。如果击打效果不好，每个边垒都有自己的队员却又没有机会跑回主垒，此时只剩一个队员击球，而且又击打不佳，被对方拿球在手占了主垒，则全军覆没。如果中途就被对方逐个抹杀，也视为失败。而如果还有一个人还在击球跑垒，就不算输。

这个游戏，对场地要求较高，一般需要在学校操场或者空旷的平地上才能开展，同时要求队员个体技术过硬，快速奔跑，灵活躲闪，力求自保，更讲求团队的默契配合。

过去垒球棒一般都是自制的，找一段比较坚硬、直溜的木棍，稍予加工即可，而垒球则是用羊毛线缠绕成球状而成。因此，垒球也俗称“毛蛋”。

下杠 四线九格，两色子，二人对峙。成杠（四子同列同排）最多者（全格）为赢家。有矛（一戳三），有夹（两头夹中间，二夹二），有挑（中间挑两头，二挑二），以成杠为依托，讲究步步为营，子子联手，交叉成网，即可胜券在握。

过家家 流行于儿童之间的游戏，一个或几个孩子利用简单的道具做游戏，模拟成人工作、种地的日常活动，组成一个家庭，模仿成人过日子。可能两块破砖拼在一起就是桌子，需要有个洋娃娃，如果没有，则用小板凳、枕头等代替。他们把自己扮演成“爸爸”“妈妈”“孩子”等，有的去“买菜”，有的在“煮饭”。孩子们玩过家家，十分认真，一招一式俨然就是大人实际生活中的翻版。类似游戏还有“娶媳妇”“骑马打仗”等。“娶媳妇”是一名男孩扮演“新郎”，一名女孩扮演“新娘”，其他演观众，模仿婚嫁仪式。“骑马打仗”多由男孩玩，几名男孩扮“马”，骑在马上的男孩互相拉、扯、推、打，最先从马背上摔下或“马”倒下为输。“过家家”中角色扮演是一种特殊的游戏动作，是幼儿自身对社会动作、行为、态度的模仿，是一种象征性动作。通过这样的游戏，可增强孩子对生活过程的了解，培养沟通能力。游戏中，会把孩子们所希望的东西表现出来。

打沙包 也叫“掷沙包”“投沙包”，道具简单，少则三五人，多则十几人，随时随地开展游戏，可增强投掷能力，提高命中率和灵敏素质，养成团结合作的集体意识。

先在场地两端各画一条直线，间距约5米，作为起掷线。参加者分为两组。游戏者站在起掷线原地投掷沙包，要求必须从肩上方投出，不得助跑。道具为重约0.25千克的立体或圆形沙包，内装粮食或细沙。当线内的人被沙包击中即为输，轮换进行。也可进行多人游戏，两人站两端线外掷沙包，其他人在线内东躲西闪，跑来跑去，出线界为输。只要被击中立即出场，但沙包若被双手接着，就可救活出场的伙伴。

捉迷藏 首先规定躲藏范围，大家经过猜拳或翻按手心手背分为两组，再由每组一人石头打砂锅决定胜负。胜组先藏，按规定的时间一到，另一组即分头寻找。直到将躲藏的一组人全部找见即可轮换继续游戏，反复进行。捉迷藏一般选择较熟悉的环境，因此，躲藏者须到最隐蔽处不易发现的或寻找者想象不到的地方。而寻找者需认真分析地形，讲究战略战术，防止盲目冒进，浪费时间。

丢手绢 道具是一块小手绢，参加人数多多益善，男女儿童都可参加。先以“石头、剪子、布”或其他方法，推选出一个丢手绢的小朋友，其余的小朋友围成一个大圆圈坐下，异口同声唱起“丢手绢”的歌谣：“丢呀丢呀丢手绢，轻轻地放在小朋友的后面，大家不要告诉他，快点快点抓住他。”被推选为丢手绢的小朋友随着歌声沿着圆圈外围行走或跑步，在歌谣未唱完前，要不露神色地将手绢丢在其中一个小朋友的后面。其他小朋友看见了也不能声张，若发现，就要迅速起身去追丢手绢的小朋友。丢手绢的小朋友沿着圆圈跑到空位处立即坐下。中途若被捉住，则要表演节目，或跳舞唱歌。反之，在歌谣唱完后仍未发现，并被丢手绢的跑完一圈后抓住，就要成为下一轮丢手绢的。由于游戏是多人围成圆圈进行的，所以不能过大，防止因运动量过大而头晕或跌倒。为了增加趣味性，人人都能参与，可以双人双圈，三人三圈，多圈组合。

弹珠 又叫“打珠子”“打玻璃球”。弹珠的玩法繁多，场地通常选择在地上，而且最好还要有起伏高度，这样更能增加游戏的难度。开始前玩者各拿出数枚弹珠，在地上画线为界，蹲、站、趴、跪均可。用大拇指将食指和中指之间的珠子用力向外拨，弹珠就会直射而出。谁的珠子被打出线外就为输，称为

“出纲”；另一种玩法是在地上挖5个小圆坑，谁先打完5个坑，就变为老虎，打着谁的珠子就算吃掉，称为“打老虎洞”，输者将丧失对弹珠的所有权。

抓窝窝　窝，指在地上挖两排5个拳头大的小土坑，即“窝窝”。在每个窝窝各放5个石子，共50个石子。先走的一方抓起任意一个窝里的5个石子，这个窝叫空窝，然后将这5个石子往后面的窝窝里放，可多可少，由走的人自己决定。5个石子放完，由对方开始从下一窝石子抓起，继续往后面的窝窝里放。遇空不放，就是空窝里不放石头，跳过空窝，把手里的石子继续放完。接着再由对方抓、放。如果放完手里的石子刚好遇到空窝，手在空窝拍一下，后面窝窝里的石子就是自己的战利品了。抓完后如果下一个还是空窝，则下一窝子石子也是战利品，依此类推。最后以抓的石子多少定输赢，多者为胜。

老鹰抓小鸡　俗称“黄鹞吃鸡”，是一种多人参加的益智娱乐活动，在户外或有一定空间的室内均可进行。活动开始前分成两队，每队除派一人扮“老鹰”外，排头者做“母鸡”，其余全部当“小鸡”。小鸡依次用双手抓紧前面人的衣服后襟，老鹰站在母鸡对面，做出捉小鸡的姿势。游戏开始，老鹰叫着，做出抓鸡的动作，小鸡们做惊恐状，并随母鸡左右躲闪。母鸡张开双臂极力保护身后小鸡，不让“老鹰”抓住。老鹰继续叫着，虚张声势转圈猛扑捉小鸡，小鸡则跟随母鸡拦挡的方向灵活机敏地移动，左躲右闪。以小鸡被捉数量最少的队为胜。游戏规定老鹰不能捉母鸡，不能推拉扭抱，也不能从母鸡臂下钻过，只能虚晃迷惑突破鸡妈妈的左右防线，从两侧抓捕最后的一只小鸡，小鸡被老鹰抓住或在躲闪时脱队，也算被捉。

扽棍　扽棍可随时随地进行，只需一根三至五尺长的双手可握的木棍。角逐时，双方面对面而坐，将两腿并齐伸直，脚掌对脚掌，双臂伸直，双手横抓棍，或双方隔抓，或一方抓中间，一方抓两边，裁判号令一出，双方即用力互拉，拉起对方者为胜。

通过扽棍可体现出双方的体力和耐力，也可一青年对拉两少年，但要特别注意，初拉不宜过猛，中途不得突然松手。

夹腰　是常见的一项两人角力活动，不受场地、季节、年龄等限制。参赛双方须势均力敌，并先要选定主持人。比赛开始前，双方两腿交叉站稳脚跟，一条腿伸向对方裆下，取半蹲姿势。弓腰反臂搂住对方的腰部，待主持人宣布开始后，双方同时用力，想方设法将对方拔离地面。在旁观者呐喊助威声中，经过一番较量，最后能使对方双脚离地者为胜。一般采取三拔二胜法。

摔跤 摔跤又称自由式角力，是老少皆宜的传统体育活动项目。常在节日、农闲、劳动休息时进行，不受场地限制。比赛者不分身体重量级，随性而起，无服饰要求和时间规定，一般采用单淘汰制，即一跤定胜负。

摔跤开始前首先要指定一位裁判，双方都有数人助威加油。入场时参赛者腰胸挺直，两臂平直，先慢悠悠上下左右摆动，舒活筋骨，犹如雄鹰展翅，显得矫健有力；接着，双方拉开一定距离，双腿前弓后蹬，紧握双拳，腰微弯曲，表情专注，做好出击准备。裁判宣布开始，随着观众的呐喊声，双方立即变换姿势，瞅准时机接近对方，抢抱对方的腰部、头颈、上下肢等部位，可用腿使绊勾对方腿脚，也可在跪撑中手脚并用骑缠，但不许抓衣服、头发，击打对方，严禁按压对方面部或咽喉。如强弱悬殊，很快就见分晓；如双方不相上下，就要打持久战，斗智斗力，互相可以用腿绊倒对方，或猛力摔倒对方，亦可用极快的动作压倒对方，使其无法翻身。任何一方只要膝盖上任何部位着地并无力翻起者即为输。

扳腕 也称“扳弓”，是一种自由式角逐手腕之劲和耐力的民间活动，可随时随地进行，参赛者一般根据年龄和体力而定。

开始比赛前，须聘请裁判主持公道，观众可随时助威加油。参赛者分坐桌子两侧，互相握好右手，肘部压在桌面，当听到裁判“开始”的口令后，双方即用力扳，把对方手扳下去为胜。

第三章 医疗卫生

第一节 村级医疗

民国之前，生产力落后，缺医少药，村民的身体健康得不到最基本的保障，人们对待疾病，多采用偏方、土方、讲迷信甚至巫术治疗。地方病、传染病等发病率、死亡率较高。一直到民国时期，才出现私人开设药房，行医治病。一般的头疼脑热、腹泻痢疾，到私人药铺就诊，抓点中草药或用民间偏方治疗，遇到疑难杂症无法诊治时，则采用民间偏方甚至用迷信的办法治疗。家庭情况好一些的，有能力去当时的县城芦阳寻医访药，而更多没有条件的人家，除了祈求老天和神灵保佑，则只能放弃治疗。由于生活水平的低下，村子环境卫生条件较差，生活中各种不卫生的陋习，更容易造成各种疾病的传播。孕妇分娩，一直由本村的接生婆土法接生，但遇到难产等危急情况，接生婆也束手无策，则只能听天由命，因此婴幼儿及孕产妇死亡率比较高。

民国时期，马绍武在陈世信家院内药房当医生坐诊、治病；全永江在家坐诊抓药（中药）治病；杨花先生（四川人，后定居芦阳）会种牛痘，定期或不定期巡回预防诊治天花。

1958年大跃进时期，大队成立妇产院，待产、临产孕妇集中于院内，由本村接生婆负责监护、接生。较有影响的接生婆除郑彩青（尕白菜）、张守莲（海棠）、王守莲（郑彩青之女）外，还有闫穆英、李凤英、周文花、李树芳等，也给产妇接生。

1970年7月，兴泉农村合作医疗站成立，设在大队院内，有土木结构的两栋平房，设诊疗室、药房、仓库等。吴守强为站长，赤脚医生全兴学从县红医班培训结业在医疗站坐诊行医，唐连迁、李林翠、朱英负责抓药、输液、注射等。

大队为医疗站划拨几亩地，用于医疗站种植草药。员工半天坐诊看病，半天种药。主要种植枸杞、党参、红花、艾叶、板蓝根、木香、大黄等中草药，免费供给社员治病。

1974年2月8日，响应毛泽东主席“把医疗卫生工作的重点放到农村去”的号召，北京医疗队张队长率医疗工作队驻村入户调研考察，宣传防疫知识，培训赤脚医生，提倡计划生育，诊治社员疾病，促进农村医疗卫生工作。

是年，大队合作医疗站领导小组成员有张素英、吴守强、李长鸿、王守天、全兴学等，张素英任组长，吴守强任站长，全兴学任副站长，毛文兴兼会计负责抓药，杨佑玉任保管管理药库，全兴学坐诊开处方，朱英负责妇科和医疗注射。

同期，县上派工作组整顿农村合作医疗站，主要是思想整顿、药品财务管理和纠正存在的问题。大队出台《兴泉大队合作医疗站章程》。

1975年，县上举办赤脚医生培训班，李树芳、刘作兴经培训后坐诊行医。

1976年，公社传达上级指示，要求农民医疗费全免。后根据实际情况，定为六四开，即免60%，社员个人承担40%。

1978年，师部医院从平顶山（石盖台）迁至兴泉大锅锥驻军营部，为社员就医治病提供了方便。第五生产队饲养员徐得忠给牲口添料时，不慎被牲口踢伤，送至师部医院抢救，部队医生为他缝合被踢断裂的肠子，顺利康复出院。俞生长患急性肠穿孔，也通过部队医生抢救脱险，恢复健康。

同年，卢守俭由大队调入医疗站中医坐诊。

1988年4月1日，村委会主任杨佑忠与村民沈渭天签订新建景电二期移民村村委会办公室、医疗站合同，村上筹资建成村委会、医疗站，总面积204平方米，造价2.142万元。

20世纪80年代，集体合作医疗，村民每人每年缴纳0.5元的处方费用，药费由集体筹措出资周转，赤脚医生记工分参加年终分配，无出诊费、治疗费。

1989年2月，苟银德与村委会签订卫生站承包合同，实行承包责任制，期限1989年1月1日至1993年12月31日。苟银德为站长，医疗站迁至今兴泉幼儿园所在地。

1990年初，卫生站分解为三个卫生所，分别由苟银德、李树芳、刘作兴承包经营。

同年，兴泉与搬迁景电二期灌区新建村就村医疗站资产按4：1分割。移民村分得中药、西药、现金合计2395.47元。

1993年9月，为方便村民就近就医，医疗站增设住院部。

1994年5月7日，在医疗站第一轮五年承包完成之际，村委会主任杨久清主持，苟银德站长，大夫刘作兴、李树芳、苟凯源、李得忠（会计）参加，就五年期的承包经营情况、盈利分红、个人垫付、工资发放、下轮承包等问题进行民主讨论，妥善解决。

1996—1997年，在县上有关领导及县防疫站工作人员的陪同下，中国国际生命研究会专家学者、甘肃省医疗机构相关领导一行，专程来兴泉村调研儿童营养状况，进行儿童营养前期实验验证工作。

1999年10月23日，村上和医疗站站长苟银德签订村卫生所延续承包合同。

2002年12月20日，村上邀请陇西县药材公司朱经理、王工程师，为村民讲授柴胡、红芪、黄芪种植技术和管理知识。

2008年1月，镇政府与村上代表化得荣签订食品药品安全工作责任书，同时，镇上调整白兴尧为兴泉村药具管理员。9月起，按照镇政府计划生育政策规定，村上34户二女结扎户、独生子女户享受60~80元的合作医疗基金免费待遇。

2014年初，按上级要求，三个卫生所合并为兴泉村医疗卫生所，设在村委会院内，成员有刘作兴、李树芳、苟世元、刘玉正。苟凯源独立行医。

21世纪开始，依据上级精神，兴泉村实行新型合作医疗即“新农合”。村医疗站卫生所医护人员负责婴幼儿疫苗注射登记、65岁以上中老年人免费“三测”、传染病疫情监测上报、医疗医保建档等常规工作。

2015年春，全村参合人数为3884人，参合费每人90元。

至2021年，本村从医人员43人。

第二节 爱国卫生运动

1952年，响应县爱委会号召，开展以反对美国细菌战为中心的爱国卫生运动。

1954年开始，全国开展以消灭老鼠、麻雀、苍蝇、蚊子为目标的除“四害”讲卫生运动，清除垃圾粪便，填埋污水坑，改善农村环境卫生。

1955年3月，开展“移风易俗”活动，改进农村卫生工作。

1956年6月16日，根据上级指示，成立村卫生委员会。主任马忠，副主任罗兴花、王朝宗、潘发义、张守杰、李清德、王朝富、付生智、苗世满、罗文莲、周文焕、冯武友、徐进财等。

1960年4月，按照上级“重点环境，突击个人，消灭死角，全面行动，扫除四害，标本兼治，以本为主”的卫生工作方针，大队发动全体干部社员，开展彻底消灭老鼠、苍蝇、蚊子、臭虫、虱子、跳蚤、白蛉子“七害”行动，处理滋生场所；全面整治环境卫生、个人卫生、学校卫生、水利工程服务行业卫生，倡导人人讲卫生、家家爱清洁的良好习惯；加强对炊事员、卫生员、接生员、营业员、饲养员“五员”的训练；加强对群众卫生知识的宣传，进行清除污水、清除粪便、清除垃圾的“三清除”和改良住房、厨房、办公场所、街院、污水井、厕所、炕灶、鸡窝、猪舍、畜圈等生活、工作环境的“十改良”，动员和促进社员改变卫生习惯。

1964年春季开始，响应上级爱国卫生运动号召，以“除四害、讲卫生、防治疾病”为中心，大队成立7人委员会，领导分工督查卫生活动，组织发动社员群众一是搞好环境卫生，二是搞好个人卫生。

1965年春季，按照公社安排，开展爱国卫生运动，开展检查评比，表彰先进，做好清洁卫生；大搞积肥，做到人有厕畜有圈，做好疾病防治工作。

1980年，狠抓“两管五改”（管水、管粪，改造水井、厕所、畜圈、炉灶、环境）工作，消灭脏、乱、差现象，改善乡村环境卫生。

2017—2018年，开展“全域无垃圾整治”活动，拉开建设美丽乡村序幕。

第三节 卫生防疫

民国时期，兴泉村流行的传染病主要有流感、伤寒、痢疾、麻疹、水痘、猩红热、肺结核、白喉、脊髓炎等。早期受条件制约，几乎没有防疫措施。家畜家禽的各种瘟疫，几乎每年都有发生。人畜发病，大多依靠民间土方就医。

1949年后，党和政府重视地方病和传染病的防治，一是积极宣传，帮助村民树立防疫理念；二是成立防疫部门，进行专业指导防治；三是制定相应的预案和措施，一旦疫情发生，做到第一时间控制；四是定期普查，科学检测，准确诊断，及时上报，防患于未然。

1960年3月20日开始，按照上级“加强春季防疫，消灭家畜疫病”的通知，各生产队配合喜泉公社保畜所专职人员，给牲畜、家禽按规定计量注射炭疽芽孢疫苗、猪瘟疫苗、猪肺疫疫苗、猪丹毒疫苗、羊快疫疫苗、羊痘疫苗、鸡瘟疫苗，实行春季防疫，消灭家畜疫病。

1962年4月6日，喜泉公社给兴泉大队下拨“医革”救济专款130元，用于防病医疗。4月23日再次下拨医疗款，其中新堡大队60元、兴泉大队50元。

1963年开始，为防疫急性传染病、寄生虫病和诊治浮肿、妇女闭经、子宫肌瘤、儿童营养不良等疾病，对灾区患病群众医药费实施减免及补助，国家设立并划拨农村医药救济专款，由喜泉公社统一分村划拨，年划拨款千元以内。1973年，北京医疗队来兴泉大队，协助、指导、培训、提高农村防疫治病及合作医疗工作。年底，公社又划拨医药费补助1200元。

1977年10月，医疗站站长吴守强在医疗站工作会议上传达公社卫生院会议精神，主要是防治1号病。

1990年，根据《全国疾病监测方案》要求，喜泉乡及兴泉村被确定为“开展人口出生、死亡、传染病报告及漏报调查、儿童计划免疫、居民病伤死亡原因分析工作监测点”。

1991年开始，采取食用碘盐，防止碘缺乏、地氟病发生。是年，全村达到国家“布病稳定控制区”标准。

1992年10月30日，村委会成立结核病控制领导小组，由王建雄、苟银德、李树芳、刘作兴、周文典、石佛玺、苟凯源7人组成。

1992—2000年，在县防疫站的指导帮助下，全村开展10次19轮消灭脊髓灰质炎强化免疫活动。其中，1996年全村儿童计划免疫“四苗”接种率达85%。

按照乡政府的统一部署要求，2002年2月7日，村委会决定由包村干部沈渭军、村委会副主任卢有君具体负责，宣传教育群众做好动物口蹄疫的防治，两天内完成所有家畜、牲畜的疫苗注射和隔离。

2003年5月2日、8日、22日，针对非典疫情严重形势，村“两委”成立预防小组，杨久清任组长，卢有君任副组长，全面开展“非典”防疫工作。

2008年4月22日，镇政府与村上签订动物防疫工作目标责任书。

2012年3月、9月，村委会与镇政府签订动物防疫目标责任书，成立禽流感防疫领导小组，分工合作，坚持做到“四不漏和四统一”，即镇不漏村、村不漏组、组不漏户、户不漏畜，统一时间、统一使用耳标号、统一疫苗、统一免疫规程。

2014年1月，村委会与镇政府签订小反刍兽医防控工作管理责任书，逐村逐户排查疫情，重点排查规模养羊场、育肥大户和贩运户，主要防控牛羊发热、腹泻、口蹄疫等疫情症状的发生和蔓延。2月，县畜牧兽医局与镇、村签订“两联一包”目标管理责任书，罗崇福是村级责任人，所包养殖场葛文杰是直接责任人。

2015年2月25日，村委会决定，苟世元继续担任本村动物防疫员。

2019—2021年，配合上级卫生防疫部门和当地乡镇组织，按照规范要求，定时、定点、定员、定岗实行封闭管理，整村开展新冠肺炎疫情防控工作。

兴泉村志
XINGQUAN VILLAGE ANNALS

第五编 社会

第一章　人　口

第一节　人口迁徙

明万历二十七年（1599年），明廷自山西洪洞大槐树、陕西大柳树成规模向包括景泰在内的甘肃地区移民。与此同时筑大、小芦塘城堡，18家兵户驻守小芦塘，其周边方有汉民定居农耕。至清康乾时期，大、小芦塘兵户部分后裔及少数商贾移居锁罕堡。锁罕堡老户有罗、周、付、俞、毛、张、来、吴、王、吕等宗族。也有自兰州、皋兰、五佛、响水、龙湾等地迁入者。

1949年以后，兴泉村先后有4次人口迁徙。第一次是1956年，五佛、响水、龙湾共105户500余人迁入兴泉村。第二次是1969年，《甘肃日报》社9户职工家属20余人迁入本村安家落户；1975年、1977年先后两批50名上山下乡知识青年落户兴泉接受再教育。1980年前，这些家属、知青按政策陆续返城。第三次是1979年6月，景电一期工程上水后，部分社员搬迁至余梁村新八队。第四次是1990年，景电二期工程建成后，212户891人迁至漫水滩乡双树村。

2021年，全村共有1165户4462人。其中男2173人、女2289人。

1949—2021年兴泉村人口统计表

表 5-1-1

年度	户数	总人口数	年度	户数	总人口数	年度	户数	总人口数
1949	288	1709	1974	720	4054	1999	938	4068
1950	300	1797	1975	728	4140	2000	941	4092
1951	340	1829	1976	756	4231	2001	943	4112
1952	342	1891	1977	759	4281	2002	947	4131
1953	343	1935	1978	794	4377	2003	987	4148
1954	344	1975	1979	698	3908	2004	1005	4164
1955	352	2006	1980	703	3942	2005	1023	4182
1956	452	2480	1981	712	3993	2006	1034	4198
1957	460	2530	1982	724	4052	2007	1057	4217
1958	458	2626	1983	736	4113	2008	1073	4223
1959	438	2502	1984	747	4187	2009	1098	4234
1960	479	2607	1985	758	4245	2010	1101	4246
1961	491	2592	1986	766	4293	2011	1116	4262
1962	539	2760	1987	789	4342	2012	1126	4276
1963	543	2831	1988	798	4389	2013	1135	4290
1964	559	2890	1989	846	4444	2014	1141	4302
1965	573	3055	1990	969	4552	2015	1148	4311
1966	586	3128	1991	748	3661	2016	1152	4320
1967	587	3207	1992	768	3729	2017	1154	4329
1968	593	3345	1993	828	3855	2018	1157	4377
1969	621	3570	1994	895	3883	2019	1160	4397
1970	624	3666	1995	911	3917	2020	1163	4420
1971	631	3761	1996	916	3958	2021	1165	4465
1972	676	3858	1997	938	4008			
1973	701	3958	1998	938	4040			

第二节 人口构成

一、民族

自1443年明英宗时期修建锁罕堡（烂堡子）以来，本村居民绝大多数为汉族，截至2021年底，全村总户数1165户，有回族1户。

二、性别

1949年底，总人口1709人，其中男859人，女850人，男女比例为100∶99。1964年第二次人口普查，总人口2890人，其中男1465人，女1425人，男女比例为100∶97.3。1990年第四次人口普查，总人口4552人，其中男2245人，女2307人，男女比例为100∶102.8。2010年第六次人口普查，总人口4196人，其中男2116人，女2080人，男女比例为100∶98.3。2020年第七次人口普查，总人口4420人，其中男2268人，女2152人，男女比例为100∶94.89。

三、年龄

1952年，全村15~59岁人口比例偏低。1964年，0~14岁儿童年龄组人口占总人口比例较高，15~59岁人口占总人口的比例仍然较低。1984年，15岁以上人口占总人口的比例提高，人口平均寿命明显延长。1994年，0~14岁人口比例大幅下降，15岁以上人口比例大幅上升。2018年，全村人口4462人，0~7岁人口268人，占总人口的6%；8~17岁人口401人，占总人口的9%；18~59岁人口3167人，占总人口的71%；60岁以上人口1070人，占总人口的23%。高寿老人数量增加。

四、文化

1949年新中国成立后，村上识字人口仅占总人口的3%左右。1954年第一次人口普查，全村1975人，有文盲1360人，占总人口的68.8%。1964年第二次人口普查，全村2890人，有文盲722人，占总人口的25.6%。经民校、夜校培训学习，638人脱盲。1990年第四次人口普查，全村4552人，有文盲352名，占总人口的7.7%。2010年第六次人口普查，全村4246人，有文盲168人，占总人口的3.9%。2020年第七次人口普查，全村4420人，有文盲76人，占总人口的

1.7%。截至2021年底，全村4465人中，有小学文化程度1568人，占总人口的35%；初中文化程度1873人，占总人口的41.95%；高中文化程度986人，占总人口的22.1%；文盲38人，占总人口的0.85%。

2018年兴泉村姓氏人口统计表

表5-1-2

户　主	人口	组别	户　主	人口	组别	户　主	人口	组别
丁建民	8	三	马保健	6	三	马　俊	5	九
万国佑	6	五	马登玉	1	三	马　梅	1	九
万庭祥	3	五	马　军	4	四	马保儆	3	九
马占月	1	一	马旭祯	5	四	马登龙	5	九
马国军	6	一	马卿祯	4	四	马　天	2	十
马　文	4	二	马　旭	5	六	马　伟	4	十
马　全	4	二	马　昌	2	六	马　财	5	十
马　俊	6	二	马双福	2	六	马　俊	6	十
马　焕	5	二	马芳礼	1	六	马　银	6	十
马如发	2	二	马芳礼	1	六	马　雄	7	十
马　山	5	三	马海福	1	六	马　斌	6	十
马　书	2	三	马　成	4	七	马　富	2	十
马　成	3	三	马　苍	1	七	马　强	4	十
马　全	2	三	马保鸿	5	七	马　楷	6	十
马　荣	3	三	马登岳	3	七	马　德	4	十
马　勇	6	三	马　睿	5	七	马　燕	2	十
马　础	5	三	马永福	3	八	马登保	2	十
马　祥	5	三	马　元	6	九	王　成	6	一
马　瑞	4	三	马　云	2	九	王　军	5	一
马　勤	8	三	马　升	5	九	王　亮	3	一
马保军	4	三	马　财	5	九	王小平	5	一
马保明	6	三	马　玲	1	九	王永红	2	一

续表

户　主	人口	组别	户　主	人口	组别	户　主	人口	组别
王成平	2	一	王拾元	4	四	王建胜	3	八
王成林	5	一	王作旺	4	四	王积全	7	八
王光花	1	一	王培民	2	四	王朝忠	8	八
王扶明	4	一	王培杰	7	四	王有忠	7	九
王扶教	2	一	王　军	2	五	王向强	5	九
王志义	3	一	王　勇	7	五	王兆花	3	九
王作宾	6	一	王万军	3	五	王财忠	3	九
王学太	4	一	王文胜	5	五	王定芬	1	九
王学贞	4	一	王世平	4	五	王荣林	4	九
王学军	5	一	王庆恩	2	五	王兴国	4	十
王学政	4	一	王海义	5	五	王兴治	5	十
王继胜	3	一	王兆有	3	六	王兴银	5	十
王　梅	1	二	王守万	3	六	王安亮	6	十
王万香	1	二	王守军	2	六	王建雄	2	十
王秀聪	6	二	王守明	5	六	王珍德	6	十
王得一	5	二	王守贵	5	六	王得亮	4	十
王志国	4	二	王希勤	2	六	王瑜德	4	十
王福一	4	二	王恒秀	3	六	韦秉雪	7	七
王正秀	1	三	王振林	4	六	毛　吉	4	一
王生伟	4	三	王海伟	5	六	毛　庆	6	一
王作义	6	三	王海银	2	六	毛正治	6	一
王登元	2	三	王新伟	3	六	毛　东	7	二
王　龙	3	四	王万龙	6	八	毛正义	4	二
王　栋	7	四	王永明	5	八	毛正升	6	二
王永平	4	四	王永斌	4	八	毛正财	5	二
王永军	5	四	王作明	4	八	毛正和	4	二
王光显	1	四	王作照	4	八	毛正学	4	二
王光辉	3	四	王作元	4	八	毛正信	2	二

续表

户　主	人口	组别	户　主	人口	组别	户　主	人口	组别
毛正谋	5	二	文兆峰	7	二	卢有全	4	三
毛登宏	8	二	方生平	5	八	卢有兴	3	三
毛登武	5	二	方生军	7	八	卢有德	4	三
毛登荣	2	二	方生红	5	八	卢有军	4	五
毛登梅	3	二	方生国	2	八	卢有珍	8	五
毛登时	6	五	方生忠	2	八	卢有泰	4	五
毛登骞	5	五	孔祥鹏	3	十	卢有强	4	五
毛　银	2	六	孔维忠	4	十	卢昌生	5	五
毛正州	2	六	石宝梅	1	一	卢昌红	4	五
毛建平	7	六	石生君	5	九	卢有君	6	六
毛建军	9	六	石生辉	5	九	卢有智	6	六
毛建雄	2	六	石兴广	6	九	卢昌宏	6	七
毛登玉	3	六	石兴东	4	九	卢昌林	4	七
毛登延	3	六	石兴盈	2	九	卢昌明	4	七
毛登建	3	六	石兴海	2	九	卢昌金	4	七
毛登泰	6	六	石兴翠	6	九	卢昌宝	4	七
毛登辉	4	六	石旺清	4	九	卢昌奎	4	七
毛登强	4	六	石俊清	4	九	卢昌祖	4	七
毛登福	6	六	石娟清	3	九	卢昌盛	4	七
毛正坤	6	七	石生玉	4	十	卢昌银	4	七
毛登全	6	七	石桂清	4	十	卢有荣	4	九
毛　银	2	十	卢平安	4	一	卢有鹏	3	九
毛正富	2	十	卢守永	4	一	卢守相	6	九
毛正强	1	十	卢昌元	3	一	付礼安	2	五
毛登福	3	十	卢昌明	4	一	付吉安	2	五
化钰鑫	2	九	田荣民	3	一	付廷军	7	五
化得全	5	九	田维东	5	一	付廷宏	4	五
化得忠	5	九	田维俊	5	一	付廷凯	3	五
化得荣	4	九	卢昌彦	5	一	付廷柏	3	五

续表

户　主	人口	组别	户　主	人口	组别	户　主	人口	组别
付廷俭	5	五	司政清	2	三	吕兴伟	4	七
付廷钰	3	五	司政德	3	三	吕兴江	1	七
付廷谋	3	五	司万成	4	六	吕兴寿	5	七
付廷锋	4	五	司万香	6	六	吕兴贵	4	七
付廷湖	1	五	司万莲	1	六	吕兴泰	6	七
付廷澎	5	五	司万祥	5	六	吕兴祯	3	七
付仲政	4	五	司万淑	3	六	吕兴祥	3	七
付明安	3	五	司占升	1	六	吕兴雄	4	七
付霞忠	2	五	司政云	2	七	吕兴福	4	七
付廷龙	4	七	司政峰	4	七	吕军生	1	七
付廷虎	2	七	司万吉	2	九	吕春生	6	七
付廷祥	5	九	司万玲	2	九	吕义生	7	八
白玉杰	6	五	司万年	5	十	吕全生	4	八
白玉清	10	五	达朝花	1	四	吕爱生	7	八
白兴文	5	五	师文兴	4	一	吕好生	4	十
白兴龙	4	五	师文斌	3	一	吕长明	6	十
白兴平	6	五	师仲秀	4	一	吕长鹏	7	十
白兴成	6	五	师仲贵	4	一	吕祥生	5	十
白兴尧	5	五	师仲彪	4	一	朱可馥	3	五
白兴银	2	五	师仲章	2	一	朱浩郡	2	六
白兴强	6	五	师柏强	2	九	朱德荣	3	六
白茂梅	2	五	吕长俊	4	四	朱万军	4	七
冯巨英	2	五	吕材生	2	四	朱有基	3	七
司万红	7	一	吕福星	3	四	朱生军	5	十
司万凯	3	一	吕长泰	4	五	全兴元	2	一
司万勤	5	一	吕长福	5	五	全兴军	4	一
司占芳	2	一	吕庆生	3	五	全兴忠	4	一
司兴云	6	三	吕兴平	3	七	刘　坤	4	五
司政治	4	三	吕兴东	10	七	刘文科	3	一

续表

户 主	人口	组别	户 主	人口	组别	户 主	人口	组别
刘在礼	3	一	刘军政	3	八	闫梅起	6	十
刘在柱	5	一	刘建政	6	八	祁 平	4	四
刘兴军	2	一	闫立军	4	一	祁军山	7	四
刘兴金	5	一	闫立强	6	一	许开根	2	五
刘学英	2	一	闫沛乐	4	一	孙延花	1	二
刘德成	5	一	闫立友	1	三	孙延荣	4	二
刘莲政	1	二	闫立伟	7	三	孙志文	8	二
刘存政	3	三	闫立峰	5	三	孙志成	4	二
刘在全	2	三	闫沛平	3	三	孙志社	5	二
刘志国	2	三	闫沛民	6	三	孙志明	7	二
刘志家	4	三	闫穆录	5	三	孙志学	3	二
刘作兴	6	三	闫立才	5	七	孙志莲	1	二
刘尚英	2	三	闫立文	3	七	孙志鸿	6	二
刘富政	6	三	闫立玉	5	七	孙启龙	7	二
刘强政	1	三	闫立成	5	七	孙全龙	5	四
刘在萍	4	四	闫立全	4	七	孙兴龙	6	四
刘文政	5	五	闫立齐	5	七	孙乾龙	2	四
刘正平	5	五	闫立松	4	七	孙 秀	6	九
刘正明	4	五	闫立栋	4	七	李进平	3	一
刘正荣	5	五	闫立俊	4	七	李进林	4	一
刘正勤	3	五	闫立莲		七	李青龙	2	一
刘田珍	2	五	闫立峰	7	七	李积彩	4	一
刘汝源	4	五	闫立智	2	七	李新成	3	一
刘作军	4	五	闫沛军	5	七	李新顺	7	一
刘作林	6	五	闫立平	4	九	李保军	9	二
刘启文	3	五	闫立俭	4	九	李桂香	5	二
刘启武	3	五	闫立雄	3	九	李金东	7	三
刘宗贵	4	五	闫沛成	9	九	李金瑞	6	三
刘泉源	5	五	闫沛清	5	九	李树芳	3	三

续表

户 主	人口	组别	户 主	人口	组别	户 主	人口	组别
李 勇	6	四	李延祥	6	八	李树林	3	十
李延忠	4	四	李延禄	3	八	李桂花	1	十
李延学	11	四	李兴元	3	八	李常旭	4	十
李政善	2	四	李明花	3	八	李维龙	7	十
李积孝	6	四	李家仁	5	八	李维军	2	十
李积宗	1	四	李家功	5	八	李维虎	4	十
李积祖	4	四	李玉生	4	九	李维强	6	十
李积辉	4	四	李玉民	8	九	杨佑存	3	一
李积德	6	四	李玉国	3	九	杨佑伟	5	一
李家旭	7	四	李进双	1	九	杨佑江	4	一
李家和	7	四	李进平	4	九	杨佑利	6	一
李文瑞	5	五	李进梅	3	九	杨佑胜	3	一
李保友	4	五	李积文	1	九	杨佑海	6	一
李保福	3	五	李家慧	4	九	杨来军	4	二
李风祥	2	七	李得发	9	九	杨来宏	4	二
李文弟	7	七	李得全	2	九	杨来国	5	二
李文荣	1	七	李得齐	5	九	杨来深	5	二
李孝银	5	七	李得茂	4	九	杨艳秀	4	二
李孝德	3	七	李得忠	6	九	杨天忠	4	三
李应军	4	七	李得胜	3	九	杨天祥	4	三
李应红	5	七	李新玉	4	九	杨天斌	4	三
李应斌	4	七	李新平	7	九	杨玉清	2	三
李建伟	5	七	李兴功	4	十	杨林清	2	三
李天祥	4	八	李兴成	4	十	杨茂龙	2	五
李延义	5	八	李兴国	8	十	杨昌银	5	五
李延财	3	八	李兴昌	5	十	杨天爱	3	六
李延兵	5	八	李兴泉	4	十	杨天敏	3	六
李延忠	5	八	李兴海	5	十	杨天智	5	六
李延祯	6	八	李兴德	4	十	杨佑凤	2	六

续表

户 主	人口	组别	户 主	人口	组别	户 主	人口	组别
杨佑功	7	六	来耀军	3	十	吴承东	4	十
杨佑兴	3	六	来耀录	1	十	何文翠	3	五
杨佑红	3	六	吴守广	8	一	何 冰	3	六
杨佑孝	7	六	吴守功	6	一	何 龙	4	九
杨佑俊	4	六	吴守恒	3	一	何 成	5	九
杨佑勤	3	六	吴强瑞	6	二	何天财	2	九
杨家明	4	六	吴克伟	4	三	何天云	5	九
杨家晓	6	六	吴守科	6	四	何天明	4	九
杨凤全	7	七	吴守泰	2	四	何天花	1	十
杨世东	4	七	吴克广	4	四	余志花	1	二
杨世宏	7	七	吴克青	3	四	辛世林	3	九
杨世金	4	七	吴克学	2	四	辛世贵	3	九
杨广文	7	八	吴克斌	5	四	辛延民	6	九
杨广旭	5	八	吴承隆	6	四	辛彦军	5	九
杨广明	3	八	吴守元	2	七	辛彦茜	2	九
杨广亮	4	八	吴守财	3	七	辛彦清	3	九
杨广耀	2	八	吴克锋	6	八	沈文花	1	一
杨兴俊	5	八	吴守祖	6	九	沈军林	6	一
杨久清	5	九	吴克连	2	九	沈建林	3	一
杨兴顺	3	八	吴克明	3	九	沈泉林	6	一
杨天强	7	九	吴承升	1	九	沈文义	4	三
杨天慧	2	九	吴守荣	5	十	沈文俊	4	三
杨茂财	4	九	吴守桐	5	十	沈文智	6	三
杨茂林	1	九	吴克斌	5	四	沈文模	2	三
杨茂春	1	九	吴守勤	3	十	沈玉林	5	三
杨茂胜	4	九	吴克文	3	十	沈小云	4	五
杨佑民	7	十	吴克福	2	十	沈玉云	4	五
来耀明	6	九	吴建成	7	十	沈翠英	1	五
来耀兴	5	十	吴建胜	5	十	沈秀林	3	六

续表

户 主	人口	组别	户 主	人口	组别	户 主	人口	组别
沈范云	6	六	张守伦	4	三	张树花	1	五
沈祥云	8	六	张守俊	3	三	张建珍	6	五
沈文宝	3	七	张胜祥	6	三	张桂英	4	五
沈文雪	5	七	张维玉	4	三	张　锋	7	六
沈庆林	6	七	张维功	5	三	张秀明	1	六
沈军林	5	七	张维东	5	三	张全治	3	七
宋立禄	2	七	张维全	2	三	张秉刚	2	七
宋立福	4	七	张维好	5	三	张　成	3	八
宋常生	4	七	张维进	3	三	张海莲	1	八
宋常军	4	七	张维国	4	三	张维勇	6	八
张才伟	7	一	张维科	4	三	张全忠	5	九
张永伟	6	一	张维善	4	三	张政权	3	九
张永涛	4	一	张维谦	3	三	张奎忠	5	九
张庆玉	1	一	张玉斌	4	四	张亮忠	4	九
张庆伟	2	一	张立学	4	四	张成元	3	十
张庆忠	5	一	张举国	2	四	张延文	3	十
张庆学	8	一	张举忠	4	四	张延军	6	十
张庆洪	5	一	张素贵	7	四	张延胜	5	十
张庆堂	2	一	张维福	2	四	张治义	4	十
张庆舜	4	一	张广伟	4	五	张治仁	5	十
张忠吉	4	一	张广华	2	五	张治兴	4	十
张治德	5	一	张广林	5	五	张治理	4	十
张建禄	2	一	张广岳	5	五	陈华龙	6	二
张玲治	1	一	张广喜	6	五	陈华强	3	二
张举琴	4	一	张广勤	5	五	陈华福	4	二
张翠香	4	二	张利荣	5	五	陈华仁	3	三
张　成	7	三	张秀珍	1	五	陈守功	2	三
张永祥	4	三	张建军	6	五	陈华泰	4	五
张庆祥	4	三	张建学	4	五	陈华强	1	五

续表

户　主	人口	组别	户　主	人口	组别	户　主	人口	组别
陈华福	7	五	苟延年	5	五	尚立会	5	六
陈坤远	4	五	苟兴元	4	五	尚立秀	4	七
陈　平	4	六	苟珍年	4	五	尚有恒	2	九
陈　军	6	六	苟保元	4	五	尚成武	5	九
陈　勇	4	六	苟康年	6	五	尚国武	5	九
陈子云	7	六	苟连元	3	七	尚明武	6	九
陈子贵	6	六	苟国元	3	七	尚健武	4	九
陈子银	5	六	范义仁	7	五	罗　文	1	一
陈子福	5	六	范兴升	8	五	罗　胜	4	一
陈有义	2	六	范明仁	5	五	罗　莲	3	一
陈振华	4	六	范富升	6	五	罗文浚	7	一
陈振富	4	六	范富奎	3	五	罗文润	3	一
陈启彩	1	九	范富润	5	五	罗文汇	6	一
妙金祖	3	三	范富德	6	五	罗崇义	4	一
武德宽	4	一	范正义	2	六	罗崇元	5	一
武选义	1	五	范正翠	1	六	罗崇伟	4	一
苗国泉	3	七	范平仁	3	六	罗崇伦	6	一
苗国温	2	七	范东仁	4	六	罗崇佩	5	一
苗承忠	4	七	范刚仁	5	六	罗崇科	4	一
苗承勇	5	七	范宏仁	6	六	罗崇强	5	一
苗承振	5	七	范林仁	4	六	罗崇德	4	一
苗承清	4	七	范虎仁	4	六	罗维东	7	一
苗承谋	5	七	范得仁	8	六	罗维邦	2	一
苟三军	5	一	范富强	6	六	罗维刚	4	一
苟东元	4	一	范鹏仁	5	六	罗维军	4	一
苟凯元	6	一	尚凤武	2	一	罗维奇	3	一
苟世元	5	五	尚可康	4	二	罗维强	4	一
苟永年	6	五	尚有英	1	二	罗维福	6	一
苟发郡	4	五	尚立俊	5	四	罗　花	1	二

续表

户　主	人口	组别	户　主	人口	组别	户　主	人口	组别
罗崇齐	5	二	罗崇彬	5	七	罗维新	4	十
罗崇孝	4	二	罗崇银	5	七	罗颖慧	1	十
罗崇贤	4	二	罗崇锦	4	七	罗耀儒	3	十
罗崇柏	4	二	罗崇满	7	七	周　杰	6	一
罗崇焕	2	二	罗维云	3	七	周文强	3	一
罗崇敬	6	二	罗维江	4	七	周文意	8	一
罗崇辉	5	二	罗维江	5	七	周昱菲	1	一
罗崇福	10	二	罗维禄	4	七	周德顺	4	一
罗维民	7	二	罗维强	4	七	周德元	5	一
罗维军	6	二	罗维福	6	七	周德全	4	一
罗崇斌	5	四	罗维潇	1	七	周平川	7	二
罗维安	4	四	罗耀东	3	七	周文学	9	二
罗耀民	4	四	罗　全	7	九	周文兴	1	三
罗耀军	4	四	罗　明	5	九	周文进	2	三
罗立平	3	五	罗　雄	2	九	周文国	5	三
罗崇旺	5	五	罗文录	4	九	周文勋	5	三
罗崇兴	5	五	罗文彬	4	九	周文举	3	三
罗维天	3	五	罗崇平	4	九	周继甲	7	三
罗维强	6	五	罗崇学	5	九	周继杰	10	三
罗崇朝	3	五	罗崇俭	10	九	周继雄	5	三
罗文法	6	六	罗崇哲	4	九	周德义	4	三
罗文淑	5	六	罗崇发	4	十	周德平	4	三
罗延军	5	六	罗崇红	4	十	周德田	5	三
罗崇莲	2	六	罗崇荣	3	十	周德权	4	三
罗崇英	1	七	罗崇峰	2	十	周德存	5	三
罗崇岳	3	七	罗崇富	3	十	周德军	6	三
罗崇礼	1	七	罗维圣	8	十	周德宏	4	三
罗崇祖	4	七	罗维成	5	十	周德林	5	三
罗崇爱	5	七	罗维宽	4	十	周德明	3	三

续表

户　主	人口	组别	户　主	人口	组别	户　主	人口	组别
周德显	4	三	周继强	7	九	郝玉林	4	十
周德顺	4	三	周德乃	3	九	郝春林	5	十
周德保	6	三	周德辰	2	九	胡玉秀	1	九
周德萍	1	三	周德亮	3	九	胡永录	5	十
周德清	4	三	周德黎	5	九	胡秉苍	3	十
周德鑫	4	三	郑升有	4	三	段保伟	1	一
周文典	3	四	郑升安	4	三	段守龙	6	五
周文彩	3	四	郑发荣	6	九	段守吉	2	五
周富秀	4	四	郑宪荣	5	九	段守齐	4	五
周德春	7	四	赵兴保	4	三	段守勇	4	五
周莲梅	4	五	赵兴祯	2	三	段守著	8	五
周文俊	3	六	赵文功	2	五	段守瑞	6	五
周文成	6	六	赵文栋	3	八	段守福	2	五
周德强	4	六	赵　云	6	九	段守儒	7	五
周德平	4	七	赵　孝	4	九	段守耀	3	五
周德伟	4	七	赵　忠	5	九	段好平	5	五
周德荣	7	七	赵连富	6	九	段好成	5	五
周德忠	4	七	赵文刚	4	十	段好顺	4	五
周德宪	6	七	赵贵明	6	十	段好雄	4	五
周德永	5	八	赵常富	4	十	段好斌	4	五
周德胜	4	八	郝国强	6	二	段好鹏	5	五
周振宏	3	九	郝　云	6	三	段文庭	1	六
周振鑫	2	九	郝　孝	3	三	段好东	7	六
周继义	1	九	郝　锋	4	三	段好红	3	六
周继宏	9	九	郝富奎	2	六	段好忠	7	六
周继国	4	九	郝武奎	3	六	段吉义	2	七
周继保	4	九	郝　玉	4	七	段建民	6	七
周继勇	2	九	郝　军	4	七	段好军	5	十
周继盛	4	九	郝　珍	4	七	段好宏	4	十

续表

户 主	人口	组别	户 主	人口	组别	户 主	人口	组别
段秀兰	1	十	高 旭	4	二	康永军	8	二
段保平	4	十	高富阳	2	二	康永宏	8	二
俞 书	10	一	高启祥	6	六	寇永芳	1	三
俞 平	6	一	高玉莲	1	七	逯延国	4	八
俞 花	1	一	郭永玲	4	一	逯延忠	8	八
俞 珍	2	一	郭积武	4	七	颉胜启	4	六
俞宗秋	1	一	郭长玉	5	九	彭 勤	7	六
俞宗平	5	五	郭有忠	5	十	董邦全	3	七
俞宗军	5	五	郭积雄	5	十	董邦禄	3	七
俞宗贵	6	五	唐 君	4	九	董邦福	5	七
俞宗富	5	五	唐连迁	2	九	韩兴忠	2	二
俞宗燕	4	五	谈明显	3	四	韩新亮	4	六
俞生发	5	五	谈明仁	4	六	韩玉军	3	七
俞 刚	4	七	谈守伟	4	九	程晓军	2	一
俞 强	4	七	谈守科	5	九	程 富	1	二
俞有平	6	七	谈明田	5	九	程文斐	10	二
俞有成	5	七	谈明全	3	九	程登信	2	二
俞有齐	3	七	谈明荣	7	九	程桂英	1	六
俞有霞	1	七	谈明哲	5	九	曾林成	5	三
俞有荣	6	十	谈明爱	2	九	曾强元	6	三
俞有新	5	十	谈守军	2	十	曾永文	4	五
俞秀香	2	十	黄玉娟	2	五	曾永东	4	五
顾登龙	8	七	黄占理	5	五	曾永昌	6	五
顾登荣	11	七	曹随太	3	八	曾永春	3	五
徐有珍	1	二	戚登福	3	十	曾永强	6	五
徐玉祥	3	五	崔 顺	5	一	曾永福	3	五
徐有孝	3	六	崔 俊	5	一	曾林春	1	五
徐有德	4	六	崔 亮	4	一	曾继才	6	五
高 宁	4	二	崔 生	6	十	曾继友	6	五

续表

户　主	人口	组别	户　主	人口	组别	户　主	人口	组别
曾继民	2	五	雷光林	5	九	潘存永	1	二
曾继发	5	五	雷光荣	4	九	潘存智	2	二
曾继军	4	五	雷光烨	7	九	潘进寿	5	二
曾继学	4	五	雷镓豪	2	九	冀朋祖	1	九
曾继荣	5	五	路　明	5	三	冀鸿祖	4	九
曾继科	4	五	缪学贵	5	四	魏君娟	1	五
曾继德	1	五	缪银贵	7	四	魏君强	3	五
曾强学	5	五	樊文祥	5	三	魏武天	4	五
曾林伟	2	十	樊胜平	7	三	魏武成	1	五
曾林虎	5	十	樊胜伟	2	三	魏武全	5	五
曾林锋	4	十	樊胜军	6	三	魏武军	3	五
强文玉	4	二	樊胜辉	6	三	魏武林	6	五
强文兰	3	二	樊永香	5	十	魏武忠	2	五
雷　泰	3	四	樊胜义	6	十	魏武银	7	五
雷　忠	5	九	樊胜永	8	十	魏武勤	4	五
雷光东	6	九	樊胜栋	6	十			

第三节　姓氏源流

一、姓氏分布

截至2020年，全国第七次人口普查，兴泉村共有84个姓氏，其中200口人以上姓氏有罗、李、张、王、周、马、杨，共2151口人，占总人口46%；100~199口人姓氏有毛、吴、卢、刘、段、闫、吕等，占总人口19%，其余67个姓氏占总人口的35%，分别为曾、范、陈、俞、沈、司、苟、石、孙、付、郝、尚、赵、魏、雷、樊、白、谈、辛、何、朱、郭、高、郑、方、师、苗、化、崔、顾、全、来、康、黄、田、缪、董、徐、韩、宁、祁、万、丁、逯、文、强、武、潘、彭、冀、唐、程、路、颉、韦、胡、孔、于、余、苏、曹、车、戚、冯、许、杜、妙、达、宋、栾等。其中8个为娶进媳妇的姓氏。

兴泉村姓氏户数构成一览表

表5-1-3

序号	姓氏	组别										合计(户)
		一	二	三	四	五	六	七	八	九	十	
1	丁			1								1
2	万					2						2
3	马	1	8	15	3		5	5	1	9	13	60
4	化									4		4
5	方								5			5
6	文		1									1
7	孔										2	2
8	毛	3	14			2	13	2			5	39
9	王	17	4	3	10	7	11		10	4	9	75
10	石	1								9	2	12
11	田	5										5
12	白					10						10
13	司	6		4			5	2		2	1	20
14	卢	6		3		6	2	10		3		30
15	付					17		2		1		20
16	冯										1	1
17	全	3										3
18	师	6								1		7
19	刘	7	1	10	1	15		2				36
20	许					1						1

续表

序号	姓氏	组别										合计(户)
		一	二	三	四	五	六	七	八	九	十	
21	祁				2							2
22	孙		8		3							11
23	闫	3		6				12		5		26
24	妙			1								1
25	朱					2	2	2			1	7
26	吕				3	3		13	3		5	27
27	辛									6		6
28	沈	3		5		2	2	4				16
29	何						1			5		6
30	李	5	2	2	11	2		9	11	17	14	73
31	张	13	1	18	6	13	1	5	3	5	9	74
32	吴	3	1	1	6			2	1	4	8	26
33	来									1	3	4
34	宋							4				4
35	罗	22	11	1	6	8	4	16		9	10	87
36	杨	8	4	5		2	11	4	8	7	1	50
37	范					8	11					19
38	武	1				1						2
39	周	7	3	22	3		4	5	2	13		59
40	尚		1		1		1			6		9
41	苟	3				4		3	3			13
42	苗							7				7
43	陈		4	2	1	4	10					21
44	俞	3				6		5			2	16
45	段	1				15	7	2			3	28
46	赵			2		1			1	4	3	11
47	郑			2						2		4

续表

序号	姓氏	组别										合计（户）
		一	二	三	四	五	六	七	八	九	十	
48	胡										2	2
49	徐					1	2					3
50	高		3				2					5
51	唐									2		2
52	顾							3				3
53	郝		1	3			2	3			2	11
54	谈				2		1			9	2	14
55	栾							1				1
56	戚										1	1
57	康		2									2
58	黄					2						2
59	曹								1			1
60	逯								2			2
61	郭							1		2	2	5
62	崔	3									1	4
63	彭						1					1
64	曾					15					7	22
65	程	1	4									5
66	强		1									1
67	韩		1				1	1				3
68	颉						1					1
69	董							3				3
70	雷				1					6		7
71	路			1								1
72	缪				2							2
73	樊			7		2						9

续表

序号	姓氏	组别										合计（户）
		一	二	三	四	五	六	七	八	九	十	
74	潘		4									4
75	冀									2		2
76	魏					10						10
	合计	131	79	114	61	161	100	128	51	138	109	1072

二、姓氏来源

兴泉村先祖大多自明朝从山西、陕西、兰州、中卫等地陆续迁居兴泉村，成为兴泉村较早期的住户。

兴泉村早期居民姓氏源流一览表

表5-1-4

序号	家族名称	兴泉始祖	迁入时间	原籍地	传承（代）	后裔户数	后裔人口
1	付理安	付承家	明天启年	大芦塘	12	20	67
2	刘作兴	刘 选	清康熙年	大芦塘	11	8	39
3	李家河		清康熙年			13	72
4	俞生发	俞学文	清康熙年	兰州沙井驿	14	10	55
5	化得荣	化政远	清雍正七年	大芦塘	12	4	16
6	毛正治	毛 询	清雍正年	大芦塘	12	35	158
7	杨作林		清雍正年		9	4	10
8	李树泰	李 诚	清乾隆年	大芦塘	10	5	19
9	李得忠		清康熙年	小芦塘	16	5	26

续表

序号	家族名称	兴泉始祖	迁入时间	原籍地	传承（代）	后裔户数	后裔人口
10	吴守强	吴 玘	清乾隆年	大芦塘	9	21	84
11	张守勤	张存志	清乾隆年	大芦塘	9	17	66
12	闫穆栋	闫定国	清乾隆年		10	26	119
13	司占升	司海魁	清乾隆年	大芦塘	10	16	56
14	樊文杰		清嘉庆年	大芦塘		5	26
15	刘正勤		清嘉庆年	大芦塘	10	4	17
16	白玉广	白见禄	清嘉庆年		8	8	41
17	陈华贤	陈殿俊	清光绪年	大马莲水	7	5	17
18	张治元	张兴云	清嘉庆年	五佛	7	4	15
19	马 全	马兆熊	清光绪年	喜集水	6	32	169
20	周文照	周体忍	清道光年	大芦塘	8	55	264
21	陈有勋		清道光年	陈家疃庄		4	16
22	吕广德	吕万祥	清咸丰年	大芦塘	6	27	120
23	辛世楷		清同治年	大安闫家水	7	6	22
24	王广恩	王庭珍	清同治年	喜集水	8	8	33
25	来耀明		清同治年	五佛	7	4	15
26	罗 雄	罗起恭	清光绪年	坝滩中泉		85	367
27	杨凤钧	杨廷香	清同治年	响水堡	8	27	109
28	刘宗财	刘 堃	清光绪年	皋兰秦川	6	6	22

注：以上户族姓氏人口统计为兴泉籍在册人数，户口迁出及外出者不在统计内。

第四节　婚姻家庭

一、婚姻

本村婚姻形态主要有包办婚姻、买卖婚姻、倒插门（入赘）、换头亲、错房婚（小叔续嫂、大伯娶弟媳）、抢寡妇、代相亲、自主婚姻等。随着时代进步、社会变化，人们的婚姻观、生育观逐步转变。

1949年以前，少数富户一夫多妻，其子女成婚较早。而受条件所限，贫民子女则结婚较晚，绝大多数为一夫一妻。为传宗接代，也有少数近亲成婚者，亦有极个别因贫困或其他原因终身未婚嫁者。1949年前后，包办婚姻较为普遍。新中国成立，政府倡导恋爱自由，婚姻趋于自主。改革开放以来，市场经济发展，村民的价值观、婚姻观、生育观发生较大转变，婚嫁彩礼也越来越重。

二、家庭

1949年前后，村内多子女户占绝大多数，三世、四世同堂，三代户占30%以上，亦有极少四世同堂者。据统计，1950年，300户1797人，户均约6人；1979年，689户3905人，户均5.667人；1991年，828户3729人，户均4.5人。随着经济条件好转和家庭观念转变，家庭结构趋向单一化、直系化，两代组合普遍，三世同堂不多。

第五节　计划生育

一、计划生育领导小组　1973年6月，大队设计划生育领导小组，组长由大队党支部书记兼任，下设委员数人，负责全大队计划生育工作。

二、计划生育协会　1987年12月，成立计划生育协会，会长由村党总支书记兼任。下设秘书长一人，由村文书兼任。理事10人，由各村民小组组长兼任。

三、计划生育服务室　村妇联主任为服务室主任，各小队设育龄妇女小组长。计划生育服务室为村计划生育专门机构。

四、教育及管理　1957年，省卫生厅下发《关于1957开展节育工作的意见》，县卫生科来村上举办避孕知识展览和节制生育知识讲座，宣传计划生育优越性。1973年，北京医疗队下乡进驻大队开展宣传教育，使干部群众对计划生育有了新认识，节育率有所提高。1975年底，人口出生率和人口自然增长率下降。1976年，社员响应政府“晚婚晚育，一对夫妇只生两个孩子，胎次间隔4～5周岁”的号召，育龄妇女节育、优生、优育观念增强。国家计划生育政策的出台实施，直接影响人口的升降值。

1990年，二女户结扎后困难补助和养老金兑现，农村二女户无后顾之忧，人口出生率、自然增长率有所下降。

1992年，村上建立健全“一卡八册”，计生工作与指标管理、基础管理、依法管理、流动人口生育管理相结合，计划生育工作常态化。1999年，兴泉成为“计划生育合格村”。

2000年，计划生育一孩化、纯女户两孩化较为普遍。进入21世纪，村上60岁以上人口占全村总人口的23%，趋向老龄化。

第六节　“上山下乡”知识青年

20世纪70年代，白银公司派遣知识青年落户兴泉大队。

1975年，第一批来兴泉大队下乡知识青年被集中安排在二队、六队、九队的三个知青点。其中二队知青有代淑娟（女）、刘青兰（女）、陈雅娟（女）、周银兰（女）、刘淑珍（女）、许桂荣（女）、付玉兰（女）、郝建明、刘启春、许振光、袁宝兴；六队知青有龙逢春、史岳新、毕小丽（女）、高兰萍（女）、史金凤（女）、姜立春、尹祖光。九队知青有段红元（女）。

1977年，第二批来兴泉村下乡知青被分派到各生产队参加劳动，有席君海、何玉明、代秀英（女）、郭爱兰（女）、李淑华（女）、尹祖明、尤志萍

（女）、曹玲（女）、李崇霞（女）、林俊霞（女）、郭志红（女）、丁忠彦、陈雪峰、陈加宝、刘青萍（女）、李安民、马占川、黄芳、李鸿彬、高鹏、白熙、孙英、袁树新、胡银玲（女）、张彦芬（女）、王桂珍（女）、关玉生、邹义祥、姜丽泽、贺爱民、张红梅（女）等。

1978年10月，中央上山下乡工作会议决定停止知识青年上山下乡运动，并安排落实政策。1979年后，村上知识青年陆续全部返回原城市就业。

第七节 90岁以上高寿老人

随着人居环境和医疗卫生保健条件的改善，家庭和睦，子女孝敬，邻里关系和谐，村民的平均寿命不断增加，至2021年达到72岁。90岁及以上高龄老人也屡见不鲜。

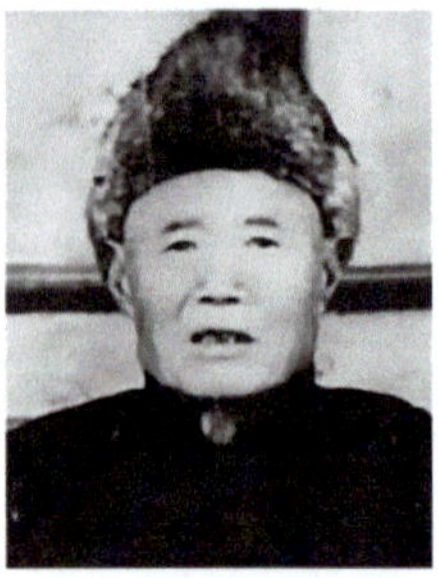

杨生贵
（1876.6—1968.1）

杨保山
（1904.12—2002）

何凤元
（1915.3—2006.2）

刘庭基
（1918.5—2009.6）

罗文银
（1924.8—2018.7）

司占礼
（1925.8—2020.4）

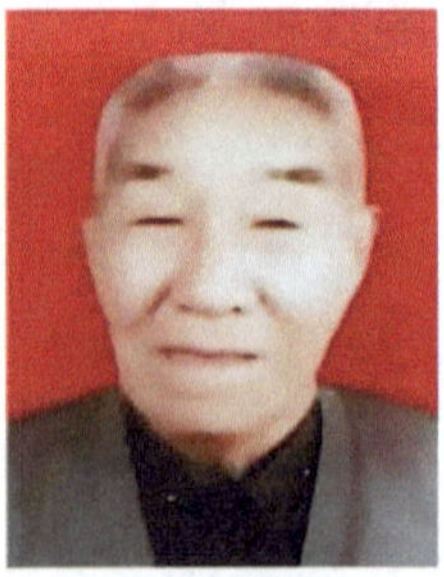

周世刚
（1925.10—2019.2）

李润德
（1926.6—2018.9）

郭天寿
（1926.6—2015.12）

祁全智
（1926.11—2020.11）

王玉英
（1927.9—2017）

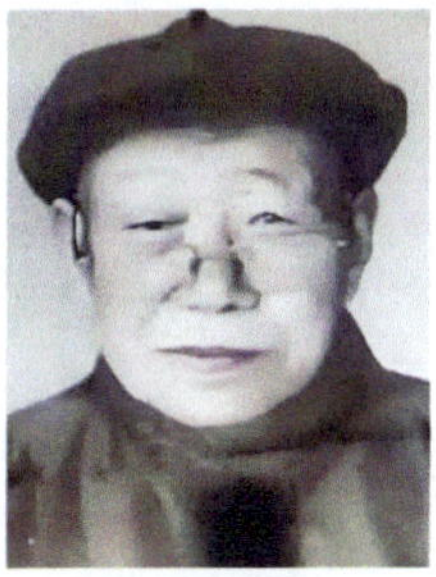
张有贵
（1927.11—2019.2）

尚有兰
（1928.1—2018.2）

段文庭
（1928.4—）

吕广德
（1928.5—2019.6）

卢昌福
（1928.6—2021.3）

毛文栋
（1928.9—）

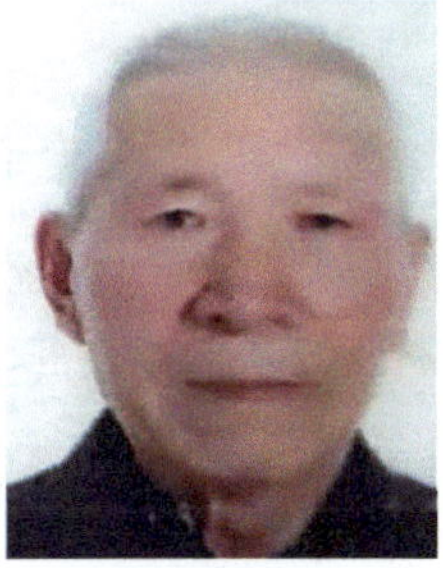
王有臣
（1929.10—2022.5）

高凤英
（1930.9—2022.2）

陈文秀
（1931.5—）

第二章 风 俗

第一节 岁时习俗

一、春节

1.扫房 民间也叫“掸尘”，腊月廿四打扫房屋院落，这是年前一次重要的家庭卫生清洁工作。先把屋内的一些物品搬到院子里、门台上，然后开始“扫房”，清洗各种用品，拆洗被褥，扫扫庭院，掸拂尘垢，使屋内外干净清爽。

2.糊窗户 过年前几日，家家都要糊窗户。过去农家的窗户普遍为木制，窗棂有万字格、满天星、九连灯、十三花等。先将窗户卸下来，撕尽旧窗户纸，刮净窗棂棱角上的干糨糊，在窗户四角贴上四色方块纸，中心贴上吉字、福字等图案。最亮眼的是糊上剪纸图案，再将整张白纸贴在上面。窗户糊好装上后，屋内立刻变得祥和喜庆。俗语所说“一个花姑娘，年年换衣裳”，即指糊窗户。

3.宰鸡、宰羊、杀猪 腊月廿三一过，就开始宰鸡、宰羊、杀猪，准备肉食。有将猪肉腌制存放及吃血面的习惯。杀猪要请关系好的人吃血面，并给邻居们都要端送。屠夫临走时，主人家还要给一小块肉或猪尾巴，以示感谢。

4.擀长面、蒸花馍馍、炸油饼 过春节，村民们都有擀长面、蒸花馍馍、炸油饼及蒸盘的习俗，盘，指专门用来供奉祖先的馒头，届时摆放在堂屋正中的桌子上。除夕晚上，还有吃宽心面的习俗。即要吃宽一些的面条，寓意宽心。初一早上，绝大多数人家都要吃长面，一般在中午吃花馍馍、油饼。正月初七日，即人七日，一般也要吃长面。进入21世纪，村民们在春节期间的饮食方面有了更多的选择，可选择吃长面或饺子。但吃长面仍是村民所坚守的习惯。

5.贴对子、贴门神 贴春联，是过春节的重要标志。除夕下午，家家都要贴对子。以七字联、十一字联居多。在大门、上房、灶神牌位、厨房、库房、车库、牲畜圈等都要贴上相应的对联。当年有老人去世的人家，不贴对子，待换孝后才可贴换孝的对子。门神以古代传说中能驱邪捉鬼镇宅的神话形象为主，最早贴神荼、郁垒，后来贴秦琼、敬德，也有人贴形式多样的“福”字。

6. 凿五福 俗称五福子，传统意义上的五福包含长寿、富贵、康宁、好德、善终等，是将红、黄、蓝、绿、紫等五种颜色的纸裁成宽约15厘米、长约20厘米的纸片，摞在一起，底下垫一块木板，拿专用的凿子在纸上凿刻出一个“福”或“家和万事兴”、梅花等，周围配以各种图案，贴在门框的上槛。

7. 送灶神（祭灶） 腊月廿三俗称小年。这天要祭灶神，俗称“灶神娘娘上天”，即送灶神上天宫汇报人间善恶美丑之事。灶神是灶王爷、灶娘娘的合称，供作一家之主，意在保佑平安。灶台上方神龛都供奉有灶神牌位。贴灶神的画像，也有人家在黄表纸上签有灶神牌位供奉的。天黑后，取下厨房神龛上贴的灶神像，一边点燃一边祷告。同时，准备好黄白两张灶马，将黄色的点燃烧掉并祷告，寓意送灶神上天言好事。至除夕晚上，再将白色的灶马烧掉，意在接灶神回家过年，并将准备好的新灶神像贴好，燃香火，供食品，至此，祭灶程序完毕。灶神旁有“上天言好事，回宫降吉祥”的对联，横批为“一家之主”。

8. 年夜饭 腊月三十（小月为廿九），是一年的最后一天，全家人围坐在一起吃年夜饭。一年一度的年夜饭，是除夕阖家团聚、共享天伦、共进美餐的时刻。尤其在外地工作的亲人回来，全家人一起吃饭、拉家常。年夜饭一般以面食为主，有肉类等菜品，比较丰盛。

9. 接神送神 除夕晚饭后，摆上祭品，开始祭祀。在供桌前敬香、奠酒、祷告。随后前往村外焚烧冥币。回到家中，向牌位磕头，在桌前按家族中辈分大小依次磕头拜年。晚上鸣炮接神，到初三早上再鸣炮送神。

10. 守岁 除夕夜，家人聚在一起熬夜，年长者给孙辈、重孙辈发压岁钱。爷爷或奶奶在最小辈的额头点红，祷告“孙子将来有红顶大帽，是朝中命官”等。为女孩点红，祷告“我娃俊俏美貌，针线茶饭无人能比，以后联姻朝廷阔家”等。家人吃喝后一起娱乐，一般到凌晨休息，也有守岁到天亮者。

11. 拜年 正月初一清晨，给家中长者磕头拜年。初二以后的几天，按辈分高低，首先在本族中各家拜年；其次是为德高望重者拜年；最后是同辈互拜。过了初三，再分别到舅舅家、岳父母家拜年，一直延续到正月十五。

12. 追五穷 正月初五有追五穷的习俗，就是送穷鬼的意思。所谓五穷，指的是智穷、学穷、文穷、命穷、交穷。黎明起，先放鞭炮，再打扫庭院卫生。打扫的垃圾放到门外，点燃鞭炮，仪式完毕，表示所有穷鬼穷气都给赶跑了。妇女则要清洗衣物，剁肉馅包饺子，并且剁得案板叮咚作响，以示正在剁“小人”。包饺子时，点燃一炷香，在装饺子馅的盆子边上绕几圈，意思是将“五穷”赶拢来包起来，煮熟吃掉。

13. 跳火堆堆 正月廿三晚上，人们在村里大街小巷各自家门前，放上7堆麦草点燃，往火堆里扔几个用黄纸剪的尕人，再撒上几把盐，噼里啪啦作响。左邻右舍争先恐后在火堆上跳来跳去，大人抱着小孩子也抢着跳火堆。一边跳，一边念叨：“干净干净，一年没病。”意为人们经过跳火堆，将一年的不顺、疾病和烦恼通通燎干净。跳完之后，火焰即将熄灭之时，把还在微微发红的火渣用铁锨扬起来，看着扬起来的火花，人们高声喊着“大麦花”“麦子花”“荞麦花”，意思是扬起来的火花像这些粮食的花，预示着来年这种农作物将会大丰收。

二、元宵节

正月十五是元宵节，也称“过十五”。随着元宵节的临近，年味又浓起来。届时，村里要社火、唱大戏、办灯会等，把春节的热闹气氛推向高潮。是日晚上，村民在自家大门口架一笼火，悬挂红灯笼，预示来年人财两旺。饭食一般是吃长面，寓意幸福长长久久，随着旧俗的淡化，多吃元宵和饺子，寓意阖家团聚，圆圆满满。要社火时男女老少有“钻龙”的习俗，即社火过来，男女老少从“龙”身下面钻上几个来回，祈求健康吉利。

三、二月二，龙抬头

二月初二，又称春耕节、农事节，是民间的传统节日。这一天，老人不让年轻媳妇们动针线、动剪刀，怕扎坏了龙的眼睛、划破了“龙皮”。龙抬头，预示着新的一年的农活从这个时候就算开始了。还有“吃炒豆，理新头”的歌谣，对个人而言，这一天理发剃头，意味着一切从头做起，从新做起。

这天，兴泉人有吃炒麻麦、炒豆子的习惯。俗称“爆（音 bie）龙肝”，又说“爆蛇蚤”，意在将各种蛰伏的动物都惊醒。

四、清明节

清明节是上坟祭祖的日子，村民大都带子携孙到祖坟前，摆供品，焚香纸，给新坟添土。上坟习俗主要是给坟院土神敬香烧黄钱供奉祭品，再给先祖坟头压黄纸进香献馒头，然后在坟院前面用石头垒成的圈子（俗称盛盛）里烧纸钱，同时给每座坟逐个奠酒敬供祭品。纸钱焚烧成灰烬，大家面向祖坟按照辈分整齐跪下磕三个头。礼毕开始收坟头馒头，孩子们一哄而上抢馒头，年轻媳妇也常常加入抢馒头的行列。旧俗有吃了上坟的馒头可以生男孩的说法。然后大家围坐一圈聚餐，平时家族各处东西不常见面者，在上坟时团聚，祭祖叙旧，联络感情。扫墓祭祖须在清明节前，也可在清明当日，但不可延后。

五、四月八节

四月初八俗称“四月八”，相传是佛祖释迦牟尼的诞辰。村民有赶庙会的习俗，信众携老扶幼焚香敬佛，寺庙会举行放生仪式和斋会，也唱大戏。讲究在这一天吃鲜嫩的韭菜包子。

六、端午节

五月初五为端午节，又叫端阳节。这天，家家户户门窗插柳树枝，小孩脖子、手腕、脚腕系五色线做的花花绳，意为驱五毒，保安康。端午节之日，家家户户吃粽子、凉粉、酿皮和凉面。

七、中秋节

八月十五为中秋节。节前几天，家家户户都会烧月饼，买西瓜或籽瓜。十五傍晚待月亮升起时，在院中设香案，摆供品，有月饼、瓜果。开始剜月，家中男主人把月饼中央剜出圆圆的“月亮”，把瓜剜成八牙儿，摆放供献。焚香一炷后，掰月饼、瓜果等供品各一小块，置于盛水的碗中，然后泼洒在屋顶，敬天、敬月中仙子和玉兔。然后大家一边赏月一边吃月饼水果，意在团团圆圆，健健康康。

八、寒衣节

十月初一俗称寒衣节，也叫“十月一”，是祭祖的日子。因天气变冷，故这天给去世的亲人“送寒衣”。人们印好冥币，用五色纸剪几套衣裤鞋帽，带上麻腐包子，傍晚到村外僻静处，焚烧纸钱和“衣物”。有些妇女因为思念故去的亲人，不免放声哭泣。

九、腊八节

腊月初八俗称腊八节，祭祀祖先和神灵，祈求丰收和吉祥。这天早饭吃“腊八饭”，俗称“糊涂饭”。做法跟做糁饭工序差不多，只是腊八饭里加入些肉臊子等，也比较软。吃腊八饭前，老人先端一些给家里窗耳、门楣以及猪圈、牲口槽上糊抹。不能吃菜，意味着来年庄稼地里只长粮食不长草；也不能喝汤，寓意来年不遭暴雨打。家里养牲畜的还要留点儿腊八饭，到除夕晚上给牲畜填料时和在里面。腊八节一过，家家户户杀猪宰羊，预示又一个大年即将来临。旧俗讲究天不亮就吃腊八饭，随着时间的推移，这种习俗逐渐淡化。

第二节　生活习俗

一、服饰

至民国时期，一般农户家，男人戴布制帽子，老头戴瓜皮帽，穿对襟衣袄，宽裆长腰裤，纳底粗布鞋袜；妇女多穿花布偏襟大褂，肥腿裤，自制花鞋。流行色为黑、白、红、绿、蓝；文化人或条件较好的极少数男子，穿洋布偏襟大褂，戴礼帽。1949年至20世纪60年代，老人服装变化不大，年轻男性以中山装、列宁装，女性以小翻领学生装、碎花褂等为时尚，布料有土布、洋布（平面布、卡奇等）；60年代后期至70年代流行军装和军便服。进入80年代，随着生活条件的改善，服装款式翻新换代节奏加快。男女青年中流行高跟鞋、喇叭裤、牛仔裤、西装、夹克、羽绒服、马甲、风衣、套裙、连衣裙等。进入21世纪，村民的服装与城市居民基本接近，品种花样繁多，出门有正装，干农活有工作服，在家有休闲装、运动装等。过去，妇女首饰有耳环、手镯、头簪等；

儿童饰物有长命锁、古钱、手镯、香荷包等。50年代，男青年以挂钢笔，女青年以蒙纱巾、戴发卡入时。60年代后期，佩戴毛主席纪念章盛极一时。70年代末，青年人以戴手表、墨镜为时尚。80年代，传统金银饰物复兴，年轻女性以戴耳环、戒指、手镯、项链为时髦；男青年以戴太阳镜、变色镜为时尚。90年代后，除金银首饰品外，青年人以BP机、手机为时尚。进入21世纪，各种材质镯子、戒指、手链、项链又在男女之中普遍流行。

二、饮食、饮酒、饮茶

以前，家境好的，以小麦面、大麦面制成面条、馒头、饼子等各种面食，以黄米、小米做出糁饭为主食，早晚有少量佐餐菜，中午就馍馍茶水。贫苦人家小麦面、大麦面、小米有限，各种杂粮、粗粮都可食用，若逢灾荒之年，糠谷、野菜、草籽均被用来果腹。至70年代，村民日常食物中玉米、荞麦、糜子、谷子以及豆类等杂粮也占一定比例。80年代后，各种杂粮比例日趋减少，白面馒头、面条、包子、饺子成为家常便饭，糁饭是人们常吃的饭食。家里有了余粮，蔬菜和各种副食也多了起来。

面条、旗花面　村民常吃的面食。旗花面也是面条的一种，做法与面条相同，在切面的时候，切成不规则的小旗形状。

面条或旗花面，烹调有很多种方式。最简单的是，用清水煮面条，煮熟以后，炝以清油葱花，调入盐、酱油、醋等调味品，即可直接食用。也有在面条里调洋芋丁、洋芋片和肉臊子，味道更佳。或者在煮熟的面片里打上鸡蛋叫鸡蛋面片，富有营养。除此之外，还有将面条下在米汤里的“米和和”。在面条里调上用碱水煮烂扁豆的“灰豆面”，有冬天杀猪后用猪血和面做出来的“血面”。

糁饭　是平时生活中的招牌饭食。糁饭做法比较简单，水烧开，将淘净的黄米或小米下进锅里，快要煮熟时，撇出多余的汤汁，撒上盐，米上面撒一层面粉，蒸熟后跟米一起搅拌，做糁饭重要的是要掌握好火候，其次是搅拌，有“糁饭好不好，三百六十搅”的说法。截至20世纪六七十年代，多用小米做糁饭，之后多用黄米做糁饭，80年代后，以白米掺加黄米做糁饭。

大茶　是婚丧嫁娶等重大活动时招待亲戚朋友的特色食品。是一种原料丰富的菜汤，基本食材是肉臊子、洋芋、豆腐、粉条、凉粉、香菇、木耳、鸡蛋

（饼）、西红柿、辣椒、鸡汤、香菜等，经过调制而成。主食一般是蒸馍或糁饭，食用时，用糁饭、馍馍就大茶。大茶讲究清而不淡、油而不腻、色香味俱全，尤其在同一时间内方便招待众多来客，盛行不衰，成为村民的最爱。

饮酒 生活困难的年代，人们极少饮酒。新中国成立初期，人民政府提倡勤俭节约，加之物质的相对匮乏，人们除过年、喜庆宴时少量饮酒外，平时很少聚会饮酒。20世纪80年代后，随着生活水平的提高，饮酒之风渐盛。进入21世纪，除逢年过节、喜庆饮酒外，朋友聚会、业务洽谈都少不了饮酒。酒席是村民招待贵客和朋友的最为排场的方式之一，让亲朋好友吃得可口、喝得尽兴，是基本的待客之道，重要节假日或家庭喜庆均会举办酒席。席上以猜拳方式喝酒最为常见，主人或者陪客一般先“打关”，跟贵客或来宾逐个猜拳行令喝酒，每人六拳过关，输者喝酒。以猜拳好为荣，以酒量大、酒风好为贵。饮酒的酒令（歌）吟唱也特别有趣，蕴含着当地酒文化。同时也流行发扑克牌喝酒，场面相对安静，不会影响他人。

饮茶 旧时，村民很少有饮茶者。新中国成立初期，部分老人们有熬煮茯茶（砖茶）聊天的习惯，劳动乏了喝茶解困。20世纪80年代后，喝茶逐渐成为村民的日常习惯，各种绿茶、红茶、花茶进入人们的生活。亲朋好友来访，先上一杯热茶，是最基本的礼节。

三、居住

清末至新中国成立初期，村里富裕人家宅院多为三合院，北面五间主屋（明五暗七），东西各两间“厢房”；大多为土木结构，块石基础，土坯墙，格棂式窗户，砖瓦四合院极少。20世纪70年代，村上实施新村规划建设，村民建房开始讲究玻璃门窗，即所谓新式房。新式房所用木料大大减少，只保留暗柱，椽子直接搭在前后土墙上，俗称“驴驮梁”，房屋结构多为砖基础（俗称碱砖），白灰粉饰里墙和外墙，门窗刷漆。80年代后，率先富裕起来的人家开始建砖房，拔檐房复兴。进入90年代，村民在拔檐房基础上改建走廊式拔檐房，俗称土拔檐，省去明柱明梁，门和窗子的尺寸变大，走廊与前墙贴瓷砖，水磨石地面，石膏板吊顶，红瓦铺顶，既实用，又防风沙，冬暖夏凉。

村民多以北房为正房，正中屋子俗称“上房”，年长者居住，为祭祀、待客和一家人聚会的地方；东西房分别居住儿孙。随着社会发展和生活方式的变化，越来越多的家庭，子女成家后便分开居住。

四、盖房修房

20世纪70年代，村民房屋多为土木结构，还有少部分纯土坯建成的箍窑。土木结构房屋的主要材料包括土块、梁、檩子、椽子、芨芨等，大多数房屋不用砖瓦，主房的基本规格是二梁六檩四柱。80年代后，砖混结构房子逐渐兴起，90年代后期，出现钢筋水泥框架房。建造房屋，都非常讲究“上梁”，就是一间屋子最重要的木制构件的大梁从地面安装到屋顶上，需要请风水先生选好日子。上梁之日，亲朋好友、左邻右舍都会前来帮工、祝贺。房屋中央檩子上镶嵌着五谷、硬币和红筷子等，贴“上梁大吉”“吉星高照”等祝福语，大梁上贴“左青龙扶定玉柱，右白虎架起金梁”之类的吉祥对联。

土坯房居住三五年，屋顶经过几年的风吹雨淋，会有漏雨情况，就得修缮一次。主要是补一层草泥，俗称“上房泥”。80年代以后，土坯房完全被水泥砖瓦房代替，屋顶漏雨现象基本得到根治。

五、盘炕盘锅头

盘炕 土坯房一般盘通炕，占一间屋子三分之一或者二分之一的面积，在窗户外下面留两个开口，专给火炕填柴草引燃，称“炕洞”；屋子后墙开一个小洞，排出烟尘，称“炕眼”。一到冬天，就要烧炕，将平时就准备好的草芥、牲口粪便以及煤末（俗称煨炕的）填进炕洞里，点着，叫“煨炕”或“填炕”，将炕面烧热。历史上，因为许多人家冬天没条件生火，则主要靠热炕御寒取暖。80年代以后所建砖房，村民不再盘通炕，做“半截炕”，炕洞多留在屋后。随着人们生活条件的改善，冬天取暖方式多样化，有水暖、电暖烤箱等，传统的煨炕越冬方式逐渐废弃。

盘灶 灶，俗称“锅头”，一般都建在厨房，大多用土坯砌成，是家里烧水、煮饭、炒菜、烙饼、蒸馒头等的主要设施。盘锅头有“东厨西灶”的讲究。一般要盘一个通体的可以烧煤的炉子和烧柴火的灶火，灶火的燃料有野外挖来的各种可燃植物、庄稼的秸秆、晾干的牲口粪便。灶火旁边要装一个吹火的风箱（俗称风匣）。随着生活好转，盘锅头的材料及制作风格都发生变化，改为用砖砌成，表面贴上瓷砖，干净美观。后来又用电磁炉、微波炉或天然气燃气灶做饭，灶台变成摆设。

六、挖煤、捡柴草

挖煤 在距离村庄10公里的茨沟山，有多处小型煤窑，大队或生产队派人挖煤。挖煤的工作既辛苦又危险，有“吃阳间饭干阴间活”之说，因煤洞小，只能用小扁担挑着趴着出入或拉着箩筐出煤。70年代，大队在大格达开煤窑，社员烧煤紧张状况得以缓解，社员得到的都是末煤，加一定比例黏土和成煤块烧火。80年代以后，村民开始烧块状煤炭，无烟块煤最受欢迎。

捡柴草 过去村民做饭取暖，除用少量的煤块外，大多在山川里挖柴作为燃料，也捡树枝或收集植物秸秆烧饭，或收集牛羊粪用以冬天煨炕。这种现象一直延续到90年代。

七、独特的生活习俗

20世纪50—70年代，由于旱灾等影响，造成粮食短缺、生活窘迫，所以，人们非常珍惜粮食，从不糟践、浪费粮食。在收割小麦后，将掉落在田地里的麦穗全部捡拾回来，真正做到颗粒归仓。吃饭时洒落在桌子上或者地上的饭粒都要捡起来吃掉。除此之外，还养成一些特殊的饮食习惯。

1.挖田鼠仓 一到秋季，田鼠就将成熟的粮食穗子咬下来搬回窝中，储存一冬的食物。生活困难时期，有人就找到田间地头老鼠的洞，挖开它的储粮仓，将所有的粮食取出来，拿回家作为度荒的口粮。

2.舔碗 生活艰难时期，村民家里饭锅里的饭食有限，人们又都吃不饱，所以吃完饭总要把碗上遗留的饭粒和面汤，用舌头舔干净。而对于舌头够不到的地方，则用食指将食物刮下来，再用舌头舔掉。当然，孩子们更是渴望糁饭的锅底多些锅巴，兄弟姐妹一起争食。

第三节 婚育习俗

一、婚嫁

1.提亲 男女青年到了谈婚论嫁的年龄，一般由男方看上谁家的姑娘合适缔结姻亲，便请媒人（媒婆）上门提亲。媒人向女方家说明缔结婚姻的意图，如果女方家长认为条件合适，即收下礼品，说明这门亲事可以进行。媒人问清女方的生辰八字，以附会相属相合相冲以及五行相生相克之说。后双方通过各种关系了解对方家庭的所有渊源，俗称“打问”。通过这种方式，考察判断婚姻的可能性和可行性。若相属八字不合，或者对方家庭有自己不能接受的隐秘史或家族病史，双方的联姻就此止步。如果觉得合适，婚姻之事就基本确定下来。在举办婚礼之前，男方逢年过节都要到女方家，并带上礼品，有时还会按季节给女方送礼物等。确定关系之后，就要送聘礼。其间女方也可以上男方家里看家，俗称“上门”。姑娘上门时，准公婆要给见面礼。

2.定亲、送礼 定亲又叫订婚。定亲和送礼是婚姻习俗上重要环节之一，俗称“送彩礼”，也叫“完聘”“完大聘”。男方择吉日，携带聘礼去女方家订婚。所带礼品中的两酒瓶用六尺红线绳绑在一起，瓶上贴着红帖子，上写“秦晋之缘，百年好合”。将所携带的聘礼放在桌上，开始验聘、验瓶。

验聘 就是女方家的婶娘、姑姑、嫂子等查验男方给姑娘送的衣物等。之后，男女双方当场交换信物，俗称“换手”。这时开始放炮，新女婿向灶君、先人上香、磕头，礼毕，男女二人向主宾敬酒，两家结成秦晋之好。女方拿出小礼品送给男方的人，叫作回礼。

验瓶 是将酒瓶放到桌上，新女婿将少许钱塞在瓶下，新女婿在旁，由待嫁姑娘的弟弟或者妹妹出来验瓶，故意逗玩说左不平或者右不平，让新女婿再放钱，借此考察新女婿的脾气、度量和性格。逗乐完毕，双方一同饮酒。两瓶酒要喝光，酒筵完毕，女方家人给空酒瓶装上大麦或豌豆，让男方带回家，来年春种到田里，象征姑娘到男方家早生贵子，祝福婚姻圆满。

3. 结婚 订婚后，男方选择结婚的吉日良辰，再通过媒人告知女方家，征求女方的意见，叫作“送日子”或“说日子”，也称“告期”或“探话”。经女方家同意，男方就可备礼到女方娶亲。娶亲人用订婚时拴酒瓶的六尺红线，将姑娘用红线牵出闺房，线头交给新女婿，男方这时要给女方“离娘红”。女方家需选定部分亲友，陪送姑娘一同到男方家当“西客”吃酒。

新人进门时辰一般选在傍晚，男方家在大门前准备迎亲。娶亲车到，则鸣炮迎接。男方准备好清水脸盆，请西客洗手洗脸，叫作“洗尘”。新郎则背或抱着新娘走进新人房。迎亲的东家亲友挡在大门口，给客人一一敬酒敬烟。然后请西客入席，设宴招待。新郎把新娘背进洞房时，新娘子拿出事先准备好的面豆豆撒向近前的亲友。而后，年轻的同辈人闹洞房。闹洞房结束，伴娘或娶亲婆用核桃、枣子、花生铺床，象征圆圆满满、早生贵子、男女成双。铺床后过了午夜，按选定时间在堂屋先人桌前上香、叩首、拜堂，俗称“拜天地”。拜堂过后就等第二天举办婚礼仪式。

举行婚礼仪式，在院子堂屋前正中摆放装饰好的背景，挂一个大“囍”字。结婚典礼开始，鼓乐齐鸣。主持人邀请双方长辈入座。新郎、新娘佩戴红花向长辈敬酒、敬茶、敬烟，新娘改口叫公公、婆婆为爹、妈，公婆给新娘改口费，新郎新娘向长辈、来宾鞠躬，仪式完毕，新人入洞房，婚宴开始。

4. 恭喜 指在举办婚礼过程中，亲朋好友前来恭喜贺礼，俗称“送情”或“恭喜”。以前恭喜随礼，一般是送一盘花卷，上面盖一尺红布。又逐步变为送六尺红布或红被面，后又演变成直接送现金，又称礼金，婚礼现场设情簿。所有恭喜者一起入席，俗称“坐桌”。随同新娘家来的西客也一同入席称“吃席”。

5. 添箱 姑娘“出阁”前一天，女方家要将给女儿的嫁妆置于院内或门台上，亲朋好友闻讯前来送上贺礼（礼品或礼金），叫作“添箱”。

6. 回门 一般新娘在婚后第三天由新郎陪着回娘家，称“回门”。新娘回门要身着红色鲜亮的礼服，小两口携带的回门礼必须是双数，烟酒、特产等要贵重一些。娘家人要设宴款待姑娘和新女婿，称之“回门饭”，新人不得在女方娘家留宿过夜。回娘家时，新娘走在前，新郎走在后。返回男方家时，男前女后。以前讲究回门时，娘家弟弟或妹妹来陪着姐姐和姐夫一起回娘家，因为这是出嫁后第一次回到父母身边。

二、生育

1.分娩 20世纪70年代以前，由于医疗条件落后，孕妇分娩一般由民间的接生婆帮助接生。家里人事先将从碱台塄背或拉来的黄沙铺在临盆的炕上。如果是冬天，则要将沙子炒热。沙子主要是用来清理产后的血污。分娩时，躺在平铺的细沙上，由接生婆助产。婴儿一出生，接生婆将婴儿在沙中缠裹一下，粘掉身上的羊水胎便等，随后为产妇和新生儿穿上事先准备好的衣服，再将污染了的沙子收拾干净，装在背篼里，背到野外倒掉。

2.接生 接生婆也称老娘婆，即帮助孕妇分娩的女性助产者。过去妇女生孩子，都是在自家炕上分娩的。在孕妇感觉就要生产时，家人赶快去请村里的接生婆。接生婆都是义务帮忙，不收取费用。她们凭借自己的生育经验和接生技能，帮助产妇接生。六七十年代开始，村上医疗站选拔专人进行培训，大大降低了产妇和新生儿的生育风险。婴儿若有中风现象，接生婆一般采用艾叶、干针予以针灸治疗。

3.坐月子 生了孩子，产妇一个月内不能出门，俗称“坐月子”。坐月子的房间称为“月房”，产妇被称为“月婆子”，新生儿被称为“月里娃”。家人必须保证月房严实不透风，不让月婆子受风受寒。旧说如在月子里得了病，终身难治。还有说法是月子里得的病，只能等到坐下一个月子才能治愈。因此，家人要格外操心照顾好产妇。月房不允许闲杂人等进入。为提醒禁止闲杂人，要在月房的门框上方挂一绺红布，俗称“挂红”，也叫“忌门”，表示“闲人止步”。有闲人进入会“踏奶”、导致产妇断奶之说。万一有人不慎“踏奶”，需要踏奶者专门送一顿酸汤面给产妇食用，俗称“还奶”。

4.过满月 新生儿出生足一月，称为“满月”。这一天孩子的外爷外奶一家人来为孩子送一身新衣裳，爷爷奶奶则要给孙子揣钱，有条件的找个戥子放在孙子枕头下，意为“前程（钱秤）”远大。满月当天，买些瘦肉，切成小丁，公婆家和娘家人在一起吃一顿肉丁臊子面条或长面，意为“添丁”。

5.缠百禄 新生儿出生一百天，家里请来剃头匠为孩子剃头。将剃下的头发团成一个小圆球，用红线缝好，缀在娃娃肩上，男左女右，意味着将一生毛躁烦心的事情全收了，圆圆满满活人。也有人在一百零六天的时候过“百禄”

（“六”即“陆”，读音lu，谐音“禄”）。做一锅荞面搅团，饭色越青越好。烹调一锅大茶，备上油泼蒜泥和辣椒，邀请至亲好友，欢聚一堂，给孩子过“百禄”。爷爷奶奶给娃娃戴一个金锁或银锁，上面刻“长命百岁”四个字，手腕脚脖戴上小铃铛，“铃”谐音“灵”，象征手脚麻利，聪明伶俐。

6.起小名 也称乳名。小孩子出生后，在正式起官名（学名）之前，都要先起个小名。一般都是父母或爷爷奶奶起，虽是小名，也很讲究，带有寓意。

7.抓周 孩子周岁，家人为孩子过周岁生日时，一般都会做一个游戏，即在孩子面前放很多东西，或玩具，或学习用具，或生活用品，如笔墨纸砚、算盘、锣鼓、乐器、马鞍、马鞭、碗等物品，让孩子上前抓。孩子抓什么，意味着孩子以后会主要从事什么。比如，孩子抓笔纸，就意味着孩子长大喜欢读书，能做文章；如果拿算盘，以后会精于计算，可以做账房先生；抓了马鞍，长大后会骑高头大马、当官发财等等。为了讨彩，有人有意将笔和纸或者马鞍往前置，好让孩子容易抓到，而把其他物品放得远一些。

8.拜干爹、干妈 如果婴幼儿有一些抓耳挠腮或昼夜哭闹的毛病，家人便寻访为孩子拜干爹、干妈。拜干爹、干妈必须是与孩子父母同辈而且是生有子女、家中子女齐全者，在地方上名声较好，且没有疾病。拜了干爹或干妈，自此两家就是干亲家（俗称干亲）。孩子长大后，逢年过节都要看望干爹干妈。而干爹干妈对于干儿子、干女儿的婚事、盖房等重大活动都会过问、关心。拜干亲要选一个好日子。届时，孩子的亲生父母要准备酒席，还要给孩子预备好孝敬干爹、干妈的礼物。干爹、干妈也要送给干儿子、干女儿一些礼物。其中有饭碗、筷子和一个长命锁，意在一生平安，长命百岁。

第四节 丧葬习俗

丧葬又称殡葬、丧事，俗称白事。丧葬习俗是处理逝者遗体及举行相关的悼念活动，是人们对待死亡的态度以及丧葬文化、孝道文化的集中体现。兴泉村丧事程序有落草停放、报丧、招魂、告庙、祭奠、送亡、入殓、出殡、送葬等过程。

村里旧俗，年过花甲且无父母者，可为自己做寿衣、建“老房”即做棺材。当老人临终前，儿女为老人穿好寿衣，并日夜守护，谓“送终”。寿衣用料以棉布绸子为主，取意生活“绵长”和“多子多孙”，忌用绸缎，避“愁”和“断（子）”谐音。老人咽气时，家人为其灌一斤左右白酒，并在嘴里放点金银珍珠玉石之类。

1. 停放　在老人过世后，亲属要为其沐浴，穿上七件套的寿衣，停放在上房正中灵床上，灵床前设供桌，上摆大馍馍、供果、香炉、长明灯等。供桌下方设食品罐和燃烧纸钱的盆子等。停放时须邀请娘家人和邻居到场见证并帮助料理有关事宜。

2. 报丧　即逝者亲属亲自或请别人将亲人逝世的消息第一时间告知亲友及邻居。报丧者一般都是晚辈，不管是孝子本人还是央请的报丧者，报丧时到亲戚朋友家门前一跪，将写丧葬日子的帖子双手举过头顶，言明事由。孝子报丧时，孝帽、孝衫须穿戴整齐，麻绳系好，由一个礼宾先生领着，到亲友家门口，见到要请的人，孝子磕三个头，礼宾先生说“某家儿子磕头来了”，对方只回答“知道了”，礼宾带上孝子再去请下一家。这种请人属于大请。

3. 孝服　居丧期间，孝子、孝眷等都要穿孝服、戴孝帽或系孝巾。孝服的样式与死者关系的亲疏有严格区别，孝子及五服内子侄穿孝衫，其余子侄穿孝褂，妇女统一穿孝衫；亲子戴纸帽，披麻绳，麻布遮脸，手执丧棒，脚拖白布鞋，出入弯腰垂首；孙子辈孝服简单点，除长孙穿孝衫外，其余穿孝褂；重孙辈不穿孝服，一般身系红布，孝帽上缀红色布穗，称“花花孝”。

4. 领羊　白事中最隆重的仪程之一。羊一般由子侄、外甥或女婿提供。领羊时，孝子围成一圈，用黄钱燎羊，然后给羊耳朵里灌些白酒，脊梁及四个蹄子蘸水，孝子及亲友对着羊说各种“心里话”，也即猜测死者未了心愿，过程中，羊若全身颤动，就算“领了”，说明亡者已无遗憾，孝子们于是放声痛哭。也有即便洒再多的水和酒，羊也不打战的情况，人们会猜测亡者有未了的心愿，或者还有什么对子女不满的地方。因此领羊的顺利与否，特别受到人们的关注。承担了仪式的羊，或者当场宰杀食用，或者继续喂养。

5. 勘地、开穴 勘地，就是看地方（找墓地）。老人去世后，事主将消息通知亲友，同时请风水先生寻找确定埋葬的地方。地方确定后，风水先生以罗盘立向定桩。定好桩后便用一只耧铧尖划穴口。划时需要奠酒，烧往生。风水先生手摇铜铃，口中念念有词，大致意思是土中太岁最怕铧尖，看到耧铧就远远躲了，此处不会再有太岁相冲相犯，等等。

开穴 穴口为长方形，一般上线为98厘米，下线为68厘米，长为218厘米；也有上口线为128厘米，下口线为88厘米的，穴深一般要在176厘米。

6. 吊丧 丧事从报丧后便开始祭奠，接受亲朋好友、左邻右舍的吊唁慰问。所有吊唁的人，先到亡者灵前跪拜烧纸钱，磕头，作揖。凡是有人前来吊唁，孝子要拄丧棒弯腰躬身上前迎接，孝男孝女都要嚎哭，俗称“哭丧”，直到有人劝慰才停止哭泣。亲友吊唁大多携带礼品或礼金，亲族、女婿要献大馍馍（12个大馒头）、孝帐、花圈、孝幡等祭品，同时还要送礼金。其他人前来吊唁，也写挽联，以示悼念。

7. 迎铭旌 丧事中重要事项之一，铭旌是上书逝者名讳及在世时官衔的旗幡。一般由女婿手执铭旌，孝子们跪在大门两边相迎。丧仪中，有戏弄女婿的习俗，称“耍女婿”，人们会在路上泼些水，甚至脱了女婿的鞋，刚走几步唢呐停了，女婿必须焚香磕头，唢呐再响起，女婿则立即起身赶路，经受各种“折腾”。其间，女婿还要抱紧铭旌，防止被人抢去。铭旌迎到院子，女婿亲手交给主事大东，并给大东一笔“保管费”，大东则派人买来糖烟饮料分发给大家，才算结束。

8. 请娘家人 下葬前一天下午，举行家祭仪式，请逝者娘家年长者以及本族年长者，对孝子进行训示，重点评说孝子对逝者是否尽了孝道，俗称“请娘家人”。在堂屋门前院子里摆好桌子，桌子上摆放烟酒和干果碟子，请娘家人或长辈上座，孝子向长辈敬酒敬烟，然后手捧一炷香，跪在院子里，垂耳聆听。一般情况下，娘家人言简意赅，点到为止。最后孝子致辞答谢，奠酒、焚纸、哀悼，家祭结束。

9. 招亡、送亡

招亡 为超度亡灵，祈求免除冤孽灾祸，早日转世（生）。有条件的人家也会请道人念经。设经堂，安神位，栽方杆，围法坛，意在把亡故先人和亲朋好友的亡故先人以及附近的孤魂都招来，奏乐、诵经为亡灵消灾免罪，以求在阴间畅通无阻，免受艰难困苦。

送亡 念经结束前，要把所有招来的亡魂送走。吃过晚饭，除留两三个孝子外，其余孝子排队“送亡灵”。送亡队伍前面几人，与队伍稍拉开距离，点明灯撒食品，意为给逝者亡灵照亮前行的路；队伍前面逝者长孙撑引魂幡，长子、次子随后手捧逝者牌位、遗像。接着是“吹鼓手”，后面紧跟庞大的孝子队伍；男前女后，手里拿着送给逝者在阴间使用的各种物件，有纸扎的毛驴、童男童女等，也有绸纸做的电视机、电冰箱、小轿车等；女的一路孝布蒙面哭哭啼啼。到村外一空地，面向葬地，焚烧各种“器物”。阴阳先生手摇铜铃，口里念念有词，超度亡灵。事毕，返回路上不许哭泣。

10. 闹丧 兴泉村有闹丧的习俗。丧仪期间，一般请戏班子唱秦腔，剧目有《哭灵》《四郎探母》《三娘教子》等。演员唱到高潮时，孝子上去披红表示谢意。20世纪八九十年代，时兴放电影的习俗，后随着露天电影的衰落而消失。

11. 入殓 有“大殓”和“小殓”之分。小敛是指为死者穿寿衣，大殓是指死者入棺。大殓一般在午夜时进行，亡者入棺后，要用牛皮纸包柏树枝，塞满遗体周围空隙，一为稳固，二为防穿山甲掘坟。一切就绪，孝子最后一次瞻仰遗容，但此时禁止哭泣。死者若是女性，则一定要有娘家人在场。最后盖上棺盖，入殓即成。

12. 起灵、送葬

起灵 停放在灵堂的灵柩抬起运走的那一时刻，叫起灵。依据风水先生所定时间，“起灵”出殡。起灵前，从屋内拿一些坐草，在大门外选一个地方点燃，负责抬灵柩（俗称扶灵）的青壮年抬着灵柩放在火堆前，捆绑捞杆。起灵时，长子在前面背棺，亲朋旁边抬扶，风水先生抓起大公鸡取血祭祀，大家在杠夫头的指挥下，用粗麻绳将四根大扛牢牢捆在棺木上并后缀两根，女孝子牵绳。出殡时间一到，风水先生高呼“起灵”，孝子放声大哭，吹鼓手吹响唢呐，同时燃放鞭炮，引魂幡前行，长子双手背棺，八个壮实的男子抬棺出门，女孝子拉住绳子，但不可太用力，意在表达儿女不舍。

送葬 即将装有逝者遗体的棺材送到墓地安葬。扶灵人抬起灵柩奔往茔地，唢呐要一直从家里吹到茔地。到茔地后，灵柩绕墓穴三周，谓之抢茔。风水先生喊一声“铺堂”，即清扫墓穴，孝子围着墓穴转一圈往穴内撒钱。“土工长官”进入穴内捡起撒落在里面的钱币，打扫干净墓穴，点着灯，放上文房四宝，装满“左仓右库”。风水先生喊“良辰吉时到，下葬”，亲友们用绳吊灵柩入穴，经吊线扶正后，灵柩上面铺放铭旌。风水先生铲三铁锹土，长子再铲三锹土，尔后亲友一起铲土深埋灵柩，起坟堆。立好后土石碑，放置好石桌，垒好烧纸圈子，至此，送葬结束。

村俗讲究“高抬深埋”，改革开放以前，一般都是人力抬棺一直到墓地，一路杠夫轮流更换。后多用汽车运送灵柩。

13.攒三、七七纸、百日纸、守孝、烧周年纸 亡人被安葬后第三天，由孝子端上香纸和献饭到坟上祭奠，亡者被埋葬后第一百天时烧“百日纸”。嗣后还有烧周年纸、烧三周年纸、烧十周年纸、烧三十周年纸。

攒三 也称全三。即在亡人被葬后第三天，孝子身穿孝服、端上香纸和献饭到坟地烧纸祭奠，填土整地。给坟冢上撒些五谷杂粮，再由孝子每人给坟冢培三锹土，并绕坟院周围走三圈，叫“嚷院”也即攒三。攒三后，出嫁的女眷可回自己的家。

七七纸 从逝者去世忌日起，每一个七天要祭奠，叫烧七日钱，一直祭奠七次后结束。每次朝着坟墓所在的方向烧纸，烧纸的地点一次比一次远，第七个七天到坟上烧“七七纸”，也叫“尽七”。

百日纸 逝者安葬后第一百天，孝子们带上香火纸钱与供品，到坟茔烧纸祭奠。

守孝 老人去世，后人要“守孝”。过去至少为时一年，随着生活节奏的加快，守孝时间最多百日即可。守孝期间，家中不得动土修建，子女不能上别人家串门，不参加他人婚事，不饮酒娱乐，在此期间也不能婚嫁。

烧周年纸 在亲人去世后一周年、三周年、十周年、三十周年的忌日，分别烧纸祭祀，以示缅怀。

第五节　亲属、亲戚关系及称谓

太爷　曾祖父，即祖父的父亲。

太太　太爷的夫人。

爷　祖父，爷爷。

奶奶　祖母，祖父的妻子。

大爷、大奶奶　爷爷的哥哥、嫂子（爷爷的兄弟，依次分别称呼为大爷、二爷……尕爷。爷爷兄弟的妻子，依次分别称呼为大奶奶、二奶奶……尕奶奶）。

外爷　外公，姥爷。

外奶　外婆，姥姥。

姑奶　爷爷的姐妹，父亲的姑姑，母亲的姑姑。

姑爷　姑奶的丈夫。

舅爷　父亲的舅舅，母亲的舅舅。

舅奶　舅爷的妻子。

姨奶奶　父亲或母亲的姨娘。

姨爷　姨奶奶的丈夫。

爸爸、爸、爹、大大、大　父亲。

妈　母亲。

大爹、大爸　伯父，父亲的大哥（大爹之下，依次为二爹或二爸……三爹或三爸……，最小者为尕爹或尕爸）。

大妈　伯母。父亲的大嫂。大妈之下，依此类推。

舅舅　母亲的兄弟（依次为大舅、二舅、三舅……尕舅）。

舅母、妗子　舅舅的妻子。大舅母之下，依此类推。

娘娘、姑姑　父亲的姐妹（依次为大姑或大娘、二姑或二娘……最小的姑姑为尕娘）。

姑父 娘娘（姑姑）的丈夫（依次为大姑父、二姑父……尕姑父）。

姨娘 1.姨娘，母亲的姐姐或妹妹（依次为大姨娘，二姨娘……，最小的姨娘为尕姨娘）。2.岳母，女婿对妻子母亲的称呼。

姨父 1.姨娘的丈夫。母亲的姐夫或妹夫（依次为大姨父、二姨父……尕姨父）。2.岳父，女婿对妻子父亲的称呼。

外父大 岳父，丈人。背称。

外父妈 岳母，丈母娘。背称。

后爹（继父） 母亲再嫁后的丈夫。背称。

后妈（继母） 父亲离异或母亲去世后娶的妻子。背称。

干爹、干妈 义父、义母。通过某种仪式结成的没有血缘关系的外姓爸、妈。“拜干亲”就是拜认干爹、干妈或称义父、义母。

叔老子 伯伯或叔叔。背称。

婶娘 伯伯、叔叔的妻子。背称。

干哥、干姐 干爹、干妈家比自己大的子女。

堂哥（弟）、堂姐（妹） 兄弟后代之间的关系。背称。

姑舅 即姑表亲。兄弟子女和姐妹子女之间关系的称谓。

两姨 即姨表亲。姐妹子女之间关系的称谓。

姑舅爸 表叔。父亲或母亲的姑表兄弟。

姑舅婶 姑舅爸的妻子。也称姑舅婶婶。

姑舅娘娘 父亲或母亲的姑表姐妹（对其丈夫仍面称姑父）。

两姨爸 父亲或母亲的姨表兄弟（对父亲或母亲的姑表姐妹一般也称呼为姨娘）。

两姨婶 两姨爸的妻子。

先后 妯娌，哥哥和弟弟的妻子之间的关系。

挑担 连襟，姐姐和妹妹的丈夫之间的关系。

亲家 1.子女有婚姻关系的双方家庭。2.也是对儿子（女儿）岳父母（公公婆婆）的称呼。

干亲 子女拜给对方做干儿子、干女儿的两家关系。

嫂子 哥哥的妻子。

姐夫　姐姐的丈夫。

妹夫　妹妹的丈夫。

阿伯子　丈夫的兄长。背称。

小叔子　丈夫的弟弟。背称。

兄子家　弟弟的妻子。

大姑子　丈夫的姐姐。背称。

小姑子　丈夫的妹妹。背称。

大舅子　妻子的哥哥。也称舅子哥、世兄哥。背称。

小舅子　妻子的弟弟。背称。

曾孙　孙之子。

玄孙　曾孙之子。

来孙　玄孙之子。

第六节　禁　忌

禁忌，是人们在漫长的岁月中约定的俗成，日常生活中必须禁止的言行。是人们对神圣的、不纯洁的、危险的、未知的事物所持忌讳心态而形成的种种禁止。

兴泉人在日常生活中有很多禁忌，传承至今。随着现代科学的发展和社会的文明进步，禁锢人们思想意识和行为习惯的某些禁忌在逐渐淘汰消失。而有些禁忌还在起作用，甚至演变成村民言行举止、为人处世规范的一部分，继续影响着人们的日常生活，左右着人们的言行。

1.不得目无尊长，在长辈和上级面前，不能随意开玩笑，说话忌讳带脏字。忌讳单手向长辈递接东西。

2.不得不敬祖先、不孝父母。不能怠慢祖先神灵。忌讳在祖先坟地、祖先牌位前打闹。

3.忌讳直呼长辈名字（包括代称、外号、绰号）。

4.忌讳对已故人用“死”字。如老人去世，称为“睡了”“走了”“缓下了”

“往生了”。对小孩子夭折说“糟掉了”。

5.忌讳公公和儿媳妇、阿伯子（丈夫的哥哥）与弟媳妇关系亲昵。

6.忌讳站无站相、坐无坐相、走无走相。

7.忌讳在长辈面前背手、叉腰，或将手放进衣裤口袋里，更忌讳跷二郎腿。

8.忌讳年轻女性在大人面前梳头、随便用手指别人、毫无顾忌地大笑、说脏话，不能公开晾晒内衣，尤其不能将内衣裤晾晒在男人通过的上方。

9.忌讳别人踩自己的影子。过去人们认为人的影子就是人的灵魂，别人踩踏，会带来不祥。

10.忌讳晚上照镜子。过去人们认为镜子有灵性，而镜子中的影像就是人的魂魄。

11.忌讳不停地吐唾液。过去人们以为唾液中含有人的元气，因此不停地吐唾沫会伤元气，损精神。

12.忌讳用唾液吐人。对人吐唾沫，是不尊重他人的行为。尤其忌讳女人唾男人。

13.忌讳家中留宿年老体弱者。

14.忌讳家中留宿病人。

15.忌讳热孝（也称生孝，指亲人刚去世）上别人家门或者参加别人的婚礼。

16.忌讳说他人肥，肥一般用来说畜生，用在人身上含贬义。

17.忌讳击打他人脸部。一个人的脸就代表着一个人的尊严。打脸就是公然践踏尊严，严重侮辱人格。处罚小孩，也不能打他的脸。常言有“打人不伤脸，骂人不揭短”之说。

18.忌讳家中来客人时打骂呵斥家人、喝猪骂狗、蹾碟子甩碗及打扫房间。

19.忌讳到别人家做客时东张西望、乱串主人家房间。

20.忌讳衣服夜间放置在屋外。担心被邪气附着。

21.忌讳将男衣放在女衣之下。

22.忌讳别人尤其忌讳女人踩踏或跨过自己的衣帽。

23.忌讳吃饭时说脏话或让人心情不好的话。

24.忌讳饭后碗底有剩余。

25.忌讳吃饭用筷子敲空碗，忌讳将筷子竖插在饭里面。

26.忌讳清晨听音乐，所谓“晨不动乐”。

27.忌讳在外面捡拾他人帽子和鞋子。

28.忌讳晚上喊别人名字或别人喊自己名字。

29.忌讳夜晚走路随便回头。

30.忌讳过年生气骂人、打小孩。

31.忌讳夫妻在腊月或春节期间吵嘴打架。

32.忌讳正月初一到初三打扫卫生，尤其不能向外扫地。

33.忌讳出嫁的女儿大年三十和初一回娘家（住娘家）。

34.忌讳出嫁的女儿在娘家与丈夫同床。

35.忌讳女儿在娘家生孩子、坐月子。

36.忌讳在过年期间说什么东西“没有了”。

37.忌讳随便进入别人家的月房（产婴儿的房间）。

38.忌讳从外面回来直接进有婴儿的房间。

39.忌讳说小儿身体“重了”。

40.忌讳用手指彩虹。

41.忌讳手拿刀剑对着别人。

42.忌讳屁股坐在锅台上，视为对灶君不尊，有辱一家之主。

43.忌讳用食指或小拇指指斥别人。

44.忌讳背后说别人坏话，议论是非长短。

45.忌讳夫妻当着孩子面吵嘴打架。

46.忌讳去医院看望病人带梨。

47.忌讳别人家乔迁新房、婚嫁时送钟表之类。

48.忌讳清明节祭祖时指点别人家的祖坟，更不能踩踏其祖坟。

49.忌讳夜深人静之时，贸然应声外界的呼唤。

50.忌讳在别人家大门口烧纸钱哭泣。

51.忌讳倒茶时壶嘴对人。

52.忌讳泼水对着人。

第三章 方言 谚语 民间传说

第一节 方 言

一、方言类型

兴泉方言属北方方言秦陇官话范围。与景泰县东部地区喜泉镇大部、芦阳镇大部、五佛乡一样，方言发音与靖远方言接近。1933年前，兴泉隶属靖远县北区，1933年并入红水县，原红水地区有少部分人口迁入兴泉村居住，而红水地区方言属北方方言兰银官话金城片方言，即接近兰州、皋兰方言。20世纪50年代，随着中泉、五佛等地有较多人口迁入兴泉村，兴泉方言又有进一步的融合，但主体仍保留接近靖远方言的特色。

二、语音

1.兴泉方言的读音中没有en（恩）、in（因）、un（温）、ün（韵）等前鼻音韵母，而一律接近后鼻音韵母的eng、ing、ong，如将“春分”读如“冲锋”，“音讯”读如“英雄”；“恩人”读如“能仍”。

2.兴泉方言语音中，没有舌面音j、q、x与韵母i、u结合起来的ji、qi、xi和ju、qu、xu的音节，将前者一律读如平舌音的zi、ci、si，如将“及其、极其、机器”一律读如“兹磁”（忽略音调）；而将后者一律读为zu、cu、su，如将“句子、锯子、橘子”等一律读如“卒子”（忽略音调），将“取、区、渠”等一律读如“粗”，将“需、序、虚”等读为“苏”。但在读“去”的时候，则分别处理成“来去”为“来ci”，“去年”为“cu年”。

3.在兴泉方言中，零声母音节，除了“哎”“唉”“嗯”作为叹词保持零声母外，几乎所有零声母如ai、an、ang、ou都要加上声母“n”，分别读为nai、 nan、nang、nou；零声母en加上声母n读为neng；如将“爱、挨”等读如“耐”，将“安、暗”等读如“南”等等；还有将e分别读如wo和nuo、nai等。如将额头读为nai颅，将名额读为名nai。另外，e作为韵母时，有些情况下被分别拼为ei和uo，如将“格、隔、阁”读为gei，将“客、刻、克”读为kei，将“哥、戈”读为guo，将“河、和、喝”读为huo，将“科、课、可、磕”读为kuo等，情况较为复杂。

4.在“的”“得”用作助词时读为“zi”。如读“我的”为“我zi”，读“伟大的”为“伟大zi”，读“说得好、跑得快”为“说zi好、跑zi快”等。

5.除语气词“咦”之外，没有声母b、p、y和韵母i结合起来的普通话音节，没有声母y和韵母u结合起来的普通话音节。将“一二”的“一”和“于是”的“于”的声母，拼读为接近国际音标辅音浊音“z”的发音。

6.兴泉方言中，还有这样几种情形：

读“街”为gai；

“解”有两音，解放、解决、了解为jie；解鞋带、解纽扣、解（锯）木料为gai；

读“脚”“嚼”为jue；

读“鞋”为hai；

读“咸”为han；咸菜，读为han菜；

读“做”为zou；如将“做啥”“做什么”读为zou sa；

读“眼”“咬”“硬”分别为nian、niao、ning；

“严”用于“严格”“严肃”时读“yan”，但在用于表示闭合如“严实”“严丝合缝”时读nian；

“研”用于“研究”“钻研”时读yan，但在用于表示细磨、碾压如“研磨、研药、研墨”时读nian。

读“下、瞎、吓”为ha。

读“被、备、卑”为bi。

读“饿”为nuo。

读“起来”的“起”为qie。

l与ei及n与ei拼读的音节，一律读为lui。

7.随着社会的发展进步和文化交流的日益广泛以及教育的普及，年青一代语言的发音日益向普通话靠近，完全使用方言读音的人口数量正在逐渐减少。

三、词语

（一）气象、时令、方位、时间类

大饭罢 早饭过后一会儿，也说饭罢会儿。

大经 大月。

小经 小月。

山水 洪水。

天狗吃月儿 月食。

天河 银河。

扫帚星 彗星，也代指给别人带来霉运的人。

过雨 小雷阵雨。

年时 去年。

后儿 后天。

后晌 下午四五点。

多咱会儿 什么时候，表示询问。

迎面风 逆向顶风。

夜来 昨天。

将将儿 刚刚。

晌会 中午。也指中午饭。

黄毛野道 沙尘天气。

眼麻 夜幕降临。

旋旋风 龙卷风。

蒙蒙亮 天刚亮。

雹子 冰雹。也称蛋蛋。

催沟子风 顺风。

擦黑 天刚黑。

（二）人体、健康类

丁甲 老茧。

干脚巴 胫骨。

牙花子 齿龈。

头首 头胎。

尕拇牛牛 小拇指。

发汗 出汗。

发潮 反胃，恶心。

老去了 去世，故去，逝世。

耳聋转把 指人因为耳聋容易听错别人说话的意思。

伤食 吃东西过饱引起的肠胃不适。

肋巴 肋骨。

冲气 着了些邪气。

肚脐眼 肚脐。

沟子 屁股。

沟槽子 屁股缝

拨治 土法治疗疾病。

板筋 脖子。

放命 咽气，多指老人临终、弥留之际。

骨脉 体味。表示与血脉、血统有关。

胛子 肩膀。

结磕子 口吃，说话不利索。

挛 瘫痪。

脑门盖 头顶。

病胎子 经常生病的人。

眼眨毛 睫毛。

崩娄 额头。

跛膝盖 膝盖。

腔子 腔，音kang，胸脯。

滑啦骨 踝骨。

缓 1.暂停，休息。2.也指老人过世。

腿肚肚 腿腱子。

窟水 眼睛里的水，也指眼睛。

踢踏 小儿夭折。也作糟蹋。

膛 脑腔，大脑。

懒弯弯 腿弯。

糟 小儿夭折。

鬓颊 太阳穴。

（三）工具类

气管子 打气筒。

甲叶 饭铲。

电壶 暖水瓶。

生活 毛笔。

沙沙 铁簸箕。

洋钩 十字镐。

桄子 犁。

糁饭板子 搅拌糁饭的灶具。

（四）服饰类

大兜襟 大襟棉衣。

包巾 头巾。

皮袄 羊皮缝制的衣服。

汗褟 衬衫。

储储 衣兜或较小的袋子。

窝窝 棉鞋。

袂袂 背心。

裹肚 棉衣。

褡褡 吃饭时挂在胸前的护巾。

(五) 饮食类

长面 臊子面。

拌汤 带结子的面汤。

面叶子 短节的面条。

面勃 擀面时用以防止面张粘连的干面粉。

捋面 拉条子。

搅团 近似糁饭的一种面食。

盘 祭礼用的馒头。

黑饭 晚饭。

锅块 大饼。也称锅盔。

馆馆 一种面食。用水煮面粉，水析干后放少许油搅拌后成散状食品。

糊糊 面粉熬成的较稠一些的食品。

燷肉 燷，音 lan，炒，炒肉。

(六) 牲畜禽犬类

儿马 公马。

牙狗 公狗。

叫驴 公驴。

壳郎 劁了的半大猪。

草驴 母驴。

草狗 母狗。

脬牛 公牛。

骒马 母马。

跑猪 公猪，特指种猪。

骟马 经过阉割、失去繁育能力的马。

骟驴 经过阉割、失去繁育能力的驴。

骟驼 经过阉割、失去繁育能力的骆驼。

羯羊 经过阉割、失去繁育能力的绵羊。

犍牛 经过阉割、失去繁育能力的牛。

（七）性质、状态类

一搭 一起，一块。

一趟 全部，一律。

二百五 说话做事不靠谱的人。

二话 不靠谱的话。

二流子 不做正事的人。

二愣八怔 脑子不灵活。

刀刀见血 双方之间非常仇恨。

下数 下，音ha，分寸，尺度。

下茬 厉害，不讲情面。

上紧 操心，牵挂，疼爱。

小苗子 指吝啬、小气的人。

木固 呆或麻木。也指不灵敏。

不干净 特指着了邪祟。

少欠 骂人话。

毛鬼神 小鬼祟。

反蛋蛋 多，泛滥。

欠挨 欠打，欠收拾。

可来了 又来了。

左性子 性格奇怪、不合群的人。

左嗓子 五音不全、唱歌难听的人。

失口 指小孩因受到惊吓或刺激，精神不振，身体不适。也指人不小心说了出格的话。

白铁刀 没处用。

处心 从心里打算，蓄谋。

立候候儿 立等，急不可耐。

半吊子 说话做事不入格。

永共　一直。

机钻　麻利、机灵。也说机蹿。

划不来　不合算。

当　以为，认为。

当当　刚好，恰好。

当唧唧　指声音清楚响亮，流利。

吃手　饭量大。

回　1.又、再、仍旧。2.是，也作回是。

衣胞子　借指没出息，长不大、不中用的人。

好少　不少，很多。

好啾啾　好端端。

妥　结实。

冷棒　愚笨，反应迟钝，不知变通。

灵便　利落。

劲大　力气大，也指厉害，严重。

五王八侯　蛮横不讲道理。

现世宝儿　指丢人现眼者。

拉呼　打呼噜。也说扯呼。

转珠子　说话前后不一或情绪不稳定的人。

佯三混四　迷糊不清楚。

佯杆子　头脑不清。

胀衣禄　吃的多，干的少。

狗脸亲家　容易翻脸的人。

试当　试验，验证。

话把　话柄。

细相　细致，做事缜密，凡事考虑周到。也表示节约、爱惜物品等。

垫窝子　父母最小的孩子，也称“老疙瘩”。

堖头　里面，里头。

背不住 受不了，受不住。

背受 背负承载的能力。

背善 背时，背运。有时也指两口子不和。

点晃 不稳重。

咬心 咬，音 niao。惦记，挂念，担忧。

亮豁 敞亮、大度，豁达。

活泛 做人做事灵活。

恰秀 多指说话做事恰当秀气，干净讲究。

陡 指人的长相凶威。

架子 身架。有时也指傲慢。

起蔓 指群体性的施压、攻击。

捋顺 顺利，平顺。

根固 本来，根本，原来。

发麻 本事大，有才能的人。

哭皮胎 爱哭的人。

胳隐 不适，反胃，恶心。

胳搂 （动）挠人痒痒使难受。（副）痒痒的感觉。

浪 1.稀。2.淘洗。3.游玩。

浪大 对事不上心的人。

奘 音 zhuang，粗大，粗壮。

掂不住 人不稳当。

啰怜 行为不干脆，邋遢。也指人可怜。

偏偏 行为故意。

脬 音 pao，松弛，松垮，不瓷实。

麻缠 1.难缠。2.迷信用语。

着气 生气。

着实 确实，非常，特别。

断肠草 骂人的话。

淘缠　麻烦，纠缠。

短　指为人小气、吝啬。

矬蛋蛋　矮个子。含有贬义。

傍肩　接近，差不多，过得去。

鲁拉　粗疏，不讲究。

愣头　呆，鲁莽。

零儿当　指零散。

瘆煞　吓人，恐怖。

满福　惬意、美满。

溏平　指心上无事，行动慢的人。

蔫木懂懂　不活泼。

蔫不拉几　无精打采。

端端　1.故意作为。2.正好。

瞎好　瞎，音ha，不好。表示不管好歹、好坏。

靠　被饿着。

憨头鼠脑　懵懂。

薄板子　爱炫耀的人。

邋遢　音lai dai，指人脏乱不整洁。

孽障　穷困，可怜。

把故意儿　故意。

瓤歉　弱，差。

（八）生活、动作类

一轱辘　快速爬起来。

十里半五　指很少，也说十打五一。

干头　工作，（做）事情。

大拿　有本事或假装有能耐的人。

个家　本人，自己。

支发　应付，打发。

支格 应付，敷衍，拦挡，拒绝。

不上串 话说不到点子上。

不管三 不操心。

日鬼 捣鬼。

日眼 不顺眼，讨厌。

日攮 吃东西，骂人的话。

反乱 整理东西。也指乱翻东西。

打迈眼 没注意，没看到。

打捶 打架。

古今 故事。

可介 已经，有时表示超出预期。

央及 央求，请求帮忙。

叨哒 说话颠三倒四。

立固 强求，当下要求满足。

立架 故作谦辞。

讨吃 乞讨者，乞丐，叫花子。

讨冒神 使人讨厌。

对合 对付、凑合。

扛臊 扛，音gang。耍无赖，故意找碴。

老疙瘩 父母最小的孩子。

扬意 出于客套而邀请（吃东西）。

列扯 义同“扳扯”。

曳络 联络，拉扯。

团拢 团结人。

丢底 亮底子、漏破绽，丢脸，丢人。

丢盹 打盹。

丢着了 打瞌睡，睡着了。

乔 请，请客，邀请。

尽腔腔　腔，音kang。尽最大努力。

走手　走路的样子、姿态。

花泛　热情。

作假　（不诚实地）客套，推辞。

闲着呢　白搭，白费功夫，没用。

没转智　没智慧，脑子不灵。

没眼色　没眼力。

拉哭声　说话口腔里带哭腔。

抬杠　争吵，争论。

抬埋　埋葬。

抬晃　起哄，怂恿。

抬腾　折腾，翻腾。

咕哝　小声说话或自言自语。

呼呼啦啦　不择食，吃饭快。

念磨　商量。

胀气　生气，使人生气。

狗脸亲家　性情不稳定，容易翻脸的人。

单另　另外。

炖下　将饭菜留下。

泼散　将酒或食品分撒开祭奠祖先。

详算　打量，算计，估摸。

揲　音die，打。

哄怂　应付，打发。

显道神　原指出殡的仪仗中放在最前的开路神。比喻凡事喜欢显摆的人。

冒料神　冒冒失失的人。

咥　音die，吃，多带贬义。

咬群　原指牲畜在群内互咬互踢。形容人群内部起纠纷，互相攻击不团结。

捞搭　指使用东西。

赶欢 赶快，赶紧。

挨处 到处，挨个，逐个。

挨次 逐个，依次。

脑子潮 头脑犯浑。

逛皮 不求上进的人。

瓷实 结实，扎实

流哈拉 流口水。

浪门子 串门。

家当 家里的财产。

掩晃 轻薄，轻佻，行为不稳重。

搁挂 指将东西放得高。

掂办 琢磨，估摸，衡量。

掂算 掂量，算计，估摸。

断 驱赶，撵。

淡话 闲话。

谎皮胎 也作谎胎子，喜欢说谎的人。

谎溜子 爱说谎的人。

裁人 让人失面子。

董乱子 闯祸，闯乱子。

硬固 耍赖强求，义同“立固”。

跌绊 努力办事。

喧谎 聊天。

骚搅 捣乱、干扰。也作搅骚。

填还 付出，给予，回报，贡献。

搲 音wa，1.掏取，拿。2.动，触摸，抓。

搲下了 获得颇丰。

跟赶 折腾人，给人找麻烦。

墁抹子 甜言蜜语，使人高兴。

舔沟子　阿谀奉承，巴结。

漫散　用好话劝人或者糊弄人。

撅　折断。也指以话戗人。

飘曳曳　走路轻快飘逸。

缭　用针线连接。

辨不来　不明白、不省事。

燎　指通过燃烧黄表的方式讲迷信。

翻马勺倒葫芦　能说会道。

翻舌　传闲话，跟人说另一个人说过的话，多指是非的话。

翻肥肠　清算，找麻烦，抖底子。

蹾　用力放下。

蹲　待，留居。

嚷仗　吵架。

第二节　谚　语

一、气象农事

一年庄稼两年务

人哄地一时，地哄人一年

天上钩钩云，地下水淋淋

云低要下雨，云高天转晴

云往南，下不完；云往北，下到黑

日晕雨，月晕风

火烧云，晒死人，云吃火，没处躲

早雨不多，一天啰唆

早种一驾田，强如苦半年

早蛙阴，夜蛙晴，半夜蛙叫不到明

伏里有雨，缸里有米

庄稼一枝花，全靠肥当家

红水山戴帽，放羊娃娃睡觉

针扎的胡麻，卧牛的谷

枣儿不害羞，当年红啾啾

陕西的麦子，旋黄旋割

春天三场雨，秋后不缺米

星星明，来日晴

蚂蚁搬家，早晚要下

响雷雨不凶，闷雷下满坑

种在九里，多少有呢

清明前头种胡麻，胡麻头顶一朵花

清明前后，种瓜种豆

清明罢，偷偷摸摸七八驾

深糜子，浅谷子，胡麻种在浮皮子

黑云接太阳，三天两后晌

歇地不如歇种子

燕扑地，蛇过道，必有大雨到

二、日常生活

十里路上吃嘴，不如在家喝水

七十不留食，八十不留宿

人活脸，树活皮

儿要自养，田要自种

大麦熬糖，各有各行

马瘦毛病多

夫妻同床睡，人心隔肚皮

不听老人言，吃亏在眼前

不怕家里穷，只怕出懒虫

不怕慢，只怕站

手不疼了往磨眼里塞哩

牛皮不是吹的，火车不是推的

从小看大，三岁看老

父子同心，其利断金

父慈子孝，母贤女良

斗大的麦子都得从磨眼里过

心里没冷病，不怕吃西瓜

打人不打脸，说话别揭短

打下的孝子，惯下的豹子

叫花子放不住隔夜的食

师傅不高，教下的徒弟拉腰

吃不穷、穿不穷，计划不到一世穷

吃肉不长脂膘

灯不拨不亮，理不辩不明

好人争理，坏人争嘴

好记性不如烂笔头

远亲不如近邻，近邻不如对门

听人劝，吃饱饭

佛争一炷香，人争一口气

饭后百步走，能活九十九

没有金刚钻，不揽破家什

驴乏怨臭弓

狗肚子盛不住二两酥油

话说三遍比屎臭

细水长流，吃穿不愁

树挪一步死，人挪一步活

骂人没好嘴，打人无好手

看个家一朵花，看别人豆腐渣

洗头洗脚，强如吃药

笑一笑十年少，愁一愁白一头

萝卜是个菜，便宜是个害

廊檐水照窝窝滴呢

喜鹊枝头叫，家有喜事到

三、社会、行为

一个鬼背来没换过胛子

人人不做官，做官都一般

人比人，活不成，驴比骡子驮不成

人比人气死人，驴比骡子驮不成

人倒霉鬼吹灯，放屁也砸脚后跟

千里做官，为的吃穿

千里路上做官，只为吃穿

仁是百善本，贪是万恶源

斗米养仇，升米养恩

龙养龙凤养凤，老鼠的儿子会打洞

半夜会要不出一个干捻头

宁吃仙桃一口，不吃毛栗子半背篼

宁给硬汉牵马坠镫，不给囊包出谋定计

耳听为虚，眼见为实

过河拆桥，卸磨杀驴

在家靠父母，出门靠朋友

吃人家的嘴软，拿人家的手短

吃人家糁饭，由人家团乱

吃官饭放私骆驼

吃惯的野狐子比狼来得利

众人一条心，黄土变成金

交人交心，浇树浇根

好人护一方，好狗护一庄

进了菜籽地，哪怕穿黄衣

纳粮送草不怕官，孝顺父母不怕天

常在河边走，哪能不湿鞋

喊雀儿不管驴吃糜子

舔沟子舔到痔疮上

第三节　歇后语

一根绳上的蚂蚱——谁都跑不了

一根筷子吃饭——揽得宽

刀切豆腐——两面光

三九天吃冰棍——冷到心上

大水冲了龙王庙——一家人不认一家人

大风底下吃炒面——张不开嘴

大姑娘上轿子——头一回

小葱拌豆腐——一清二白

门缝里瞧人——把人看扁了

木匠的斧头——偏刃子砍

月里娃跳炕——吓大人

月婆子放屁——轰天动地

风箱里的老鼠——两头受气

乌鸦落在猪身上——全是黑

外甥打灯笼——照旧（舅）

头上长疮脚底流脓——坏透顶了

老刀子剁肉——三分快

老驴啃板筋——工变工

老虎吃天爷——没处下爪子

肉包子打狗——有去没回

红萝卜拌辣子——吃出看不出

针尖对麦芒——互不相让

秃子头上的虱子——明摆着

初一早上贴门神——迟了一年

尿脬打人——臊气难闻

拔了糜子喊雀儿——空头情

画匠的妈——会说不会做

狗咬买蒜的——寻一骨朵

狗看星星——不知好歹

狗娃子卧在粪堆上——装大

炒面捏娃娃——熟人

泥菩萨过江——自身难保

茶壶里煮饺子——有货倒不出

眉毛胡子一把抓——不分主次

贼娃子打官司——场场输

铁板上钉钉子——硬碰硬

狼不吃野狐子——都是跑山的

烟筒口搭茶壶——熏（凶）着哩

聋子的耳朵——摆设

猪八戒照镜子——里外不是人

猪鼻子里插大葱——死装象

麻秆子打狼——两怕

骑的骆驼拉的鸡——高低不一

滩里的黄羊——没数儿

瞎子点灯——白费油

瞎猫碰上死老鼠——撞上了

擀面杖吹火——一窍不通

懒婆娘的裹脚——又臭又长

豁豁嘴吃包子——煽圆了

癞蛤蟆跳礓窝子——行着挨锤锤

第四节　民　谣

(一)

铛，铛，敲锣锣儿，陕西来了个曹婆儿。

脚又大，嘴又歪，心眼儿并不坏。

她风尘远路赶着来，门儿开开迎进来。

(二)

打箩箩，擀面面，舅舅来了做饭饭。

做啥饭？做面片，舅舅等着吃饭饭。

做白面，舍不得；做黑面，人笑话。

宰公鸡，叫鸣呢；宰母鸡，下蛋呢。

杀猪吧，猪哼呢，杀狗吧，看门呢。

舅舅气得满院转，提起鞭子就走呢。

舅舅，舅舅，你不儿走，外甥送你两瓶酒。

(三)

天爷天爷大大下，精不老儿（光着身子）娃娃不害怕。

天爷天爷大大下，涝坝的蛤蟆叫呱呱。

(四)

风来了雨来了，风婆婆摇着扇来了。

风来了雨来了，电公公打着鼓来了。

（五）

土泥巴，捏娃娃；捏男娃，捏女娃。

眨眼之间长大了，拴在一起过家家。

你当爹，我当妈，夫妻恩爱人人夸。

再生一个胖娃娃，三口之家乐哈哈。

（六）

古今古今当当，猫儿跳到缸上。

缸儿摇猫上房，娃娃瞌睡快上炕。

做个睡梦长又香，一觉睡到大天亮。

（七）

天皇皇地皇皇，我家有个夜哭郎。

过路君子念一遍，一觉睡到大天亮。

（八）

烂眼猴，坐板凳，喜鹊飞来瞧眼睛。

左看行，右看能，我娃眼睛复光明。

治好病，别忘疼，做人一定报恩情。

（九）

一九二九关门闭手，

三九四九冻破茬口，

瞎（音：ha）五九冻死狗，

六九鸭子七九雁，

八九落落（老鹰）漫天转，

九九加一九，犁铧牛遍地走。

（十）

咕噜雁，拉长线，一扯扯到马家院。

马家女儿真好看，擀得一手好长面。

下到锅里莲花转，捞到碗里一根线。

你一碗，我一碗，大家吃得好喜欢。

（十一）

娃娃哭着要馍馍，馍馍来？猫抬走了。

猫来？钻洞了。洞来？草塞了。

草来？牛吃了。牛来？上山了。

山来？雪盖了。雪来？化水了。

水来？和泥了。泥来？墁墙了。

墙来？猪毁了。猪来？二郎爷爷杀得吃肉了。

二郎爷爷来？胀死了。铺的啥？铺的地。

盖的啥？盖的天。枕的啥？枕子花花石头。

戴的啥？戴的猪尿泡。系的啥？系的猪肠肠。

第五节 民间传说

一、官兵堵泉眼

相传早前锁罕堡泉水流量很大，常年喷涌，形成深泉，清澈甘甜，流淌不止，浇灌土地，人畜饮用，充沛有余。有一天一队官兵人马路过，牵马饮水，一军官的爱马滑落泉眼，挣扎未果，不见踪影。军官大怒，遂命士兵用毛毡裹着一扇石磨盘滚下堵住泉眼，从此流量大减。

二、财神搬宝

很久以前，兴泉村东疙根住着一户张姓人家，从不跟村里人来往，也不知道他家有几口人，平时干些挖石头卖石板的活，大家就把他家男主人叫张石板。有一天夜里张石板走在路上，看见一位衣着华丽的男子赶着牛车迎面而来，牛和车都闪着金光，通体透亮。近前一看，车上全是金银财宝。张石板想，这大概就是所谓财神搬家吧。于是他偷偷拔下车轮鐅子，以阻止财神把黄金搬走，可是金牛拉着金车还是稳稳当当走远了。心里一急，才发现是一场梦。张石板好生奇怪。早饭过后，张石板像往常一样外出做工，才走不远，见一簇骆驼蓬下有东西发着亮光，捡起沉甸甸的，仔细一看，原来是一块金子，形状跟车轮鏊子一模一样。村上人听了他的诉说，也感到十分惊奇。等村里好奇者再前去打探究竟时，张石板一家不见踪影，只留下一个空荡荡的院子。

三、沈老汉打狼

20世纪50年代以前，兴泉村周边常有狼群出没，时有狼窜进村子叼走小猪甚至伤人的事情发生，给村民的生产生活及出行带来极大隐患。一天，沈老汉领着儿子去山里挖柴，突然遇到一只狼。狼不断地袭扰他们，沈老汉让儿子骑在驴上，自己一边赶驴，一边护着儿子。毛驴突然受惊，跳起来将儿子摔在地上，跑到了一边。狼扑在儿子身上，下嘴就咬，沈老汉见状，抡起镢头，三下五除二将狼打死，救起儿子。见儿子无大碍，就把狼尸驮在毛驴背上，领着儿子回了家。左邻右舍闻讯赶来，看到沈老汉打死的这只狼，纷纷称赞他是打狼英雄，为村上除了一害。沈老汉剥下狼皮，把狼肉分给了乡亲们。

第六节 人物纪实

大力士苗世堂

苗世堂，原兴泉大队第七生产队长，曾历任新堡大队党支部副书记，兴泉村党总支副书记、村委会副主任等职。他还有一个身份，就是村里有名的大力士。

20世纪中叶的一天，他在生产队的打麦场上干活，本来已经摊开麦子准备打碾，但用来打场的老白骡子却被抽去拉瓜，就把打场的事暂时先停了下来。一向性急的苗世堂，便一人拉上石磙子打了起来。一场麦子需要打三漫（遍），而最费力的是第一漫，他居然拉着磙子一个人打完了第一漫。一起干活的社员都被他的耐力惊呆了，纷纷竖起大拇指，夸他干活比老白骡子力气大。

1978年，在他任第七生产队队长期间，县上调拨给兴泉大队10吨水泥，用于水利设施建设，放置在第六生产队打麦场的看场房（俗称场房）里。大队决定按照各个生产队的实际需求分配水泥。负责分配的大队干部开玩笑说：“苗队长力气大，你要是能把7袋水泥从这里背到你七队场房，这7袋水泥就给你们七队，不占分配指标。”1袋水泥50公斤，7袋就是350公斤，这对绝大多数人来说都几乎是不可能做到的事。苗世堂一听，竟毫不犹豫地答应了下来，他找来一条毛口袋，把7袋水泥装进里面，时任村文书俞宗富、二队副队长马祯等4个人一起用力才把口袋抬起来，放在他的背上。身高1.8米，时年35岁的他。虽然年富力强，但背着350公斤的水泥，还是感到非常沉重的，他就这样背着水泥口袋一步步地向七队场房走去。中途，他甩掉鞋子，光着脚板继续前行，在快到七队场房二三十米处的时候，他几乎快要支撑不住了，双腿颤抖，但还是坚持背到了目的地。所有目睹者无不为他的这一举动感到震撼，后来好多社员们听到后也无不为之赞叹不已！都说，这样的事，也只有他这样的人才能做得出来。

背水泥的时候，他自己并不知道六队场房到七队场房有多少距离，事后具体量了一下，这段路程有整整180米。

就这样，在所有人都觉得不可能的情况下，他硬是为自己的生产队赢得7袋水泥。

迄今为止，他既是这一纪录唯一的创造者，也是唯一的保持者。多少年后，大家说起来还称赞他是一个真正的大力士，更是一个为了集体利益什么都豁得出去的优秀生产队长。

兴泉村志
XINGQUAN VILLAGE ANNALS

第六编 人物

第一章　人物传略

俞怀恩　生于清光绪四年（1878年）。粗识字。身材魁梧，村人皆称“大汉爷”，系锁罕堡俞氏第五代世孙。一生农耕为业，勤俭持家。每年冬、春，遇天降大雪，他把自家房顶、院内积雪打扫干净，撒上谷糜，供鸟雀啄食；看到村童捉住鸟雀、刺猬玩，便用糖果或麻钱、铜元换回放生；尤其视家养畜禽如友，呵护有加，每逢传统节日，总要从外面买回烤馍馍，给饲养的牛、狗等家畜家禽喂点熟食，为人称道，素有“俞善人”之美誉。1923年，为防匪患，村上集资建堡，他慷慨捐赠80块银圆。他曾教育后人说：“做人要本分低调，过日子要勤俭节约，不能浪费。”“房子是招牌，地多了是害，钱多了是要命债。”曾在新堡子内建有五间新房一处，尚未入住。罗家人因居住需要，愿意出100块银圆购买，他却只收80块银圆售出。1936年，主动带两个儿子掩埋在与国民党马家军作战中牺牲的红军战士。

宅心仁厚，乐善好施，为人豪爽，德高望重。

1950年1月逝世。

杨桂清　生于清光绪二十七年（1901年）腊月。原籍芦阳麦窝，1949年前迁至兴泉村。曾当过几年教书先生，其间给学生自编算术、语文教材，易记好诵，富有教益。几十年后其学生对有些经典段落记忆犹新。心灵手巧，铁活、木活都能上手，闲暇之际，经常为村民或左邻右舍制作生活用具。尤其擅长纸扎手艺，远近闻名。制作的十二属相和瓜果蔬菜彩灯造型逼真形象，西游记人物惟妙惟肖，大头娃娃活灵活现。村上社火会所有的道具都出自他之手，堪称一绝，数十年如一日，是兴泉村社火队的领队和灵魂人物，更是社火不可或缺的艺人，有口皆称“杨先生”“杨能人”。

为人师表，身体力行，能工巧匠，名副其实。

1958年7月逝世。

吴大荣 生于清宣统二年（1910年）10月。小学文化，中共党员。20世纪50年代初期，先后任兴泉乡副乡长、乡长，新堡大队副大队长、大队长，兴泉大队副大队长。任职期间，领导村民搞土改，积极参加减租反霸、镇反，组织互助组、初级社、高级社，引导农民加入人民公社；带领社员兴修水利、挖渠抗旱，成绩突出，被推选参加“白银市第二届工农业先进生产者”会议。1964年，主持公社拆迁重建工作，夜以继日、积劳成疾。

为人仗义，处事公正，不徇私情，无私无畏。

1966年3月逝世。

罗文昌 生于1924年。中共党员。1953年8月至1956年10月，任兴泉乡党支部书记，1956年12月至1958年4月，兼任兴泉乡党委副书记。任职期间，带领群众开展以互助合作为中心的增产运动，组织农民参加农业社。1959—1970年，任喜泉公社综合加工厂厂长，组织木匠、铁匠、铧匠制作农具、生活用品，保障农业生产。20世纪60年代初，负责兴泉村副业工作，带领社员到兰州、白银银光厂、八盘峡铁路段、长风电缆厂常年搞副业，增加农民收入，拓宽增收渠道，壮大集体经济。

吃苦在前，享受在后，心系群众，勇于创业。

1970年7月逝世。

罗 毅 生于1916年。中共党员。土改后，响应党的号召“组织起来，走农业合作化道路”，动员6户农民组建村里第一个互助组，任组长。1953年冬，创办由25户农户参加的初级社，任社长。建社第一年，粮食就获得大增产。1958年，调大安乡任文书。1959年，回村负责大队苗圃工作。1961年，任兴泉大队队长，1963年，任大队党支部书记。任职期间，精心组织，统筹安排，率领社员艰苦奋斗，使兴泉大队的农、林、牧、副各业得到全面发展，尤以农田水利建设为出色，开挖大机坑、大锅锥机井各一眼，增加水浇地1300多亩，全村粮食总产量大幅度提升。推动植树造林工作，林场绿化面积扩大到200多亩。晚年参与兴泉菜园、林场管理工作，为乡村建设发挥余热。

身先士卒，率先垂范，尽心竭力，勇于奉献。

1983年逝世。

郑彩青　女，生于1910年。人称“尕白菜”，原籍陕西。少女时在陕西一中医世家打杂，耳濡目染，对诊治疾病感兴趣。18岁嫁于东家之子，婚后生有一女。钻研医术，逐步熟悉接生、针灸之术。其夫服兵役，一去多年生死无信。后携女随驼队辗转至兴泉村落户。被本村周万清家收留，缝衣做饭。经东家撮合，再嫁周家长工王雄世。而立之年，重拾医术，独立接生、针灸，救人无数。如嫁于三塘村的罗明山姐姐，妊娠期间，在供销社购买绒布时，被人多拥挤而致胎儿偏位，孕妇疼痛难忍，幸得郑莱青及时按摩救治，复原胎位。三塘村周家媳妇难产，婴儿胎位倒置，得其助产，母子平安。在兴泉、喜集水乃至芦阳、赵家水，这样的事例不胜枚举。几十年间，救治接生的孕妇、婴儿数百上千。

慈悲为怀，治病救人，妙手回春，远近闻名。

1987年逝世。

刘宗财　生于1943年12月。中共党员，小学文化。1976年7月，任第五生产队队长，1978年任矿山负责人。1980年8月，承包矿山，多方筹资，与矿工同甘共苦，艰苦创业，开采矿石840吨，净赚12万多元，一举还清前两年开矿债务和劳务工资，每个工值分得5.6元。1984年，任喜泉选矿厂厂长，1992年任兴泉农工商总公司总经理。1993年12月至1996年任村党总支书记，带领群众打井抗旱，修渠铺路，支持教育，发展生产。先后多次获市县“优秀党员”“先进个人”称号。1987年，被中国有色金属工业总公司兰州公司树为“双文明建设先进个人”。

吃苦耐劳，勇于奉献，艰苦创业，敢为人先。

2000年5月逝世。

张守莲　女，生于1921年。原籍米山周家窑。人称“海棠”。曾拜师郑彩青，学习接生、针灸。学成出师，独立为产妇接生，给新生婴儿针灸治病。接生婴儿数百，治愈病患近千。村上凡有生儿育女，随请随到，从不推辞，不取报酬。周边村庄只要有人求上门来，无论路途远近，不管严寒酷暑、刮风下雨，都会立即前往。平时热心为大龄青年、孤苦单身汉牵线搭桥，组成家庭，被誉为好心月下老。

勤奋好学，乐观豁达，行善积德，助人为乐。

2001年4月逝世。

王有昌　生于1935年9月。原籍五佛乡泰和村。中共党员。8岁丧父，完小毕业即放弃学业，分担家务。1951年参加工作，先后担任五佛乡供销社保管员、景泰县三区（今五佛乡）通信员、县政府领导警卫员、正路供销社主任、皋兰县石洞林场场长、白银市农林局林业科科长。1962年调回景泰县农林局工作，同年7月，因病离职举家落户兴泉大队第四生产队。从1963年7月起，先后担任大队联营砂锅厂厂长、大队白银副业队队长、第四生产队队长、大队革委会主任、大队（村）党总支书记（其间兼任公社党委委员）、兴泉水泥厂厂长、兴泉农工商实业总公司董事长（顾问）。2000年2月离任，在职时间最长（37年）、离任时年龄最大（64岁）的村（大队）主要负责人。在任期间，注重抓班子带队伍，重视组织建设，大胆培养和起用青年干部；以景电一期工程西干八支渠延伸兴泉村为契机，组织群众大搞农田建设，积极推行科学种田，通过引进优良粮食品种，增加粮食产量。20世纪80年代，和村“两委”班子、全体村民一道，凭借矿产、交通和人才等资源优势，兴办集体企业，安排剩余劳动力到企业务工，增加收入；同时以村办企业为着力点，优化管理制度，加强企业管理，提高企业效益。通过全体党员干部和村民的艰苦奋斗，一举摘掉“吃粮靠供应、花钱靠贷款”的穷帽子。为全村经济社会发展、群众生活水平提高做出重要贡献，赢得全体村民的一致好评和赞誉。

意识超前，善于决策，作风民主，勇于担责，甘于奉献，任劳任怨。

2020年7月逝世。

第二章　人物简介

一、地厅级职务人员

周文俊　生于1933年3月。中共党员，大学文化。高级工程师、会计师、经济师。1949年前在一条山盐务局当盐警。1949年后出席西北地区先进工作者会议受到表彰。后调兰州市委组织部党员管理科工作。1961年，任兰州饮食服务公司人秘科科长。1963年，调兰化公司干部处工作。1966年，任兰州自动化研究所党委秘书、检查室主任。1992年离休，享受副地待遇。2007年逝世。

雷　俊　生于1934年1月。原籍寺滩乡丰乐村。中共党员，中学文化。1952年入伍，1957年转业，历任武威军分区干训队分队长，景泰县兵役局参谋，白银市中级人民法院办公室副主任，甘肃省高级人民法院机要秘书，省公安厅副厅长兼政治部主任、机关党总支部书记，古浪县革委会主任、县长等职。1983年，任省景电二期工程指挥部党委委员、办公室主任，副地级调研员。1993年退休。2020年逝世。

俞有峰　生于1957年。中共党员。1980年毕业于西安地质学院。历任甘肃省地质勘测局物探队分队长、工会副主席、物资供应科科长、办公室主任、物探队工会主席，甘肃省地矿局物探队队长，甘肃省地矿局第二地质矿产勘查院院长、党委书记，甘肃省地矿局政治部主任、组织处处长等职务。2009年8月，任甘肃省地矿局副巡视员。

卢逢春 生于1961年。中共党员，毕业于甘肃省经济管理干部学院。1980年参加工作，历任省景电二期工程指挥部财供处会计师、副处长，计划财务处副处长、处长，综合经营处处长，计划管理处处长，省景电管理局副局长。1998年被水利部表彰为中央补助地方水利基建项目计划管理先进个人，2005年被省财政厅表彰为甘肃省优秀会计工作者。

马　森 生于1963年9月。中共党员，甘肃省委党校研究生学历。1982年参加工作，1989年任金昌市财政局预算科副科长、科长，1994年任副局长，1996年任局长，2001年任金昌市副市长，2013年4月任省人大常委会副秘书长兼办公室主任。

张宏伟 生于1964年4月。中共党员，甘肃省委党校工商管理专业研究生学历，高级工程师。1986年参加工作，历任省水电工程局二处队长、副处长、处长、局长助理、副局长、副总经理。1988年，被团省委授予“新长征突击手”称号，2005年5月，被授予“甘肃省劳动模范”称号。

马　明 生于1969年11月。中共党员，工学博士，正高级工程师，甘肃省领军人才。1992年7月本科毕业于河海大学，2004年9月取得硕士学位，2009年12月取得博士学位。历任甘肃省水利水电勘测设计研究院副院长、党委副书记、院长，研究院有限公司董事长，研究院有限公司党委书记、董事长，甘肃工程咨询集团有限公司总经理。

李　前 生于1976年。中共党员，大学文化。1993年考入解放军外国语学院，先后在陆军21集团军、原兰州军区司令部、西部战区陆军、中央军委联参直属单位等部门工作，历任参谋、副处长、处长、副主任等职，2018年晋升大校军衔。

二、县处级职务人员

罗文源 生于1923年9月。中共党员，毕业于甘肃教育学院，1949年参加工作。历任景泰县锁罕堡初小、临河区完小教师，景泰县委宣传部干事，定西地委讲师团理论教员，白银市委党校书记，白银市第一中学副书记、书记、校长。1968年4月逝世。

陈荫勋 生于1925年8月。中共党员，大学文化。历任景泰一中教导主任、张掖地区山丹县一中副校长、山丹二中校长、民乐一中校长。白银市成立后调市委组织部工作。后任皋兰一中校长。1997年9月逝世。

王鸿恩 生于1934年10月。中共党员，毕业于西北农学院。曾在陕西武功西北水利科学研究所工作。1975年调甘肃省水利厅工作，1979年任省景电二期管理局筹备处处长，1992年任党委书记，获“水利部先进工作者”称号。1996年，聘为甘肃省水利厅高级职称评审委员会委员。1994年，获农业技术突出贡献奖并享受政府特殊津贴。第三、第四届市人大代表。著有《农作物灌溉技术》（陕西人民出版社出版），发表论文十余篇。

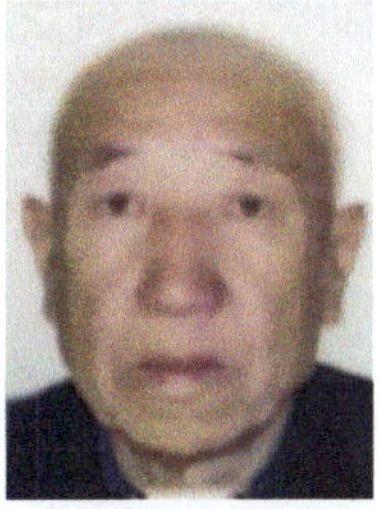

赵兴业 生于1934年。回族。中共党员，毕业于西北农学院，助理农艺师。曾在青海省委农村工作部、统战部、粮食厅、景泰县政治部等单位工作。1983年先后任景泰县委常委、组织部部长、纪律检查委员会书记，1990年，任县人大常委会副主任。被甘肃省委表彰为“优秀共产党员”。

化　成 生于1935年11月。中共党员，毕业于北京师范学院中文系（函授），高级政工师。1950年参加工作，先后在兴泉、芳草小学任教。1959年调至《甘肃日报》社任记者。1963年在省政府做秘书工作。历任省景电工程指挥部计划组副组长、景泰川灌区管理处副处长、省水利水电工程局宣传部部长兼《甘肃水电建设报》编委主任、甘肃新闻学会理事等。2000年10月逝世。

蒋崇廉 生于1936年，原籍陕西省武功县。中共党员，大学文化。1951年参加工作，曾在陕西省三原县、武威专区工作。1955年调入景泰，历任县农技推广站站长，农牧局副局长，县委、县革委会办公室主任。1983年任副县长，1990年任县人大常委会副主任，1993年任县政协主席、第七至第十一届县人大代表。2018年12月逝世。

罗文深 生于1949年1月。中共党员，高级经济师。1969年1月参加工作。其间曾先后参加北京师范学院中文系函授学习；参加省委党校培训部第一期党政干部管理专业离职学习，获大专毕业证书；参加中央党校八九级本科经济管理专业函授学习，获毕业证书。先后在省景电工程指挥部、省引大入秦工程指挥部从事秘书、宣传工作。1986年4月调白银市，先后任市政府办公室秘书科科长、市法制局局长、市供销合作联社主任、市社会治安综合治理办公室主任、市委政法委副书记兼市社会治安综合治理办公室主任等职。有多篇文章在报刊、内部参阅件发表。

王兆宽 生于1949年10月。中共党员，毕业于哈密地区党校（大专），经济师。1968年11月参军，先后任哈密军区后勤部助理、财务科科长、后勤科科长。1989年，转业到哈密市商业局任副局长兼百货公司总经理，后任商业局书记兼局长。1995年任哈密市人防办副主任。

包能惠 生于1951年9月。中共党员。曾在景泰县电信局、邮电局工作。1983年调古浪县邮电局任党支部书记、局长。1996—2007年，任兰州电信通信服务公司市场部主任、经销公司经理、兰州市电信局西固分局党总支书记、局长，兰州市电信公司办公室主任、副总经理。2007—2011年，任甘肃省通信产业服务有限公司总经理助理、物业管理有限公司党委书记、总经理。

张正吉　生于1953年。中共党员。1970年入伍，辽宁省军区鞍山干休所助理工程师（技术9级），1996年任副所长（副团）。1982年、1999年因工作成绩突出分别立二等功、三等功一次，先后12次被军、师、团评为先进个人。

罗崇墉　生于1953年9月。中共党员，1977年毕业于甘肃工业大学工程系，高级工程师。历任兰州长虹电焊条厂质检科、生产科科长、副厂长、总厂副厂长兼电焊条厂厂长。科研项目获部级科技进步三等奖，课题获省科技进步二等奖。

李家庆　生于1959年11月。中共党员，毕业于解放军炮兵学院。1978年2月至1988年4月，在陆军第47集团军高炮团服役，任营部书记、连长、正连职参谋。国庆35周年，参加首都天安门阅兵。转业到平川区，先后任区委办公室副主任、区人事局局长、经济贸易局局长兼酒类专卖局局长、区扶贫开发办公室主任、区财政局局长、区人大常委会副主任、总工会主席等职。

周德强　生于1960年11月。中共党员，大学本科学历。副团职中校军衔。曾在西安军事学院学习，后调酒泉卫星发射中心。1985年参加对越自卫反击战。1994年，任临夏高炮旅副参谋长（中校副团）。发表各类文章100余篇，荣立三等功6次，获优秀党员和技术能手称号26次。转业后在宁夏吴忠自主创业，创办德祥广告文化传播中心，被自治区人民政府、宁夏军区政治部评为自主创业优秀军官，并在全区通报表彰。

郭富宗　生于1961年2月。中共党员，大学学历。1979年10月参加工作，历任内蒙古自治区额济纳旗文化馆馆长、文体广播电视局副局长、旗委宣传部副部长、文化广播电视旅游局局长兼党总支书记、驻北京办事处主任、旗人大常委会副主任、总工会主席。

祁　元　生于1961年11月。中共党员，大专毕业于中央党校函授学院。农业经济师。曾在金昌市畜牧工商公司生产科、金昌市委农村工作办公室工作，任金昌市林业和草原局副局长、党组成员（正县）。发表“三农”问题调研报告和论文10余篇，获农业部授予“部级优秀统计人员”称号，获“全省农村体育先进个人”称号。

蒋　伟　生于1961年12月。中共党员，毕业于西北师范大学。曾在景泰县委宣传部、白银市委宣传部工作，历任市委宣传部理论教育科副科长、办公室主任，市精神文明建设委员会办公室主任，市委宣传部副部长，市纪律检查委员会副书记，市农机局局长，一级调研员。第五届市政协委员会委员。

崔　明　生于1965年9月。中共党员，副教授，硕士研究生导师，MBA导师。1988年6月毕业于兰州大学，留校任教。2007年12月任兰州大学出版社有限公司董事长、总经理（社长）；2017年7月任兰州大学网络与继续教育学院院长。出版专著（教材）6部，发表专业论文30余篇，主持科研项目（课题）15项。曾任中国管理学会市场营销专业委员会委员、甘肃省职业经理协会副会长、青岛啤酒（甘肃）农垦股份有限公司独立董事、西北化工股份有限公司独立董事、甘肃莫高实业发展股份有限公司独立董事。2009年12月，获中国中小企业协会和全国职业经理人协会联盟授予的“2009年中国最受职业经理人推崇的培训师”奖；2013年入选甘肃省宣传文化系统经营管理界“四个一批”人才；2015年获中国大学出版社协会授予的“中国大学出版社高校出版人物奖”；2016年入选国家新闻出版行业领军人才。

王永红　女，生于1967年1月。中共党员，大专学历，财政税收经济师，水利水电工程师。任陇南市水利电力勘测设计院副院长。主持勘测设计《陇南市西汉水岸线保护与利用规划》《武都区苟坝河河道管理规定》等20多项水利工程项目。

付廷勤 生于1969年4月。中共党员，毕业于武汉水利电力学院，硕士学位，正高级工程师。长期从事水电厂生产管理，任国网甘肃刘家峡水电厂党委书记、副厂长。2018年获甘肃省五一劳动奖章。

司万新 生于1972年4月。中共党员，毕业于兰州大学。历任甘肃移动通信张掖分公司助理工程师，中国联通白银分公司总经理助理，临夏州分公司副总经理、党委委员，金昌市分公司党委书记、总经理。2020年6月受聘为兰州大学校友硕士生导师。

孙　辉 生于1980年5月。中共党员，2003年本科毕业于西北师范大学体育学院，就职于甘肃农业大学。硕士学位，副教授。2010年10月作为“人才引进”调入兰州城市学院体育学院。2019年担任甘肃省足协常务理事，2020年，担任省体育科学学会副理事长、省学校体育协会常务理事、足球分会秘书长。兰州城市学院体育学院院长。

三、正高技术职称人员

周德广 生于1938年。中共党员，毕业于兰州大学，新华总社高级记者。1969年，采写内参稿件《北京新华印刷厂军管会发动群众开展对敌斗争的经验》《北京新华印刷厂革委会在对敌斗争中坚决贯彻党的“给出路”政策的经验》被毛泽东主席批示，中共中央加按语以文件形式转发全国。1996年，调任甘肃分社任信息社社长，兼任《甘肃内参》《反腐内参》总编辑。1977年，内参稿件《甘肃省一些重灾地区群众生活状况的调查》受到中央重视，当年国家为甘肃省增拨救济粮7亿斤、救济款1500万元；同期，解放军总后勤部也支援大量的救济物资。1978年，内参《民乐县委副书记苑福建议今后不要再搞“一刀切”的政治运动》稿件（新华总社评为特等好稿件），经总书记胡耀邦批示，在党的十一届三中全会上以文件形式参阅。发表通讯稿件数千篇，其中28篇获新华总社、部省级表彰嘉奖。出版《丝路之漫记》《丝路三关》《岁月的痕迹》等著作。

罗　镪　生于1953年10月。曾任兴泉大队文书、喜泉中学民办教师。1981年毕业于甘肃农业大学，历任甘肃林业职业技术学院园林工程系副主任、主任，教授。担任教育部高职高专林业类教育教学指导委员会生态环境类专业分会委员、全国花卉咨询专家库专家、高等职业教育园林专业教材审定专家委员会专家、甘肃省花协插花花艺专业委员会副主任委员、中国西部航天育种基地科技顾问专家组专家等社会职务。主持科研课题6项，主参编教材9部，发表论文30多篇。2010年12月逝世。

王继强　生于1955年7月。中共党员，大专文化。曾在基建工程兵部队服役，在中国建筑第七工程局第四建筑公司工作。1987年调景泰县法院工作，先后任秘书、审判员、庭长。四级高级法官，高级工程师，造价工程师。2009年9月，最高人民法院颁发荣誉奖章一枚。

沈文田　生于1956年10月。大学本科学历，教授。曾在张掖农校任教，2000年调入河西学院任教，任计算机系主任、教授。获甘肃省园丁奖、省科技进步二等奖，跨学科技术带头人；出版《计算机基础教程》上下册、《汇编语言教程》等著作。

王光荣　生于1960年。1983年毕业于西北师范大学，留校任教，硕士学位。历任心理学系主任、教授、硕士生导师，后调入兰州大学。中国心理学会会员、省心理学会秘书长，全国卫国刺激研究会副会长兼秘书长。《苏俄心理学研究》课题获省高校科研成果一等奖。

朱万润　生于1964年4月。中共党员，1986年毕业于西北师范大学，法学学士，一级律师。曾在景泰县委党校任教。第五、六、八届全国律师协会理事，第四、五届省律师协会副会长，第六届省律师协会监事长、甘肃铜城律师事务所主任，兰州仲裁委员会仲裁员、西北师大法学院、甘肃政法学院民商法学院兼职教授、硕导。第十二届省政协委员。出版《律师与实践》，2015年1月主编《甘肃律师群英谱》。

罗崇忠　生于1967年7月。中共党员，1986年毕业于武威师范学校，自考西北师范大学专科、本科学历，中学高级教师，省英语骨干教师。历任景泰一中政教主任、教务主任、副校长。曾先后获市科技兴市先进个人、第二届全国中小学外语教师园丁奖、白银市外语优质课竞赛一等奖、省园丁奖、市名班主任称号。多次被聘为市英语优质课竞赛评委及市教育教学视导专家。发表教育教学类论文多篇。

王永妍　女，生于1973年1月。毕业于兰州师范专科学校，函授西北师大本科文凭。先后在喜泉中学、景泰二中任教。获白银市数学优质课一等奖、甘肃省数学优质课二等奖、白银市“园丁”奖，白银市骨干教师、甘肃省骨干教师。与他人合著《高中数学常考题型点拨》一书由陕师大出版社出版。

司万胜　生于1975年3月。1999年7月毕业于兰州铁道学院。历任中铁第一勘察设计院集团有限公司桥梁工程师、副高级工程师、正高级工程师。主持参与设计多条高速铁路和国家I级铁路，主持设计国内350公里每小时高速铁路无砟轨道最大跨度混合梁斜拉桥，获得中国铁道建筑总公司优秀工程设计一等奖1项、二等奖1项，国家铁路局铁路优秀工程设计三等奖1项，获实用新型专利9项。

四、调研员、享受副县待遇及科干人员简介

王守美　生于1917年。中共党员。1946年被国民党抓壮丁，1949年改编入列中国人民解放军63军188师564团1营3连，任战士、机枪手，1950年10月随军抗美援朝，先后在铁原、松骨峰等地5次参加阻击战，火线入党。1954年回国修养，1955年3月退役回乡，先后在定西、白银、景泰工作。1976年逝世。

党茂芳　生于1923年12月。原籍陕西华阴县，中共党员。1969年举家落户兴泉五队。1978年前在《甘肃日报》社工作。1978年后调入景泰工作，先后

任县知青办公室主任、县民政局局长。曾任白银公司第一中学党支部书记。1989年5月逝世。

毛文栋 生于1928年。中共党员，初中文化。1949年在甘肃省军区军政学校学习。1950年参加青海剿匪，任班长。1952年底转为志愿军开赴朝鲜，曾参加著名的三八线战役。1955年4月转业，在寺滩、大安、福禄、中泉任村学校教师、校长多年。1985年起享受副县级待遇。2019年10月，中共中央、国务院、中央军委颁发“庆祝中华人民共和国成立70周年”纪念章。

文成章 生于1928年2月。原籍山西省襄汾县，中共党员，小学文化。1949年8月至1955年12月在兰州市南关十字工行、皋兰县工行工作，1956年1月起先后在景泰县二区、喜泉供销社、五佛供销社、县物委任职，市场管委会物价监督员。2010年8月逝世。

程登孝 生于1929年2月。原籍陕西渭南田市乡程家村，中共党员，小学文化。1949年参加工作，1957年调喜泉公社工作，1962年任喜泉信用社主任，1969年任县食品公司经理，1989年任县糖烟酒公司第一党支部书记。1992年退休。2008年1月逝世。

李朝清 生于1929年3月。原籍五佛，中共党员，小学文化。1951年参加工作。1955年参与筹建兴泉粮站，1956年任粮站站长。1962年调县粮食局，任副局长。1980年调县饮食服务公司，任经理，1982年调县工商局，任市场管理所所长，1984年调县联社工作，1986年底调粮食局，任副局长。1988年9月逝世。

周世惇 生于1931年农历4月。中共党员，毕业于景泰简易师范。曾任中国农业银行武威分行行长。2003年12月逝世。

郭养民 生于1932年8月。中共党员，完小毕业。1956年4月至1960年在县中国人民银行任农金股长，1961—1963年任响水公社副主任；1964—1965年，任县中国人民银行财拨股长；1966—1970年任中泉公社党委副书记；1971—1978年任红水公社、县计委党委书记；1978—1981年任县农林局局长，1984年任农林办、农建指挥部主任，1989年任县水电局局长。2020年6月逝世。

刘祥义　生于1931年8月。原籍民勤县，中共党员。1949年参加工作，1953年调任景泰县法院法庭庭长。1963年举家落户兴泉三队。先后任五佛乡党委书记、县供销社主任，1969年任县粮食局局长。1982年退休。2012年7月逝世。

王兴国　生于1939年3月。中共党员，兰州师范毕业，中学一级教师。先后在兰州女师附小、兴泉、青阳、三塘小学任教。1985年任喜泉中学校长，1986年调省景电管理局工作，任省景电管理局二期三泵站书记。

周世坛　生于1940年1月。中共党员，高中文化。1961年参加工作，先后在景泰县委、县政府机关工作，曾任县委组织部组织员、县委纪律监察委员会副书记，县劳动局局长兼任县安委会副主任，城建环保局局长、党支部书记。

石荣清　生于1940年6月。中共党员，武威师范毕业，中学一级教师。1965—1972年喜泉中学任教，1973—1978年寺滩中学任教。1979—2000年先后任兴泉小学校长、喜泉中学校长、县实验小学党支部书记。2012年逝世。

吴大绪　生于1941年。中共党员，中师毕业。曾在兴泉小学任教，先后任省景电管理局西干水管所书记、水管处维修队书记、局工会副主席。2017年1月逝世。

周德普　生于1941年12月。中共党员，中师学历，中小学一级教师。1964年8月参加工作，曾在中心、北滩、兴泉等小学任教并担任校长。1987年8月至2002年3月任喜泉学区校长。

苗永瑞　生于1943年2月。中共党员，中师毕业。1965年参加工作，曾在五佛公社冬青阳湾小学任校长、五佛公社冬青初中任教。历任喜泉学区辅导站长，喜集水小学校长，五佛乡副乡长，一条山镇党委副书记、人大主席，第十届、十一届、十二届县人大代表，第十届、十一届届县人大常委会委员。2001年1月逝世。

付贞安　生于1943年10月。中共党员，初中文化。1980年参加工作，历任喜泉乡党委书记、县财政局党支部书记。2003年退休。

沈文栋　生于1944年9月。中共党员，高中文化。曾任县税务局工会主席、国税局纪检组长。

杨佑森 生于1947年1月。中共党员，初中文化，退役军人。1968年参加工作，任县联社副主任。

杨天教 生于1947年。中共党员，高中文化。1964年参加工作，历任五佛乡人大副主席、县审计局党支部书记、局纪检员等职务。

马 禄 生于1947年6月。中共党员，高中文化。1977年在县一中工作，80年代初调入县公安局，后任县交警大队指导员、车辆管理所副所长、副指导员。2005年5月逝世。

程丰年 生于1947年11月。中共党员，大专文化。1968年参加工作，历任中泉乡副乡长、县政府信访办公室主任、农业区划办公室主任。

谈守勤 生于1949年1月。中共党员，大专文化。1972年参加工作。历任大安乡乡长、党委书记，县土地局党支部书记兼副局长。

罗崇高 生于1949年11月。中共党员，大专文化。1969年参加工作，先后在内蒙古西卓子山水泥厂、景泰县水泥厂工作。1986年8月任县石膏制品厂副厂长。1993年3月任省畜牧厅石膏制品厂厂长。1996年8月任省畜牧厅牧科实业开发公司经理（副县级）。曾多次获省畜牧厅、农牧厅表彰奖励。

张玉英 女，生于1950年4月。中共党员，初中文化。1972年参加工作，曾任县老干部局局长。

朱万义 生于1950年9月。中共党员，中专学历。1972年参加公安工作，历任正路派出所、八道泉派出所所长、一条山镇城关派出所教导员，县公安局法制科科长。

高启栋 生于1950年11月。中共党员，初中文化。1969年2月入伍，曾任班长、排长、连长。1982年2月转业，先后任中泉乡武装副部长、喜泉乡武装部长、大安乡人大主席。2004年调县残联工作。2010年退休（副县待遇）。

化得泰 生于1952年4月。中共党员，高中文化。1970—1981年先后在省景电工程指挥部、省水利水电学校、县百货公司工作；1982—2011年任省水利水电工程局机修厂车间党支部书记、办公室主任、工会主席。

刘志成 生于1953年3月。中共党员，大专文化。1975年参加工作，曾任景泰县地税局党支部书记兼副局长。

化得忠　生于1954年1月。中共党员，大专学历。1973年12月入伍，任排长。1982年转业到省景电工程管理处维修队工作，任维修队队长。2014年退休。

孙志和　生于1953年6月。中共党员。1970年12月入伍，1983年转业后，曾在中泉乡党委办公室、县委办公室工作。先后任县政府行政科副科长、县自来水公司经理。2013年2月退休。

杨兴平　生于1954年3月。中共党员，大专文化。1976年参加工作，历任团县委书记、红水乡党委书记、县农委党支部书记兼副主任、农建办扶贫开发办主任，司法局党支部书记兼副局长。

吕连生　生于1954年3月。中共党员，高中文化。先后在县水泥厂、电石厂工作。曾任县道路管理站副站长。已故。

张平治　生于1954年。中共党员，大学文化。1977年参加工作，曾在中泉中学、县委党校任教，曾任县委宣传部副部长、县委机关工委书记。

刘尚明　生于1954年12月。中共党员，大学文化。1970年参加工作，历任县保密局局长、县行政科科长。2002年被评为全省党委系统督查工作先进个人。

杨佑辉　生于1955年1月。中共党员，大专文化。1977年参加工作，曾任农行景泰县支行副行长。

陈华杰　生于1955年8月。中共党员，哈尔滨工业大学毕业，本科学历。曾任国营二〇三厂办公室主任。已故。

罗崇佑　生于1955年9月。中共党员，中专学历。曾在县农机局、金属机电公司、物资局、物资公司工作，历任管理股长、公司经理、党支部书记兼副局长、公司总经理。政协白银市第五届、第六届委员。

郭友麟　生于1956年11月。中共党员，本科学历。1976—1980年在县广播局工作，1980—2017年，先后任芦阳公社团委书记、正路乡副乡长、景电管理局筹备处办公室副主任、景电管理局农场厂长。2017年11月退休。

杨佑军　生于1958年。中共党员，中专文化。1990年3月至2007年，先后任县信访办公室副主任、主任，县人劳局党支部书记、副局长，县直机关工委书记。2001年获全国信访系统优秀工作者称号。第八届县政协委员（副县待遇）。

罗崇伟 生于1959年3月。中共党员。1978年11月参加工作，先后任白银区计生委副主任、环境委员会副主任、环境卫生管理处主任、环卫局局长、城建局副局长、安监局局长、林业局党支部书记。第六届市人大代表、市政协委员。1986年被省委、省政府授予“甘肃省计划生育工作先进个人”称号，2006年获省爱卫会“甘肃省爱国卫生先进工作者”称号。

罗文海 生于1959年9月。中共党员，本科学历，先后任县政府办公室副主任、县民族宗教办公室主任、一条山镇党委书记、县科技局局长、县科协主席、县人大常委会科教文卫委员会主任，县人大常委会主任科员。套转调研员（副县待遇）。曾获省委、省政府“科普先进工作者”奖励。2006年5月，作为代表赴北京参加中国科协第七次全国代表大会。

毛正德 生于1960年1月。中专学历。1986年1月调入中国农业银行白银分行工作，1986年12月任资金组织科副科长，后调农行白银区支行任副行长、农行白银分行营业部副主任。2000年任农业银行白银分行内控合规部负责人。

罗维强 生于1962年10月。石家庄炮兵学院毕业，中专学历。84873部队正营干部。后转业地方工作。

杨佑恩 生于1962年10月。中共党员，大专学历。曾在县二期指挥部工务科、漫水滩乡工作。1992年任正路乡党委副书记、经联委主任，2007年任县旅游局副局长，2012年5月任县旅游局党支部书记，三级调研员（副县待遇）。

毛正融 生于1962年12月。中共党员，中专学历。曾在县林业局、芦阳镇、县劳动局工作。2012年3月至2015年1月任县社会保险局党支部书记。

王万凤 女，生于1963年2月。中共党员，本科学历。1984年10月至2002年5月任喜泉乡政府干部、副乡长，2002年6月至2010年10月任县旅游局副局长、纪检组长，2010年12月至2013年任县广播电台党支部书记。

王维香 女，生于1963年3月。1989年6月毕业于甘肃省经济管理干部学院财会专业，专科学历。曾任省景电管理局水管处多种经营科科长，经济师。

杨宏清　生于1963年8月。中共党员，高中文化。历任喜泉镇人武部部长、副镇长。

罗崇益　生于1964年4月。中共党员，本科学历。1988年4月参加工作，1998年12月任白墩子乡纪委书记，2001年任上沙沃镇常务副镇长、副书记，2006年任红水镇经联委主任，2016年任一条山镇人大主席。第十三次县党代表、第十六届县人大代表。

王永玲　女，生于1964年4月。中共党员，大专学历。曾任白银市农牧局调研法规科、种植业管理科科长，白银市农业农村局计划科科长。2019年退休。

卢昌荣　生于1964年6月。中共党员，大专学历。曾在景泰县大安乡工作。先后任漫水滩乡副乡长、大安乡经联委主任、一条山镇经联委主任、人大主席、县人大常委会农工委主任。三级调研员（副县待遇）。

蒋　健　生于1964年7月。大专学历，景泰县市场监管局四级调研员。

李永民　生于1964年8月。中共党员，大专学历。1982年参军，1985年考入中国人民解放军武汉高级后勤学校，1988年至1990年在总后勤部27分部服役。1991年转业至景泰县人民法院工作，四级高级法官。

罗文檀　生于1964年10月。中共党员，本科学历。1985年在法院工作，曾任县法制局局长、县政府办公室副主任、法制办主任，2016年任县志办主任，三级调研员（副县待遇）。曾在《法制日报》《行政与法治》发表文章多篇。

吕吉生　生于1964年11月。中共党员，本科学历。先后在红水乡政府、县商业局、县政府办公室、县委组织部工作，历任县人劳局副局长、县委宣传部副部长、县计生局书记、县卫计局副局长，三级调研员（副县待遇）。

王永胜　生于1965年7月。中共党员，大专学历。先后任草窝滩镇党委副书记、县卫生局副局长、县环保局副局长。

杨昌泰　生于1965年10月。中共党员，本科学历。1986年参加工作，历任省景电管理局边支泵站班长、助理，2012年任副站长，2015年任站长。

罗崇达　生于1965年11月。中共党员，本科学历。先后任红水乡副乡长、白银市农机局监管科科长、办公室主任、副局长。

马　谦　生于1965年11月。中共党员，张掖师专化学系毕业，本科学历，一级教师。先在陈庄中学任教，后调县文教局招生办工作，任招生办副主任。2011年6月逝世。

周文学　生于1967年5月。中共党员，初中文化。任省景电管理局农场副厂长。1986—1989年，在部队服役期间荣立三等功1次。

罗文锋　生于1969年11月。中共党员，本科学历。曾在白银市卫生防疫站工作。历任市卫生监督所综合执法队队长、监督科科长、农村卫生监督科科长、公共场所与生活饮用水卫生监督科科长。

樊胜富　生于1969年12月。中共党员，毕业于炮兵指挥学院，本科学历。2001年10月转业。任白银区中小企业创业基地管委会副主任。

罗文波　生于1970年10月。中共党员，本科学历。任兰州市文化馆培训中心主任。

蒋　燕　生于1971年7月。中共党员，本科学历。1993年7月参加工作，历任建设银行嘉兴分行出纳、记账、会计主管、支行行长。2016年7月任广发银行嘉兴分行副行长。

李应花　女，生于1971年12月。中共党员，中专学历。任景泰县农业农村局主任。

付家畅　生于1972年3月。中共党员，本科学历。任中铁二十一局办公室主任。

潘存建　生于1972年9月。高中学历，1993年8月参加工作。曾任县给排水公司稽查股股长、副经理，2021年任县水务运营有限公司董事兼副总经理。

郭延正　生于1972年10月。中共党员，本科学历。任兰州市城关区司法局盐场路司法所所长。

苗久龙　生于1972年11月。中共党员，本科学历，工程师。1995年4月参加工作，历任省景电管理局总干一泵站副站长、一期三泵站站长。

卢昌贵　生于1973年1月。本科学历，中共党员。任白银市市场管理局科长。

马少君　生于1973年4月。中共党员，本科学历。任宁夏吴忠市水务局黄河管理所所长。

郝　芳　女，生于1973年6月。中共党员，本科学历。1997年9月参加工作，曾任县委依法治县办专职副主任，2019年12月任县纪委监委第七纪检监察室副主任。

祁　忠　生于1974年6月。中共党员，大专学历。先后任县人口和计划生育局副局长、县经合局（原招商局）局长。

程　音　生于1974年6月。中共党员，大专学历。1995年10月参加工作。2011年任县委文明办副主任，2014年任县总工会副主席。

朱生玮　生于1975年6月。甘肃政法学院本科毕业，中共党员。1995年参加工作，景泰县人民法院正科级审判员。

周继贵　生于1975年11月。中共党员，大专学历。任县工商局一条山所副所长。

杨佑强　生于1976年5月。中共党员，本科学历，农艺师。1996年参加工作。1998年取得全国律师资格。历任县农产品质检管理站站长、渔业中心主任、农牧局副局长、农村局副局长。2003年被评为县十大优秀青年，2012年被评为县优秀党员，2014年被省农牧厅评为“全省农产品质量安全监管工作先进个人”。

吕春燕　女，生于1978年3月。中共党员，本科学历。任甘肃水利投资有限公司办公室主任。

谈继杰　生于1978年8月。大专学历，副高级工程师。2002年8月参加工作，2020年3月任白银市兴堡川电灌工程管理局七泵站站长。

刘在钧　生于1979年10月。中共党员，本科学历。任国税局景泰县分局分局长。

付仲欣　女，生于1982年10月。中共党员，本科学历。任县编制办副主任。

段好伟　生于1983年9月。中共党员，本科学历。部队正营级干部。

李建斌　生于1983年12月。中共党员，本科学历，工程师。先后任省景电管理局二期一泵站站长兼副书记、总干一泵站站长。

孙　青　生于1984年5月。中共党员，本科学历，学士学位。2011年9月参加工作，任一条山镇振兴路社区书记兼居委会主任。2021年获市优秀共产党员称号，第十届市人大代表。

李宏善　生于1985年9月。中共党员，本科学历。2009年参加工作，2016年6月任喜泉镇武装部部长，2020年12月任县档案馆副馆长，2021年7月任中泉镇市场监督管理所所长。

毛　祯　生于1987年1月。中共党员，本科学历。2012年7月参加工作，任西北民航青海监管局党委秘书，一级主任科员。

卢昌旺　生于1988年9月。2007年入伍，2012年12月退役，转业考取西藏藏族自治区地方公务员，任林周县水利局副局长。

毛思程　生于1993年1月。中共党员，甘肃政法大学本科毕业。任甘肃省公安厅机场公安局政治处新闻办主任。

五、副高技术职称人员

李新中　生于1934年1月。1956年毕业于兰州农校，高级林业工程师。曾任宁夏回族自治区沙地旱生灌木园主任，1990年获自治区科技进步二等奖。1992年获国家科技进步三等奖。

苏进才　生于1941年5月。原籍宁夏中卫县。1948年8月迁至锁罕堡村。中共党员，高级兽医师。1968年毕业于甘肃农业大学，曾在天祝县工作。1980年调景泰县畜牧兽医站，任站长，1993年任党支部书记。1996年获农业部颁发科学技术进步奖三等奖，1997年获省科学技术进步三等奖，同年获省畜牧厅主持的多头绦只抗原的生化特性及多头蚴抗原免疫原性研究项目二等奖。

罗　锋　生于1943年8月。中共党员。1969年毕业于西北师范大学。高级教师。先后在红水公社、景泰一中、景泰二中工作。历任景泰二中教导主任、副校长。受聘白银市数学学会研究会理事，中国数学学会会员。

葛有弟　生于1945年7月。中共党员，副主任医师。1971年毕业于兰州医学院。1978年任喜泉卫生院院长，1985年任县计划生育宣传技术指导站站长。1991年被市委市政府评为先进工作者，1997年被省计生委评为先进工作者。发表数篇论文、编写计划生育技术干部岗位培训教材。

罗文亮　生于1947年12月。中共党员，大专学历，主治医师。1968年8月至1993年3月在肃南裕固族自治县人民医院工作，1993年3月至2007年12月在景泰县人民医院工作，1997年8月任县人民医院副院长。

王光彩　生于1952年1月。1975年毕业于西北师范大学，中学高级教师，曾任县教育教学研究室主任。科研成果《景泰县的移民教育》获教育部教科所、中国教育情报研究会一等奖。1999年获省教科所“教育情报研究优秀工作者”称号，2000年获省园丁奖。

王连生　生于1952年6月。中共党员，毕业于甘肃教育学院，中学高级教师。曾在景泰一中任教，先后任县委政策研究室副主任、县纪委副书记、县教育局局长、景泰职专校长等职。第五届、第六届市人大代表。甘肃省书法家协会、甘肃省美术家协会会员。

郭延强　生于1954年1月。1982年毕业于西北师范大学，硕士学位，高级教师。任兰州市教育科学研究所研究员，主编《兰州地理》。中国地理学会会员，甘肃省地理教学研究学会秘书长。获中国地理学会“全国优秀地理教育工作者”称号。

罗崇明　生于1954年5月。中共党员，1982年毕业于甘肃农业大学，高级农艺师。历任中泉乡副乡长、县种子公司副经理、县农业技术推广中心副主任。两次获市种子工作先进个人，获市科技进步一等奖，在《甘肃农业科技》《中国马铃薯》等刊物发表学术论文6篇。

付惠钟　女，生于1955年6月。毕业于甘肃农业大学，酒泉地区农科所研究员。1989—1990年，与他人合作，发表棉花、玉米、甜菜“种子包衣”防治病虫害增产增收数篇专业论文，获省级科研奖励，被省政府授予“优秀专家”称号。1994年6月逝世。

陈怀银　生于1956年4月。中学高级教师，1978年毕业于武威师范学校。曾在古浪土门中学任教，1981年任喜泉中学教务主任，1994年调景泰二中任教。市级“优秀教师”称号。

樊胜祖　生于1961年11月。毕业于甘肃农业大学，1996年任县农技站站长，2008年任高级农艺师。2001年获省科技进步一等奖，2002年获省高校科技进步暨社科成果二等奖，2009年获省农牧渔业丰收二等奖，2010年获省科技进步三等奖，2013年获省农牧厅全省农田节水先进工作者。

周德尧 生于1961年11月。中共党员，本科学历，中学高级教师，市级骨干教师。曾任喜泉中学校长。1998年评为市级“两基”工作先进个人、市园丁，2007年市级督导工作先进个人，2017年市级家庭教育工作先进个人。出版专著《铸造师魂》《亲子教育案例选编》（主编其中12万字）。在《中小学教育》《甘肃日报》等报刊发表论文、诗歌、散文多篇。

李云标 生于1962年2月。中共党员，高级教师。毕业于甘肃教育学院，函授本科学历。曾在景泰二中、八道泉中学、景泰职业中等专业学校任教。获县、市级“园丁奖”奖励。

毛登殿 生于1962年6月。中共党员，中学高级教师。毕业于武威师范学校，函授本科学历。先后在喜泉中学、景泰一中任教，曾任喜泉中学教导主任。2010年在《甘肃教育》发表论文《浅议政治课的兴趣教学》。

周德智 生于1962年9月。中共党员，高级工程师。1986年毕业于兰州气象学校，1999年9月毕业于西安理工大学。1986年7月在天祝气象局工作，1990年调省景电管理局工作。1995年获省景电管理局灌溉处“双百”先进个人，2005年获“优秀共产党员”称号。

马 琴 女，生于1963年1月。中共党员，中学高级教师。毕业于武威师范学校，宁夏大学进修取得本科学历。曾在喜泉中学任教，1991年调宁夏吴忠市第三中学。曾多次荣获优秀党员、先进个人奖励，多次荣获优质课一、二等奖。在《宁夏教育》等刊物发表多篇学术论文，辅导学生获得全国中小学电子作品比赛一等奖。

马 林 生于1963年2月。中共党员，高级教师。毕业于武威师范，函授西北师范大学专科、电大本科学历。曾获县“园丁”、市“园丁”、市级“师德师风先进个人”奖励，历任大安中学校长、景泰职专政教主任、教务主任、副校长。发表论文5篇。

张光经 生于1964年3月。毕业于甘肃省卫生专科学校，入职兰炼石油化工总厂职工医院放射科，副主任医师，后就职于甘肃宝石花医院影像科。擅长

X线平片CT片及MIR片常见病影像、疑难杂症诊断。

吴克田 生于1964年4月。中共党员，中学高级教师。1985年7月毕业于武威师范，函授获得汉语言专业本科学历。曾获“景泰县优秀教师”“景泰县优秀党支部书记”“白银市优秀班主任”等称号。历任陈庄中学政教主任、党支部书记职务。

樊胜国 生于1964年8月。1985年毕业于甘肃农业大学，副高级畜牧师。先后在县农业局、五佛乡政府、县畜牧中心工作。曾任五佛乡副乡长。

杨佑瑞 女，生于1964年12月。1987年6月毕业于甘肃省畜牧学校。1998年6月，函授毕业于甘肃农业大学畜牧兽医专业。2019年6月，为副高级畜牧师。先后在县畜牧兽医站、县自然资源局林业和草原局工作。

罗维勇 生于1964年12月。大专学历，中学高级教师。1985年7月毕业于武威师范学校，同年8月参加工作，曾在北滩小学、喜泉中学、陈庄中学任教。1997年12月自考取得汉语言文学专业专科证书。

周继柳 女，生于1965年1月。1989年6月毕业于甘肃农业大学，农学学士学位，甘肃省生态环境监测监督管理局工作。高级工程师，四级调研员。

崔 瑾 女，生于1965年1月。高级农艺师，毕业于甘肃农业大学。在县农牧局工作。2009—2010年，参加《景泰县胡麻高产高效集成技术示范推广》项目，获县科技进步一等奖。2009—2010年，参加《甘肃省优势农产品新品种引进试验研究》项目，获省农牧厅农牧渔业丰收奖一等奖。2012年主持《景泰县玉米高产创建》项目，获县科技进步一等奖。2008年被评为全省植保系统先进工作者，2012年被评为全省农牧系统先进工作者。

张举彩 女，生于1965年5月。大专学历，高级教师。1986年在喜泉中学任教，1987年调白银公司农场育才学校任教。曾获白银公司优秀教师、优秀班主任及县园丁称号。

张莲祥 女，生于1965年7月。中共党员，大专学历，高级教师。1984年参加工作，先后在兴泉小学、县第一小学任教。发表论文5篇。参与市教育科学“十一五”规划课题、省教育科学“十二五”规划课题并通过鉴定；两次获县优质课竞赛语文组一等奖。2015年获市“园丁奖”。

罗崇祥 生于1965年7月。中共党员，毕业于武威师范学校，后进修为大学学历，高级教师。1984年参加工作，先后在陈庄中学、喜泉中学、景泰三中任教。1996年调县文教局工作，2003年任县教育局教研室副主任，2011年任喜泉学区校长，2013年任县实验小学校长，2016年任一条山镇学区校长。获“甘肃省教育宣传先进个人”、市“园丁奖”等荣誉。

王兴兰 女，生于1965年9月。毕业于中央电视大学（小学师资教育），大专学历。县第六小学高级教师。

周继东 生于1966年1月。中共党员，高级工程师，1989年7月毕业于甘肃农业大学。在甘肃文欣热力有限责任公司任职。

罗凤雏 女，生于1966年8月。毕业于兰州师专，1995年函授西北师范大学本科学历，中学高级教师。县第三中学任教。发表论文10余篇，主持专业课题两项。获省级“优秀教学能手”称号、市级“优质课竞赛”一等奖。

李延国 生于1967年2月。大专学历，高级教师。1987年7月参加工作，先后在大安中学、喜泉中学、县实验小学任教。获市骨干教师、县“园丁”等称号，多篇论文发表于省级刊物。

李家霞 女，生于1967年3月。大专毕业，高级教师。1987年7月参加工作，先后在中泉中学、五佛西源小学、县实验小学任教，获县优秀辅导员、县园丁、县优秀班主任，市师德标兵称号。优质课竞赛获市二等奖、省一等奖，发表论文数篇。

罗崇凤 女，生于1967年3月。1991年毕业于西北师范大学，中学高级教师。市育才中学任教，曾获省级论文一等奖、市级示范课一等奖、市级先进工作者、竞赛课及论文二等奖。

罗崇贤 生于1968年2月。毕业于甘肃省水利学校，自考甘肃农业大学灌溉管理专业本科学历。副高级工程师。在省景电管理局灌溉处工作。

周德东 生于1968年12月。兰州工业学院副教授，工程师，双师型骨干教师，电气工程学院实验中心主任。著有《电子产品制作工艺与实训》。发表专业论文10篇（中科院EI收录1篇），教学科研论文获得国家级一等奖1次；获“全国大学生电子设计竞赛优秀”指导奖，取得科研课题成果5项，主持参与取得国家“实用型新型专利发明”1项，甘肃省高等教育教学成果培育项目（立项）获省级一等奖。

段守春　生于1969年。毕业于兰州师范专科学校，函授成都体育学院运动训练专业本科学历，中学高级教师。先后任教于玉门市第二中学、第一中学。

葛润华　女，生于1969年8月。1992年7月毕业于兰州医学院，大专学历。2019年参加工作，任县妇幼保健院副主任医师。曾获县“人口和计划生育机关先进工作者”、市“优秀计划生育技术服务人员”称号。

杨佑飙　生于1969年9月。1990年毕业于靖远师范，2016年在职函授西北师范大学汉语言专业，高级教师。1999—2012年在县教育局工作，2012年任县第六小学校长。

郭延刚　生于1969年11月。毕业于西北师范大学，本科学历，中学高级教师。任教于喜泉中学、景泰三中、二中，获优质课竞赛市级二等奖、县“园丁”称号、市第一届史地知识竞赛优秀指导奖、全市高中地理优质课竞赛一等奖、“甘肃省第一届中小学（学前）教师教学技能大赛”高中地理学科组优秀奖。2016年12月被聘为全市学科优质课竞赛高中地理评委。

毛登田　生于1971年8月。1991年毕业于靖远师范学校，函授大学本科学历，中学高级教师。任教于兴泉小学、喜泉中学、陈庄中学。多次辅导学生获省级和国家级作文比赛奖励，发表教学论文多篇。市骨干教师，市书法家协会会员。

吴克东　生于1971年9月。毕业于甘肃中医学院。1995年参加工作，任县中医院中医儿科副主任医师，省中医重点专科儿科学科带头人，省五级中医药师教育工作指导老师，市医学会儿科学会委员。

马　银　生于1971年11月。毕业于兰州师专，函授陕西师大汉语言文学专业本科学历，中学高级教师。先后在喜泉中学、景泰一中任教。在《甘肃教育》等杂志发表论文数篇，多次辅导学生在各类作文比赛中获奖，被评为县“园丁”“优秀班主任”。

李宝强　生于1976年4月。大学本科，高级教师。曾在芦阳二中任教导主任。2011年调县教育局，2018年任县教育局基教办主任、督导室副主任。获甘肃省“学校体育工作先进个人”、市“园丁”、市“优秀德育工作者”称号。

高国栋 生于1976年11月。医学硕士，省中医药大学附属医院脊柱外科副主任，副主任医师，中国老年骨科协会西北分会常委，中国中西医结合学会镜下融合学组委员，中国医药教育协会骨质疾病专业委员会委员，甘肃中医药学会骨伤科专业委员会常委，甘肃中西医结合学会脊柱微创专业委员会委员。获省科技进步三等奖；获国家发明专利2项，发表论文10余篇，其中SCI论文2篇。

王　喆 女，生于1977年7月。中共党员，本科学历，高级工程师。省景电管理局质检科副科长。2021年3月获省科技进步三等奖。

毛登权 生于1978年12月，2005年7月毕业于华北水利水电学院，本科学历，高级工程师。长期在甘肃水利系统工作，担任多个项目负责人。被甘肃省引大管理局评为优秀共产党员，多次评为先进工作者。著有《聚氨酯防水材料在武川分干渠裂缝处理中的应用》《BW止水条在引大渠道除险加固工程中的应用》《简述我国节水灌溉技术的问题及对策》《浅析引大入秦对农田水利建设启示》。

王耀玮 生于1980年10月。中共党员，硕士学位，高级工程师。2006年入职中科院兰州化物所工作。2007—2008年赴日本研修。先后两次享受昆山市人才津贴。2018年获公司“技术支持奖”。恩斯克（中国）研发公司产业机械轴承技术中心所长。在国家核心期刊发表科研论文3篇。

吴克淑 女，生于1981年11月。函授陕西师范大学本科学历。在县实验小学任教。省骨干教师、学科带头人，省第七届教学能手，获县“优秀班主任”“园丁”“优秀辅导员”称号。发表论文多篇。

朱晶萍 女，生于1982年2月。大学本科学历，毕业于兰州大学临床医学专业。就职于定西市妇幼保健院，妇产科副主任医师、妇产科主任。

吕长文 女，生于1982年3月。毕业于华北石油教育学校，函授本科学历。为市中小学骨干教师、学科带头人，高级教师。在市县优质课竞赛中多次获奖，发表论文多篇。

卢燕春 女，生于1982年9月。毕业于西北师范大学，硕士学位。在银川二中任教，高级教师。

孙　峰　生于1983年10月。2008年毕业于华北水利水电学院，中国市政工程西北设计研究院有限公司高级工程师。

吴克坚　生于1983年10月。博士学位，中国人民解放军空军军医大学副教授。曾立个人三等功。获陕西省高校青年数学教师讲课比赛一等奖，全军军队院校数学创新教学比赛二等奖，全国高校数学微课程教学设计竞赛西北赛区一等奖、西北赛区特等奖及全国二等奖。主编教材2部。主持国家自然科学基金地区项目子课题，发表教学研究论文和科研论文10余篇。

周继蕊　女，生于1985年7月。2008年7月毕业于西北师范大学，本科学历。中学高级教师。在临夏市第五中学任教。

沈琛林　生于1985年9月。高级工程师，就职于中国核电工程有限公司，从事机械设计工作。在国内外学术期刊发表学术论文多篇，获3项专利。获第十届“挑战杯”飞利浦全国大学生课外学术科技作品竞赛二等奖、第十一届“挑战杯”全国大学生课外学术科技作品竞赛一等奖、国防科学技术进步奖二等奖。

张克兵　生于1986年2月。毕业于哈尔滨工业大学，硕士学位，2012年就职于航空工业西安飞行自动控制研究所，高级工程师，先后主持参与多种重点型号军用飞机、民用飞机重要产品的研制，获研究所优秀奖、某重点型号飞机设计定型三等功，发表论文1篇，取得专利50余项。

马万福　生于1987年8月。毕业于复旦大学，博士学位，中共党员。在校期间以第一作者发表国际论文9篇，以共同作者发表论文10余篇，申请两个国家专利并获授权。博士毕业论文获上海市优秀毕业论文奖。在美国陶氏化学公司担任技术经理，申请国际专利十余个并荣获陶氏化学巅峰奖荣誉。

六、优秀体艺人才

段桂林　女，生于1954年10月。原景泰自行车队队员，后入省队。1977年、1979年分别在山西长治、宁夏固原获全国公路自行车锦标赛女子50公里团体赛第一名。

李哲民　生于1956年6月。第九届县政协委员，县音乐家协会副主席、景泰

▲ 参赛央视“非常6+1”

黄河石林艺术团团长（演艺公司总经理），甘肃电视台《梦工场》才艺大赛“十强选手”（与儿子李俊德同台演出）。2011年10月参加央视综艺节目“非常6+1”，获周赛月赛“非常明星”奖、年度总决赛“最美声音奖”、优胜者奖杯、网络赛亚军。2012年3月，以“黄河石林形象大使”身份在“向幸福出发”栏目演出，2014年8月，参加央视“黄金100秒”栏目比赛获第二名。

王建金 生于1963年。国家级运动健将，1980年选入省自行车队。当年首次参加全国比赛，获100公里个人第二名。1985年，在亚运会选拔赛中，被选入国家青年队。1986年，在第十届汉城（今首尔）亚运会上与队友一起夺得团体赛金牌和个人银牌，获甘肃省“十佳”运动员称号。曾先后到访捷克斯洛伐克、法国、苏联、南斯拉夫等国，参加国际比赛。1990年兼任省自行车队教练。

▲ 世界音乐节金奖

程 琴 女，生于1971年12月。毕业于西安音乐学院音乐教育系，文学硕士，延安大学鲁迅艺术学院副教授、硕士研究生导师。曾在中央电视台举办的中国国际青年艺术周开幕式和第四届维也纳春季世界音乐节演出。2010年获第四届维也纳春季世界音乐节金奖。发表有关声乐、陕北民歌研究文章多篇。

王爱香 女，生于1978年。1995年在北京获自行车50公里、80公里团体第二名，1996年在北京获自行车50公里第三名。

段好琴 女，生于1982年。1998年获全省公路自行车赛女子20公里金牌，第三届农运会获2枚金牌，2000年获全省第十届运动会自行车赛女子1公里金牌。

第三章 人物表录

1949—2021年兴泉籍公职人员统计表

表6-3-1

序号	姓名	性别	出生年月	毕业学校（学历）	工作单位	职务·职称
1	魏品山	男	1915.10	兰州完小	景泰县邮政局	职工
2	王贵恩	男	1924.3	扫盲速成识字班	景泰县粮食局	职工
3	郭天寿	男	1926.5	新疆大学	兴泉小学	教师
4	王有臣	男	1929.6	芦阳简师	景泰县粮食局	干部
5	张权盈	男	1931.5	部队文化培训班	景泰县邮政局	职工
6	周文翰	男	1932.8	锁罕堡初级小学	宝鸡叉车公司计划科	调度员
7	马登云	男	1933.10	芦阳完小	景泰县农业银行	职工
8	罗颖玲	女	1936.11	兰州女子师范	陕西宝鸡金台区李家崖小学	小教高级
9	刘源义	男	1937.1	小学	白银公司	职工
10	毛正绥	男	1937.6	扫盲速成识字班	景泰县良种繁殖场	高级工
11	马登海	男	1937.8	芦阳中学	甘肃省第八汽车运输公司调度室	干部
12	罗　钲	男	1937.10	兰州师范学校	景泰县教师进修学校	讲师
13	周文兴	男	1937.12	锁罕堡初级小学	景电二期指挥部	主任科员
14	朱万祯	男	1938.8	锁罕堡初级小学	景泰县农牧局	干部
15	沈益柱	男	1938.9	芦阳中学	喜泉卫生院	副主任医师
16	赵兴国	男	1939.5	兰州一中	景电管理局	会计
17	罗文莲	女	1939.9	锁罕堡初级小学	喜泉供销社	职工
18	李文亮	男	1939.10	武威师范	三塘小学	一级教师

续表

序号	姓　名	性别	出生年月	毕业学校（学历）	工作单位	职务·职称
19	马如福	男	1940.3	白银三中	兴泉小学	小教高级
20	毛正伟	男	1940.10	锁罕堡初级小学	景泰县邮电局	职工
21	杨发清	男	1941.1	锁罕堡初级小学	白银地质队	职工
22	何耀芬	女	1941.2	兰州女子师范	景泰县第一小学	小教高级
23	闫永和	男	1941.3	武威师范	景泰职业技术学校	一级教师
24	王廷楷	男	1941.10	兰州师范	喜泉中学	小教高级
25	闫穆顺	男	1942.4	靖远师范	兴泉小学	教师
26	田治民	男	1942.12	靖远师范	兴泉小学	一级教师
27	谈家连	男	1943.	兴泉小学	景泰县行政科	职工
28	罗　德	男	1943.3	武威师范	兴泉小学	小教高级
29	罗明花	女	1943.8	喜泉民中	余梁小学	小教高级
30	闫永昇	男	1943.9	兴泉小学	白银公司铅锌厂	职工
31	罗文兰	女	1944.8	喜泉农中	兴泉小学	一级教师
32	周文霞	女	1944.9	白银三中	福禄水小学	教师
33	沈文栋	男	1944.9	白银三中	景泰县国税局	纪检组组长
34	程登义	男	1945.2	小学	景泰县市场监督管理局	正科
35	闫立德	男	1945.10	武威师范	喜泉中学	一级教师
36	沈文发	男	1946.6	兴泉小学	白银公司	职工
37	樊文祯	男	1947.4	兴泉小学	景泰县商业局食品厂	厂长
38	周文庠	男	1947.11	兴泉小学	白银铝厂	车间主任
39	潘进福	男	1947.11	兴泉小学	白银公司选矿厂	职工
40	毛登禄	男	1947.12	兴泉小学	景泰县良种繁殖场	高级工
41	张守万	男	1947	兴泉小学	白银公司铝厂	职工
42	周德成	男	1948.5	兴泉小学	白银氟化盐厂	技工
43	杨佑荣	男	1949.1	甘肃教育学院	兴泉小学	小教高级
44	卢有祥	男	1949.10	喜泉中学	喜泉乡政府	职工

续表

序号	姓　名	性别	出生年月	毕业学校（学历）	工作单位	职务·职称
45	杨佑玉	男	1950.1	武威卫校	喜泉卫生院	医生
46	张举和	男	1950.4	武威师范	兴泉小学	小教高级
47	朱可德	男	1950.4	兴泉小学	景泰县园艺场	职工
48	潘进禄	男	1950.7	兴泉小学	景泰县皮革厂	职工
49	王建英	女	1950.7	景泰一中	景泰县贸易公司	职工
50	谈守义	男	1950.10	兴泉小学	景泰县地方税务局	科员
51	王登友	男	1951.1	兴泉小学	天祝炭山岭煤矿	职工
52	段守飞	男	1951.10	武威师范	景泰县石城小学	一级教师
53	冯　云	男	1951.10	武威师范	景泰县科协	科员
54	段守荣	男	1952.3	武威师范	兴泉小学	小教高级
55	苗永盛	男	1952.3	武威师范	兴泉小学	小教高级
56	朱可忠	男	1952.4	喜泉中学	景泰县广播电视局	职工
57	来耀忠	男	1952.5	喜泉农中	景电管理局	职工
58	郭月梅	女	1952.6	喜泉农中	景泰县电力局	职工
59	李文绥	男	1952.10	靖远师范	兴泉小学	一级教师
60	马登宝	男	1952.10	兴泉小学	景泰县水泥厂	职工
61	张建元	男	1952.10	兰州大学	喜泉中学	一级教师
62	谈明贵	男	1952.10	兴泉小学	白银公司铝厂	职工
63	张维良	男	1952.11	景泰一中	新疆克拉玛依油田	职工
64	周德福	男	1952.11	兴泉小学	景泰宾馆	技工
65	马　安	男	1953.1	中央党校	兰州交通大学	工程师
66	陈华贤	男	1953.1	中国书画大学	喜泉学区	小教高级
67	李北汉	男	1953.1	解放军721大学	深圳特皓集团劳务公司	董事长
68	田元民	男	1953.3	喜泉中学	景泰县给排水公司	职工
69	赵兰英	女	1953.9	高小	景泰县文体广电和旅游局	播音员

续表

序号	姓 名	性别	出生年月	毕业学校（学历）	工作单位	职务·职称
70	毛正海	男	1953.9	武威师范	喜泉学区	一级教师
71	王生全	男	1954.2	甘肃教育学院	兴泉小学	一级教师
72	沈文富	男	1954.3	喜泉中学	白银区环卫局	干部
73	杨凤新	男	1954.4	兴泉小学	白银公司冶炼厂备料车间	书记
74	吴守国	男	1954.5	兴泉小学	景电管理局	职工
75	李明晓	男	1954.5	景泰一中	兴泉小学	一级教师
76	李延新	男	1954.7	武威师范	景泰县第五小学	一级教师
77	张举林	男	1954.8	喜泉中学	白银公司选矿厂	职工
78	尚有才	男	1954.11	喜泉中学	景泰县电力局	工程部主任
79	郭月霞	女	1954.12	喜泉农中	景泰县农业技术推广中心	职工
80	周德禄	男	1954.12	喜泉中学	天祝炭山岭煤矿	技工
81	苟三涛	男	1955.2	喜泉中学	景泰县粮食局一条山粮管所	所长
82	周德聪	男	1955.6	黄羊镇农机学校	芦阳农技站	高级工程师
83	陈华杰	男	1955.8	哈尔滨工业大学	国营二〇三厂	办公室主任
84	化得勤	男	1956.6	甘肃水利学校	甘肃水电工程局一处租赁公司	公司经理
85	杨佑林	女	1956.7	喜泉中学	内蒙古额济纳旗居延盐场财务科	科长
86	马　福	男	1956.8	喜泉中学	景泰县工会	办公室主任
87	郭茂宗	男	1956.9	喜泉中学	内蒙古额济纳旗物资局生资公司	经理
88	闫穆奎	男	1956.11	华北石油学院	玉门石油管理局	工程师
89	包能强	男	1956.11	金川公司技校	金川公司冶炼厂	高级技师
90	马登新	男	1957.1	甘肃省农业机械化学校	景泰县石膏砌块厂	干部
91	张正祥	男	1957.3	喜泉中学	景电管理局	职工

续表

序号	姓　名	性别	出生年月	毕业学校（学历）	工作单位	职务·职称
92	王朝森	男	1957.6	喜泉中学	景泰县电力局	职工
93	王建明	男	1957.7	景泰一中	景泰县粮食局	会计
94	郭延凤	女	1957.8	武威师范	金川公司总校	小教高级
95	毛正发	男	1957.10	喜泉中学	农业银行景泰县支行	职员
96	程　芳	女	1957.12	喜泉中学	景泰县自来水公司	职工
97	王维翠	女	1958.4	喜泉中学	景电管理局	职工
98	罗维香	女	1959.3	喜泉中学	景泰县第二小学	一级教师
99	李密茸	女	1959.7	喜泉中学	景泰县广播局	高级播音员
100	卢昌淑	女	1959.11	喜泉中学	景泰县人民医院	干部
101	魏至国	男	1960.3	喜泉中学	景泰县邮政局	职工
102	周继丽	女	1960.4	甘肃农业广播电视学校	甘肃省农业广播电视学校	主任科员
103	卢昌霞	女	1960.9	景泰一中	景泰县一条山镇政府	干部
104	刘尚萍	女	1961.1	甘肃联合大学	景泰县教育局	科员
105	周文渊	男	1961.2	喜泉中学	景泰县水泥厂	职工
106	朱生泰	男	1961.4	西北师范大学	景泰县农业银行	会计师
107	王兴云	女	1961.5	喜泉中学	景泰县面粉厂	职工
108	郭延学	女	1962.1	大专	景泰一小	职工
109	段宜春	女	1962.2	兰州大学	景泰三中	一级教师
110	杨兴福	男	1962.2	中华会计学校	草窝滩地税所	干部
111	马　霞	女	1962.4	景泰一中	兰州市城关区安全办公室	干部
112	朱沁冰	女	1962.5	喜泉中学	景泰县人民医院	化验员
113	闫学芹	女	1962.6	喜泉中学	景泰县中医院	护士
114	李振忠	男	1962.7	甘肃省经济管理学院	景泰县水务局	干部
115	司万泰	男	1962.8	喜泉中学	景泰县自然资源局	职工

续表

序号	姓　名	性别	出生年月	毕业学校（学历）	工作单位	职务·职称
116	周文惠	女	1962.9	喜泉中学	景电管理局	副主任科员
117	罗崇国	男	1963.1	白银工业学校	景泰县粮食公司	会计
118	俞有海	男	1963.1	西安邮电学院	兰州西软通信技术有限公司	总经理
119	杨春霞	女	1963.1	甘肃电视大学	景泰四中	一级教师
120	王光霞	女	1963.2	喜泉中学	景泰县漫水滩乡农业中心	职工
121	王建凤	女	1963.4	景泰一中	景泰宾馆	职工
122	刘尚弘	女	1963.4	甘肃省水利学校	景泰县水务局	科员
123	马　翠	女	1963.4	景泰一中	景泰县农村信用社	职工
124	罗文瀛	男	1963.6	县教师进修学校	喜泉中学	一级教师
125	郭月莲	女	1963.8	天水林业学校	景泰县林业局	干部
126	毛正华	男	1963.10	中央党校	寿鹿山水泥有限公司	职工
127	周德海	男	1964.1	张掖师范专科学校	喜泉中学	教师
128	张玉蓉	女	1964.3	西北师范大学	景泰二中	中教二级
129	罗一萍	女	1964.4	西北师范大学	景泰二中	一级教师
130	付廷铎	男	1964.6	喜泉中学	景泰县机关事务服务中心	高级工
131	郭积文	男	1964.10	中国人民大学	额济纳旗百川贸易有限公司	副经理
132	王光明	男	1964.10	山西水利职工大学	景泰县水务局	工程师
133	王培福	男	1964.12	甘肃农业大学	甘肃省理工中等专业学校	讲师
134	杨广文	男	1965.3	景泰二中	喜泉镇人民政府	干部
135	周文博	男	1965.6	兴泉小学	景泰县给排水公司	职工
136	马　元	男	1965.7	河南信阳陆军学院	甘肃省交通运输集团	干部
137	崔爱萍	女	1965.8	武威卫校	靖远县中医院	医师
138	沈文典	男	1965.9	景泰一中	兰州铁路局集团公司	技师

续表

序号	姓　名	性别	出生年月	毕业学校（学历）	工作单位	职务·职称
139	郭永林	男	1965.10	武威财贸学校	工商银行景泰县分行	职工
140	俞有梅	女	1965.11	兰州商学院	甘肃省地矿局一中	一级教师
141	周德宁	男	1965.12	西安邮电学院	景泰电信公司	副经理
142	李晓茸	女	1965.12	兰州商学院	景泰县国税局	经济师
143	文兆斌	男	1966.2	甘肃省广播电视大学	景泰县住建局信访办	主任
144	闫立文	男	1966.3	喜泉中学	景泰县金谷丰粮油贸易有限责任公司	职工
145	尚云霞	女	1966.3	西北师范大学	景泰四中	一级教师
146	栾义宏	男	1966.4	喜泉中学	景泰县供电公司	技师
147	毛正琴	女	1966.5	甘肃省商业学校	白银市农委	经济师
148	闫立新	男	1966.6	喜泉中学	白银铝厂	职工
149	王治民	男	1966.8	兰州大学	景泰一中	高级教师
150	吴守波	男	1966.9	景泰一中	酒泉钢铁公司	职工
151	段爱珍	女	1966	陇南卫校	景泰县防疫站	医师
152	张国治	男	1967.1	中央广播电视大学	兰州石油化工公司	经济师
153	朱生铭	男	1967.1	景泰一中	景泰县机关事务服务中心	员工
154	李跃民	男	1967.5	兰州大学	景泰县地震局	助理工程师
155	罗崇选	男	1967.5	景泰一中	白银区教育局	技师
156	刘尚德	男	1967.9	喜泉中学	白银公司	职工
157	刘尚勇	男	1967.9	中央党校	甘肃环陆工程咨询管理有限公司	监理工程师
158	闫立斌	男	1967.10	西安石油大学	华东石油设计院	高级工程师
159	付兴文	男	1967.12	喜泉中学	中铁二十一局	施工员
160	李振东	男	1967.12	甘肃省经济管理学院	景泰川畜禽良种场	职工
161	沈文钟	男	1968.1	甘肃广播电视大学	景泰县卫生健康综合执法所	技师

续表

序号	姓 名	性别	出生年月	毕业学校（学历）	工作单位	职务·职称
162	李家芳	女	1968.3	喜泉中学	景泰县榨油厂	职工
163	文兆军	男	1968.4	甘肃省广播电视大学	草窝镇土地管理所	干部
164	马 育	男	1968.6	甘肃省广播电视大学	甘肃省交通运输集团	干部
165	沈琰林	男	1968.9	中央党校	景泰县税务局	干部
166	张正义	男	1968.9	西安体育学院	甘肃省体育局	科员
167	尚立平	男	1968.9	西北师范大学	景泰二中	中教一级
168	周小玲	女	1968.9	兰州财经大学	国家税务总局兰州市七里河区税务局	主任科员
169	崔 瑜	女	1968.11	甘肃省税务学校	景泰县税务局	干部
170	王小萍	女	1968.12	西北师范大学	景泰二中	中教一级
171	毛登永	男	1968.12	中央党校	景泰电信分公司	职工
172	王光红	女	1968.12	喜泉中学	景泰县城乡贸易中心	职工
173	樊胜琴	女	1969.1	兰州商学院	景泰县农村信用联社	干部
174	闫雪梅	女	1969.3	喜泉中学	白银棉纺厂	职工
175	闫雪瑛	女	1969.3	西北师范大学	景泰二中	二级教师
176	付兴军	男	1969.6	兰州铁路技术学校	兰州铁路局集团有限公司兰州西工务段	高级工
177	王永忠	男	1969.8	中央党校	国电靖远发电有限公司	职工
178	王维芬	女	1969.10	中央广播电视大学	景泰县工商管理局	干部
179	周德升	男	1969.11	大学	景泰县人武部	干部
180	罗崇菊	女	1969.11	甘肃联合大学	白银市档案馆	科员
181	刘尚霞	女	1970.2	甘肃农业大学	景泰县政务大厅	干部
182	杨佑云	女	1970.5	大专	景泰县乡公路管理站	干部
183	田维霞	女	1970.6	西北师范大学	喜集水小学	教师
184	马玉红	女	1970.6	中央党校	景电管理局	职工
185	王兴霞	女	1970.7	喜泉中学	景泰县面粉厂	职工

续表

序号	姓　名	性别	出生年月	毕业学校（学历）	工作单位	职务·职称
186	程　峰	男	1970.7	西安科技大学	甘肃光明监理公司	工程师
187	沈瑛玲	女	1970.8	酒泉财税专科学校	景泰县水务局	干部
188	罗崇武	男	1970.8	华北电力大学	甘肃八盘峡水电站	干部
189	马　武	男	1970.10	景泰二中	甘肃华瑞建设有限公司	项目经理
190	卢昌咸	男	1970.10	甘肃联合大学	景泰三中	一级教师
191	罗文芹	女	1970.10	陕西中医学院	景泰县第一幼儿园	主治医师
192	吴守涛	男	1970.10	景泰一中	景电管理局	职工
193	石生泉	男	1970.11	中央广播电视大学	喜泉镇卫生院	中级
194	马　娥	女	1971.2	西北师范大学	兰州市二十九中	一级教师
195	沈彩林	女	1971.2	国家开放大学	兴泉小学	一级教师
196	张海霞	女	1971.2	靖远师范学校	景泰三中	一级教师
197	刘尚勤	男	1971.3	中央广播电视大学	景电管理局	技师
198	刘晓霞	女	1971.8	喜泉中学	景泰县公路段	职工
199	祁　琴	女	1971.9	兰州城市学院	兴泉小学	一级教师
200	罗崇燕	女	1971.9	甘肃政法学院	白银第五小学	一级教师
201	王永娟	女	1971.9	兰州水利水电学校	景电管理局	干部
202	毛正鸿	男	1971.10	甘肃省广播电视大学	中国太平洋人寿保险公司兰州支公司	经理
203	李家宏	男	1971.11	喜泉中学	中泉乡政府	干部
204	闫立琴	女	1972.1	喜泉中学	白银公司冶炼厂	职工
205	沈文泽	男	1972.1	喜泉中学	景泰县电石厂	职工
206	郭积武	男	1972.1	喜泉中学	中石油甘肃酒泉销售公司果园加油站	职工
207	葛少华	男	1972.1	景泰二中	正路乡政府	干部
208	李家聪	女	1972.1	喜泉中学	甘肃广电网络公司	职工
209	罗崇银	女	1972.2	甘肃省委党校	景泰县住房与城市建设局	主任科员

续表

序号	姓 名	性别	出生年月	毕业学校（学历）	工作单位	职务·职称
210	周文霞	女	1972.4	西北师范大学	景泰三中	一级教师
211	谈自强	男	1972.7	甘肃省财税学校	景泰县地方税务局	办事员
212	刘尚军	男	1972.8	兰州医学院	白银公司厂坝铅锌矿职工医院	主治医师
213	樊胜强	男	1972.8	中央党校	景泰县农村信用社	部门经理
214	周继锋	男	1972.9	甘肃省委党校	景泰县农村信用社	干部
215	付彩霞	女	1972.12	甘肃广播电视大学	景泰县扶贫办	技师
216	王维丽	女	1973.2	兰州商学院	四川波导通信设备有限公司	财务总监
217	闫雪莲	女	1973.3	兰州电力学校	永昌电厂	职工
218	周文治	男	1973.3	景泰县独立初中	景电管理局	职工
219	包玲洁	女	1973.4	古浪一中	兰州市电信局	干部
220	周继京	男	1973.4	高中	建设银行兰州七里河分理处	职员
221	闫沛霞	女	1973.4	西北师范大学	景泰四中	一级教师
222	罗文森	男	1973.5	甘肃省农业广播电视学校	景泰县一条山镇永泰路社区	农艺师
223	郝 芳	女	1973.6	甘肃政法学院	景泰县纪律检查委员会	副科级
224	朱生伟	男	1973.6	甘肃农业大学	景泰县一条山镇	干部
225	田维臣	男	1973.6	景泰二中	景泰县给排水公司	技师
226	罗维玲	女	1973.8	中央广播电视大学	景泰县职业中专	二级教师
227	刘永珍	女	1973.9	甘肃政法学院	景泰县市场监督管理局	副科级
228	闫立宏	男	1973.10	兰州交通大学	中铁兰州机车有限公司	高级工程师
229	潘存民	男	1973.11	白银公司中学	白银公司小铁山矿	职工
230	石生蕊	女	1973.11	西北师范大学	陈庄中学	一级教师
231	李应学	男	1974.2	白银公司技校	白银公司	职工
232	沈美林	女	1974.3	天水税务专科学校	兰州市电信局西固分局	干部

续表

序号	姓 名	性别	出生年月	毕业学校（学历）	工作单位	职务·职称
233	樊胜芳	女	1974.5	喜泉中学	平川区供电公司市政供电所	高级工
234	崔 娜	女	1974.5	甘肃财贸学校	建设银行兰州分行	职员
235	王德发	男	1974.8	中央广播电视大学	景泰房地产服务中心	高级工
236	闫沛金	男	1974.8	首都体育学院	景泰一中	一级教师
237	朱生潭	男	1974.8	西北师范大学	广东省佛山区创意钢琴中心	一级教师
238	包振宇	男	1974.9	江西经济管理学院	兰州市邮政速递局	干部
239	刘玉珍	女	1974.10	甘肃广播电视大学	景泰县扶贫办	科员
240	崔 珂	女	1974.12	甘肃省商业学校	白银区长通路社区	干部
241	闫雪蕻	女	1975.5	兰州交通大学	中铁建设集团二十二局	处长
242	毛登翔	男	1975.6	喜泉中学	景泰县邮政局	职工
243	尚立军	男	1975.7	黑龙江水产专科学校	甘肃省引大入秦工程管理局	工程师
244	谈明东	男	1975.9	陈庄中学	景泰县水泥厂	职工
245	周继贵	男	1975.11	甘肃省委党校	景泰县工商局条山所	副所长
246	王兴莲	女	1976.1	中央广播电视大学	景泰县政务服务中心	干部
247	闫立红	女	1976.3	甘肃省中医药大学	白银区第十三小学	主管护师
248	王永舒	男	1976.3	中央党校	景电管理局	职工
249	王明媚	女	1976.4	西北师范大学	景泰四中	一级教师
250	刘兴东	男	1976.5	东北吉林电气化专科学校	甘建投第一安装工程公司电气化分公司	经理
251	程 娟	女	1976.5	兰州大学	景泰县市场监督管理局	三级科员
252	罗崇琴	女	1976.7	西北师范大学	景泰职业中专	二级教师
253	陈东远	男	1976.8	兰州大学	景泰县第三中学	一级教师
254	沈晓云	女	1976	兰州医学院	景泰县人民医院	医师
255	马 玲	女	1976.9	宁夏医科大学	宁夏医科大学总医院	护士
256	闫沛玉	女	1976.10	甘肃农业大学	和政县扶贫办	九级职员

续表

序号	姓　名	性别	出生年月	毕业学校（学历）	工作单位	职务·职称
257	卢昌秀	女	1976.10	西北师范大学	景泰一小	一级教师
258	刘泽林	男	1976.11	喜泉中学	景泰县公路段	职工
259	马宝倩	女	1976.12	甘肃省联合大学	景泰县税务局	干部
260	马寅之	男	1976.12	兰州气象学校	景泰四中	一级教师
261	朱沁萍	女	1977.1	兰州医学院护士学校	景泰县人民医院	护士
262	闫立宇	男	1977.2	西安邮电学院	甘肃省电信局	高级工程师
263	李应兰	女	1977.2	兰州师范专科学校	景泰三中	一级教师
264	卢昌彩	女	1977.2	甘肃联合大学	景泰六中	初级教师
265	刘琴民	女	1977.2	白银市工业学校	白银市平川区兴平学校	一级教师
266	康彩宏	女	1977.3	天水师范学院	陇西县思源试验学校	一级教师
267	张国玲	女	1977.3	西北师范大学	景泰二中	二级教师
268	闫沛敏	女	1977.5	宁夏医科大学	景泰县中医院	检验师
269	谈军萍	女	1977.9	西北师范大学	景泰县实验小学	一级教师
270	付菊霞	女	1977.10	西北师范大学	景泰县第二中学	一级教师
271	张海霞	女	1977.10	天津轻工业学院	寺滩学区玉川小学	一级教师
272	刘在霞	女	1977.11	陕西师范大学	寺滩乡付庄小学	一级教师
273	吕春燕	女	1978.3	西北师范大学	甘肃省水利投资有限公司	办公室主任
274	张克军	男	1978.4	西北师范大学	景泰县第四小学	一级教师
275	杨晓琴	女	1978.6	白银工业学校	芦阳镇寺林小学	一级教师
276	雷润兰	女	1978.6	西北师范大学	景泰二中	一级教师
277	段好钢	男	1978.6	中央广播电视大学	景泰县图书馆	管理九级
278	马保莲	女	1978.7	西北师范大学	景泰县第六中学	一级教师
279	包振宁	男	1978.8	西安邮电学院	兰州市电信公司	职工
280	包珍洁	女	1978.8	西北师范大学	甘肃通信服务有限公司物业管理公司	职工

续表

序号	姓　名	性别	出生年月	毕业学校（学历）	工作单位	职务·职称
281	陈兆远	男	1978.9	西安交通大学	中国移动甘肃公司景泰县分公司	职工
282	朱积红	女	1978.11	北京邮电大学	景泰县邮政分公司	金融主管
283	周振彩	女	1978.11	中央广播电视大学	南滩幼儿园	一级教师
284	段好玮	女	1979	天水师范专科学校	景泰县城建规划局	职工
285	毛登锋	男	1979.1	兰州交通大学	寿鹿有限水泥公司	环保部部长
286	田维君	男	1979.1	景泰二中	景泰县给排水公司	职工
287	毛登琴	女	1979.4	中央广播电视大学	景电幼儿园	副园长
288	田维科	男	1979.6	北京医科专修学校	拓普中兴医药发展有限公司	副总经理
289	付仲霞	女	1979.8	天水师范学院	景泰县第一幼儿园	小教二级
290	罗维莲	女	1979.8	酒泉职业技术学院	兴泉小学	教师
291	杨昌兰	女	1979.9	西北民族大学	兰州爱乐文化艺术中心	教师
292	杨明浩	男	1979.11	首都体育学院	景泰县文体广电和旅游局	干部
293	周继仁	男	1979.12	甘肃计划学校	景泰县水泥厂	职工
294	尚宏武	男	1980.2	兰州工业高等专科学校	景泰县供电公司	技师
295	朱晶萍	女	1980.2	兰州大学	定西市妇幼保健院	副主任医师
296	王永琴	女	1980.3	西北师范大学	临夏回族自治州和政中学	高级教师
297	付仲瑞	男	1980.4	兰州工业学院	中铁三局	职工
298	张莹丽	女	1980.5	兰州医学院	兰州市第一人民医院	主任医师
299	毛囡囡	女	1980.5	西南大学	景泰县实验小学	一级教师
300	杨晓东	男	1980.6	兰州石化职业技术学院	宁夏英力特化工股份有限公司树脂分公司	高级工程师
301	陈姝君	女	1980.7	重庆大学	景泰县供电公司	技师
302	闫沛秀	女	1980.12	陕西师范大学	陈庄中学	一级教师

续表

序号	姓　名	性别	出生年月	毕业学校（学历）	工作单位	职务·职称
303	石睿清	男	1981.1	长春大学	中国电信甘肃分公司资费中心	高管
304	化希东	男	1981.2	陕西师范大学	景泰六中	一级教师
305	王　琼	女	1981.2	西北师范大学	兴泉小学	一级教师
306	杨家玉	男	1981.2	甘肃工业大学	酒泉钢铁公司	工程师
307	朱可睿	男	1981.2	北京工业大学	青岛人防设计院	工程师
308	苟龙源	男	1981.3	河西学院	景泰县寺滩派出所	警官
309	杨家娟	女	1981.3	河西学院	新疆哈密市第八中学	一级教师
310	吕长平	男	1981.3	兰州大学	甘肃烟草工业有限责任公司	工程师
311	李军静	女	1981.3	兰州军警学校	景泰县文化馆	职工
312	刘在玲	女	1981.4	兰州大学	景泰县税务局	科员
313	李维勤	男	1981.4	河西学院	兴泉小学	校长
314	马欣燕	女	1981.5	西北师范大学	兰州交通大学	讲师
315	卢阳春	男	1981.5	南阳师范学院	景泰三中	一级教师
316	尚威武	男	1981.6	内蒙古工业大学	兰州泽瑞供水集团	副经理
317	郝　文	男	1981.6	华北电力大学	四川省都江堰电力工程局	工程师
318	段晓莉	女	1981.6	天水林业学校	县国土资源局	管理九级
319	闫立玲	女	1981.7	兰州教育学院	武威市凉州区第七中学	一级教师
320	沈军林	男	1981.7	兰州理工大学	欧亚学院	主管
321	张秉强	男	1981.7	甘肃省委党校	景泰县正路乡政府	干部
322	周继琴	女	1981.7	兰州师范专科学校	一条山镇振兴路社区	干部
323	杨世海	男	1981.10	华北水利水电大学	华能西藏雅鲁藏布江水电公司	工程师
324	郭顺林	男	1981.10	解放军理工大学	63628部队	八级工程师
325	张正燕	女	1981.11	兰州大学	景泰二中	一级教师
326	周继惠	女	1981.11	河西学院	庄浪阳川中学	一级教师

续表

序号	姓　名	性别	出生年月	毕业学校（学历）	工作单位	职务·职称
327	谈继军	男	1981.12	西北师范大学,	景泰县第一中学	一级教师
328	吴克同	男	1981.12	景泰二中	景电管理局	职工
329	罗雪梅	女	1981.12	河西学院	景泰县第五小学	二级教师
330	李家爱	女	1982.2	河西学院	新疆哈密市第六小学	一级教师
331	吴承丽	女	1982.2	甘肃政法学院	景泰县第二小学	二级教师
332	段好亮	男	1982.3	甘肃政法学院	景泰县执法局	副科
333	王东亮	男	1982.3	中国政法大学	甘肃省政府	职工
334	俞晓琴	女	1982.5	西北师范大学	兰州市城关区张掖路小学	二级教师
335	杨家鹏	男	1982.7.	兰州理工大学	景泰职业中专	二级教师
336	卢昌悦	女	1982	四川绵阳师范学院	兴泉小学	教师
337	俞世民	男	1982.8	兰州商学院	祁连山水泥集团	副经理
338	朱莹萍	女	1982.8	宁夏医科大学	定西卫生学校附属医院	超声医师
339	周　岚	女	1982.9	贵州大学	–	设计师
340	毛琴琴	女	1982.9	陕西师范大学	兴泉小学	二级教师
341	吴承俊	男	1982.9	西北师范大学	景泰一中	一级教师
342	周　娟	女	1982.10	西北师范大学	景泰一小	高级教师
343	王露晗	女	1982.10	兰州大学	景泰一小	一级教师
344	卢昌悦	女	1982.12	西北师范大学	兴泉小学	一级教师
345	王永文	男	1983.1	西安科技建筑大学	中国十九冶集团有限公司	工程师
346	李建斌	男	1983.2	兰州理工大学	景电管理局二期一泵站	站长
347	刘云正	男	1983.2	甘肃省中医药大学	景泰县人民医院放射科	医师
348	李家慧	女	1983.2	武威卫校	兰州陆军医院	护士
349	毛登峰	男	1983.3	甘肃民族学院	景泰县交警队	交警
350	吕长文	女	1983.3	西北师范大学	景泰县第一幼儿园	副园长

续表

序号	姓 名	性别	出生年月	毕业学校（学历）	工作单位	职务·职称
351	罗耀翠	女	1983.4	中南大学	北京中科美星环境生物技术有限公司	工程师
352	俞有文	男	1983.5	英国伦敦大学工商学院	大唐景泰乾丰风电有限公司	副总经理
353	高秉孝	男	1983.7	西北师范大学	景泰一中	一级教师
354	魏君芳	女	1983.7	兰州理工大学	景泰七校	一级教师
355	曾永翠	女	1983.8	张掖师范专科学校	景泰二中	二级教师
356	吴成娟	女	1983.8	西南大学	景泰第八小学	一级教师
357	谈守红	女	1983.9	西北师范大学	景泰第一小学	一级教师
358	吕长红	女	1983.10	甘肃省委党校	兰州嘉诺知识产权代理事务所	职工
359	李应娟	女	1984.1	兰州交通大学	甘肃蓝羲环保科技有限公司	工程师
360	王永莲	女	1984.1	陕西国际商贸学院	一条山镇司法所	干部
361	马双福	男	1984.1	河西学院	张掖昆龙生化厂	工程师
362	苟三荣	女	1984.1	焦作师范高等专科学校	宁夏吴忠市利通区第九小学	一级教师
363	罗维红	女	1984.1	第四军医大学	北京空军总院	护师
364	沈珺林	女	1984.2	甘肃中医药大学	景泰县人民医院	主治医师
365	王龙一	男	1984.2	大专	金昌市金川区双湾镇卫生院	职工
366	王 伟	女	1984.2	西北师范大学	景泰县第三幼儿园	教师
367	李应琴	女	1984.2	兰州大学	亚信科技有限公司	工程师
368	刘德玲	女	1984.3	西北师范大学	景泰四中	一级教师
369	周德恭	男	1984.4	兰州大学	奇正藏药集团	运营部经理
370	高婷婷	女	1984.5	兰州大学	北京大学第一医院—密云医院	主治医师
371	郭瑞燕	女	1984.7	西南交通大学	成都市移动公司	副经理
372	包 娟	女	1984.7	西安财经学院	景泰县农村信用社	客户经理

续表

序号	姓　名	性别	出生年月	毕业学校（学历）	工作单位	职务·职称
373	王永宁	男	1984.7	西北民族大学	景泰县第一中学	一级教师
374	司政莉	女	1984.10	西北师范大学	新民小学	二级教师
375	段好阳	男	1984.10	武汉船舶职业技术学院	福建省福宁船舶重工有限公司	工程师
376	石生伟	男	1984.10	兰州理工大学	中铁四局二公司	工程师
377	赵贵亮	男	1984.10	甘肃农业大学	酒泉市种子公司	农艺师
378	辛彦博	男	1984.10	兰州理工大学	西昌钢钒有限公司能源动力中心	工程师
379	石彩琴	女	1984.10	河西学院	甘肃通信产业物业管理有限公司	经济师
380	毛亮亮	女	1984.11	西北师范大学	景泰县第六中学	二级教师
381	曾永嘉	男	1984.12	西安交通大学	上海永达集团投资公司	副总监
382	罗耀平	男	1985.2	重庆交通大学	重庆交通研究设计院	工程师
383	朱可云	女	1985.3	兰州理工大学	景泰县信用联社	干部
384	马晓娟	女	1985.3	兰州师范专科学校	景泰四中	一级教师
385	周继宗	男	1985.4	兰州工业高等专科学校	青海铝业公司	助理工程师
386	赵玉晶	女	1985.6	河西学院	喜泉镇政府	职员
387	闫沛洁	女	1985.5	武汉大学	甘肃农业大学	讲师
388	杨广梅	女	1985.6	兰州理工大学	甘肃银行兰州分行	客户经理
389	吕长莉	女	1985.6	兰州大学	景泰县草窝滩镇卫生院	职工
390	刘德茂	男	1985.6	贵州省航天职业技术学院	东莞市宏联模具有限公司	经理
391	李进云	男	1985.7	西北师范大学	景泰县职业中等专科学校	二级教师
392	石富强	男	1985.7	西北师范大学	景泰县第四中学	一级教师
393	王得芳	女	1985.9	陕西师范大学	石城小学	一级教师
394	李宏善	男	1985.9	西北师范大学	喜泉镇人民政府	武装部长
395	毛登江	男	1985.10	兰州石化职业技术学院	北京华安保信息技术有限公司	工程师

续表

序号	姓 名	性别	出生年月	毕业学校（学历）	工作单位	职务·职称
396	俞宗来	男	1985.10	江西景德镇陶瓷学院	新疆伽师县和夏阿瓦提小学	教师
397	魏君斌	男	1985.11	甘肃农业大学	中核二三核反应堆公司	工程师
398	付仲丽	女	1985.12	兰州理工大学	移动公司南方基地	干部
399	王永芳	女	1986.1	甘肃政法学院	草窝滩镇工作	干部
400	吕长东	男	1986.2	兰州交通大学博文学院	张掖市甘州区图书馆	职工
401	罗维奇	男	1986.3	陕西师范大学	兴泉小学	二级教师
402	周德庆	女	1986.4	中央广播电视大学	喜泉镇中心幼儿园	一级教师
403	杨昌珍	女	1986.4	兰州理工大学	白银区水务局	职工
404	朱小健	女	1986.5	武汉地质大学	武汉大学附属光谷分校	一级教师
405	司政娟	女	1986.7	西北师范大学	景泰一中	二级教师
406	杨家伟	男	1986.8	甘肃政法学院	景泰县编制办	干部
407	孙 旭	男	1986.10	华北水利水电大学	白银市给排水公司	助理工程师
408	闫沛亮	男	1986.10	兰州理工大学	景泰县水务局	助理工程师
409	魏君皎	女	1986.10	北京公安大学	榆中县公安局	警官
410	付仲颖	女	1986.11	成都信息工程学院	嘉峪关机场	助理工程师
411	文 璟	女	1986.12	陇东学院	北京涵谷建筑工程公司	职工
412	吕长亮	女	1987.1	兰州大学	中共景泰县委宣传部	干部
413	李军霆	男	1987.2	陕西咸阳师范学院	西安市光迅广告文化传播公司	经理
414	周振宏	男	1987.2	西安石油大学	西南管道有限责任公司天水输油分公司	安全员
415	陈 珂	女	1987.3	陕西师范大学	青海省环保厅	干部
416	周纪宇	男	1987.3	华北电力大学	酒钢热电公司	职工
417	毛 祯	男	1987.3	兰州城市学院	青海民航监管局	党委秘书
418	白兴玲	女	1987.3	广东医科大学	广东省东莞市东南部中心医院	护士

续表

序号	姓　名	性别	出生年月	毕业学校（学历）	工作单位	职务·职称
419	曾永艳	女	1987.3	天水师范学院	青海省公路局	秘书
420	罗维凤	女	1987.3	兰州工业技术学院	景泰县寺滩乡政府	干部
421	闫　靖	女	1987.5	国家开放大学	西安医学院附属一院	职工
422	吕长娥	女	1987.6	河西学院	榆中县发改局	四级主任科员
423	石福玲	女	1987.8	兰州城市学院	喜泉镇政府	干部
424	俞晓慧	女	1987.9	靖远师范	景泰县运管所	职工
425	栾清月	女	1987.11	兰州体育专科学校	景泰县供电公司	职工
426	辛彦清	男	1987.11	甘肃畜牧工程职业技术学院	正路镇政府	干部
427	周邦俭	男	1987.11	河西学院	新疆塔城地区托里县第二中学	校办主任
428	司政敏	男	1987.12	四川理工大学	重庆泉润技术服务有限责任公司	工程师
429	樊雨陇	男	1988.1	兰州理工大学	景泰县农村信用社	职工
430	王作龙	男	1988.2	西安科技大学	青海西部水电有限公司	职工
431	方剑儒	女	1988.2	张掖卫校	张掖市药检所	药剂师
432	司政洁	男	1988.3	甘肃省建筑材料工业学校	寿鹿山水泥有限责任公司	环保员
433	周继亮	男	1988.4	兰州理工大学	贵州宏福实业开发总公司金昌分公司	职工
434	尚立祥	男	1988.4	兰州财经大学长青学院	甘肃省建筑职业技术学院	干部
435	田富蓉	女	1988.6	甘肃农业大学	白银区林业和草原局	助理工程师
436	闫沛成	男	1988.8	景泰一中	景泰县农村信用社	职工
437	朱可迪	女	1988.8	中国传媒大学	中央电视台一台	编导
438	高秉霞	女	1988.8	天水农业学校	景泰县社保局	干部
439	卢昌旺	男	1988.9	喜泉中学	西藏拉萨市林周县水利局	副局长
440	吕婷婷	女	1988.10	兰州交通大学	甘肃省道路运输局	干部

续表

序号	姓 名	性别	出生年月	毕业学校（学历）	工作单位	职务·职称
441	白兴文	男	1988.10	吉林大学	西部钻探钻井液分公司准东项目部	副经理
442	付仲斌	男	1988.11	东北电力大学	南方电网公司	项目经理
443	毛登科	男	1988.11	甘肃农业大学	百威啤酒有限公司	质量经理
444	马玉芬	女	1988.11	泰州医学院	景泰县卫生局	职工
445	罗崇楠	女	1988.12	天水林业学院	新疆轮台县公安局	警察
446	朱可强	男	1989.1	西京学院	西安市人寿保险公司	职工
447	付仲文	男	1989.2	兰州商学院	甘肃省农村信用联社	会计
448	俞有银	男	1989.2	甘肃省水利学校	景电管理局	职工
449	毛熙文	女	1989.3	浙江师范大学	甘肃建筑职业技术学院	讲师
450	朱哲莹	女	1989.3	兰州交通大学	兰州城市学院地理环境院	讲师
451	崔长黎	男	1989.5	兰州大学	国家开发银行	副科
452	马腾臻	男	1989.6	甘肃农业大学	甘肃农业大学	讲师
453	顾朝霞	女	1989.6	陕西国际商贸学院	兰州药店	业务员
454	罗维龙	男	1989.7	兰州理工大学	盐锅峡电厂	助理工程师
455	石福琴	女	1989.7	甘肃中医药大学	景泰县信访局	干部
456	朱生玉	男	1989.8	江西科技学院	景泰县公安局交警大队	干部
457	沈晓林	男	1989.9	兰州理工大学	中国华西集团	主管
458	栾清霞	女	1989.9	河西学院	景泰县第五小学	二级教师
459	李晶晶	女	1989.9	兰州城市学院	景泰县职业中专	教师
460	李家合	男	1989.9	兰州理工大学	白银公司冶炼厂	助理工程师
461	闫 冰	女	1989.10	西北师范大学	玉门石油管理局	工程师
462	李昱辉	男	1989.10	兰州商学院	甘肃白银银行	业务经理
463	罗崇艳	女	1989.10	广东韶关学院	甘肃富德生命保险公司	银保部主任
464	张玉娜	女	1989.10	哈尔滨师范大学	草窝滩镇龚家湾村支部	书记
465	吴承鸿	男	1989.11	兰州理工大学	新疆天业集团	助理工程师

续表

序号	姓　名	性别	出生年月	毕业学校（学历）	工作单位	职务·职称
466	文　涛	男	1989.11	兰州交通大学	兰州艺术学院	教师
467	苗国婷	女	1989.12	兰州城市学院	兴泉小学	教师
468	田富裕	男	1989.12	河西学院	新疆库车市第五小学	中级教师
469	王　媛	女	1989.12	西北师范大学	中泉乡胡麻水小学	教师
470	毛登旭	男	1990.1	兰州交通大学	铁路北京局集团邯郸工务段	助理工程师
471	李家贤	男	1990.1	兰州商学院	兰州铁路公安局武威公安处	四级警长
472	杨建盛	男	1990.3	四川西华师范大学	北京恒昌惠城信息咨询有限公司	营业部经理
473	李　倩	女	1990.4	兰州大学	兰大附属二院	医师
474	魏君伟	男	1990.5	兰州陇桥学院	白银市高速公路	交警
475	马添福	男	1990.5	甘肃水利水电学校	引大入秦工程管理局	助理工程师
476	魏君莉	女	1990.7	武汉经济学院	兰州超众工贸有限公司	职员
477	尚亚蓉	女	1990.7	重庆师范大学	成都市第二十八幼儿园	二级教师
478	毛登宏	女	1990.8	兰州理工大学	资阳市税务局	科员
479	朱可胜	男	1990.8	郑州电力职业技术学院	大唐新能源公司	职工
480	祁景山	男	1990.8	西南大学育才学院	金昌海关	四级主办
481	闫沛海	男	1990.10	景泰一中	景泰县金谷丰粮油贸易有限责任公司	职工
482	付仲娟	女	1990.10	甘肃农业大学	广州市土地规划设计院	项目经理
483	卢潇春	男	1990.10	兰州城市学院	陈庄中学	二级教师
484	李昱辉	男	1990.10	兰州财经大学	兰州银行白银分行	客户经理
485	罗晓菁	女	1990.11	西北师范大学	新疆吐鲁番市五中	政教主任
486	朱　乐	女	1991.1	香港大学	兰州交通大学	讲师
487	段好才	男	1991.1	兰州理工大学	兰州城市规划设计院	设计师
488	罗伊灵	女	1991.1	天水师范学院	景泰一中	二级教师

续表

序号	姓　名	性别	出生年月	毕业学校（学历）	工作单位	职务·职称
489	俞有源	男	1991.2	西北师范大学知行学院	中国电信兰州分公司	职工
490	陈　涛	女	1991.2	西北师范大学知行学院	景泰县市场监督管理局	科员
491	魏君晓	男	1991.2	兰州理工大学	中建三局集团	职工
492	朱可睿	男	1991.2	北京工业大学	山东青岛市人防设计院	工程师
493	罗崇岳	男	1991.3	河西学院	新疆鸿达华泰建设工程有限公司	项目经理
494	周继雪	女	1991.3	兰州财经大学陇桥学院	青海水利水电工程有限公司	会计
495	周敏娜	女	1991.4	甘肃中医药大学	景泰县中医院	护士
496	罗耀忠	男	1991.4	天津商业大学	兰州麒麟软件有限公司	工程师
497	毛　娜	女	1991.6	西南政法学院	兰州大学	助教
498	马婷婷	女	1991.6	甘肃中医药大学	景泰县人民医院	主治医师
499	王耀玲	女	1991.6	上海交通大学	上海市同仁医院	主治医师
500	吕长璇	男	1991.7	兰州理工大学	内蒙古神化包头煤化有限公司	助理工程师
501	马玉福	男	1991.7	兰州理工大学	广州局集团有限公司	助理工程师
502	毛　茜	女	1991.7	江西中医药大学科技学院	北大康复医院	药剂师
503	罗崇棣	男	1991.8	兰州工商学院	甘肃平安保险公司	业务主管
504	罗佳祺	男	1991.8	清华大学计算机学院	东部战区联合指挥部	少校参谋
505	卢尚欣	女	1991.8	首都医科大学	首都安贞医院	医师
506	谈守晓	女	1991.9	陇南师范学院	新疆生产建设兵团第六师红旗学校	二级教师
507	吕娜娜	女	1991.9	陕西师范大学	兰州六十三中	二级教师
508	栾清云	男	1991.10	四川大学	白银银光中学	二级教师
509	尚昱龙	男	1991.10	沈阳体育大学	景泰一中	三级教师
510	杨志刚	男	1991.11	西南科技大学	四川银联商务有限公司	职员

续表

序号	姓　名	性别	出生年月	毕业学校（学历）	工作单位	职务·职称
511	吴承露	女	1992.	西北师范大学	玉门市	教师
512	张　鑫	女	1992.1	江西科技学院	景泰高速公路收费所	职工
513	俞有赟	男	1992.2	兰州理工大学	景电管理局	助理工程师
514	程文佳	男	1992.3	武警乌鲁木齐指挥学院	武警阿克苏支队机动三中队	正连级
515	李家妍	女	1992.5	湘南学院	武威大宇职业学校	二级教师
516	罗维晓	女	1992.6	河海大学	建设银行兰州支行	职工
517	刘在顺	男	1992.7	兰州理工大学	中车山东机车车辆有限公司	副部长
518	魏君晶	女	1992.8	兰州商学院	西安图智信息技术有限公司	员工
519	吴来军	男	1992.8	兰州交通大学	中铁七局	助理工程师
520	郭　庆	男	1992.9	甘肃农业大学	兰州建材公司	经理
521	闫文起	男	1992.10	甘肃农业大学	紫光云数科技有限公司	职工
522	王　娜	女	1992.12	甘肃畜牧工程职业技术学院	新疆库车市第五小学	教师
523	罗维芸	女	1992.12	中国石油大学	庆阳市中国石油长庆油田分公司	技术员
524	毛思程	男	1993.1	甘肃政法大学	中川机场公安局政治处新闻办公室	职工
525	毛燕琴	女	1993.1	甘肃农业大学	景泰县委编制办	干部
526	张　娜	女	1993.2	云南工商学院	甘肃省长城建设集团	会计
527	郭大鹏	男	1993.2	兰州理工大学	天水华天股份有限责任公司	职工
528	孙世赟	男	1993.2	甘肃广播电视大学白银分校	中共白银市委党校	助教
529	周继媛	女	1993.3	兰州交通大学	中国电信兰州电信公司	职工
530	罗耀婷	女	1993.5	大连医科大学	兰大附属医院二院	主治医师
531	罗耀博	男	1993.6	辽东学院	武汉境辉环保科技有限公司	职工
532	罗维钦	男	1993.7	兰州交通大学	白银市移动公司	职员

续表

序号	姓　名	性别	出生年月	毕业学校（学历）	工作单位	职务·职称
533	沈瑛林	女	1993.8	华东交通大学	招银金融信息服务深圳有限公司	管理员
534	卢昱春	男	1993.8	中国民航大学	兰州中川国际机场塔台管制室	管理员
535	罗维纬	女	1993.8	青海师范大学	青海警官职业学院	一级教师
536	周振栋	男	1993.8	江西工程学院	甘肃丝路陇源贸易有限公司	职工
537	付仲金	男	1993.9	兰州职业技术学院	东华新能源公司	职工
538	周继昌	男	1993.9	兰州石油化工技术学校	东华能源宁波新材料有限公司	职工
539	周继儒	男	1993.9	天津工业大学	天津神州商业科技股份有限公司	职工
540	罗焱馨	女	1993.10	兰州城市学院	山西河津市税务局	科员
541	李昱桥	男	1993.10	甘肃农业大学	景泰县烟草公司	客户经理
542	田富胜	男	1993.12	石家庄炮兵学院	景泰县应急管理局	干部
543	魏君苗	女	1993.12	哈尔滨商业大学	杭州肯德基公司杭州分公司	职工
544	罗雅文	女	1993.12	兰州城市学院	景泰县第四中学	教师
545	罗维萍	女	1993.12	天水师范学院	正路镇中心幼儿园	教师
546	沈　婧	女	1994	西北师范大学	甘肃省人民医院	医师
547	吕长举	男	1994.2	沈阳医学院	白银市第一人民医院	医师
548	王耀琛	男	1994.3	天津科技大学	北京清创美科环境科技有限公司	职工
549	辛委颖	女	1994.3	武汉科技大学	深圳中航三鑫科技有限公司	助理工程师
550	闫成起	男	1994.4	上海交通大学	杭州微瀚讯梦信息技术有限公司	职工
551	王耀茹	女	1994.5	西北大学	兰州市金城实验小学	二级教师
552	尚成武	男	1994.5	兰州交通大学铁道技术学院	中国铁路兰州局集团公司兰州通信段	职工
553	罗维斌	男	1994.6	甘肃武警学院	兰州铁路公安局	警官

续表

序号	姓　名	性别	出生年月	毕业学校（学历）	工作单位	职务·职称
554	魏君欢	女	1994.6	济南外语学院	兰州唯美特有限公司	职员
555	罗耀博	男	1994.6	丹东学院	无锡文思海辉信息技术有限责任公司	职工
556	谈守信	男	1994.6	北京理工大学	天水华天科技有限公司	助理工程师
557	曾永祥	男	1994.7	江苏无锡职业技术学院	江苏康辉国际旅游有限公司	职工
558	罗维之	男	1994.8	北方民族大学	国家电网新疆区乌鲁木齐电力公司	助理工程师
559	赵永清	男	1994.9	兰州交通大学	华能景泰发电有限责任公司	助理工程师
560	沈玑林	男	1994.9	湖南石油化工学院	昆明涵谷科技有限公司	助理工程师
561	周昱廷	女	1994.9	和田师范专科学校	新疆英吉沙县第三小学	教师
562	罗维栋	男	1994.10	甘肃农业大学	新疆和田小学	教师
563	罗维乔	男	1994.11	兰州交通大学	河南省郑州市华润电力公司	项目经理
564	付晓倩	女	1994.12	四川广源师范学院	漫水滩中心幼儿园	幼教
565	段好珍	女	1995.2	哈尔滨理工大学	景泰县妇幼保健站	副科
566	卢昌辉	男	1995.3	喜泉中学	黄河石林管委会	干部
567	闫沛鑫	女	1995.4	兰州理工大学	景泰川电力提灌管理局	助理工程师
568	文　蕾	女	1995.4	黑龙江工业学院	景泰县黄河石林管委会	文秘员
569	文　瑞	女	1995.4	兰州财经大学陇桥学院	北京拓友新世纪科技发展有限公司	工程师
570	马利福	女	1995.5	酒泉职业技术学院	景泰电信公司	职工
571	马保环	女	1995.6	兰州财经大学	兰州银行	职员
572	田富州	男	1995.8	大连海事大学	上海哔哩公司	工程师
573	文　杰	女	1995.8	河西学院	新疆伊犁新源县坎苏镇中学	教师
574	张　欢	女	1995.8	山东滨州医学院	成都市青羊区黄田坝成飞社区	医生
575	罗维君	男	1995.8	西北民族大学	兰州市西北永新集团	试验员

续表

序号	姓　名	性别	出生年月	毕业学校（学历）	工作单位	职务·职称
576	闫俊竹	女	1995.8	中国石油大学	中铁建设集团北京分公司	工程师
577	周昱汝	女	1995.9	武威职业技术学院	甘肃瑞安教育咨询管理有限公司	教师
578	魏君霞	女	1995.9	青海畜牧兽医学院	天涯旅行社	职员
579	毛登琼	女	1995.10	河北石家庄护理学院	新疆乌鲁木齐市米东区人民医院	护士
580	石福广	男	1995.10	兰州财经大学	工商银行景泰支行	员工
581	罗维轩	男	1995.11	甘肃交通大学	四川成都天府机场	技师
582	王耀智	男	1995.11	兰州理工大学	国网甘肃省定西市电力公司	助理工程师
583	杨金金	女	1995.12	安徽省淮北职业技术学院	景泰县中医院	护士
584	周继园	女	1995.12	河西学院	正路乡沙河井小学	二级教师
585	沈瑾林	女	1996.1	甘肃财经大学	兰石集团	管理员
586	刘在昇	男	1996.1	甘肃工业职业技术学院	二十一冶建筑设计院	技术员
587	马媛媛	女	1996.2	兰州财经大学	农业银行景泰县支行	助理会计师
588	辛委儒	男	1996.3	沈阳工业大学	青岛建设集团	助理工程师
589	郭长育	男	1996.6	空军工程大学	石家庄军分区	士官
590	罗维玲	女	1996.7	四川大学	陕西龙腾文物保护有限公司	职员
591	付仲钧	男	1996.9	陇东学院	景泰县草窝滩镇	干部
592	俞有民	男	1996.10	兰州航空工业职工大学	兰州空间技术物理研究所	职工
593	罗维文	男	1996.10	甘肃广播电视大学	兰石集团	职工
594	马娇娇	女	1996.11	兰州财经大学	建设银行白银市支行	助理会计师
595	吴承鹏	男	1996.12	甘肃工业学校	神马新材料有限责任公司	技术员

续表

序号	姓　名	性别	出生年月	毕业学校（学历）	工作单位	职务·职称
596	曾晓宗	男	1997.4	宁夏大学	杭州九沐景观设计公司	设计师
597	马保鸿	男	1997.6	黑龙江科技大学	甘肃中联信息科技有限公司	技术员
598	全辉江	男	1997.6	珠海职业技术学院	兰州中国通信产业物业管理有限公司	技术员
599	罗维南	男	1997.12	兰州资源环境学院	天水电器研究所	技术员
600	张玉娇	女	1997.12	海南大学	深圳有棵树科技有限公司	广告投放师
601	周昱芯	女	1998.1	和田师范专科学校	新疆和田玉田县卡拉晃儿乡中心幼儿园	二级教师

兴泉籍博士生毕业（在读）人员统计表

表6-3-2

序号	姓　名	性别	出生年月	毕业（在读）学校	工作单位	行政职务	技术职称
1	马　明	男	1969.11	河海大学	甘肃省水利水电勘测设计研究院	党委书记兼总经理	正高级工程师
2	杨广礼	男	1976.10	甘肃农业大学	商丘师范学院生物与食品学院		教授
3	吴克坚	男	1983.10	空军军医大学	空军军医大学基础医学院		副教授
4	马万福	男	1987.8	复旦大学	陶氏化学（上海）有限公司	技术经理	高级工程师
5	朱哲莹	女	1989.3	兰州交通大学 香港读会大学	兰州城市学院		讲师
6	马腾臻	男	1989.6	甘肃农业大学	甘肃农业大学		讲师
7	朱　乐	女	1991.1	香港大学兰州大学	兰州交通大学		讲师
8	卢尚欣	女	1991.8	首都医科大学	首都安贞医院		主治医师

兴泉籍硕士生毕业（在读）人员统计表

表6-3-3

序号	姓名	性别	出生年月	毕业（在读）学校	工作单位	行政职务	技术职称
1	郭延强	男	1954.1	西北师范大学	兰州市教育局		高级教师
2	王光荣	男	1960.1	西北师范大学	心理学系	系主任	硕士生导师
3	马　森	男	1963.9	甘肃省委党校	省人大常委会办公厅	副秘书长兼主任	
4	张宏伟	男	1964.4	甘肃省委党校	省水利水电工程局有限公司	副总经理	高级工程师
5	崔　明	男	1965.9	兰州大学	兰州大学网络与继续教育学院	院长	副教授
6	付廷勤	男	1969.3	武汉大学	刘家峡水电厂	党委书记兼副厂长	高级工程师
7	程　琴	女	1971.12	西北师范大学	延安大学	硕士研究生导师	副教授
8	李　前	男	1976.10	解放军第二外语学院	人民解放军某部情报处	处长（大校）	
9	高国栋	男	1976.11	甘肃中医药大学	甘肃中医药大学附属医院	颈椎外科主任	副主任医师
10	张莹丽	女	1980.3	兰州医学院	兰州市第一人民医院		主任医师
11	孙　辉	男	1980.5	西北师范大学体育学院	兰州城市学院		副教授
12	王耀玮	男	1980.10	西安交通大学	NSK（中国）研发公司产业机械轴承技术中心	所长	高级工程师
13	吕长平	男	1981.3	兰州大学	甘肃烟草工业有限责任公司		工程师
14	卢燕春	女	1982.9	西北师范大学	银川市第二中学		高级教师
15	吕长红	女	1983.10	中共甘肃省委党校	兰州嘉诺知识产权代理事务所		

续表

序号	姓　名	性别	出生年月	毕业（在读）学校	工作单位	行政职务	技术职称
16	刘德玲	女	1984.3	西北师范大学	景泰四中	团委书记	一级教师
17	周德恭	男	1984.4	兰州大学	奇正藏药集团	运营部经理	中级
18	王永宁	男	1984.7	西北民族大学	景泰县第一中学		一级教师
19	曾永嘉	男	1984.12	西安交通大学	上海永达集团投资公司		
20	罗耀平	男	1985.2	重庆交通大学	重庆交通研究设计院		工程师
21	闫沛洁	女	1985.5	武汉大学	甘肃农业大学		讲师
22	朱小健	女	1985.5	武汉地质大学	武汉大学附属光谷中学		一级教师
23	沈琛林	男	1985.9	武汉理工大学	中国核电工程有限公司		高级工程师
24	张克兵	男	1986.2	哈尔滨工业大学	中航自控所西安618所	干部	高级工程师
25	曾永艳	女	1987.3	天水师范学院	青海省公路局		秘书
26	陈　珂	女	1987.3	陕西师范大学	青海省环保厅	干部	
27	周振娟	女	1987.6	西南大学	甘肃橙之文化传播有限公司	董事长	
28	吕长斌	男	1988.6	中共甘肃省委党校			
29	田富蓉	女	1988.6	甘肃农业大学	白银市白银区林业和草原局	干部	助理工程师
30	朱可迪	女	1988.8	中国传媒大学	中央电视台一台		编导
31	吕婷婷	女	1988.10	兰州交通大学	甘肃省道路运输局	干部	
32	毛熙文	女	1989.3	浙江师范大学	甘肃建筑技术学院		讲师
33	朱可睿	男	1991.2	北京工业大学	青岛人防设计院		工程师

续表

序号	姓 名	性别	出生年月	毕业（在读）学校	工作单位	行政职务	技术职称
34	毛 娜	女	1991.6	西南政法学院	重庆大学		助教
35	王耀玲	女	1991.6	上海交通大学	上海市同仁医院		主治医师
36	马婷婷	女	1991.6	甘肃农业大学	景泰县医院		主治医师
37	罗佳祺	男	1991.8	清华大学计算机学院	东部战区联合指挥部	少校参谋	
38	吕娜娜	女	1991.9	陕西师范大学	兰州市63中		二级教师
39	周 洁	女	1991.11	宁夏大学	宁夏回族自治区水利厅	干部	
40	段好才	男	1992.1	兰州理工大学	兰州城市规划设计院		设计师
41	罗维晓	女	1992.6	河海大学	建设银行兰州支行		
42	罗维芸	女	1992.12	中国石油大学	庆阳市中国石油长庆油田分公司		技术员
43	罗耀婷	女	1993.6	大连医科大学	兰医二院		主治医师
44	卢秀春	女	1993.7	科技大学文法学院			
45	罗维纬	女	1993.8	青海师范大学	青海警官职业学院		讲师
46	苟发祯	男	1993.8	南京航空航天大学			
47	王耀琛	男	1994.3	天津科技大学	北京清创美科环境科技有限公司		
48	闫成起	男	1994.4	上海交通大学	杭州微瀚讯梦信息技术有限公司		
49	王耀茹	女	1994.5	西北大学	北京第二实验小学兰州分校		二级教师
50	孙世倩	女	1994.8	泰国易三仓大学	景泰新旭丰幼儿园	园长	

续表

序号	姓　名	性别	出生年月	毕业（在读）学校	工作单位	行政职务	技术职称
51	付仲豪	男	1995.8	美国乔治华盛顿大学			
52	张玉晓	女	1996.3	上海海事大学			
53	白家彤	女	1996.2	燕山大学			
54	陈昱利	女	1998.12	首都经济贸易大学			

兴泉籍大学本科毕业（在读）人员统计表

表6-3-4

序号	姓　名	性别	出生年月	录取时间	毕业（在读）院校
1	陈荫勋	男	1925.8	1948	兰州大学
2	赵兴业	男	1934	1955	西北农学院
3	王鸿恩	男	1934.10	1956	西北农学院
4	周文俊	男	1933.3	1958	甘肃工业大学
5	周德广	男	1938.7	1959	兰州大学
6	苏进才	男	1941.5	1962	甘肃农业大学
7	罗　锋	男	1943.8	1965	西北师范大学
8	葛有弟	男	1945.7	1971.8	兰州大学医学院
9	王光彩	男	1952.4	1972.10	西北师范大学
10	罗崇墉	男	1953.9	1973.10	甘肃工业大学
11	郭延强	男	1953.10	1977.10	西北师范大学
12	罗　镒	男	1953.10	1977.12	甘肃农业大学
13	罗崇明	男	1954.5	1977.12	甘肃农业大学
14	蒋　伟	男	1961.12	1978.9	西北师范大学
15	付惠钟	女	1955.6	1978.9	甘肃农业大学

续表

序号	姓 名	性别	出生年月	录取时间	毕业（在读）院校
16	王光荣	男	1960.2	1979.8	西北师范大学
17	樊胜祖	男	1961.11	1979.9	甘肃农业大学
18	樊胜国	男	1964.8	1981.9	甘肃农业大学
19	王培富	男	1964.12	1981.9	甘肃农业大学
20	朱万润	男	1964.4	1982.8	西北师范大学
21	沈新林	男	1963.4	1982.8	甘肃农业大学
22	王连生	男	1952.6	1983.9	甘肃省教育学院
23	崔 明	男	1965.9	1984.8	兰州大学
24	周继柳	女	1965.1	1985.9	甘肃农业大学
25	周继东	男	1967.1	1985.9	甘肃农业大学
26	闫立斌	男	1967.10	1985.7	西安石油学院
27	王培聪	女	1972	1987.8	西北师范大学
28	张海淑	女	1968.8	1987.8	甘肃农业大学
29	付廷勤	男	1969.4	1988.9	武汉水利水电学院
30	卢昌咸	男	1970.10	1990.8	甘肃联合大学
31	王永琴	女	1972.3	1990.8	兰州大学
32	吴克东	男	1971.9	1990.8	甘肃中医学院
33	王永瑞	女	1972.3	1990.9	兰州大学医学院
34	周小玲	女	1968.9	1991.9	兰州财经大学
35	马 明	男	1969.11	1992.8	河海大学
36	罗崇菊	女	1972.6	1992.8	甘肃联合大学
37	李 前	男	1975.5	1992.9	解放军外语学院
38	朱万敏	男	1972.11	1992.8	上海华东工业大学
39	刘尚军	男	1972.11	1992.8	兰州医学院
40	朱生伟	男	1973.6	1992.9	甘肃农业大学
41	闫雪瑛	女	1971.11	1993.8	西北师范大学

续表

序号	姓　名	性别	出生年月	录取时间	毕业（在读）院校
42	闫立宇	男	1977.12	1993.8	南京大学
43	司万新	男	1972.4	1994.8	兰州大学
44	沈瑞云	女	1979	1995.8	甘肃中医学院
45	罗崇燕	女	1975.7	1995.8	甘肃政法学院
46	沈晓云	女	1976	1996.8	兰州大学医学院
47	王耀玮	男	1980.10	1997.8	西安交通大学
48	付菊霞	女	1977.10	1997.9	西北师范大学
49	张莹丽	女	1980.3	1997.9	兰州医学院
50	程　琴	女	1971.12	1998.9	西安音乐学院
51	高国栋	男	1976.11	1998.9	甘肃中医药学院
52	杨广礼	男	1976.10	1998.9	甘肃农业大学
53	杨世海	男	1981.2	1998.9	华北水利水电大学
54	王乃燕	女	1984.2	1998.9	天津大学
55	吕长平	男	1981.3	1999.9	郑州粮食学院
56	孙　辉	男	1980.5	1999.8	西北师范大学
57	郭顺林	男	1980.10	2000.7	解放军理工大学
58	杨家娟	女	1980	2000.8	河西学院
59	闫沛秀	女	1980.12	2000.8	河西学院
60	闫沛玉	女	1976	2000.8	西北师范大学
61	雷润兰	女	1978.6	2000.7	西北师范大学
62	石睿清	男	1981.1	2001.8	长春大学电信学院
63	李子伟	男	1980.12	2001.8	四川师范大学
64	毛登权	男	1978.12	2002.9	华北水利水电学院
65	吕长红	女	1983.10	2002.8	北京石油化工学院
66	吴克坚	男	1983.10	2002.8	西北大学
67	付仲旭	男	1982.4	2002.9	甘肃中医药大学

续表

序号	姓　名	性别	出生年月	录取时间	毕业（在读）院校
68	张正燕	女	1981.11	2002.9	河西学院
69	吴承俊	男	1982.9	2002.9	南阳师范学院
70	吴承丽	女	1981.4	2002.8	甘肃政法大学
71	俞有文	男	1983.5	2003.3	英国伦敦大学
72	康彩宏	女	1976	2003.9	天水师范学院
73	李家爱	女	1982.2	2003.9	河西学院
74	周继慧	女	1981.11	2003.8	河西学院
75	卢昌娇	女	1985	2003.8	四川绵阳学院
76	闫沛洁	女	1985.5	2003.8	武汉大学
77	俞世民	男	1982.8	2003.8	兰州商学院
78	高秉孝	男	1983.7	2003.9	西北师范大学
79	杨家鹏	男	1982.7	2003.8	兰州理工大学
80	李维勤	男	1981.4	2003.8	河西学院
81	朱可云	女	1985.3	2003.8	兰州理工大学
82	李应娟	女	1984.1	2003.8	兰州交通大学
83	苟三银	男	1981.11	2003.8	河西学院
84	卢晶晶	女	1985.8	2003.8	中南财经大学
85	谈继军	男	1982.2	2003.9	西北师范大学
86	周继奇	男	1981	2003.9	西北师范大学
87	曾永嘉	男	1984.10	2003.9	西安交通大学
88	孙　峰	男	1983.10	2004.9	华北水利水电学院
89	卢燕春	女	1982.9	2004.9	西北师范大学
90	李宏善	男	1985.7	2004.9	西北师范大学
91	孙　清	男	1983.11	2004.8	东华理工大学
92	李子丽	女	1983.5	2004.8	贵州财经大学
93	李应琴	女	1984	2004.8	兰州大学

续表

序号	姓　名	性别	出生年月	录取时间	毕业（在读）院校
94	王永文	男	1994.1	2004.9	西安科技建筑大学
95	周德恭	男	1983.12	2004.8	合肥工业大学
96	赵玉晶	女	1985.5	2004.9	河西学院
97	罗雪梅	女	1981.12	2004.9	河西学院
98	郝　文	男	1981	2004.8	华北电力大学
99	杨家伟	男	1984	2004.8	河西学院
100	杨家豪	男	1984.9	2004.8	西北民族大学
101	魏君斌	男	1985.11	2004.9	甘肃农业大学
102	段好斌	男	1983.1	2004.9	西安体育学院
103	周继蕊	女	1985.5	2004.9	西北师范大学
104	刘德玲	女	1985.2	2004.9	云南师范大学
105	石富强	男	1985.9	2004.9	西北师范大学
106	罗耀平	男	1985.2	2004.8	重庆交通大学
107	马万福	男	1987.8	2005.9	复旦大学
108	杨广梅	女	1985.8	2005.9	兰州理工大学
109	马保祯	男	1985.7	2005.8	西北农林科技大学
110	李进芸	男	1985.7	2005.8	西北师范大学
111	付仲丽	女	1985.9	2005.8	兰州理工大学
112	俞晓晶	女	1984.7	2005.8	兰州大学
113	石彩琴	女	1984.10	2005.9	河西学院
114	朱晶萍	女	1982.2	2005.8	兰州大学
115	辛彦博	男	1984.10	2005.9	兰州理工大学
116	张克兵	男	1986.2	2006.8	哈尔滨工业大学
117	刘云政	男	1983.2	2006.9	甘肃中医学院
118	张秉文	男	1986.6	2006.8	山东财政学院
119	陈　珂	女	1987.3	2006.9	陕西师范大学

续表

序号	姓　名	性别	出生年月	录取时间	毕业（在读）院校
120	吕长东	男	1986.2	2006.8	兰州交通大学博文学院
121	王乃丽	女	1987.2	2006.9	陕西师范大学
122	周纪宇	男	1987.3	2006.9	华北电力大学
123	王永宁	男	1984.7	2006.7	南京艺术学院
124	尚威武	男	1981	2006.8	内蒙古工业大学
125	马玉芬	女	1988.11	2006.8	江苏泰州医学院
126	方美儒	女	1985.8	2006.8	河西学院
127	周振娟	女	1987.6	2006.9	重庆邮电大学
128	司政娟	女	1986.4	2006.9	西北师范大学
129	沈琛林	男	1985.9	2006.9	武汉理工大学
130	朱小健	女	1986	2006.8	西京学院
131	文　璟	女	1986.12	2006.8	陇东学院
132	马双福	男	1984.10	2007.9	河西学院
133	樊雨陇	男	1988.1	2007.9	兰州技术工程学院
134	吕长娥	女	1987.2	2007.8	河西学院
135	朱哲莹	女	1989.3	2007.8	浙江嘉兴学院
136	尚爱娇	女	1988.1	2007.8	兰州商学院
137	毛　祯	男	1987.1	2007.8	兰州城市学院
138	王永芳	女	1986.1	2007.9	甘肃政法大学
139	曾永艳	女	1987.3	2007.9	天水师范学院
140	杨志明	男	1987.4	2007.9	甘肃农业大学
141	文　涛	男	1989.11	2007.8	兰州交通大学
142	罗新宇	男	1990.10	2008.8	合肥工业大学
143	杨家杰	男	1986.10	2008.9	广州交通大学
144	马保瑞	女	1988.7	2008.8	华北电力大学
145	杨昌珍	女	1986.4	2008.9	兰州理工大学

续表

序号	姓　名	性别	出生年月	录取时间	毕业（在读）院校
146	王耀玲	女	1991.6	2008.8	兰州大学
147	吕婷婷	女	1988.10	2008.8	兰州城市学院
148	吕长东	男	1986.2	2008.8	兰州交通大学博文学院
149	吕长斌	男	1988.6	2008.8	陇东学院
150	周桢国	男	1990.12	2008.8	兰州理工大学
151	李军霆	男	1987	2008.8	咸阳师范学院
152	付仲斌	男	1988.9	2008.8	东北电力大学
153	朱可迪	女	1988	2008.8	天津外国语学院
154	马腾臻	男	1989.6	2008.9	大连工业大学
155	付仲文	男	1989.2	2008.9	兰州商学院
156	范国伟	男	1987.11	2008.9	兰州交通大学
157	罗佳祺	男	1991.8	2009.8	国防科技大学
158	栾清霞	女	1990.11	2009.8	河西学院
159	朱可睿	男	1991.2	2009.8	北京工业大学
160	尚亚蓉	女	1990.7	2009.8	重庆师范大学
161	卢尚欣	女	1991.8	2009.8	首都医科大学
162	尚立祥	男	1988.4	2009.8	兰州商学院
163	朱　乐	女	1991.1	2009.9	对外经贸大学
164	王欣然	女	1989.5	2009.8	广州大学
165	李晶晶	女	1989.9	2010.8	兰州城市学院
166	周继雪	女	1991.3	2010.8	兰州财经大学
167	毛　娜	女	1990.6	2010.7	四川外国语学院
168	吴承鸿	男	1989.11	2010.9	兰州理工大学
169	闫　冰	女	1989.10	2010.8	西北师范大学
170	王沛远	男	1992.10	2010.8	甘肃农业大学
171	田富蓉	女	1988.7	2010.8	甘肃农业大学

续表

序号	姓　名	性别	出生年月	录取时间	毕业（在读）院校
172	王耀婷	女	1992.9	2010.8	四川大学
173	李家贤	男	1989.12	2010.8	甘肃政法大学
174	杨勤强	男	1989.10	2010.8	河西学院
175	化希莲	女	1991.2	2010.8	河西学院
176	马保祥	男	1990.9	2010.9	哈尔滨理工大学
177	苗国婷	女	1989.12	2010.9	兰州城市学院
178	王　彤	女	1992.8	2010.8	兰州理工大学
179	付仲娟	女	1990.8	2010.8	甘肃农业大学
180	陈　涛	女	1991.2	2010.8	西北师范大学知行学院
181	俞有源	男	1991.2	2010.8	西北师范大学
182	魏君莉	女	1991.8	2010.9	湖北经济学院
183	魏君晓	男	1991.4	2010.9	兰州理工大学
184	魏君伟	男	1990.5	2010.9	兰州商学院陇桥学院
185	周　洁	女	1991.11	2010.8	宁夏大学
186	顾兆霞	女	1989.6	2010.8	陕西国际商贸学院
187	罗晓菁	女	1990.11	2011.8	西北师范大学
188	毛熙文	女	1989.3	2011.8	兰州交通大学
189	吕长璇	男	1991.7	2011.8	兰州理工大学
190	马玉福	男	1991.7	2011.9	兰州理工大学
191	周振鑫	女	1993.2	2011.9	四川外语学院
192	李应玲	女	1990	2011.8	武汉工程大学
193	孙志阳	男	1983.8	2011.8	西北师范大学
194	卢潇春	男	1990.10	2011.9	兰州城市学院
195	毛　茜	女	1991.7	2011.8	江西中医大学
196	魏君晶	女	1992.8	2011.8	兰州财经大学
197	栾清云	男	1991.10	2011.8	四川大学

续表

序号	姓　名	性别	出生年月	录取时间	毕业（在读）院校
198	程文佳	男	1992.3	2011.8	西安武警指挥学院
199	杨志刚	男	1991.11	2011.8	西南科技大学
200	吕娜娜	女	1991.8	2011.9	陕西师范大学
201	付仲颖	女	1986.11	2011.8	成都信息工程学院
202	马治禄	男	1991.2	2011.8	福建工程学院
203	宋立瑊	女	1992.11	2011.8	兰州财经大学
204	方俊儒	男	1989.6	2011.8	兰州大学
205	罗惠文	女	1992.3	2011.9	天津农学院
206	宋立瑀	男	1993.10	2011.8	兰州交通大学
207	马保杰	男	1999.1	2011.9	中央司法警官学院
208	李俊德	男	1990.2	2011.8	四川师范大学
209	刘在顺	男	1992.7	2102.8	兰州理工大学
210	付仲雯	女	1993.6	2012,9	青岛恒星科技学院
211	罗伊灵	女	1991.1	2012.8	天水师范学院
212	王耀琛	男	1994.3	2012.8	兰州交通大学
213	尚立将	男	1991.10	2012.8	兰州邮电学校
214	闫成起	男	1994.4	2012.8	西安电子科技大学
215	罗雅文	女	1993.12	2012.8	兰州城市学院
216	闫文起	男	1992	2012.8	甘肃农业大学
217	李昱辉	男	1989.10	2012.8	兰州商学院
218	魏君晴	女	1993.12	2012.9	哈尔滨商业大学
219	马小淑	女	1995.9	2012.9	江西财经大学
220	尚昱龙	男	1991.10	2012.9	沈阳体育学院
221	魏君苗	女	1993.12	2012.9	哈尔滨商业大学
222	吴承露	女	1992	2012.8	西北师范大学
223	杨彦明	男	1992.8	2012.9	东华理工大学

续表

序号	姓　名	性别	出生年月	录取时间	毕业（在读）院校
224	周继凤	女	1992.9	2012.9	陇东学院
225	王耀茹	女	1994.5	2012.8	兰州城市学院
226	李家妍	女	1992.5	2012.8	湖南旅游学院
227	周继媛	女	1993.4	2012.8	兰州交通大学
228	马婷婷	女	1991.6	2012.8	甘肃中医学院
229	来进霞	女	1990.5	2012.9	甘肃农业大学
230	范宏霞	女	1989.9	2012.9	沈阳医学院
231	罗耀文	女	1992.3	2012.9	天津农学院
232	程文娜	女	1993.12	2012.8	河北美术学院
233	毛登翠	女	1993.7	2012.9	河北防灾科技学院
234	张康俊	男	1994	2012.8	兰州城市学院
235	石福玲	女	1987.8	2012.9	兰州城市学院
236	王耀智	男	1995.11	2013.8	兰州理工大学
237	杨　帆	女	1994.9	2013.8	西北师范大学
238	罗维晓	女	1992.6	2013.8	河海大学
239	罗惠芳	女	1994.2	2013.9	天津师范大学
240	罗耀博	男	1993.6	2013.8	辽东学院
241	孙志娟	女	1990.6	2013.8	四川大学
242	段好晶	女	1993.11	2013.9	天津农学院
243	毛燕琴	女	1993.10	2013.9	甘肃农业大学
244	尚莉茹	女	1993	2013.8	江西财经大学
245	田富裕	女	1989.12	2013.8	河西学院
246	尚莉媛	女	1995	2013.8	福建师范大学
247	罗耀忠	男	1991.4	2013.8	天津商业大学
248	沈　婧	女	1994	2013.8	西北师范大学
249	杨泽明	男	1994.6	2013.9	兰州理工大学

续表

序号	姓　名	性别	出生年月	录取时间	毕业（在读）院校
250	马小婷	女	1996.10	2013.9	重庆医科大学
251	张玉晓	女	1996.3	2013.8	上海海事大学
252	段树叶	女	1995.8	2013.7	西北师范大学
253	李亮善	男	1992.10	2013.9	西北民族大学
254	吴来军	男	1992.8	2013.9	兰州交通大学
255	卢婉春	女	1995.4	2013.9	华东政法大学
256	苗国丽	女	1994.1	2013.9	天水师范学院
257	罗维芳	女	1995.11	2013.9	陇东师范学院
258	周倩倩	女	1993.9	2013.9	兰州财经大学
259	吕长举	男	1994.2	2013.9	沈阳医学院
260	苟发祯	男	1993.8	2013.9	兰州财经大学
261	卢秀春	女	1993.7	2013.8	内蒙古科技大学
262	毛　雪	女	1994.10	2013.9	河西学院
263	罗维乔	男	1994.11	2014.8	兰州交通大学
264	孙世倩	女	1994.7	2014.9	大连东软信息学院
265	李积文	男	1994	2014.8	天津理工大学
266	罗维之	男	1994.8	2014.8	北方民族大学
267	周敏娜	女	1991	2014.8	甘肃中医学院
268	王　丹	女	1997.8	2014.8	天津理工大学
269	王　达	男	1992	2014.8	东北商业学院
270	段好珍	女	1995.2	2014.9	哈尔滨理工大学
271	白家慧	女	1992.6	2014.9	天津师范大学
272	沈昌林	男	1992.4	2014.9	兰州职业技术学院
273	周继园	女	1995.12	2014.9	河西学院
274	李慧芳	女	1997.8	2014.9	兰州理工大学
275	马建福	男	1995.3	2014.9	海南医学院

续表

序号	姓 名	性别	出生年月	录取时间	毕业（在读）院校
276	张 娜	女	1993.2	2014.8	云南工商学院
277	马娇娇	女	1996.11	2014.9	兰州财经大学
278	周继儒	男	1993.9	2014.9	天津工业大学
279	李昱桥	男	1993.10	2014.10	甘肃农业大学
280	罗焱馨	女	1995.9	2014.8	兰州城市学院
281	王梦园	女	1996.2	2014.8	西北师大知行学院
282	罗维玮	女	1995	2014.8	西北师大知行学院
283	张 欢	女	1995.8	2014.8	山东滨州医学院
284	付仲豪	男	1995.8	2014.8	上海电力大学
285	罗维芸	女	1992.12	2014.8	中国石油大学
286	郭长育	男	1996	2014.8	西安空军工程大学
287	魏君欢	女	1994.6	2014.9	山东外国语学院
288	罗崇岳	男	1991.3	2014.9	河西学院
289	罗维洁	女	1993.12	2014.9	天津职业技术学院
290	徐俊君	男	1994.4	2014.8	解放军陆军工程大学
291	范富彩	女	1995	2014.9	平凉医学院
292	顾海霞	女	1992.5	2014.8	重庆科技学院
293	文 杰	女	1995.8	2015.8	河西学院
294	文 蕾	女	1995.4	2015.8	黑龙江工业学院
295	文 瑞	女	1985.4	2015.8	兰州财经大学陇桥学院
296	魏君楠	女	1996.2	2015.9	江苏大学
297	罗维钰	女	1995.6	2015.8	黑龙江科技大学
298	周继阳	男	1997.4	2015.8	湖南大学
299	李振耀	男	1994.4	2015.9	长春大学
300	苟三文	男	1995.6	2015.9	渤海船舶职业学院
301	白家彤	女	1996.2	2015.9	兰州财经大学

续表

序号	姓 名	性别	出生年月	录取时间	毕业（在读）院校
302	付仲鑫	男	1994.5	2015.9	武汉船舶学院
303	魏君霞	女	1995.5	2015.9	青海畜牧职业技术学院
304	李慧芝	女	1994.4	2015.9	宁德师范学院
305	苟彩梅	女	1995.2	2015.9	甘肃畜牧职业技术学院
306	周继煊	男	1995.5	2015.9	兰州财经大学长青学院
307	辛委颖	女	1994.3	2015.9	武汉科技大学
308	马保环	女	1995.6	2015.9	兰州财经大学
309	董好胜	男	1995.11	2015.8	甘肃农业大学
310	罗维柱	男	1995.12	2015.9	山东工程学院
311	罗崇伟	男	1993.2	2015.9	甘肃中医药大学
312	田富州	男	1995.8	2015.9	大连海事学院
313	马甜甜	女	1995.8	2015.9	上海杉达学院
314	杨家琦	女	1995.5	2015.8	温州大学
315	罗维娜	女	1994.3	2015.8	南开大学滨海学院
316	罗维栋	男	1995	2015.8	甘肃农业大学
317	辛委儒	男	1996.3	2015.8	沈阳工业大学
318	崔长娇	女	1994.8	2015.8	甘肃中医药大学
319	罗维君	男	1995.8	2015.8	西北民族学院
320	郭大鸿	男	1995.2	2015.8	泉州师范学院
321	张康琦	女	1996.10	2015.8	西北师范大学
322	陈昱利	女	1998.12	2015.8	甘肃农业大学
323	赵永清	男	1994.9	2016.7	兰州交通大学
324	张玉娜	女	1997.12	2016.9	海南大学
325	马保鸿	男	1997.6	2016.9	黑龙江科技大学
326	樊宝宁	女	1998.6	2016.9	沈阳农业大学
327	马媛媛	女	1997.10	2016.9	兰州财经大学

续表

序号	姓　名	性别	出生年月	录取时间	毕业（在读）院校
328	郭长杰	男	1998.3	2016,8	白俄罗斯国立经济大学
329	吴昱兵	男	1996.1	2016.9	沈阳工程学院
330	郭大鹏	男	1993.2	2016.9	兰州理工大学
331	卢杰春	男	1998.10	2016.8	武汉商学院
332	罗维玲	女	1996.7	2016.8	四川大学
333	周继薇	女	1996.4	2016.8	四川绵阳师范音乐学院
334	罗维轩	男	1996.12	2016.8	兰州交通大学
335	马鹏福	男	1996.9	2016.8	河西学院
336	崔长卿	男	1996.3	2016.9	甘肃政法大学
337	周继婷	女	1996.5	2016.9	兰州理工大学
338	赵永娇	女	1996.12	2016.9	大连工业学院
339	曾晓宗	男	1998.6	2016.8	宁夏大学美术学院
340	樊鸿剑	女	1997.7	2016.9	湖南工程学院
341	毛　科	男	1996.4	2016.8	中国农业大学
342	张雯雯	女	1996.12	2016.9	福建江夏工程学院
343	沈秉涛	男	1996.12	2016.9	陇东学院
344	张　荣	女	1995.11	2016.9	兰州理工大学
345	周继福	男	1996.4	2016.9	兰州商学院
346	毛建肃	男	1998.4	2016.7	海南大学
347	吴　婧	女	1995.5	2016.9	天水师范学院
348	吴　娜	女	1995.8	2016.9	山东济南大学
349	杨佑森	男	1994.	2016.9	甘南民族学院
350	张　娜	女	1993.2	2016.8	云南工商学院
351	罗耀倩	女	1996.2	2017.8	德州学院
352	杨家斌	男	1996.11	2107.9	内蒙古工业大学
353	毛登吉	男	1996.11	2017.9	淮北师范大学

续表

序号	姓　名	性别	出生年月	录取时间	毕业（在读）院校
354	李桃男	女	1997.11	2017.8	河西学院
355	吕　洁	女	1997.6	2017.8	天津科技大学
356	闫沛淑	女	1996.10	2017.9	吉林工程技术师范学院
357	闫沛媛	女	1998.1	2017.9	兰州工业学院
358	罗维南	男	1997.12	2017.9	甘肃环境质量检测学院
359	朱生涛	男	1996.3	2017.9	兰州文理学院
360	张晓敏	女	1998.1	2017.9	海南热带海洋学院
361	苟三芳	女	1998.10	2017.9	甘肃中医药大学
362	魏君丹	女	1998.6	2017.9	宁夏师范学院
363	罗耀英	女	1999.9	2017.8	兰州财经大学
364	杨家凡	男	1997.3	2017.8	上海电力大学
365	周德玮	男	1998.3	2017.8	武昌工学院
366	卢尚欢	男	1994.6	2017.8	河西学院
367	闫　璇	女	1998.2	2017.8	上海师范大学
368	闫沛聪	男	2000.1	2017.8	江西南昌陆军学院
369	罗维乾	男	1996.7	2017.8	赤峰学院
370	张玉平	男	1999.4	2017.9	中国矿业大学
371	吕海生	男	1997	2017.9	兰州财经大学长青学院
372	师文珊	女	1998.8	2017.9	重庆长江学院
373	杨家珺	女	1997.2	2017.9	甘肃农业大学
374	李成生	男	1998.2	2017.9	兰州财经大学
375	吕凡生	男	1998.10	2018.8	兰州交通大学
376	尚立翻	女	1997.7	2018.8	新疆师范大学
377	谈守瑾	男	1999.8	2018.8	天津城建大学
378	刘昭栋	男	1999.9	2018.8	河西学院
379	李晓红	女	1999.9	2018.9	天津职业技术师范大学

续表

序号	姓 名	性别	出生年月	录取时间	毕业（在读）院校
380	周桢朝	男	1997.10	2018.8	中国石油大学
381	付仲杰	男	1998.1	2018.8	江西师范大学
382	化希杰	男	1999.1	2018.8	上海工程技术大学
383	朱生花	女	1998.4	2018.8	甘肃中医大学
384	闫沛蓉	女	1999.4	2018.8	天津职业技术师范大学
385	闫沛燕	女	1999.3	2018.8	湖南农业大学
386	马保庆	男	1994.8	2019.7	兰州城市学院
387	周继鑫	男	1998.12	2019.8	河西学院
388	付仲洋	男	2002.11	2019.9	福州大学
389	陈昱文	男	2001.10	2019.9	华侨大学
390	周继霖	男	1999.3	2019.9	甘肃政法大学
391	沈茂洋	男	2001.7	2019.9	兰州交通大学博文学院
392	杨家华	男	2001.4	2019.9	昌吉学院
393	李国滨	男	2000.8	2019.9	兰州交通大学博文学院
394	马保婷	女	2001.2	2019.9	天津职业技术师范大学
395	王 娜	女	2001.10	2019.9	天津职业技术师范大学
396	罗安宁	男	2001.9	2019.9	成都大学
397	沈雅昕	女	2000.3	2019.9	江苏师范大学
398	白家乐	女	1999.2	2019.9	陕西服装工程学院
399	魏君辉	男	2000.1	2019.9	兰州工业学院
400	杨佑琳	女	2001.10	2019.9	兰州理工大学
401	张 萌	女	1999.1	2019.8	黑河学院
402	张景琦	女	2002.4	2019.8	兰州城市学院
403	周继强	男	1999.2	2019.8	兰州工商学院
404	周继鑫	女	1998.11	2020.9	黑龙江工程学院
405	郝金鑫	男	2000.12	2020.9	兰州信息科技学院

续表

序号	姓　名	性别	出生年月	录取时间	毕业（在读）院校
406	段好羽	女	2001.8	2020.9	辽宁鞍山师范学院
407	曾嘉仪	男	2002.4	2020.9	南京审计大学
408	曾淑敏	女	2000.3	2020.9	吉林医药学院
409	沈凡琦	女	2001.10	2020.9	兰州交通大学
410	罗耀康	男	2001.8	2020.9	兰州理工大学
411	吴　洁	女	1999.9	2020.8	石河子大学
412	罗维儒	男	2001.3	2020.9	绍兴文理学院
413	马保添	男	2001.10	2020.9	黑龙江大学
414	马玉婷	女	2000.11	2020.9	宁波经济学院
415	朱生佑	男	2002.2	2020.8	美国佐治亚大学
416	周婷婷	女	2001.5	2021.8	江西师范大学
417	马保铎	男	2003.7	2021.9	河北师范大学
418	马培福	男	2002.8	2021.9	浙江工业大学
419	卢玮春	男	2001.8	2021.9	华南理工大学
420	郝广海	男	2002.9	2021.9	西南科技大学
421	马彬福	男	2002.7	2021.9	河西学院
422	周继婷	女	1996.5	2021.8	兰州理工大学
423	樊兴云	女	2001.8	2021.8	兰州石油化工学院
424	樊兴宝	男	2002.3	2021.8	兰州工业学院
425	妙婷婷	女	2002.12	2021.8	兰州工商学院
426	张　钰	女	2002.5	2021.9	兰州石油化工学院
427	沈秉宵	男	2001.7	2021.9	兰州理工大学
428	闫沛福	男	2003.8	2021.9	天津职业技术师范大学
429	苟小乐	女	2003.2	2021.8	甘肃中医药大学
430	卢燕春	女	2003.12	2021.9	河西学院
431	张凯顺	男	2000.12	2021.8	兰州理工大学

续表

序号	姓　名	性别	出生年月	录取时间	毕业（在读）院校
432	李雨泽	男	2002.3	2021.7	兰州工业学院
433	周德桂	女	2003.9	2021.9	新疆伊犁师范大学
434	王翔鹏	男	2003.3	2021.9	兰州信息工程学院
435	罗永红	女	2003.6	2021.9	鸡西师范大学
436	张文琴	女	2001.5	2021.9	四川工商大学
437	罗耀辉	男	2003.10	2021.9	华北科技学院
438	吕婕颖	女	2002	2021.9	兰州城市学院

第七编

艺苑

第一章　诗　文

游寿鹿山

〔清〕谢威风

系马锁罕堡，来登寿鹿山。
千嶂森古柏，一线吐层峦。
佛宇僧房寂，峰梢象鼻环。
兴隆风景似，方镇所攸关。

赠友人出关二首　其一

西凉霜气已消沉，塞上风云梦古今。
翘首强邻眈虎视，不堪秋水作龙吟。

谢威风（1817—1899年）　字葆灵，别号沩山，湖南宁乡人。早年曾为左宗棠幕宾，历任阶州（今甘肃武都）知州、肃州知州、宁夏知府。善书法诗文，尤工书法，墨迹遍陇右。

兴泉赋（特约）

李青松

古堡之兴，得之于泉。润川塬而利稼穑，随汉迹以证流年。登高一览，远谋宏志，近酬微观。家居乾山巽而聚和气，德载公道心以护晴岚。人持自重，业兴多元。天行其健，地蕴其繁。山耸智，且耕且读，水养颜，品苦品甜。炊烟氤氲兮，酿就七彩云梦；泉气泱瀼兮，泽及百姓家山。济济多士，村舍一派俨然。嗟乎，赋形胜而观止，扬簸箕以竞先。兴家兴社，福音绵亘于百代，濯足濯缨，特色赫耀于九天。

人文兴泉，悠悠史传。毛家台遗址，追溯古之幽寂；锁罕堡旧痕，发思远之争端。赓继韶光，生息繁衍。有道是，古燧遗存写烟际，谁人犹在尘寰？唐宋元明，穿越千年而不老；东西南北，征战万里总带寒。烽烟起于东屲，营盘运筹中坚。移民垦荒，猛士戍边。出紫塞，通大漠，燕啄新泥话桑田。导游民之文明，传农耕之艰难。砂锅煮梦笑沉浮，兄弟分爨；石磨喊驴推日月，时过境迁。砂地起麦如虎口夺食，水田开镰看女子赛男，麦垛座座谁登攀。殷殷所企，纷纷而往，驼铃惊醒盐路，坐贾商还。归来问老柳，分界仰标杆。一脉远徙，自山西、陕西、中卫、兰州、五佛诸地而结前缘。三堡竦峙，固四时守望相安。景泰初始，癸酉六合，赖红水而辖锁罕，分六区利尔政坛。茫茫天地，匆匆岁月，故事每从险艰来，时光尽随风雨迁。但如我意，兴盛天意，翻千年史鉴，集百代文明，论古探源。忆曩时，明英宗武宗，驻兵筑堡，统绪富赡。旧河山英雄辈出，总督彭泽，上奏朝廷再筑城堡，功如昨颁。邑人化政远敕封团练千总，水川李宗经号称黑虎将，浩气满人间。布衣上将冯玉祥，开明致远，铺路统盐。激壮烈者，西路红军也，苍穹以恸，黄土以眠。保家国者，农家子弟，跨江入朝，蹈火腾骞。俞善人，不要这多钱，无论大事小事，当从善心读全。泣唤碧血英魂，携双子掩埋忠骨，其情何堪？杨桂清，绝代艺人，德艺骈阒。吴大荣，侠肝义胆，正气感言。敬天爱人扬医道，济世接生出青蓝。郑荣青，怀一片丹忱，如菩萨转世；张守英，迈三寸金莲，似海棠化仙。声誉满满，双英双专。见内参文，欣得毛主席作批示，以喜为盛；替千群言，都付周德广好华年，健笔如椽。党支书乃一张名片，印有昌文昌，日日不闲。无论何业？尽心利益最大化，时念百姓，赢我农商起波澜。山水皆答，人文荟萃，英才党荐，盛世梦圆。道不尽兴泉之盛慨，梳不完古堡之平凡。

和善兴泉，富贵倡廉。得真如祥云显瑞，仰关帝义气高抟。乡风布厚朴，邻里互帮添。好儿媳，上得厅堂下得厨房，内外称贤。新青年，敬宗扬族济胜强国，群英夺冠。浮云游子，华发归来，呼黄童引路，看一街厚重，乡味犹酣；连襟老表，明烛照旧，正红鸾添喜，得满堂喝彩，亲情更丹。乡村振兴，致富合同欣共签。孝道无疆，爱心事业齐光宣。人之处，和为根本，家之兴，善载一船。感社稷之和谐，谋民谟之开颜。仁人志士，继往开来，共克时艰。慰先贤之夙愿，始得酬援。风起蛟腾，树鼎新之旗帜，福抱金砖。

魅力兴泉，幸福婵娟。试看：寿鹿西迎，米山东接，马昌南放，景川北延，到此何妨契若金兰。十里春风，将诗味摊开，五千庶黎，就画面把玩。豹变景电，从九天飞来，令黄河舒脉，碧野探看；龙腾景电，并古道伸延，贫穷无影，锦绣满川。水泥红砖，铸百年宏基，借风发电，令碧空不闲。民营企业，如虎添翼，正趋向集团。邻里风尚，以德比肩，夕惕朝乾。交通纵横，享得天独厚之大利，肴粮殷实，扬强国富民之劲帆。铁路、公路、路路通达，金桥、心桥、桥桥连环。山水村田路，风光秀美显奇逸，农林牧副渔，气象宏开增万千。树县市之楷模，创科技之名优，引领乡关。夫无史志之明鉴，则思潮不可以见日新，无志士之大举，则道风不可以昶日远，无甘泉之长润，则田畴不可以拥日丰，无党恩之惠泽，则民生不可以有日宽！

诗赞：

古堡情思分外娇，
奇光胜景我来描。
兴泉处处添诗意，

直引黄河上碧霄。

联颂：

一村上演兴衰史，自此汉唐，无论明清，不尽薪传火集、日照星移，道著新谟，总把峥嵘留记忆；

百姓相交厚朴心，每从农牧，更多桥路，无边雨润风行、民康物阜，谁承大任，尚思泉堡见精神。

2021年秋月于兰州

社火之“火”

王鸿恩

正月十五月儿圆，村上社火舞翩跹；
二龙戏珠腾空翻，三只彩船破浪前。
英俊汉子伴船边，彩衣船姑赛女仙；
戏剧人物高跷站，竹马摇铃随波颠。
双狮劲舞吞彩珠，闪转腾空上高山；
吉祥灯笼满街转，梅兰竹菊景致添。
民歌小曲随风传，悠扬婉转甜心间；
唐僧师徒斗妖魔，惟妙惟肖人笑翻。
大头和尚乐呵呵，惹得孩童追着玩；
陕北秧歌舞绸扇，安塞腰鼓打得欢。
背鼓队伍最亮眼，气势磅礴冲霄汉；
市县汇演特色显，技艺超群誉满县。
打铁烟花洒满天，众人惊奇齐点赞；
堆堆篝火门前燃，男女老幼话团圆。

培福，我们怀念您（三首）

化 成

滔滔黄河上山岗，猎虎山下披绿装。
麦海滚滚金浪翻，景泰人民齐欢唱。
吃水不忘修渠人，丰收更把培福想。
景电工程第一任总指挥培福同志啊！
您在哪里，您在哪里！
您可知道，景泰川二十万人民，
无时无刻不在想念您！
七个春秋，两千五百多个日日夜夜，
我们寻觅：
寻觅您那魁梧的身影，
寻觅您那慈祥的面容，
寻觅您那朗朗的笑声，
寻觅您留下的一个个深深的脚印。
我们到红鼻梁寻觅，
您住过的地窝子痕迹可见。
我们大声呼唤，
培福，您在哪里？
刀棱山谷回音：
“他已离去，他已离去，
在四井沟里，在一号隧洞，
他那拐杖点出的一串串水利建设的音符，
率领我们大步向前，永不止步。”

我们站在独山子上寻觅，
麦海掀波，林涛发出回响！
“他已离去，他已离去，
在职工的奶牛场，在农民的瓜棚旁。
那吐翠的啤酒花，那映红了川的黄河蜜，
还挂着他亲切的欢声笑语……”

我们到麦海林涛中寻觅，
猎虎山猎猎红旗发出回鸣：
“他已离去，他已离去，
在村民家里，在粮油收购站里，
一家家仓殷库实，
一处处粮食堆积如山，油品闪金光。”
工人、农民众口一词回答说：
“培福没有离去，培福没有离去！
他永远活在丰收者的心坎里。”

瞻李培福同志旧居忆昔

甘肃诗词学会赴景泰川采风，培福同志的先我两任秘书薛步文、师纶邀我瞻仰培福同志旧居，随吟二首忆昔。

李公旧居何处觅？小巷深处掩翠柏；
室空人去双飞燕，仰闻堂中诲音回。
当年河湾休闲步，梦里喧笑柳桥陪；
莫道民意皆口碑，庶黎感激尽涕泪。

运筹七载移山河，河水畅饮逐漠歌；
仓殷库实千门柳，耳提面授莫蹉跎。
二期兴水十秋过，麦浪卷波大靖河；
旧部复甲重上阵，绿洲尽头祁连雪。

培福铜像揭幕偶感

二十年前九月末，轻车从简勘山坡；
布衣拐杖乡音重，妇孺老幼话成箩。
景古七滩百万顷，岂能金碗盛丐馍！
请命率队亲实践，六十年华住五佛。
泵站隧洞渡槽多，棘手总变变压缺；
李公京津匆步急，化险为夷笑呵呵。
壮志终酬千顷波，功德载史黎民乐；
人民铸像留千古，民间皆传大禹活。

古堡·清泉·老柳

张平治

古 堡

曾那样
固若金汤
围护，安逸谐和
提防，外寇盗匪
与天公争雄
凸显傲骨强筋
与男人为伍
裸露阳刚霸气
母亲厚德
养育，安康平泰
纯一底料
涂抹，炎黄本色
驮筐、木椽、石夯
拓现，
神梯、云路、天堡
铁肩钢臂
将连天古堡托起
雄关漫道
将无敌天障设造
虽原始拙朴
却无比，宏伟
坚厚敦实

如今
古堡逝去
小楼栉比
烟囱耸立
现代庄园崛起

淳朴民风
温馨底蕴
折射出
古堡缩影
堡之魂
如火如焰
永励民心！

清 泉

曾那样喷薄欲出
如母亲乳浆
青碧泛泛
花蕊涟涟
自然涌泄
流淌处
茵茵芬芳、碧绿醉人
袅袅炊烟、鸣鸣鸟啼
戏水顽童、柳下浣女
美妙的田园画卷
奉出，是你的本能
丰昌，是你的期盼
五谷，因你而吐金
庄园，因你而兴盛
捧把清泉
撩在丰收的脸上
那样的绯红
那样地恬畅

如今
清泉已无
恰
天河开凿
旱原逢春
改革大潮
天降甘泉
惠农通政
举国庆颂
片片青云
与清泉辉映
泉之魂
千萦万绕
经久不衰！

老　柳

曾那样高大粗壮
如百岁寿星
傲立街头
冬夜
值更不觉寒
暑天
庇荫众颜欢
无缘
柳枝婆娑
袅娜多姿
凝重，是你的外延
宽宏，是你的内涵
岁月，使年轮模糊
碳化，使腹内空洞
但
沧桑，孕育了虚怀
古老，浸染出大度
谦躬
世人膜拜
德高
祖辈铭记

如今
老柳无处觅寻
可
笑傲日月
勤劳善良的
柳公犹在
本分、淳朴、亲和的
遗风
不渝
柳之魂
胜似松柏
千年不朽!

注：天河即景电一、二期引黄提灌工程。

2010年1月14日　于景泰

故乡景物（新韵）

王继强

堡 子

乾山巽向起高容，耸立呈祥土色浓。
大堡巍峨添壮景，粗杨俊挺荡繁荣。
坤门有道八方利，乙水无声四海通。
岁月沧桑经五世，村庄永忆伟豪雄。

大柳树

根深大柳耸渠边，跨世身躯有洞天。
岁月年轮经雪冷，时光日历过霜寒。
千丝吐翠增村色，万絮飞花伴堡烟。
伟岸粗杨存倩影，雄材永世在兴泉。

背 鼓

豪背筒鼓跨腰间，列阵雄风扫土烟。
手起槌击声撼地，足抬腿迈步惊天。
强音震耳激情跃，妙韵萦怀亢奋欢。
社火扬名精湛亮，城乡表演势夺先。

砂　锅

黑锅自土起泥楼，数遍拿捏踩踏揉。
细致出活多苦累，精心养护少闲游。
高炉火焰如飞箭，大板风箱似荡舟。
为兑食粮身赴外，村人莫忘旧时愁。

水　磨

飞流转磨为民生，落粉轻松快速腾。
吐细棱研石挂线，吞粗齿咬面叠层。
无愁杠上催人累，但盼场中摞麦峰。
度日时萦锅碗事，欣听水泻震洪声。

戏　院

村修戏院亦辉煌，县镇皆堪露灿光。
伟立朝南接瑞气，雄开坐北纳吉祥。
新颜载史吟农社，旧貌留篇忆故乡。
幕后家什惊广众，台前大戏唱秦腔。

大园子

村园菜品上刀台，翠嫩鲜蔬汗水栽。
吐绿流芳桃蕊笑，飞红露艳杏花开。
群根总在辛中起，万叶咸从苦里来。
广盛时期勤养胃，冰封大地望尘埃。

西红柿

红黄亮丽裹沙瓤，见者欣然品酱香。
特有珍馐流馥郁，独存美味绽芬芳。
疗饥解渴堪为饭，养胃除馋可作粮。
暑夏时节鲜果累，兴泉软柿走城乡。

大 葱

兴泉特有好芳葱，享誉城乡引庶踪。
浅入泥中生壮秆，深埋土里挺粗胸。
茎长必定招人喜，味美当然惹众躬。
草本常食无厌意，青白万户爱皮红。

兴泉风电

袭来卷土罩苍穹，树木弯枝降盛容。
大立钢杆戳厚地，雄开铁叶舞长空。
时观雾色山川里，亦看清明旷野中。
少见狂吹摧稼穑，无边送电有风功。

2021年10月于景泰

兴泉砂锅

——追忆兴泉“砂锅人”

崔 恒

一

说起砂锅，兴泉村略上年纪的人无不熟悉。它虽然表面比较粗糙，名字和式样也略显土气，但用途很多，可以煮面条、做米饭、烧汤、炖肉、炒菜、熬粥、蒸馍、烙饼、煎中药……特别是所沏茶水味道醇正、清新爽口，用砂锅炒熟的干食色泽黄亮、脆香可口，做出的食物更是五谷原味十足且保温保鲜，效果极佳。

在艰难困苦的年代，卖砂锅及其系列产品的收入，一度成为兴泉父老乡亲经济生活的重要来源，许多家庭曾靠用它换取的食物度过饥荒，堪称特殊时代的救命产业。

时过境迁，物是人非，随着现代生活器具的更新和层出不穷，砂锅及系列产品已逐渐湮灭，告别生活的历史舞台。但砂锅在20世纪60—80年代的那段辉煌，留在人们心中的印象难以磨灭。

二

1962年初，由芦阳西关迁至兴泉村第十生产队的社员崔克强，设想在兴泉村试制砂锅。他同本队社员砂锅艺人崔田一起，利用闲余时间，拣取“给水所”所用蒸汽机未烧透的焦炭，挖取1958年大炼钢铁期间使用过的耐火土，在自己家中尝试制出小坯，借用本生产队铁匠炉试烧，经过多次摸索终于初步成功。

有了试制成功的开头，1962年下半年，在政府发展社队企业的政策下，兴泉村4个生产队先后成立砂锅厂，师傅均是1956年从西关村迁徙到兴泉村落户的祖传砂锅艺人。一队是父亲崔克林和五叔崔克勤，五队是王兴强，九队是王兴家，十队是伯父崔克荣和长兄崔田。

1964年，根据政策精神，4个砂锅厂在原有师傅的基础上成立“兴泉大队联营砂锅厂”。厂址在村东头堡子内的“手工业社”院内（陈家旧院），王有昌任厂长，财务由“兴泉大队手工业社（下设木工组、铁器组、铸造组）”统一管理。

随着形势变化，1966年，砂锅厂联营又改为由原生产队经营，简陋的生产设施又各自迁回原处。兴泉十队虽最先建起砂锅厂，经合并联营又下放到生产队后，由于师傅崔田迁往余梁村，砂锅厂便间断停产。五队、九队砂锅厂也由于种种原因歇业。

只有一队砂锅厂在不断完善经营方法的同时，艺人（以下也称“砂锅人”）与生产队领导协商，实行有奖提成的生产责任制。他们吃苦耐劳，严把质量关，在工艺上精益求精，二十多年间，产品质量、效益和口碑一直在全县同行业中遥遥领先，产品一度供不应求。一直到砂锅的使用退出历史舞台。

1981年包产到户，家父崔克林开办家庭砂锅厂，至1984年结束。

三

景泰方言称砂锅制作为“捏砂锅”或“做砂锅”。兴泉砂锅，其主要原料是产于兴泉村南20公里龙头岘的青灰色黏土，也叫耐火土，当时艺人们通过咀嚼原料土不碜牙作为检测标准；其次是黄土，取材于距村南5公里的土塘子；最后是炭糟，用距村西五公里处的喜集水火车站蒸汽机卸下的炉渣代之。

所需原料按要求备齐，再按配方比例合成，然后将干粉反复翻搅、拌匀，再泡水，回性成泥状，隔天后经多遍踩踏，达到脚感柔韧细腻，手感黏绵顺滑的程度。这道工序叫“踏泥”，是制作砂锅中最脏、最累、技术含量最高的工序之一。泥踏好后，要经过发酵，土话为“入腐”。检验质量的方法是取一团泥捏成碗状，盛水放置一夜，不漏便可。

制坯的主要器械轮子（轮盘）厚约10厘米，直径约55厘米，因要求旋转沉稳、灵活、惯性好，所以多用杂木做成。制坯必需的工具有盆圈、灰盆、灰铲、捶棒、楦锅、拍板、裁刀、水刷、夯夯、带靠、沿靠等。另外备有油壶、油刷，因轴套密封性差，要不时地膏油。

制坯开始，先给轮盘上面撒上细腻的黄土粉，防止泥和轮盘粘连，再用手工团泥，再撒粉，用锤棒制成泥张，将泥张放在楦锅上，再用拍板擀泥、捋捏，然后扣放在侧旁。接着在轮子上放稳盆圈，坐上灰盆，待转动时与轮盘同心后，便把坯楦稳入灰盆。这些动作要求在边操作边匀速转动轮盘下一气呵成。然后在轮子不停地转动下再捋捏，用裁刀裁齐边沿、取出楦子，刷水、捋光，再刷水、凸带、收口、靠沿成坯。

因为要在有限的时间和条件下用简陋的工具掌握好绝对的同心，整个过程全凭艺人特有的天赋。艺人看似轻松自如，实则精力高度集中到了忘我的程度，其眼力、手功、细致和耐心，常人难以具备。做完一系列复杂的工序后，艺人才如同卸去了身上的千斤重担，彻底地松一口气。

坯子晾晒干燥后，库存到一定数量便开始烧制。从点火到熄火称为一架，一般大约能烧够大小700口锅。时间选阴天或低温天气，历时至少一昼夜或更长时间。

烧锅须用炼煤，即高热卡的有烟煤；采用土法建造的风箱供风，原始笨重低能费力，后改用电动鼓风机；必用的还有长短火棍、大小火铲、煤铲，笼锅、暖锅和体积笨拙的自砌三孔土炉灶。操作时，艺人站在炉灶的上风挑锅，随风向变动随即调换方位，以尽量减少烟呛和减轻火烤。

夜幕降临，浓浓的烟雾随着人力拉动的风箱“扑哧扑哧”声直上云天。烟雾过后，熊熊的火焰好似烧红了头顶的天空，火光招来附近的男女老幼，其中有不少中小学放晚自习过路回家的学生，他们围站在几米外，脸庞被炉火映得通红，谈笑、嬉玩中充满了新奇和神往，整个场面可谓热火朝天，人声沸鼎。

烤坯师傅将坯子依次排列在炉沿上，预热到一定程度，挑锅人小心翼翼按大、中、小号将锅坯放满烈火熊熊的灶膛，添煤，盖笼锅。放进坯子的炉膛经两次加煤，火候已到，挑锅人鼓足气力挑换笼锅，将烧得软滴滴如同一团火球的砂锅迅速挑起落地，利索熟练地将口面校圆后递给埋锅师傅。这一番动作必须在瞬间连贯完成，否则稍一冷却就会定型，如校圆不成，便成次品或报废。

埋锅师傅接过校圆后依然红彤彤的砂锅，再次撒煤，随即先小后大，扣于暖锅下再次撒煤焖至六个暖锅扣满一轮后依次挑出，此道工序称为“上釉子”，釉子的成色与好坏完全取决于埋锅师傅的水平和技术。

至此，乌青黝黑的“砂锅”正式问世。

四

从配料到制坯的整个工序，都是在低矮狭小的土窑内完成的，配料时需要把按配方堆满窑地的干粉多遍翻拌搅和达到均匀，过程中令人呼吸困难近似窒息；在严冬的数九寒天，“砂锅人”在简陋的砂锅窑里赤脚“踏泥”，经常脚掌皴裂肿胀；在酷夏的高温天，挑锅人长时间站在炉灶前，由于条件所限加上需要特殊的操作手段，他们甚至连防护面罩和手套都不适宜佩戴，操作时汗流浃背、浑身湿透。家父每次烧制完停火后，手背和面目被火焰燎起的大面积水泡，破裂后需多天才能痊愈。而对“砂锅人”来说，从事烧砂锅几十年，这一切都是家常便饭。

多年之后，脑海里还留存着一幅幅当年那些女社员在砂锅厂辛勤劳作的画面：

无论寒暑，她们都伏在潮湿的黏土上，一遍又一遍，认真仔细地将其中的胅胅石、硫渣等杂质拣去，然后泡水、晾干、捶碎，经两遍过筛，是谓“办造青土”；大风中，她们扬净炉渣中的细灰，又伏在炉渣堆上，仔细地拣去其中的釉子、石头、铁渣等混合物，用牲口拉石磨磨成粉状，再两遍过筛，是谓“推炭糟”；在师傅做锅坯时，她们全程守候在工作台前递送灰盆，接走完工的湿坯，待湿坯晾晒风干后，脱离灰盆，根据大中小号斜扣码摞，完全干透后入库待烧。晾晒期间都是早挪出，晚挪进，如果天气骤变更须与疾风暴雨争分夺秒，看天气好转又随时再挪出，再挪进，再挪出……是谓“端砂锅”。其间辛苦，一言难尽。

这就是包括家母王英在内，还有化文英（张正福母亲）、刘桂兰（王继强母亲）、周德菊（崔珺母亲）等母亲们，她们同是身为四五个甚至七八个子女的妈妈，多年里起早贪黑，风雨无阻，任劳任怨，用自己单薄的肩膀顶起兴泉一队砂锅厂生产线的“半边天”！

每次开炉烧锅时，那些强壮的男劳力，不惧苦累，尽职尽责，几十个小时挥汗如雨，令人今天想起来也不能不心生敬意，万分感激！他们就是周世德、师宗贤、罗文奎、张克温、张治元、王学礼、张治乾、葛有斌、师仲章、王继强等父辈和兄长，作为“砂锅人”的子弟，以及那些受惠于用砂锅解救饥荒的人，怎么可能忘得了那段岁月！

五

生产队兑现过砂锅艺人的提成外，留适当数量入库用于销售，其余按工分分给社员。社员分到砂锅后，想方设法车拉人背到外地换粮食，以度饥荒。而在他乡用砂锅换取食物过程，同样充满了艰辛和苦恼，尴尬与无奈，乃至愤懑与泪水。为了自己做的砂锅运到外地，能够经得起别人的挑剔，能在同类产品中站得住脚跟，为了让自产的砂锅在乡亲们艰难的生活中发挥更大的作用，父亲和五叔商量，必须在质量上下功夫，必须推陈出新给砂锅“改模换样”。他们尝试在传统砂锅样品头号、二号、三号为一套的基础上，推出砂制花盆、温罐、截锅、水罐、珠珠锅，烧烤干粮用的鏊锅、捣锅子；可用于洗脸洗衣服的砂盆子，药罐子、茶罐子，还有蒸馒头用的双层巴巴、锅盖、盛饭菜的浅浅锅，造型独特的尕锅锅以及碗、碟等，这些产品在定西、靖远、武威、古浪、中卫等地方很受欢迎，也比以前的产品更容易换取食物。特别是一些小巧玲珑的砂制器皿曾一度成为走亲访友时的馈赠品。

在过去生活困难的岁月里，兴泉村大多数人家都有过用砂锅到外地换取粮食的经历，他们用砂锅换取别人的麦子、大麦、包谷、糜子、谷子、洋芋以及其他杂粮，纾解困难，度过荒年。本村知名企业家朱万祥先生在先父丧仪上曾说过：在挨饿的年代，砂锅给了兴泉人生活的勇气和希望，砂锅不仅解了兴泉一方人的困，也救了兴泉一部分人的命。诚哉斯言！兴泉“砂锅人”功不可没，兴泉“砂锅人”精神永存！

2021年8月于双树村

家乡的芨芨草

朱万义

芨芨草属多年生草本植物，植株细高而坚韧，顶端有淡黄色毛絮，芯内有乳白浆液。适应于微碱性沙滩及山坡、沟坝地生长。家乡兴泉村随处可见。20世纪四五十年代，由于雨水充沛，大沟门等山畔地带生长茂密，牛羊进去吃草即隐身难觅，真可谓“风吹草低见牛羊”！

虽然是普普通通的野草，但自从人类在这里活动，其生产、生活就几乎从来没有离开过它。

芨芨草的用途非常广泛。一是扎扫帚。将干透的芨芨外皮剥去，用一个直径8~10厘米的铁箍套在芨芨根部，套满后，将一个硬木作的“铳子”钉进去挤开空隙，退出铳子再塞进一撮芨芨，反复多次，直到再无法塞进去，再将一根长约1.5米、顶端削尖的木棍（即扫帚把）钉进去，扫帚就算扎成了。扎得好的扫帚不会掉芨芨，也不会掉头。人们用来打扫庭院、巷道，尤其重要的是打场扬场时用扫帚掠扫衣草，不可或缺。二是搓草绳。将芨芨剥干净，在涝池中浸几天，捞出后放在石板上用木榔头砸绵，先搓用细绳，再合成粗绳，用来套车、捆柴草等，结实耐用。后来被麻绳、尼龙绳所替代。三是编筐，编背篓，编装粮食用的大筐篓，以及马车上拉麸草、沙土用的圈笆。四是编成芨芨草帘子，用来建房时篷屋顶等等。

每当深秋，五谷粮食收获归仓后，人们就利用闲暇时间到野外采拔由绿变黄的芨芨草。芨芨草一般生长在坚硬的沙滩上，根系发达，长得非常牢固。获取芨芨草只能用手直接拔，而不能拿镰刀割，因为其根部是最为坚韧的部分，也是利用价值最高的部分。拔的时候，很讲究技巧，一般都是将其中的几根捏在一起，垂直用力，要猛要快，不然要么拔不下来，要么会被折断，影响使用。初学拔芨芨草的人，有时会被草叶割破手掌，但常年干农活的人，手上长满了老茧，是不容易被割破的。还有一种办法，就是用木棒撬芨芨：找一根一米多长、手腕粗细的木棍，与芨芨草平行斜立在根部，将一股芨芨缠绕在木棒上，然后猛力向上一撬，一股芨芨草就被拔下来了，这是利用类似杠杆的原理，既省力又高效。方言称这种撬的方式为“窝芨芨”，但只适用于撬那些生长茂密的，零星生长的只能手拔了。

将拔下来的芨芨草捆成捆，运回家，捆互相倚靠扎立在房顶或宽敞的场院中，自然风干后，就可使用了。

今天，除了环卫工人还会用芨芨扫帚清扫马路外，其他用途都退出历史舞台。而在家乡的原野上，茂密的芨芨草，还在忠诚地发挥着涵养水源、防风固沙、保持水土、绿化荒原的重要作用。

兴泉双树永连根

缪金贵

寸心拙文忆往昔，双树恋根念兴泉。20世纪80年代后期，随着景电水利工程的建成，黄河之水奔涌流向腾格里沙漠南缘的荒滩，预示着沉睡千年的荒漠将变为绿洲。

景泰县域声势浩大的移民搬迁拉开大幕，兴泉村也有部分村民随之迁徙，组建新村。

选址命村中，见双柳立于荒滩，遂双树村芳名诞生。

村民们怀揣梦想，望水而迁。走进荒漠，以地为命，在风沙弥漫的旷野，住地坑，整田畴，与天斗，与地斗，打土坯，备材料，雄心壮志建家园。

兴泉村对迁徙的双树村尽全力支援，率先为新村建起办公室、学校等基础设施，党支部书记亲力亲为，领导村民树立信心，克服困难，使迁移村民很快安定下来。

双树村的根连着兴泉，双树村的魂永在锁罕堡。双树村迈出的每一步，皆有兴泉的回望，双树村的土地上，耕耘着兴泉父老乡亲的期盼，渗透着兴泉大村的祝福。双树村的脉搏与兴泉同跳，兴泉大柳的根须延伸让双树挺拔屹立，双树村取得的成就，兴泉也为之欣慰。

当迁徙的村民离开兴泉的那一刻，心中无不泛波澜。难舍祖辈耕耘的土地，难舍兴泉古老淳朴的村庄。

身在遥远的异乡，更思念兴泉的热土。兴泉之水、山川草木、沙枣花的芳香、大柳、古堡、熟悉的家园，总时常回荡在双树村民的心中。

兴泉是双树村永远的思念，大柳虽朽，但双树村土地上挺立着双柳。幸以树为名，此乃天意，使大柳的子孙扎根在荒滩，一脉根续随迁徙延伸。双树，在向新村祈福，在为兴泉兴旺。

兴泉，双树村难舍的故土，双树人曾经奋斗的足迹依旧在兴泉闪光。离开兴泉的村民，永远不会忘记兴泉根脉，也永远铭记兴泉的手足之情，更不会忘记兴泉血浓于水的无私奉献。

兴泉是双树村亘古不变的牵挂，兴泉土地上的一切，双树人刻在心中。双树村定会秉承兴泉的淳朴豪放，铭记兴泉，不懈奋进。

兴泉拴着双树村人的心，气贯长虹的背鼓，仍震撼着双树人的灵魂，兴泉大柳，永远活在双树人心中。兴泉的付出，双树人无以回报，但万古不弃手足情，定奋志踔厉创辉煌，以报兴泉根脉。

兴泉、双树，扯不断的情，斩不断的根。虽云两村各乡，但根脉相通。相互遥望，渠水共流淌，比肩谋发展，同走小康路，共向幸福迈。

双树村的发展，有兴泉村给予的力量，兴泉与双树，都是锁罕的子民，是一脉同根的兄弟。锁罕、兴泉，沐千年沧桑，奋进的脚步更加铿锵有力。双树，经数十载雪雨风霜，承兴泉坚强，在农耕的旷野成长。

双树村，经几十年艰苦奋斗，脱贫走向小康，走向富足，已成为现代气息浓厚的美丽乡村。

《兴泉村志》，众智五载，浩篇贯古今，且录双树入宏卷，倍感亲切自豪。兴泉、双树根相连，脉共振，心连心，曾共饮一泉水，同乘大柳凉。今朝村志话双树，留千古文墨不朽，令双树人无比欣慰。

兴泉劲风万古吹，不朽伟业千秋兴。双树根续锁罕柳，生长坚强，生长富裕，生长辉煌。

忆锁罕，望兴泉，古堡风韵荡双树，沐盛世新风，双树雄发兴泉根，必更茁壮繁茂。双树得水庆粮丰，兴泉新貌入画屏。千秋青史载文墨，万古篇章颂伟业。兴泉双树情永驻，世代耕读耀古今。

谨以斯文感兴泉根脉手足之恩，慰双树得惠成长之心。

2021年11月于双树村

怀念父亲

罗文海

父亲离开我们10年了，近一段时间，父亲的慈祥面容时常在我的脑海清晰可见，父亲的谆谆教导不断在我的耳边回响，父亲的为人处世令我难忘。

平民家庭出生的父亲，传承了祖先孝老、修德、勤劳、善良的血脉基因。父亲经历了勤劳的童年，苦难的青年，伤痛的中年，幸福的晚年。

父亲7岁时就给本村一户富足人家去放牛，和祖父一道养家糊口。13岁时，到一条山村一户富庶人家打工，每天早早起来到磨房套上牲口磨面赚钱。到了20岁，祖父去世如晴天霹雳，心灵受到沉重打击，但父亲毅然和祖母、母亲背负起了全家的生计，艰难度日。直到新中国成立后，才过上了有保障的生活。1969年，时年45岁的父亲又遭受了16岁的次子患小儿肾炎（转为慢性）长达6年医治无效而夭折的沉重打击，心灵格外的伤痛，久久不能恢复过来，直到1973年有了大孙子，多了一辈人，父亲才慢慢地调整好心态。1992年，我们家的生活境况逐步好转，68岁的父亲不再从事农业生产劳动，搬到县城才开始安度晚年。爱喝点酒的父亲储存着儿子、女婿孝敬来的酒，一旦来了爱喝酒的亲朋和乡邻便拿出来同饮几杯，聊聊家常、问问村情。父亲就是这样度过了他的80载人生。

酸甜苦辣的生活，使父亲变成了一本沉甸甸的书，这本书有积淀而厚重，有内容而丰富，有思想而深刻，需要我们一页一页地阅读。

父亲心底慈善。20世纪60年代末70年代初，正值景电一期工程建设，住在新堡子（兴泉二队）门口附近的我家，也是中泉、正路、大安人通往芦阳（原县城）、五佛的必经之地。父亲一旦遇到赶马车向工程运送物资路过堡门的人，不论是认识的人还是陌生人，只要是口渴、肚子饿的，父亲都要让到家中喝口水、吃顿饭，这样的事情不知有过多少次，我也记不清了。有外地上门讨饭的，父亲总是要给上半碗米或面，若碰上我们正在吃饭，父亲就要母亲舀上一碗饭让给他们吃，父亲说：“这些人出门不容易，‘在家不为人，出门没饭吃’。”父亲时常给我们讲他亲身经历过的事情，70年代中期，景泰连年干旱，好多农民到宁夏的吴忠、平罗等地背粮（用买来的布匹缝纫成衣物等换大米），和他一起踏进对方家门的几个同伴，就被狗追撵了出来，而唯独父亲不会被狗追撵，父亲一讲到这儿就感叹地说：之所以不会被狗追撵，大概都是我对上门要饭吃的人好，才会出现这样的奇事吧。这不正是对“好人有好报”的最好诠释吗！

父亲以和为贵。父亲为人处世总是以和谐为要本，常当和事佬，不做是非人。在人民公社生产队的时候，他不跟别人拉闲话，也不说别人的这不是那不对，更不与他人闹矛盾。即使听到了张三在他面前背着李四骂的话语，总是尽量进行劝导。遇着打架的，父亲就要劝解，有时还被误打上一拳。父亲常与有道德、有修养、有文化的人聚在一起听他们谈古论道，从中也学到了不少为人处世的道理。记得我们小时候听到一些闲话好传道，父亲听见后总是说娃娃家知道啥，不要瞎说了，说出去了对自己对别人都不好。“人心隔肚皮”，这是父亲常说的一句话。随着年龄和生活阅历的增长，我也体会到了其中的道理，并且坚持做到不该说的绝不去说。“来说是非者，便是是非人”，这些年来，我不仅不谈张论李，也给自己的两个孩子和侄儿们解释其中的含义，要求他们不听闲话，不传闲话，更不要在背后议论他人，有时间多学习、勤思考、求进步，总比对他人评头论足要充实得多、坦然得多，力做端人正士。

父亲明辨是非。“文化大革命”期间，有不少人受到冲击，特别是一些知识分子，蒙受不白之冤，对此父亲十分不解，还说：你们看着，这个局面不会长久的。记得时任兴泉小学校长因家庭成分等原因，成为造反派的批斗对象，曾多次被拉上游街，脖子上还吊着用铁丝拴着的铁路轨道夹板（长65厘米，重14公斤，是小学上下课敲打的吊钟），每次游街路过我们家门的时候，父亲就走上前去一边大声吓唬：你要老实交代问题，一边却将勒压着其脖子的铁丝提到衣领子上面，为的是不要把脖子勒坏。1990年，我在县城盖房子，这位校长的长子为我做木活时对我讲：“我爸常在我们面前讲罗爸是个好心人。”还有一件事是，喜泉公社有一位勤学好思的干事，在《毛泽东选集》上又圈又点，旁注自己的感想体会，被发现后受到处分，成为游街批斗的对象，下放到生产队劳动，还不准随便到别人家串门。当时我家安有喇叭，每到晚上8点中央人民广播电台播送《新闻和报纸摘要》的节目时，这位干事就站在我家院墙外的街道边倾听，无论是刮风还是下雪，从不间断，父亲每每见到这种情况，就让他到家里来听。后来，在我和他电话聊起这段经历时，他非常感慨地说："你爸他老人家心肠太好！"父亲在大是大非面前就是这样的清醒，并且同情人、理解人、关心人。

父亲重教育人。俗话说"至乐无如读书，至要莫如教子"。我敢肯定地说，如若父亲上过学，他定会将读书和教子作为一生最重要的事情来做。父亲也定会是一个快乐幸福的人。父亲不知曾国藩，也更未听过钱镠，但在教育后代的思维方式上，与二者同向。父亲说，"人活在世上没文化是最大的痛苦。人要多读书、有技术"。父亲不会说"家有万资，不如身怀一技"的名言，但深谙其中的道理。大概是1978年，我的大舅爷过世后，父亲去靖远石门奔丧，在返回家的途中，遇上了卖尼龙绳子的，便买了一根，说是待我考上学了用来捆打行李。我上张掖农校时就是用这根绳子捆打行李的，后来我上西北大学还是用这根绳子捆打行李的，这根绳子寄托了父亲对儿子的希望啊！实际上父亲多么希望每个子女都能上学，都能工作。但因种种原因，特别是受当时的经济条件所限，未能如愿。父亲对知识重要性的认识非同一般，即使在他最后一次生日聚会时，还叮嘱我们要注重孩子的学习，盼望后辈都能上大学，这也是父亲留给我们最重要的遗言！

父亲胸怀宽广。父亲不识字，因此常常受到别人歧视。但父亲从不计较，而是在非常重视子女上学读书的同时不放松平时的言传身教。父亲常对我们说："别人唾你脸上的唾沫，你不要擦去……"虽然父亲不知这一典故出自唐代名相娄师德对其弟赴任代州刺史时的嘱咐，但父亲非常清楚其中的深意。父亲不愿为一些鸡毛蒜皮的事情与他人争高低、论长短。父亲常常引用家乡"蒿柴棍棍挡倒人"的俗语，告诫我们"石头大了绕着走"，"遇事要忍让，不要得罪人"，还举一些具体的事例给我们讲解。尤其我在工作中遇到的一些不快事情而情绪受到影响时，父亲总是不断地对我讲：对自己一定要严，对别人一定要宽。当时我对父亲的这些告诫并没有放到心上，而是自以为是，总觉得父亲不识字，知道的少，因此没听劝导。出于对工作过分认真，而对别人要求太高，结果惹了些人，也给自己的工作带来了一些挫折。真是"不听老人言，吃亏在眼前"。后来我对这些问题也进行了深入思考，认识到：干公家的事，一旦手中有了权力，在处理人的问题上宜宽不宜严，宜粗不宜细，要有大气量、大胸怀，对一些看不惯的事要能放得过去，这样对他人对自己乃至对工作都有好处。小时候我们和别人家的孩子闹仗，父亲不管谁对谁错就先把我们教训一番。

父亲还教导我们尊老爱幼，礼貌待人，家里来了长辈没入座时，小辈不得坐下。骑自行车遇见长辈兄长要下车问候。要我们把自己看小一些，别人才能把你看得大一些。要眼放大，心放小。要谦和低调做人，免遭他人嫉妒……父亲就是这样在点点滴滴中教育我们为人处世的。至今我才真正地认识到，父亲没入学，但父亲明事理，父亲没读书，但父亲有文化。

父亲这本书，到了知天命的我今天读着这几页，深感这是留给我们子孙后代的一本人生哲学书，蕴涵丰厚，意味深长。值得我们认真地读，经常地读，往好里读。

读好了父亲这本书，就洞见了父亲的品质和品德，我们的思考就会融入父亲的思想和灵魂深处。我们就会传承，就会发扬。我们就会变得平和、理智、包容、淡定。

我们就会以平和的心态对待人事——做事须循天理，出言莫伤人心。

我们就会以理智的思维处置艰险——危险临之不惧，艰难坦然担当。

我们就会以豁达的胸襟正视荣辱——毁辱袭来不怒，荣光全当云烟。

我们就会以长远的目光谋划未来——处世莫如为善，传家唯有读书。

读好了父亲这本书，我们就会念念不忘父亲的遗愿，就会倍加注重后代文化教育，倍加注重后代道德修养，使他们真正成为会生存爱生活，会做人能做事，爱读书博知识，有道德高品质，有思想会思考，有创新敢创造的国家有用之材。

读好了父亲这本书，我们就会更加深切地认识和体会到：我们今天的福祉，除我们自身努力外，还得益于父亲和祖先的厚德善行，我们因此而更加注重涵养自己的道德，谨言慎行，使我们的德、言、行，真正能够为子孙后代铺就又平、又宽、又长的生活之路。

在父亲十周年祭日之际，谨以此文表达我对敬爱的父亲最深切的怀念！

2013年3月25日

家乡的榆钱树

俞宗富

在我儿时的记忆中，家乡兴泉村，每当春暖花开的时候，各种树木在春风的抚摸下竞相吐翠。如村庄里水渠边的那棵百年老柳，雄壮高大，遮天蔽日；农家院子里的各种树木星罗棋布；五家水、九家水、古墩路两旁的沙枣树披着银灰色的外套延绵不断；道路旁、水渠边大冠杨、小叶杨、钻天杨纵横交错；还有大队菜园子、生产队菜地里的桃树、杏树、苹果树更是争奇斗艳。一棵棵大树成为庄稼人劳作时遮阳避雨、休闲时乘荫纳凉话农事的好去处。但更在我心灵深处念念不忘的还是那农田渠边的榆钱树……

我家老院不远处沿西滩路往下的头家水，有一坝二三里长的两排榆树，大小匀称，错落有致。榆树根系发达，树皮厚实，外形虽不美观，但材质柔韧无节，是先民们制作农具的好木材，如做桄头、桄沿、马车排、耙框，非其莫属。就连榆木根也是雕刻艺术品摆件的上好材料。

人们把榆树又称为榆钱树，是因为榆树在树木中与众不同：先露果后长叶。阳春三月，榆树长出的一枝一枝金黄金黄的榆钱儿，一串一串，层层叠叠，北风一吹，那榆钱儿的香韵氤氲村庄。特别是早晨和傍晚，在阳光的照耀下，登高一看，显得耀眼夺目，是田野里一道亮丽的风景线。

细嫩柔软的枝条将形圆、肉薄的榆钱一片片地连接成串。榆钱不但美丽，且可食用。自古以来，榆钱成熟的时候，大人小孩争相捋吃榆钱。尤其生活困难时期，成为人们度春荒的部分食材。

1962年年景不好。我刚7岁，是家里长孙，还有两个妹妹，平时虽说受到爷爷、奶奶的偏爱，但肚子还是“饿”得直叫唤。春夏交替季节，家家青黄不接，人们纷纷捋吃榆钱。一天早饭后，奶奶让我跟上队里的童伴黑蛋、魏保、胖子、刘成去榆树林捋榆钱。因他们比我年长两三岁，都会爬树，爬上去后他们就捋上一把榆钱往嘴里喂，我年纪小不敢上树，急得在下面流口水直喊，他们在树上边吃边笑，故意逗我，“开心”后，他们才从树上撇下一串一串的榆钱枝子扔给我，这时我才吃到榆钱。他们给袋子捋满榆钱后，我们就满载而归。

回到家里，奶奶把袋子装的榆钱倒入早已准备好的一盆淘榆钱的清水，她边淘边用漏勺控干水分，然后放在开水锅里煮，在上面撒上适量的玉米面或大麸面，蒸上一会儿，撇去多余的汤汁，用糁饭板搅拌均匀，一锅晶莹黄绿的榆钱焪焪出锅了。正当中午时分，一家人坐在一起，一把一把地抓吃焪焪，津津有味。父亲问奶奶，这是哪来的榆钱？奶奶说是我捋来的，父亲用赞许的目光看着我，我一边吃着一边望着奶奶，心里乐滋滋的，充满了自豪感。

现在回想起来，当时的场景还历历在目，记忆犹新。又想起了奶奶满脸的皱纹，永远带着的笑容，就像榆树身上的外衣，皴裂着沧桑岁月的痕迹，温存着朴实善良的秉性。奶奶是从旧时代过来的老人，为了生活，为了儿女子孙，任劳任怨，艰难度日，历经苦难，饱受风霜，一双三寸小脚，一天到晚不停地忙碌，如同榆钱树柔韧不折的顽强气质。奶奶质朴的身躯折射出榆钱宽厚待人的形态。奶奶是她同龄人的缩影，在她的身上体现出老一辈小脚老人的品格和风骨。在那缺吃少穿的年代，依然是那么的自信和坚韧，对未来充满希望，想方设法不让子孙们挨饿受冻，靠着一双勤劳的双手，把野外扫来的水蓬籽、三角籽装在背篼里，封闭好，放在涝坝中浸泡十多天，沥出碱分，晾晒干，炒熟，磨成“草籽炒面”。草籽炒面不能多吃，吃多了肚子胀，我们吃的时候，奶奶就看着，不让多吃。还用糜谷麸子、麦秸子掺和少量粮食磨成面粉，烙出“谷麸子馍馍”让子孙们充饥果腹。到20世纪90年生活富裕殷实后，奶奶仍是勤俭持家，珍惜粮食。如今每每想起奶奶亲手做的榆钱焪焪，那醇香仍然萦绕心间，我为奶奶献上心香一瓣：“榆钱可买童年月，小脚能量世路长。”

榆钱树，是我们这一代人的生命树，灵魂树。它陪伴我们牙牙学语、蹒跚学步，它带给我们童年的欢乐，赋予我们顽强拼搏的奋斗精神！而今它已无踪无影，成为远去的历史。但在我的灵魂深处永远流淌着抹不去的故事，永远留存在我的生活页码中。通过这短短的追忆，愿给我们的后人带来更多的思考和启迪！

2021年12月于景泰

父亲的光荣岁月

毛正发

父亲毛文栋生于1928年9月。1949年8月以前，曾经在国民景泰县政府做过三四年时间的佣工。1949年新中国成立以后，父亲参加中国人民解放军，从此走上革命道路。入伍当月，到甘肃军区军政学校学习。经过半年的学习军训，1950年4月被分配至中国人民解放军第三军第八师教导队，曾任八师二十四团一营一连文书；7月赴祁连山剿匪平乱。

剿匪平乱的岁月非常艰苦，父亲和他的战友一起，经常背负70多斤的行李给养和枪械，每天行军四五十公里。有时突然出现敌情，只能抛下行李给养，背负枪械与敌战斗。为了追击敌人，有时候连续行军马不停蹄就是一两天。夏天，渴了就喝山泉水或是地上低洼处的积水；冬天，饿了则就着冰雪吃身上带的口粮；困了，几个战友抱团休息一会儿。那一年冬天，由于在风雪中行军，双脚冻伤，父亲被送到武威医院救治，痊愈后立即归队，继续投入硝云弹雨的战斗中。

在血与火的剿匪战场上，每当围剿聚歼大股的匪徒后，部队都要动员附近的老百姓前来认领被匪徒抢掠的马匹牛羊等生活物资，看到他们满是感激和信任的目光时，父亲和战友们感觉所有的付出、所有的苦累都很值得。而在激烈的交战中，每每看到倒在身边负伤和牺牲的战友时，则心情无比悲痛，更增加了对敌人的仇恨，增强了歼灭更多顽敌的信心和决心。

在生与死的战争考验中，父亲得到了锻炼和成长，被任命为所属部队二十四团一营一连班长。1951年4月，所部被编为一军二师，入第一野战军序列，父亲被任命为五团三营九连军械员。1952年7月，被派到平凉学习枪械知识。12月，所属部队改称中国人民志愿军，年底入朝，赴三八线参加防御作战。白天飞机狂轰滥炸，晚上大炮严密封锁，致使部队严重缺乏给养。残酷的坑道战，阴冷潮湿难以回转，许多战友留下了永久的病患。就是在这样极其艰难的条件下，英勇的志愿军以大无畏的牺牲精神，硬是将以美军为首的十七国联合国军，打到了谈判桌上。

1953年7月，燃烧了三年多的朝鲜战火，终于在三八线板门店的谈判桌上熄灭。1955年4月，父亲服从祖国的统一安排，返回国门，光荣退伍，复员回家务农，半年后，组织安排他当了一名光荣的人民教师。自1955年10月至1981年3月，25年多的时间里，父亲分别在正路兔窝学校、寺滩乡三道埫学校、大安小学、福禄小学、寺滩丰乐小学、中泉常生小学任教。其间，在兔窝学校光荣加入中国共产党。并先后担任大安小学、福禄小学、寺滩公社丰乐小学、中泉常生小学校长。

父亲只有小学文化程度。无论是当老师还是任校长，父亲都是注重自我学习和提高。特别注重学校教学教育质量，狠抓学生学习成绩。在“文革”期间，父亲不追风、不随潮，而是脚踏实地地做好本职工作，抓好教学质量；严以律己，谨言慎行，宽厚待人，公道正派，注重团结，深得同事的信赖和尊重。尤其在校长任上，父亲多次给村校党员和积极分子上党课，为小学生讲述抗美援朝战争的悲壮与惨烈，讲述今天的胜利来之不易，引导学生牢记革命前辈的奉献和牺牲精神，树立远大理想，为祖国建设贡献自己的智慧和力量。

从教二十多年，父亲严格服从组织安排，哪里有需要，就服从调动到哪里去工作，从不向组织提出个人要求，把每一次的工作调动都当成一个新的开始、新的起点，尤其作为学校的校长，特别注重团结学校的教职员工，努力开创新的局面。由于父亲为人正派，处事公道，求真务实，质量为先，总是能得到同事们的好评和家长们的信任。

在我们的记忆中，父亲总是全身心地投身于他所热爱的教育事业，绝大多数时间都在学校，因此顾不上管家里的事情，而务农、教育子女的重任就都落在母亲的身上。为了不让父亲在工作中分心，母亲起早贪黑，除了参加生产队劳动还要操持家务，缝缝补补、洗洗涮涮，从来没有怨言，而正是看到父亲和母亲这种默默奉献、任劳任怨的精神，使得我们从很小就学会替父母分担家庭责任，同时坚持学习，尽量做好自己应该做的，不让父母亲担心、操心。

1981年3月，父亲因伤病提前离休，但他并未赋闲在家，当时我和大弟刚刚走上工作岗位，还有两个弟弟和一个妹妹正在读高中和初中，以有限的收入，既要负担自己的医药费和全家的日常生活支出，还要负担弟妹们的学费和生活费，父亲的薪水常常是入不敷出、捉襟见肘。但就是在这样的困境下，父亲从未放弃对子女学习的支持。常年从事教育工作的父亲更加深知：只有知识才能改变命运。他硬是拖着伤残的身体，忍着中风头疼等病痛，力所能及地帮着母亲春耕夏耘，秋收冬藏。尤其是夏天，“一顶草帽，上身短袖白衬衣，下身蓝裤子，脚上黑布鞋”，父亲在田间地头辛劳的身影，是留给儿女们灵魂深处最深的记忆。在我们的记忆中，父亲极少批评指责我们，而是身教重于言传，总是以自己的行为潜移默化地影响着我们。后来我们兄妹五人都上高中、考入大中专院校，走上工作岗位，成为对国家、对社会有用的人。而这一切，都不能不说主要得力于父亲的付出、坚持和爱心，每每兄弟姊妹说到这些话题，无不钦佩父亲的远见和胸怀。

由于过去在严酷的战争环境造成诸多伤病，父亲的身体机能严重退化，因此提前离休。在生活医疗方面，国家和政府都给予父亲无微不至的关怀。1985年，父亲还享受到副县待遇。2019年10月，中共中央、国务院、中央军委为老兵颁发“庆祝中华人民共和国成立70周年”纪念章；2020年7月，又颁发“中国人民志愿军抗美援朝出国70周年”纪念章。获得这两枚纪念章，对于90多岁的父亲来说，无疑是对他一生经历的最高褒奖，也是对他最美好的祝福。

2020年8月

最大的财富

郭延强

父亲教了一辈子书，在他的教书生涯中，时间最长的是在兴泉小学。从1957年开始，一干就是几十年。父亲90岁去世，离开我们时没有房产，没有存款，没有值钱的物件。留给我们的只有无形无价的财富，这也是最大的财富。

一

父亲自幼受祖父教诲酷爱读书。小学、初中阶段在同龄少年中也是最听话、最下苦的，一直是班上的优等学生。初中毕业后，考入兰州一中。那时期全县每年考入国立兰州一中的学生超不过十位数。在兰州读高中时，他更是珍惜光阴，省吃俭用起早贪黑地刻苦读书。他在学习中有一个好习惯“不耻下问”，每当遇到课程中的疑难，他非要千方百计地找师友讨教，直到答疑解惑。他在兰州一中的几年，每学期各科成绩都是优异，在全校也小有名气。为了完成学业，每晚放学都是自己动手做晚饭，主要是为了省钱。每个星期天，要么打零工挣钱，要么走街串巷拾旧纸箱换钱，都是用来填补学费的不足。父亲的求学道路是艰难的，从芦塘城到兰州300多里路，那时没有汽车，都是靠步步脚走，上一趟兰州就得五天时间，第一站福禄水，第二站白茨水……最后一站是水阜。一般都是和同学结伴而行，脚上打了泡，用火针挑；鞋底磨破了，垫些路边芨芨草，到土路上都是光脚走，生怕把鞋穿破了。正是他坚韧不拔的求学精神，支撑着在艰苦的生活、学习环境下一路前行。高中毕业，如愿地考上了新疆大学。上学时经亲戚介绍，乘了一辆装满物资的军用卡车，在车顶摇来晃去危险不说，风雪扬沙难以避免。翻乌鞘岭，过河西走廊，西出阳关，走走停停一个多月才到了迪化（今乌鲁木齐）。在新疆读书几年，也是几多艰辛，几多辛酸，几多磨难。但无论多少艰难困苦，父亲都是坚持不懈地熬了过来，终究完成学业，返回景泰，投身教育，直至退休。

父亲好学，好书，是一辈子的习惯。在家里，到处是书，一有时间，就读书学习。走亲访友、春种夏收也不忘带书。我们子女们也耳濡目染，深受教育，受益匪浅。父亲经常对我们说，饭可一顿不吃，书不可一日不读。我们兄妹六人，考取大中专的有五人，退休后的父亲还是天天读书，他不仅自己读，还把临街的铺面改成了阅览室，摆上各类报刊书籍，供村民、学生阅读，人数多时有四五十号，成了街上的一道风景。

二

20世纪50年代初，父亲在新疆完成学业回到县上。县委议定父亲为寺滩乡团委书记候选人。父亲得知后，自动找县上领导推辞，并表达了决意教书的志愿。从此，父亲进入了教师行列。当时全县的公办教师不足70人，他人生第一次走上讲台的学校是五佛老湾小学。这个村子人口过千，上学的娃娃却只有二三十个，当时村庄的文盲率在90%以上。父亲根据现实，便挨家挨户动员农户的子女就学读书，几个月工夫，在校学生达到六七十个。父亲白天教书，夜晚给扫盲班上课，没日没夜地忙，两个月回一次家，再苦再累从没怨言。

1957年，兴泉小学扩大教学规模，增设高小和初一，父亲调至兴泉小学任教。两年后，我们举家从芦阳迁到兴泉九队落户。父亲教书执着、认真是出了名的。他在兴泉一直教小学语文，一直当班主任。我到兴泉时才6岁，在我的记忆里，父亲起早贪黑，没明没夜地总是在忙，从来也没有请过假，即使节假日他也不闲，不是在备课，就是在改作业；不是在学习，就是在家访。在兴泉小学，几十年如一日，从没有停止过教书育人的脚步。就拿批改学生的周记、作业来说，说他全神贯注、一丝不苟并不为过。学生的每一篇作文，都用红笔画满了圈圈点点。好的词语，画上了波浪号；好的句子，注上红圈圈，错字在旁边纠正过来。学生每篇文章后面都有很长的评语。他上语文课，强调学生重点记背，注重书写，讲究学生要理解课文要融会贯通。每学年，他班的语文课年均成绩都是同年级最高的，因此，其他科目的老师都抢着和他搭班子。在学校，父亲经常讲公开教学示范课，他讲课生动，因材施教，能调动起每个学生的积极性。他对教材烂熟于心，一般不看教材，不看讲义，而且能做到得心应手。有时他还应学校安排，给全学区语文老师上示范课，深得广大教师好评。1965年，他所带毕业班的语文平均成绩是全县最高，85%的学生考入景泰一中，在全县影响很大。父亲在兴泉教了三十多年书，兴泉每家都有他教过的学生。县乡也给了父亲很多荣誉，有“先进工作者”奖状，有“优秀教师”证书，有“模范教师”奖章等。他教过的学生成千上万，有从政的，有从文的，有从军的，有经商的，可谓桃李遍天下，这或许就是父亲一生从教的最大回报。父亲去世后，远道而来吊唁的弟子很多，从众多的悼词中，能看出父亲在学生中的威望，其中有一幅“天生教书匠，寿岁儒道人”。父亲大号“天寿”，享年90岁，倘若在天有灵，他老人家也会十分欣慰。

父亲一生忠诚党的教育事业。执着的态度，任劳任怨的精神都是留给我们子女们宝贵的遗产。父亲的潜移默化下，也使我们兄妹四个走上了教书育人的光华道路。

三

父亲自幼丧母，是祖父悉心抚养，教他做人，供他读书。也是因为从小失去母爱和依靠的原因，从小就生成了与困难斗、与命运争、自强不息、奋斗不止的顽强品格。而他在教师工作中却又体现出正直坦诚、宽大包容、怜亲友朋的人生态度，这也是我们子女们永远的怀念和珍藏的范本。

1957年，反右运动开始。有人说他只管教书，不问政治，思想和立场偏右，要求他写材料反省，他照样无声无息地照办。“文革”开始后，红卫兵批判他走白专道路，不准回家做检查，在一个小房子里圈了三天三夜。我每天给他送饭，他安慰我，不要害怕，一切会好起来的。“文革”后期，父亲重新走上讲台，教室空空荡荡，学生零零星星，他走家串户，说服家长，动员学生回学校上课。没有课本，他自编教材，一边教书一边承受着不该承受的压力。他不愿掺和批斗、游行，他还对过激的老师说：我是个教书匠，教书是我的本职工作。父亲是从苦处过来的，他懂得苦难的滋味。父亲挣50元钱的时候，40元留作家用，10元拿出来给贫困的学生买学习用品，一直坚持了很多年。

1973年，上大学靠的是推荐考试，我的总成绩是全县第一名。结果名单下来没有我，听人说被别人顶替了。父亲知道后心里难受，但还是平静地安慰我继续学习，不去计较。1977年恢复高考，我考取了西北师范大学，总算圆了父亲一个梦。

父亲生性正直，谦虚随和，从不说三道四议论人，不拉闲话，没有和同事红过脸。生活上他十分俭朴，中山装穿了一辈子，中规中矩，风纪扣从来系得严严实实，也许是努力追求为人师表。现在回想起来，他身上的东西都是生活环境、工作环境，社会环境磨砺出来的。

父亲已经走了六年多了，他留给子女的精神财富都让我们享用终生。我辈只有以父亲为坐标，忠诚党的教育事业，做好本职工作，本分做人，这就是对父亲最好的纪念。

2021年9月于兰州

皮轱辘马车

张宏伟

父亲老了！和父亲闲聊的时候，父亲聊得最多也最详细的往事，是他老人家在生产队吆车（即赶马车）的那段岁月。从老父亲的言谈举止和对吆车细节的述说中不难看出，那是他老人家在生产队务农时最引以为傲的经历。

20世纪六七十年代，还是人民公社的时候，农村普遍贫穷落后，在没有机动车出现的时候，村子里最先进的生产工具当数“皮轱辘”马车了，基本和1973版电影《青松岭》里的马车是一样的，一马套辕，前梢由两马（骡）或三马（骡）拉。这种“皮轱辘”马车没有减震弹簧或钢板，车框两侧设有车栏，到了后期前后设挡板，主要用于普通农业作业和运输货物。当时我国经济很不发达，在农村能够置办一辆马车并不容易。车轴和轮胎都是从县农机公司买来的，车架车框木头的，要么砍伐生产队的树木，要么从物资公司去购买，然后组织村里的木匠来做（节约成本）。拉车的牲口首选马，因为马有灵性，尤其是辕马，不仅要膘肥体壮更要有灵性，如果马匹少，前面拉的也可选骡子。我们兴泉村有十个生产队，生产队综合实力强不强的标志主要看马车的多少。从60年代到70年代末，每个生产队从无到有，基本都有了两到四挂（辆）马车。

赶马车是一项技术活，和司机考驾照一样要先跟着师傅学。平路上好驱赶，如何转弯、上坡、下坡就比较难掌控，尤其车拉得太重或装得太高，不会指挥拉车的牲口、或牲口不听指挥，都会有倾覆的危险。如果脑子不灵光、关键时候反应慢，或对牲口不爱惜的，即便你想学吆车，队长安排了也不行，因为师傅不教你。正值壮年的父亲凭着自己的体魄和机敏，被选为生产队的吆车人，他和朱万禄、陈著勋、闫永青、王建国、付兴安、高新举、吕兴民、司占云、石常青、马登基等十来人成为兴泉村当时有名的“车把式”。

“车把式”都有一个共同的特征，就是爱惜牲口。一趟活干完，又是擦汗又是梳毛（牲口也感冒），尤其对辕马那可真是关怀备至，饲养员上精饲料，都要查看质量和数量是否够生产队定的标准，甚至要看着它吃完才放心。“车把式”们都知道，越是爱护马匹，与它们建立起了感情，它们才愿意配合你并听你指挥。

出车的时候，“车把式”手中挥动的长鞭如同汽车的方向盘，加上嘴里“咦”（向左）、“嗷”（向右）、“驾”（向前走）、“喳”（向后退）等有规律的吆喝声指挥着马朝着理想路线前行。有时候听见长鞭甩得“叭叭”直响，基本都是空鞭，既是让牲口集体使劲，也是像按汽车喇叭一样提醒路人让路；指挥转弯也用响鞭，转弯小了鞭梢甩响在靠路里面马或骡的耳梢边，让它往外靠，转弯大了鞭梢甩响在靠路外面马或骡的耳梢边，让它往里靠。但在转弯、上坡、下坡等关键时候，控制马车主要靠套在辕马头和嘴上的缰绳，辕马嘴里勒着铁制的马插（嚼）子，两边通过圆环拴在缰绳上，控制着辕马行动的快慢和方向。实鞭不响，只在上坡吃紧处，鞭梢会很准地落在拉绳松弛的马屁股上，若不使劲还会再抽。

村里所有吆车的都很在意装扮拉车的马匹，尤其在春节过后集体出车，或是夏收开始拉麦子时候，各生产队的马车几乎同时套车，社员们也一齐出工，有的坐车有的跟随，如同赶集又像过节似的。吆车的都较着劲儿比赛谁的马匹威风漂亮。他们会给辕马蹄子打上新掌，套上新笼头，缠上彩丝带，额头系上红缨，脖子下挂上大铜铃，有的甚至将自家孩子小时候脖子上的小铃铛拿出来悬缀在大铃铛两边，马车走起铃声响起，叮叮当当的如同铃声交响曲。

在那个年代，一辆马车能顶20多个劳动力。无论是往地里运送肥料，还是往场上拉运收获的庄稼，马车替代了人扛牲口驮，生产力得到了提高。尤其到夏天拉麦子，吆车的人或是装车的“把式”（装不好经不住路上颠簸会在半道上垮塌），每辆车跟一两个递麦捆的，“把式”各显装车本领，有的在车框上横着担起几根椽子整齐往上码，有的不用椽子采取一茬压一茬使麦捆在车框四周均衡铺出一个斜沿再往高码，但都是一个挤一个，一圈压一圈，不偏不斜，层层码到二三米高，最后用绳子交叉捆绑，有的在顶部用椽子扎一个三角架增加捆绑的稳定性，既瓷实又整齐，稍从远处看，就是一个小麦垛。到了冬季运送农家肥或去拉运货物，北方天气寒冷，吆车的有一件御寒的羊皮袄，这是生产队给予吆车的有别于其他社员的唯一“福利”。

马车在历史上存在了两千多年，但在我们村使用还不足20年。20世纪80年代初随着改革开放，农村集体化被包产到户所取代，农业机械化和交通运输工具得到快速发展，如今除了个别旅游景区还能见到外，马车已经淡出了人们的视线。

“皮轱辘”马车，承载着父辈们曾经的自豪和荣耀，承载着那一代人吃苦耐劳的精神，也承载着我们这一代人童年时期“享受”坐车的欢愉，留在记忆深处。别了，“皮轱辘”马车！致敬，那些为村集体做出过贡献的吆车人！

2021年10月于兰州

楹联（五副）

回溯几千载峥嵘岁月，锁罕先民，厉兵秣马，东点将兵，南抗回反，西结族友，北荡匈奴，保一方平安。移民垦疆，屯田戍边；撤县建市，隶属多变。从小到大，由弱到强。国泰民安乾坤朗，威威武武，雄雄壮壮。看，村容整洁新风尚；望，阡陌纵横绿波漾。巍巍乎，言不尽也。

纵观数代人奋进历程，兴泉百姓，励精图治，春播麦菽，夏灌禾苗，秋收硕果，冬储棉粮，促整村小康。兴农开矿，脱贫致富；办企改制，再谋发展。始无至有，初粗至精，业旺家兴精神畅，气气派派，坦坦荡荡。听，省市上下美名扬；闻，家园八方佳音彰。灿灿兮，书难穷焉。

刘志成 撰

碾子同石磨，轮转艰辛追日月；
砂锅上土炉，火烧苦涩度时光。

永念村头，树下乘凉依硕柳；
常思旷野，砂中受热沐高阳。

王继强 撰

八支延到枕，犹看布雨青龙，吐瑞银蛇，渠水哗哗圆美梦；
时政利于民，还赋泛波绿浪，生金沃土，农心眷眷醉春花。

周德尧 撰

米山巍巍，西北一关锁罕堡；
泉水汩汩，春秋千载润嘉禾。

李积忠 撰

第二章　书画作品

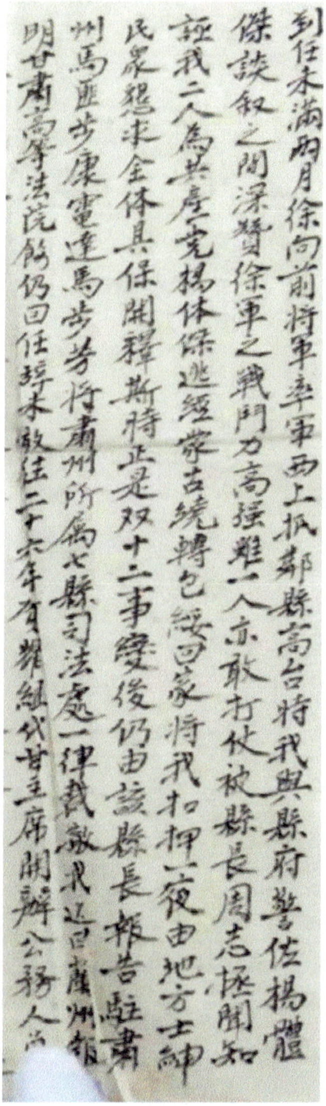

周世谋（墨迹）

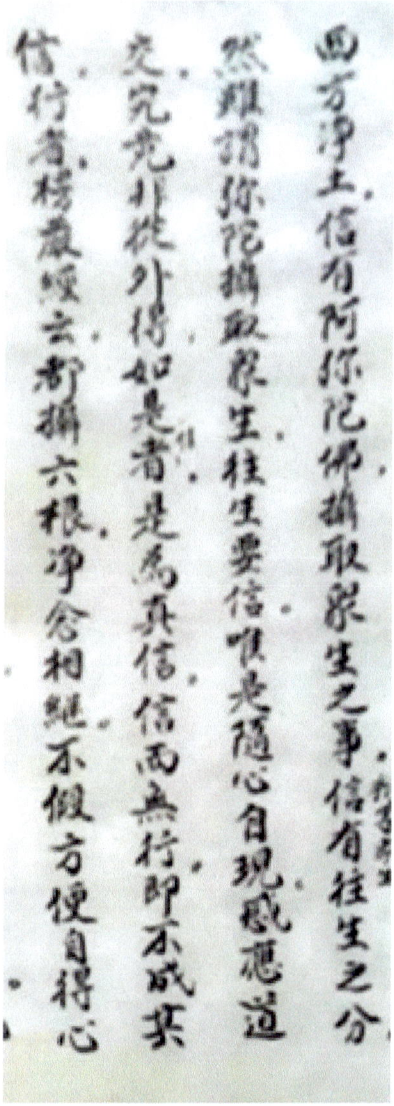

罗廷祥（墨迹）

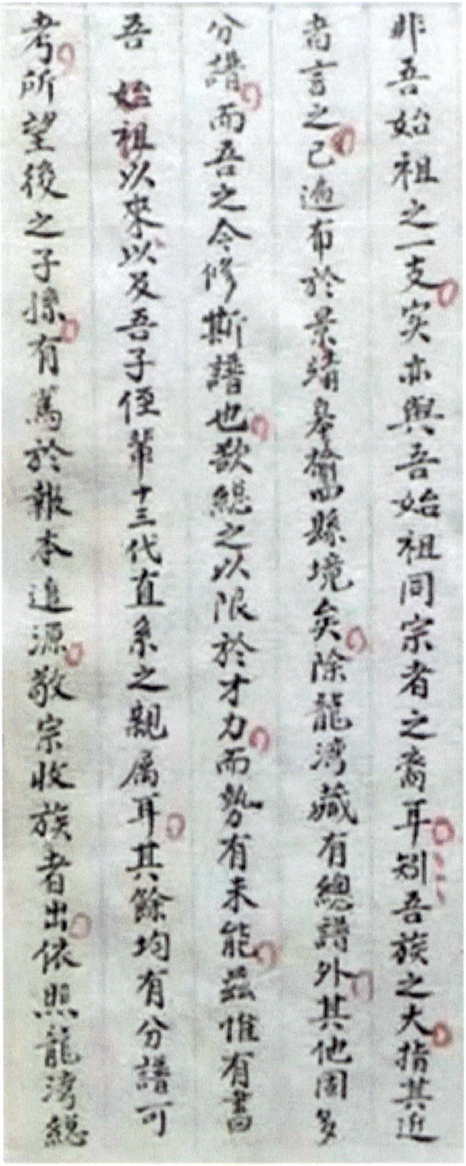
非吾始祖之一支實亦與吾始祖同宗者之裔耳別吾族之大指其近
裔言之已遍布於景靖寧宿四縣境矣除龍灣藏有總譜外其他閤多
分譜而吾之今修斯譜也欲總之以限於才力而勢有未能茲惟有書
吾始祖以來以及吾子侄第十三代直系之親屬耳其餘均有分譜可
考所望後之子孫有篤於報本追源敬宗收族者出依照龍灣總

罗文彩（墨迹）

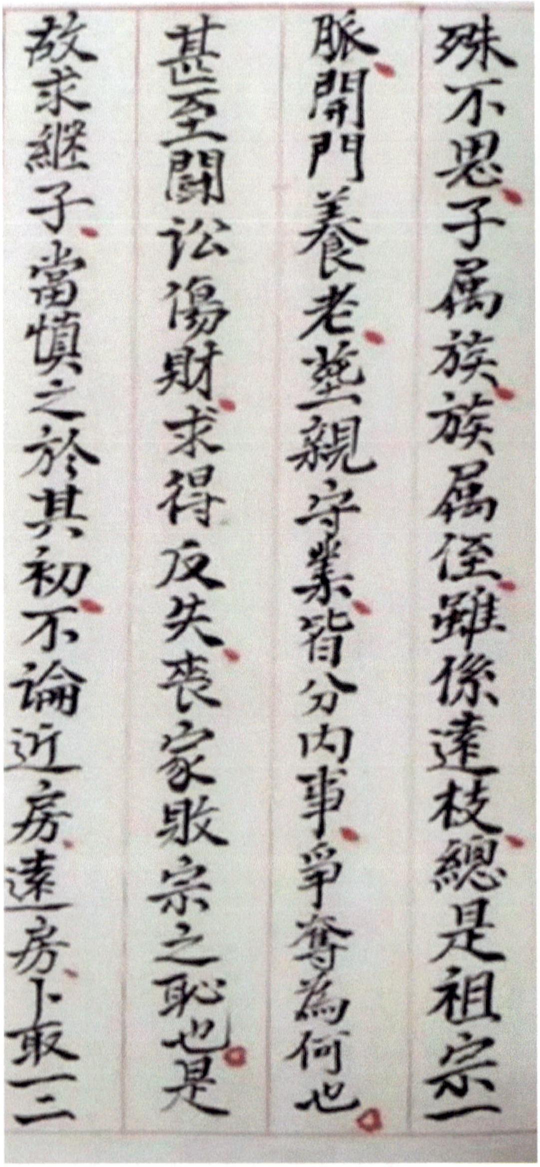
殊不思子屬族族屬侄雖係遠枝總是祖宗一
脈開門養老並親守業皆分內事爭奪為何也
甚至鬪訟傷財求得反失丧家敗宗之恥也是
故求繼子當慎之於其初不論近房遠房卜取一二

苗万泰（墨迹）

闫穆盛（墨迹）

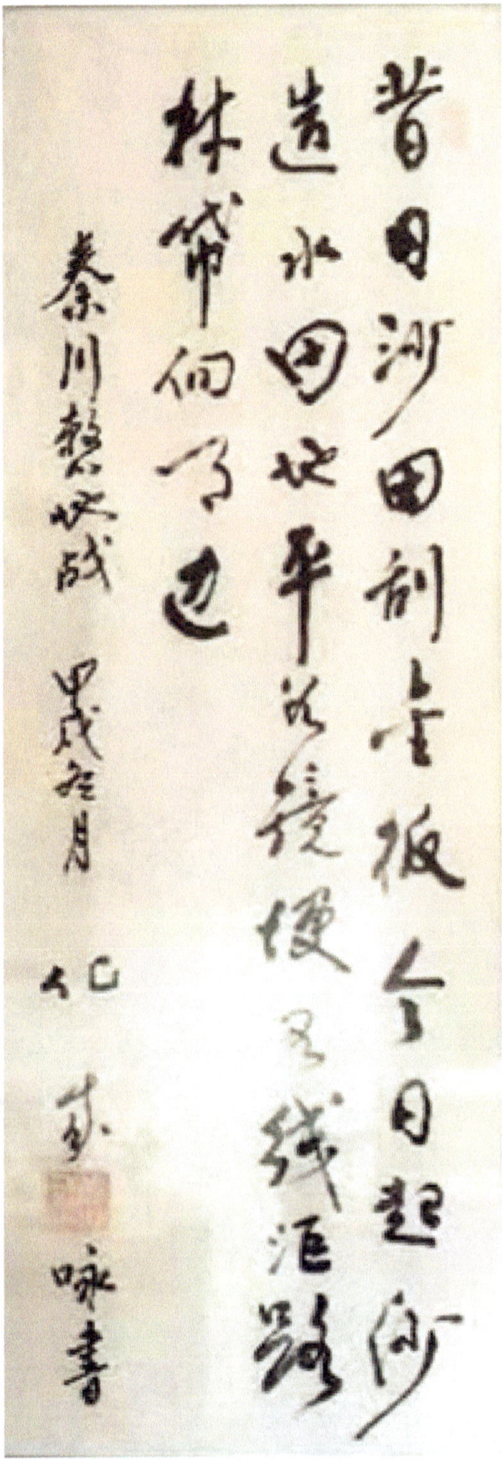

秦川整地战　　化成　书

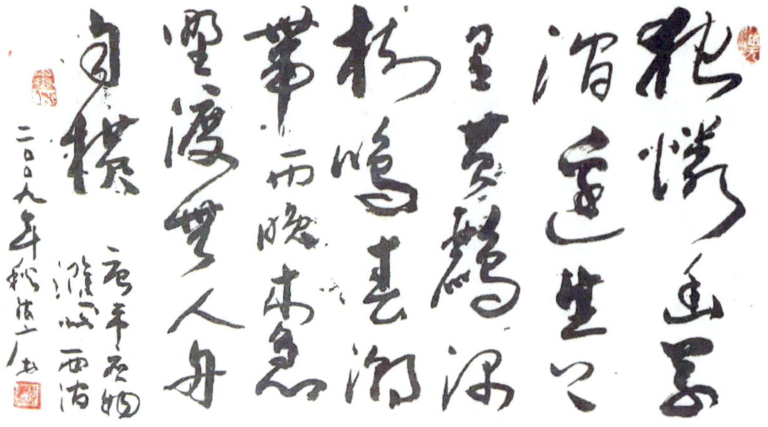

独怜幽草涧边生　周德广　书

荷香四溢　朱万祥　作

老房子　王连生　作

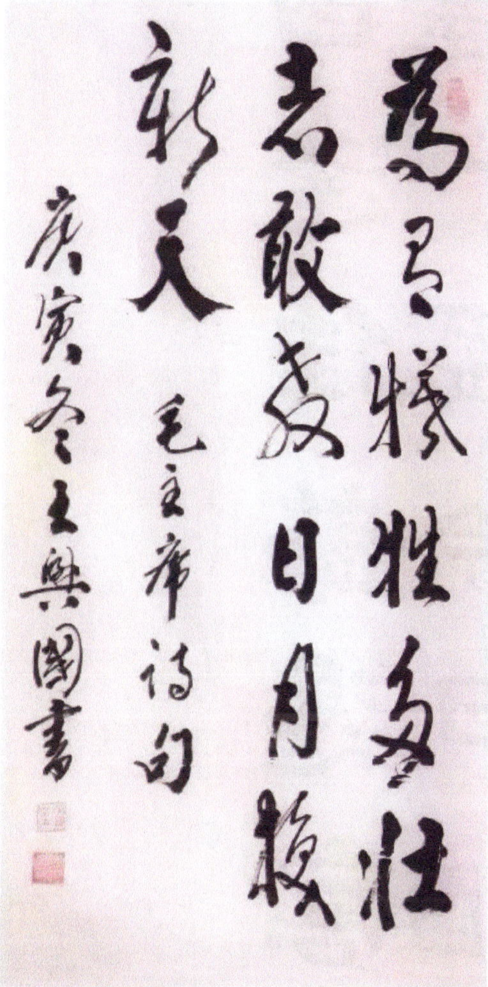

录毛主席诗句　王兴国　书

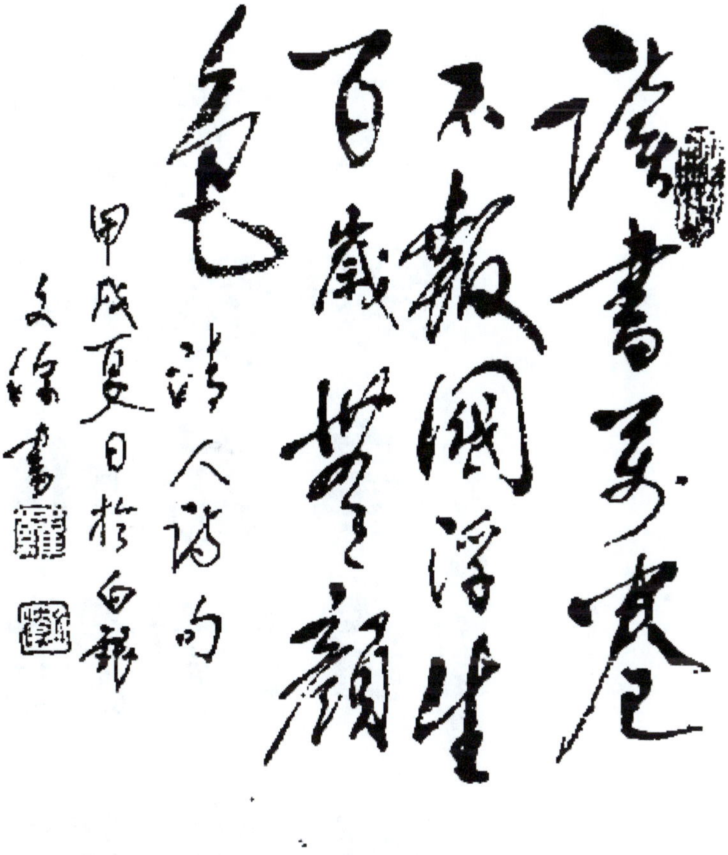

清人诗句　罗文深　书

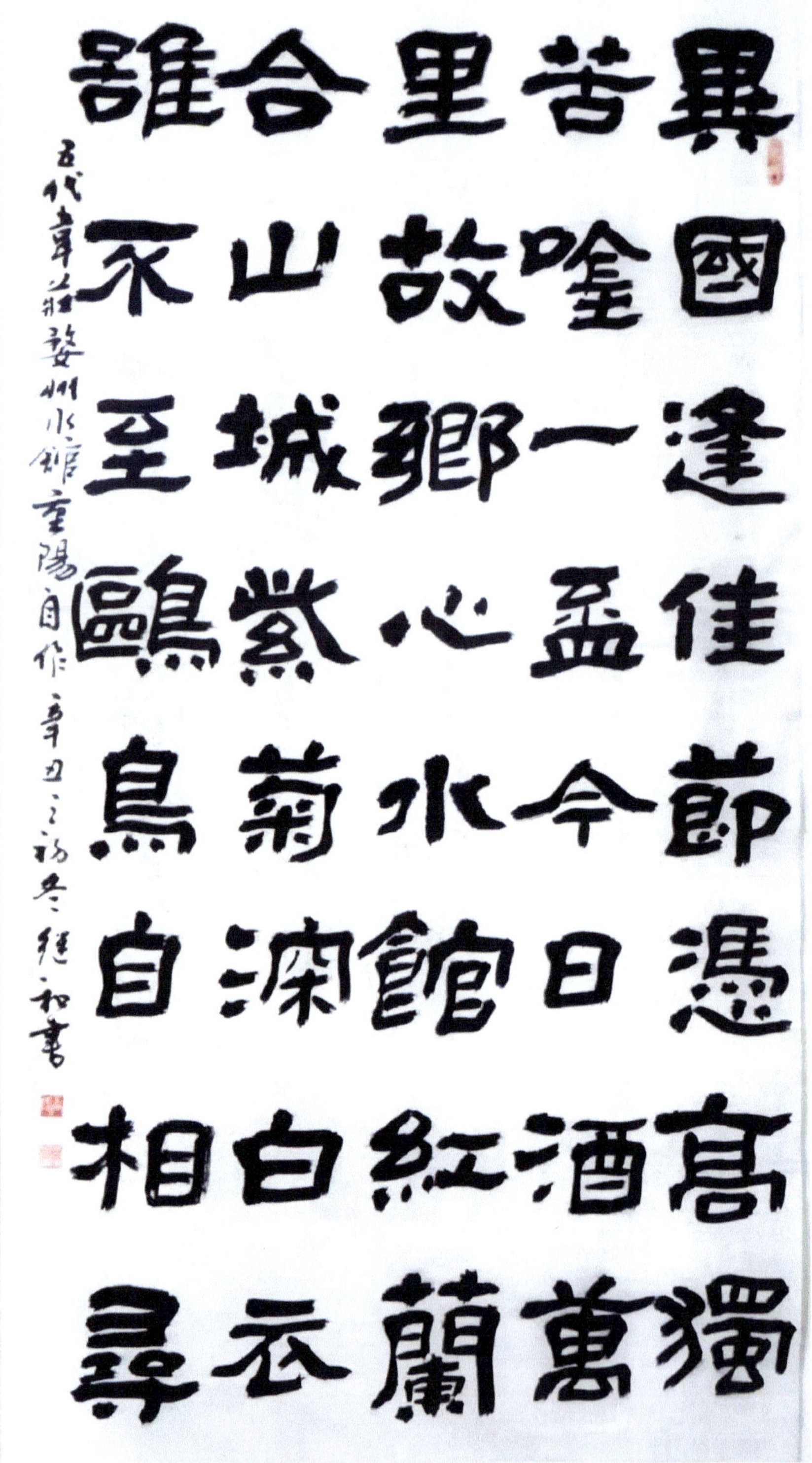
異國逢佳節憑高獨
苦唫一盃今日酒萬
里故鄉心水館紅蘭
合山城紫菊深白衣
雖不至鷗鳥自相尋
五代韋莊婺州水館重陽日作 辛丑之初冬 繼和書

异国逢佳节　　王继和　书

第三章　特约恭贺作品

2021年12月，《兴泉村志》完稿。应编委会主任俞宗富先生之邀，中国书协理事、中华诗词学会会员、省书协副主席尚墨先生，省文联副主席、省书协副主席、教授、国家一级美术师马国俊先生，中国书协会员、省文联副主席、甘肃国画院副院长刘满才先生，中国书协会员、中华诗词学会会员、省书协副主席、书法家秋子先生，中国书协会员、省书协理事、市书协主席郭长存先生，欣然挥毫，撰写贺联，惠赠精美作品5件；甘肃省楹联协会领导陈琳、曹兴章、欧阳前林、李青松等先生盛赞编修《兴泉村志》善行善举，慨然以贺联、书法作品相赠，同时，邀请全省协会会员撰联，以示祝贺。共收到来自九个地州市会员精品佳作118件（选登其中部分作品）。

一、书法作品

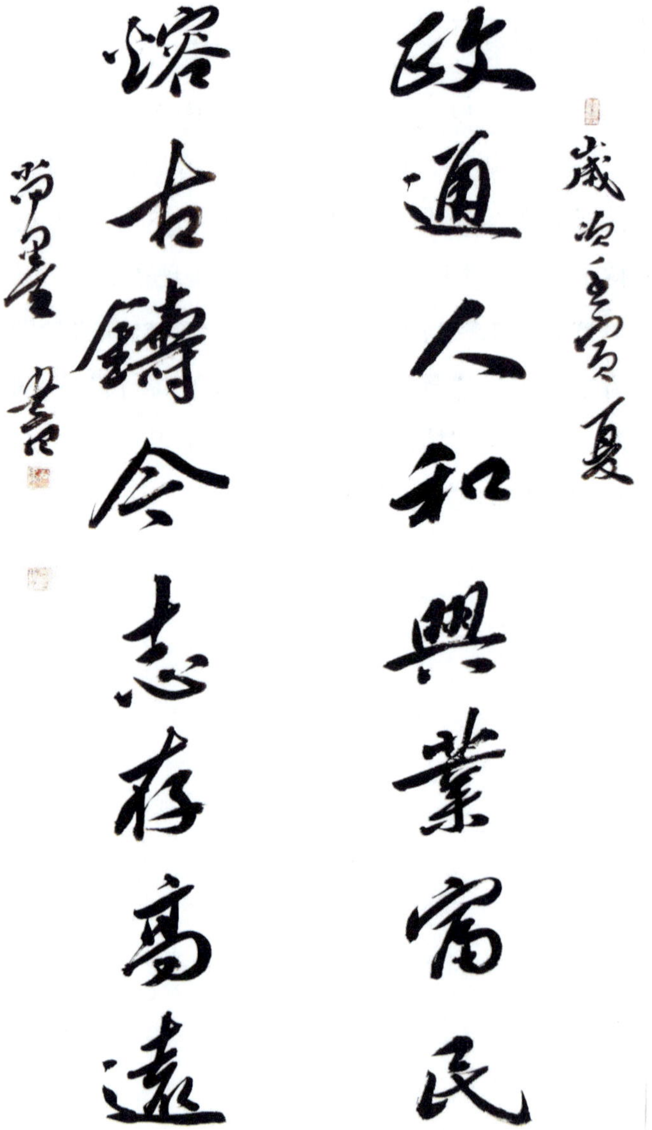

尚墨 书

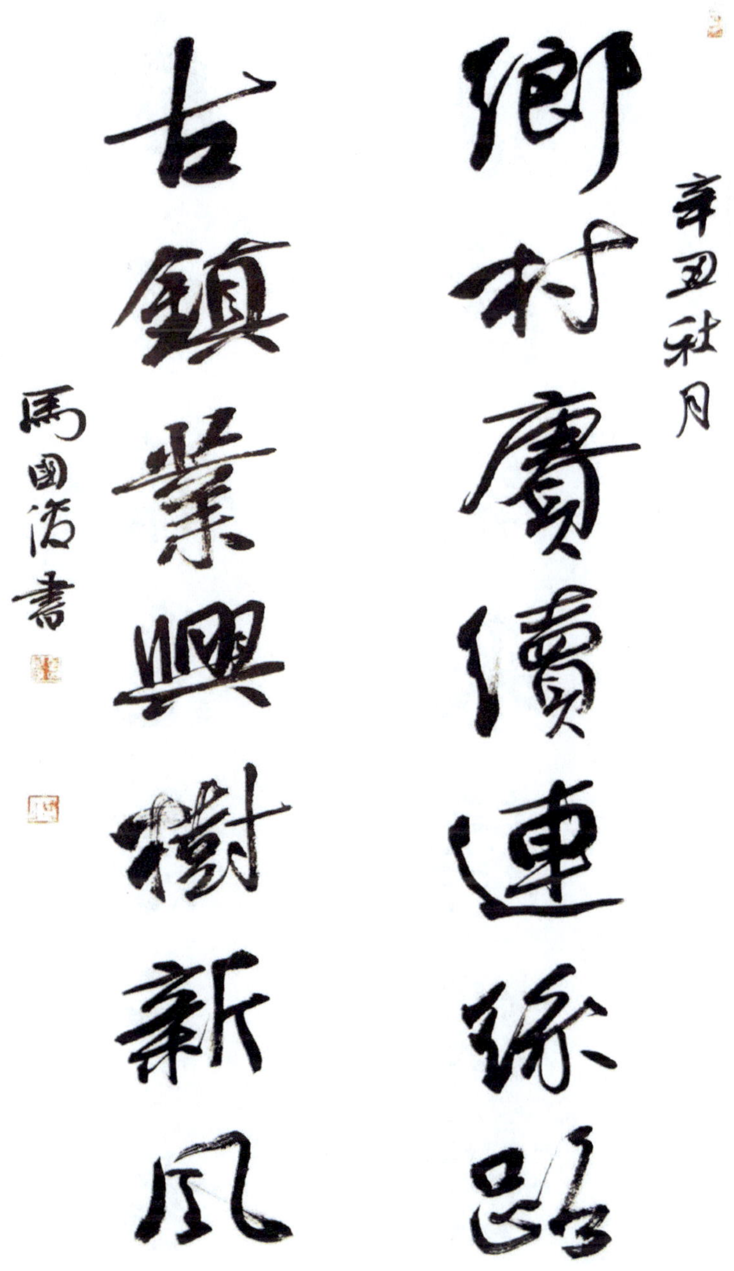

马国俊 书

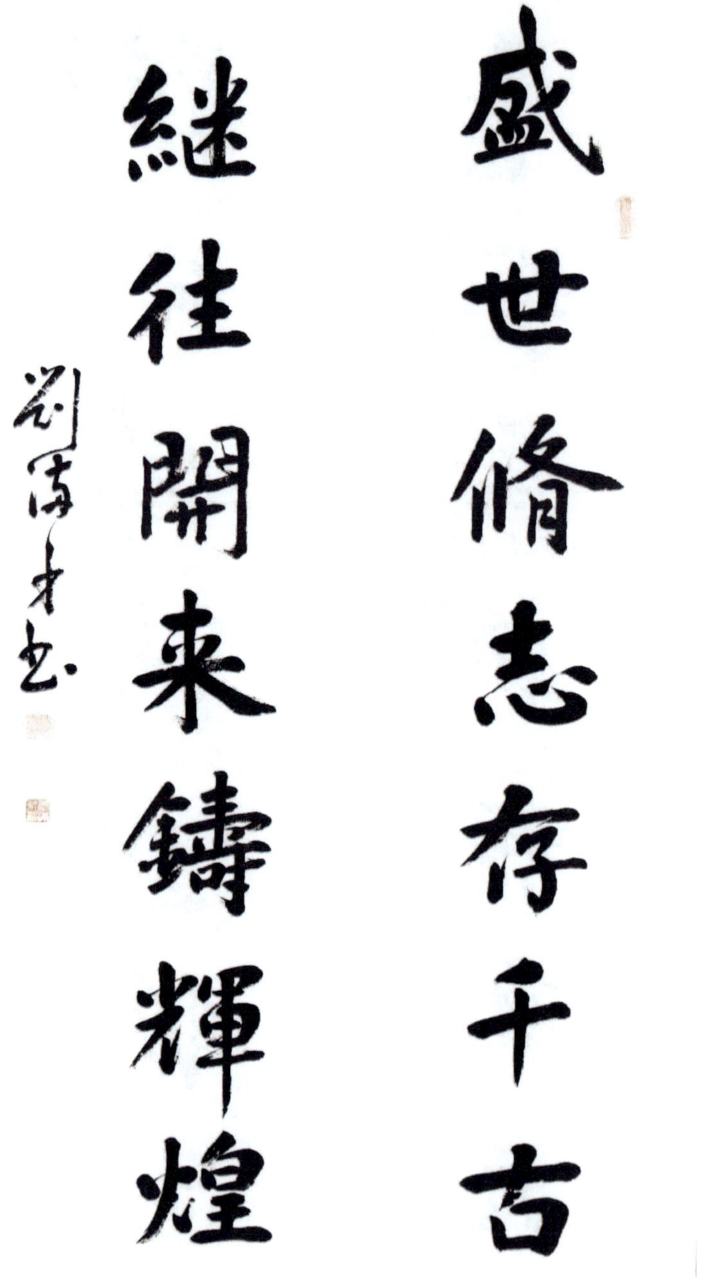

刘满才 书

秋子书

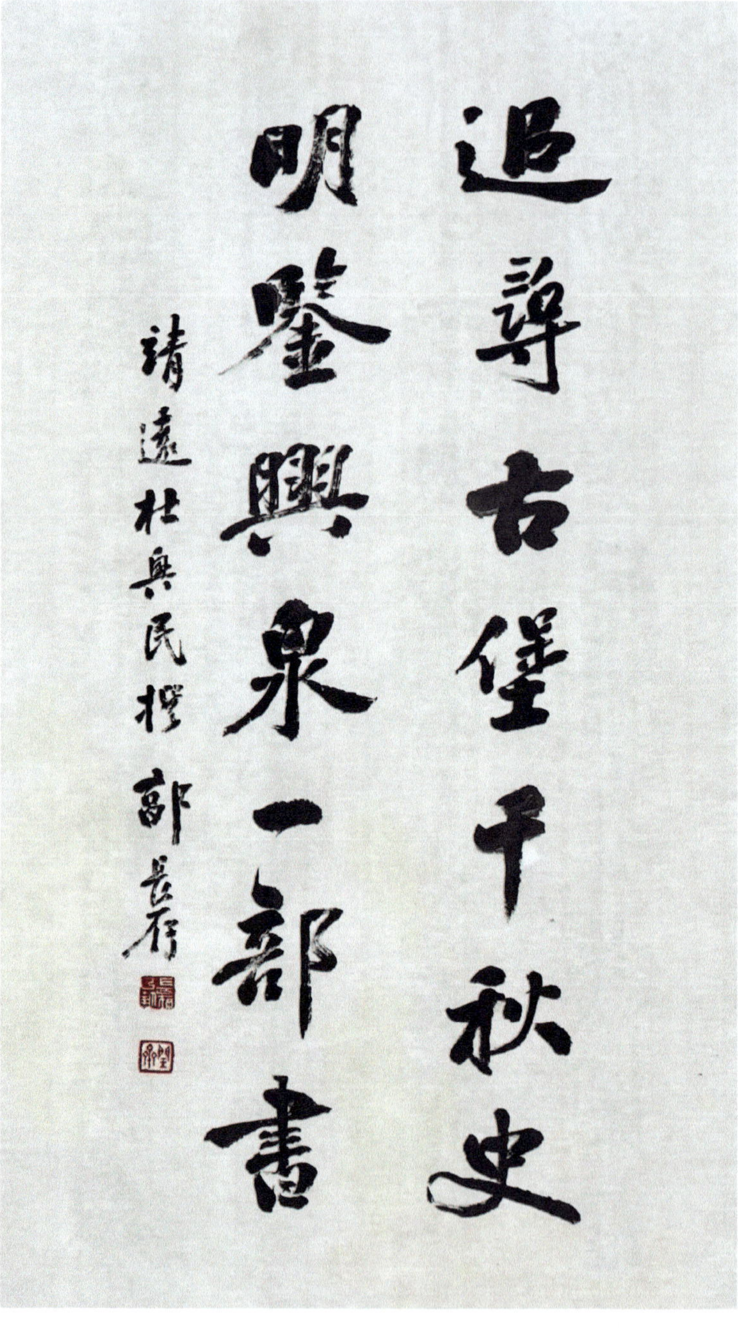

杜兴民 撰　　郭长存 书

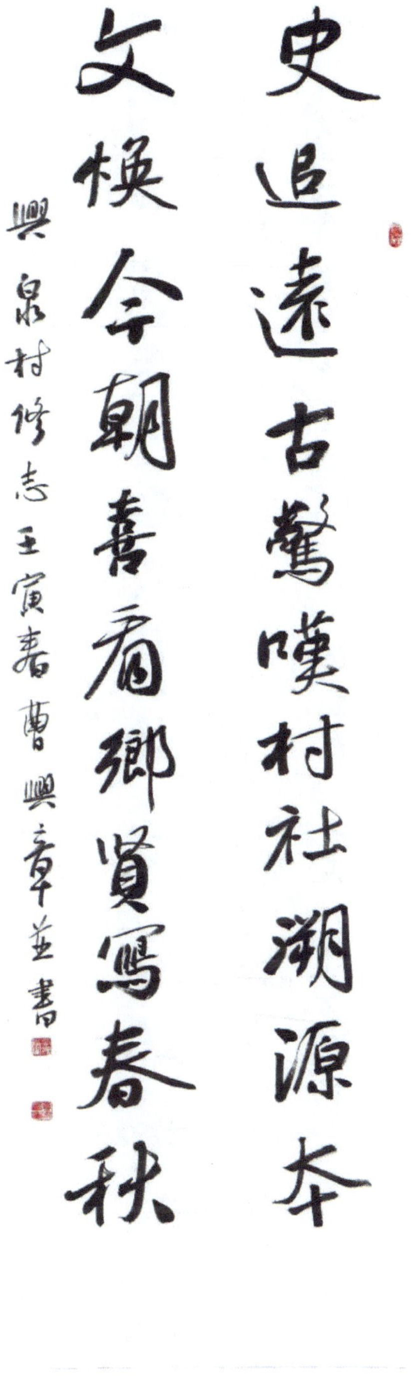

曹兴章 书

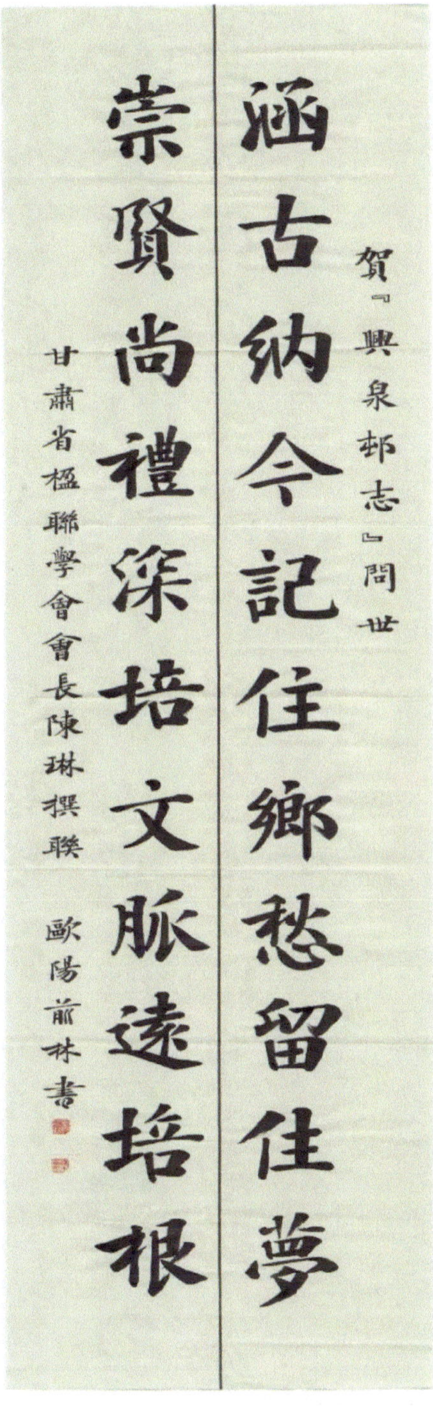

陈 琳 撰 欧阳前林 书

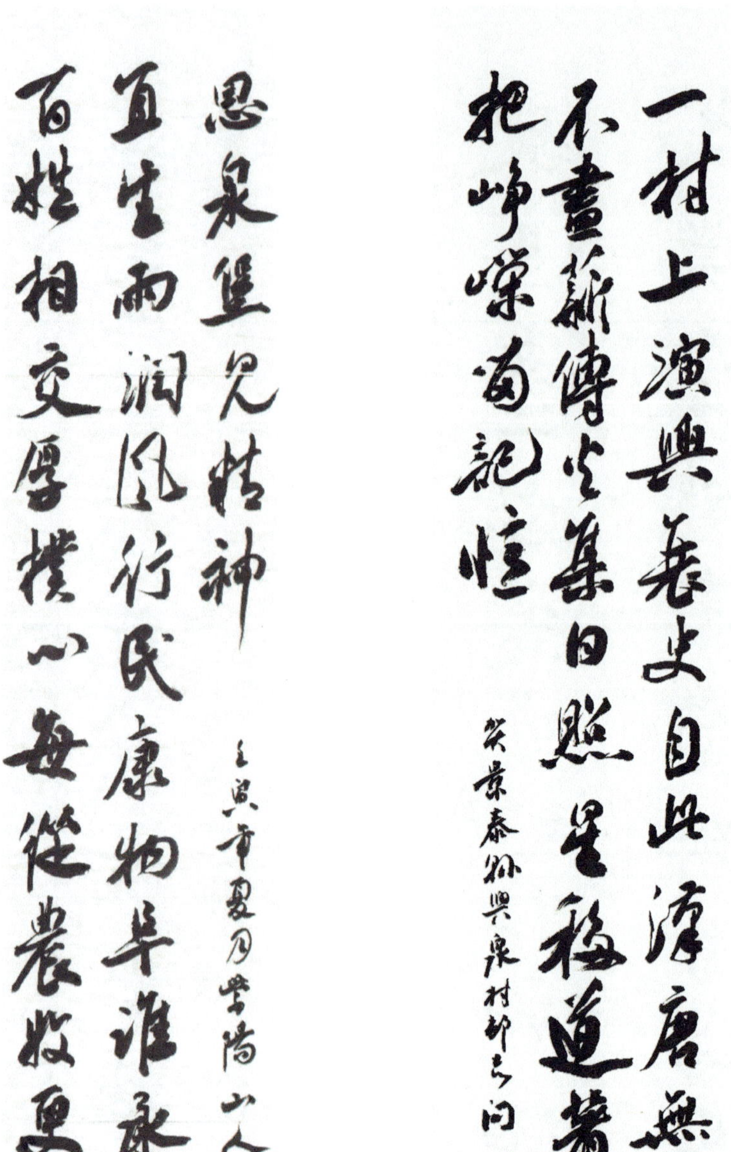

李青松 书

二、贺 联

涵古纳今，记住乡愁留住梦；
崇贤尚礼，深培文脉远培根。

（兰州市）陈 琳

烽燧记春秋，古柳垂绦编志略；
泉流滋父老，新村连线话乡愁。

（兰州市）王家安

漫抚边墙，汉塞留痕通远域；
齐兴绿化，清泉集水富黎民！

（兰州市）陈乐道

一部浓缩地方志；
十分淳朴兴泉村。

（兰州市）廖海洋

息了千年烽火，墩堡营盘存史迹，田园厂舍间，人文故事增诗兴；
排开一溜商街，楼房别墅靓村容，瓜果花香外，时代清流涌福泉。

（崇信县）刘志刚

景泰泉兴，村荣千载；
地灵人杰，志记永年。

（兰州市）秦文亮

历汉月明风，边墙烽燧千年史；
载新村故事，古堡春秋一部书。

（民勤县）樊泽民

证兴替古今，一村厚载沧桑史；
述悲欢离合，百代长存朴茂风。

（兰州市）徐维强

鉴古及今，载一卷荣光，概述兴泉发展史；
循纲览要，呈两行浅陋，粗梳景泰变迁风。

（兰州市）秋　子

烽燧显遗风，千年依映来时路；
春阳新古堡，一志已然圆梦书。

（兰州市）吴生春

兴泉厚业，乡村似锦；
鉴史弘今，岁月如歌。

（兰州市）程分圣

古堡留痕，汉月唐风丝路畅；
兴泉纂志，琼楼翠圃果蔬香。

（兰州市）杨学震

史追远古，惊叹村社溯源本；
文焕今朝，喜看乡贤写春秋！

（兰州市）曹兴章

兴败无非人道，虽作一村写照，岁月悠悠同鉴证；
泉源所以流长，必存数脉精神，清风缕缕化川原。

（兰州市）陈晓强

沧桑追往事，清泉涌处，乡村巨变铭青史；
奋发看今朝，春雨来时，沃野深耕绘壮图。

（兰州市）宗孝祖

两岳襟怀，一泉名起，此本汉羌形胜地；
千秋赓续，百代薪传，从来儒墨道德乡。

（兰州市）汪振江

史志千年，源远流长，华章更著兴泉堡；
春秋一脉，地灵人杰，劲鼓还催时代潮。

（兰州市）张平生

古堡乃丝路关塞，西瞻寿鹿，南接马昌，东望米家，北邻景泰。有峡谷通衢，继往开来。千年锁罕千年史，创业当思先辈苦。

村庄因井泉更名，周属氐羌，汉从军屯，明多迁徙，今过小康。存烽燧遗迹，承前启后。一域风情一域人，志书自得昆裔彰。

（兰州市）高全铭

撰就两行题盛事
修成百代润心田

（兰州市）仇金选

村岁月追寻，兴泉义近人亲，绵绵尚继；
志沧桑领略，古堡子交已往，世世不息。

（靖远县）杜兴民

村小文章大
史长故事多

（甘谷县）李来子

盛世修书，将千年故事存青史；
民风尚德，树几代乡贤启后人。

（武威市）郭廷瑜

三堡人，经略千秋史，古堡沧桑，雄风依旧；
一泉水，乡愁半卷书，清泉翻涌，弘业常兴。

（陇西市）何　强

有史自明，烽堡营盘存古意；
兴泉而志，物人事业写新篇。

（平川区）郁映辉

一眼泉泓思抱影
三分兴味锁流光

（平川区）马　壮

青史无门禁，自去自来，一村柳色堪图画；
丹心梦笔神，相亲相近，千古泉声当管弦。

（舟曲县）冰 鼎

堡自汉唐元明顺谷而来，经西周烽火，北羌柳笛，与米家山相看不厌；
泉冷亭榭楼阁新村以内，有景泰春和，燕舞莺歌，邀寿鹿峰独坐何妨。

（舟曲县）冰 鼎

千秋土堡烟云，曾幻化无穷兴废，甚胡马嘶风，汉军出塞，旌旗猎猎犹回响；
一掬边村泉水，堪品尝亘古沧桑，纵流光暗换，血脉依然，庆泽悠悠可溯源。

（兰州市）龚 琪

史志春秋，唐宋明清，稽古溯源纪往事；
潮追时代，农林商企，强基固本谱华章。

（天水市）艾 叶

寻古道而来，风力聚能开画境；
抱长城以往，龙图显瑞起家声。

（兰州市）王淑香

六百载风霜，几多志士，经几多潮涌，追根溯本，于此修文承旧事；
三千年变幻，无数仁人，恰无数春光，继往开来，而今古堡韵新篇。

（兰州市）陆文奎

兴泉流古韵，铭志忆沧桑，烈火扬州千载誉；
锁罕正方春，事修知岁月，人文景泰四时雄。

（镇原县）张万鹏

红歌飞号角，吹古、吹今，吹醒沉浮往事；
土堡变粮仓，种花、种树，种成梦幻家园。

（天水市）罗武第

秦台汉塞，千载兴亡，最堪怜堡名病起；
夜雨晨风，一泉归梦，应有乐山色春生。

（天水市）刘伯平

栽桃种李，清泉润笔书生俊；
探月登云，古堡濡毫学者强。

（靖远县）高明龙

六百年风雨动摇，多少忠魂埋故土；
二三里子孙增长，古今壮志染家书。

（陇南市）方付楷

古堡千秋当不朽；
兴泉一部定常新。

（静宁县）王永全

一柳一营盘，怀千秋往事；
三山三古堡，耸百业嘉谟。

（兰州市）张书文

兴旺古今一部书；
泉养桑梓百世秋。

（陇西市）强继辉

野墩败草，三堡留名空锁罕；
古柳开花，五泉寄意竟兴村。

（庆阳市）李德珪

盛世济兴泉，千秋事业千秋志；
平畴姝锁罕，一本肴粮一本诗。

（白银市）高　杰

碧柳醉三春，灵泉疏百脉；
沙盘融画境，土堡壮诗风。

（景泰县）汪　红

一脉清泉，千载地灵流古韵；
百年文化，斯时人物谱新篇。

（景泰县）王德健

笛音袅袅，古道雄风酬景泰；
鸣鹿呦呦，南门宝地慰兴泉。

（景泰县）高雅秋

泉鸣十八村，福禄马莲相比兴；
史记东西汉，墩台驿站可攀峰。

（景泰县）陈海宏

听百载兴泉，福音不断；
看千年朔漠，绿海无边。

（景泰县）鲁进霞

傲立舞风车，叶片银辉皆兆瑞；
狂歌开宝藏，铜山霞耀尽呈祥。

（景泰县）万国刚

景泰无垠，逐梦乡村添瑞气；
兴泉有韵，迎春邻里驾祥云。

（景泰县）马守华

兴泉溢彩，集成一部新村志；
古堡流金，创立千秋盛世功。

（景泰县）王来中

锁罕堡中，叹往昔，金戈铁马，只怜景泰；
马昌山下，观今朝，舜日尧天，犹喜兴泉。

（景泰县）刘爱斌

光彩新村，玉醴潺潺歌景泰；
芬芳故里，花香馥馥醉兴泉。

（景泰县）万莲花

兴泉柳依依，修禊客乐春风里；
景泰川灿灿，躬耕人在画图中。

（景泰县）王焕成

景泰展新姿，丝绸之路城乡丽；
兴泉放异彩，寿鹿群峰气象新。

（白银市）张维祖

颂俞善人

思君总有怜生法，斤斤粮里，份份草中，悉数行藏用舍归心海；
问鸟曾施充腹糜，块块田头，间间房上，终将进退枯荣映眼帘。

（兰州市）李青松

颂杨桂清

纸扎万象，方圆称绝艺；
情惠百家，老幼号能人。

（平川区）郁映辉

颂郑彩青

龙者相，凤者声，妙手接生飞到户；
尕白菜，活菩萨，仁心载善喜于眉。

（兰州市）李青松

赞吴大荣

仗义行侠，撼匪传佳话，只身是胆；
洪声快语，为公有诨名，本性无私。

（平川区）郁映辉

引领时风，平生血汗兴泉地；
追随古道，半世英雄马塞林。

（平川区）李守鑫

赞张守莲

善目善行，济困口碑怀大德；
慈眉慈念，救人灸火赋深情。

（平川区）张 永

赞罗文昌

以工助农、以副助农、治穷乐作领头雁；
尽人之力、尽物之力、致富甘当孺子牛。

（靖远县）李 晓

赞王有昌

开拓创新办企业谋民生功垂桑梓
整章立制抓党建改村貌名载史书

（景泰县）罗文海

秉赤子情怀，立志拓荒，已许风华倾热土；
谋春风事业，兴村致富，犹从岁月鉴初心。

（靖远县）朱金秀

赞刘宗财

勤恳是根，脱贫征途甘为牛；
节俭为本，致富村庄愿当雁。

（平川区）王德育

附 录

附录一

兴泉村环境卫生村规民约

为加强村容、村貌的管理，创造清洁、优美的生活环境，促进社会主义物质文明和精神文明建设，根据国家颁布的相关法律、法规，结合本村实际，特制定本约：

1.全体村民应树立“卫生关联你我他、齐抓共管靠大家”“肮脏可耻、清洁光荣”的思想，积极配合并参与“村环境卫生保洁工作领导小组”组织的各项卫生工作。

2.农户必须自觉搞好家居卫生，做到人畜分离，集中圈养，不得散养，对死禽死畜要进行深埋。

3.垃圾不乱倒，粪土不乱堆，污水不乱倒，柴草不乱放，农户必须将垃圾倒入指定的垃圾箱内。

4.自觉保持好房屋周边的环境卫生，做到房前屋后无积水、无杂草、无垃圾，确保沟渠排水畅通。

5.各农户必须自觉维护道路、水利设施的贯通，不得将垃圾、农药瓶和田埂草倒入道路、水渠或水塘中，一律堆放在指定地点。

6.不在道路边搭建违章建筑，堆放废土、乱石、杂物，自觉养路、护路、捐款修路，不在道路上乱挖排水沟，不得在道路上晾晒、打碾农作物或摆放工艺品、工业半成品等，不以其他形式侵占路面。

7.凡发现危害和破坏公共卫生设施的人和事要积极制止并及时向村委会报告。窃取或破坏公共卫生设施者（如垃圾桶、扫把等），一经查实，将以一罚十处置，严重者将移交公安机关处理。

8.各户要积极创造良好的环境卫生居住环境，为本村评比镇“环境卫生先进村”荣誉称号贡献力量，积极争取村及镇“环境卫生示范户”称号。

兴泉村村委会

2008年4月25日

附录二

兴泉村宅基地管理制度

为了加强土地管理，切实保护耕地，按照本村统一规划建设划分居民宅基地，进一步完善宅基地管理，根据有关规定，结合本村实际情况，特制定本制度：

1.兴泉村所有土地（除法律规定属国家所有）、承包地、宅基地、自留地、荒山、荒坡、荒滩、村属空闲地均属集体所有，任何单位和个人不经批准不得非法占用、买卖、出租或以其他形式转让。

2.本村居民要新建房屋需要宅基地的农户，必须首先向村委会申请，由村委会报请乡、县人民政府审批划定后方可新建。对1988年6月1日前村上已批而未建房的宅基地一律废止。

3.本村居民未经批准非法占用宅基地者，责令退还非法占用的宅基地，限期拆除，逾期不拆除者，视其情节处以每平方米5元的罚款。

4.严格控制宅基地占地面积，所有新建户不得超过400平方米（长、宽各20米）。超占面积者，必须限期退还，不退还者按多占宅基地论处。

5.对于侵占道路、巷道（包括老街道）和污染水源、水渠的厕所、畜圈、房屋、院墙等建筑物必须拆除，并限期恢复。逾期不拆者，处以每平方米50元的罚款，并勒令拆除。

6.农转非的宅基地，户口转入城镇而无住房的允许在本村暂住，待城镇解决住房后，必须退出宅基地；二期搬迁户的宅基地，待搬迁户搬迁后，由村委会统一规划安排，但绝不允许任何人以卖房为名转卖、转让宅基地。

7.已经上报批准新建宅基地的农户，在两年内如不建房，必须退还宅基地，由村委会另行安排。

8.本村原1977年规划，按照逐年分步实施的原则进行，影响道路的农户由村委会统一规划，限期拆除搬迁。凡是原址占规划道路的农户要重建房屋，必须向村委会申请上报另行划给宅基地。

9.本制度与《土地管理法》有相抵触的以《土地管理法》为准。上级如有新规定，按新规定结合本村实际情况另行修订。

10.本制度自1988年6月1日起执行。

兴泉村委会

1988年6月1日

附录三

兴泉村企业劳动管理制度

随着农业产业结构逐步调整，乡镇企业不断发展。为了使现有村办企业进一步加强管理，增强企业活力，巩固集体企业，现特定如下管理制度：

1. 凡参加企业劳动者都要听从统一指挥，服从调配，按时上下班，不迟到，不早退。

2. 有事请假，不旷工。有事不请假者，旷工一天，扣发五天工资；请假未经批准者，无故旷工一天，扣发三天工资；请假不按时上班，超假一天，按旷工论处，扣发三天工资。

3. 村委会安排统调的人员，如随意离开企业或者不上企业者，今后不再在村办企业上做任何安排。

4. 砖厂要严格把质量关，做到质量第一。次坯不上码，坏坯不进窑，生砖、坏砖、炼砖分摊堆放，不能混合销售。

5. 为了办好企业，顺利完成任务，必须坚持安全第一。生产过程中保证机械正常运行，非操作人员不能随意开动机器，如发现乱开动机器者，造成的事故要追究刑事责任。厂内人员要认真做好安全工作，特别是矿山井下采矿、爆破和汽车运输要进一步注意安全，不许违章作业，保证不出事故。砖厂上下班必须严格遵守公路行车规章制度，不能成群并行，如不按规章制度执行，造成的一切后果，均由本人负责。

6. 各企业单位，必须建立健全各项财务管理制度，实行民主理财，坚持按劳分配原则，多劳多得，少劳少得，不劳不得，奖罚分明。

7. 厂内管护人员要坚守工作岗位，集体财产不能随意动用，要认真进行管护，如发现被丢或被盗，必须严加处理，如数赔偿。其他工作人员，要爱护公物，损坏者要照价赔偿。

8. 全体工作人员必须礼貌待人，说话和气，不打人骂人，作风正派，工作积极踏实，认真负责。

9.以上制度望全体工作人员自觉遵守，互相监督，以确保总厂任务顺利完成。

此制度从公布之日起执行。

兴泉村村委会

1985年8月4日

附录四

兴泉村精准扶贫美丽乡村建设规划

我们将以此次巩固脱贫攻坚成果为契机，始终将巩固脱贫攻坚成果放在所有工作的第一位，不断强化责任使命和历史担当，确保任务不折不扣如期完成。

一是加大村容村貌整治、水电路及排水等基础设施建设。

二是加强对建档立卡户、边缘易致贫户风险等级的动态管理，重点围绕2019年新识别的边缘易致贫户5户22人的巩固提高工作，鼓励和帮助贫困户自己发展种养殖，及时提供针对性的帮扶措施，提高帮扶的有效性。

三是积极宣传政策，组织技能培训，打破传统观念，消除消极思想。

四是充分发挥社会救助在打赢脱贫攻坚战中的兜底作用，确保将困难群众全部纳入救助范围，做到不漏一户一人，全力解决好困难群众吃饭、饮水、住房、采暖、医疗、教育、帮扶等生活保障方面存在的问题和困难。

五是持续加强农村基层党组织体系建设，配齐配强班子，切实发挥农村党支部战斗堡垒作用。全面推进农村党员建设，加大对村内各行业带头人、实用人才的教育培养，引导和吸收年轻人返乡创业，密切党群关系，为巩固脱贫成果增强力量。

六是以巩固脱贫攻坚成果和乡村振兴有效衔接为契机，发展村级产业，把发展产业作为脱贫致富的根本之策，进一步完善新型农业经营主体与贫困户的利益共享机制，示范带动脱贫。同时，把巩固脱贫攻坚工作与农村人居环境改善、生态环境保护等工作结合起来，突出抓好村容村貌整治和提升工作，建设美丽乡村，实现乡村振兴，进一步提高脱贫攻坚成果，接续推动全镇经济社会发展和群众生活改善。

兴泉村党总支　村委会

2021年12月

景泰古地名“速罕秃”考

张万海

景泰县地处交通要冲，境内如永泰堡、三眼井堡、镇虏堡、红水堡、芦塘城、五方寺等地名，在明代以后的史书中屡屡出现，这些古地名，有的一直沿用至今，有的虽然有小变化，但渊源也能有迹可循、有史可证。

还有一个从明代天顺前后开始活跃的地名速罕秃，无论是正史的描述，还是杂史的记载，与景泰的尾泉、芦塘等地方都相距不远，基本可以断定其也在景泰。而且从其名称和锁罕堡极为接近的特点，也很容易让人产生这样的猜想：明代的速罕秃就是后来的锁罕堡。

尽管史书中没有速罕秃更名为锁罕堡的明确而又直接的记载，但根据笔者探寻，可以断定：明史中的速罕秃，就是后来的锁罕堡，即今喜泉镇政府驻地兴泉村。

一、速罕秃的大方位与锁罕堡相符

（一）速罕秃地处黄河以北，处于靖远和大靖之间。

《大明英宗睿皇帝实录》卷之一百三十二：“癸亥。靖远伯王骥奏黄河迤南地名速罕秃，正系冲要去处，达贼不时出没，宜修整城堡，于靖虏卫摘拨官军屯守，其附近田地拨与耕种，籽粒量为轻减，官军该追马匹，乞为宽免。从之。”

《大明英宗睿皇帝实录》卷之一百三十二：“先是，靖远伯王骥言陕西黄河迤北速罕秃地面要害，宜析靖虏卫中所官军于彼建立千户所，其靖虏卫地非要害，乞将全卫移立于扒沙，以扼虏冲。敕命参赞军务副都御史曹翼督治之。至是，骥奏扒沙在凉州东南二百五十里，庄浪西北二百里，应理州西南四百余里，于此屯兵，实足以控御外夷，屏蔽内地所。昔者屯种之地颇狭，不足以供赡军士，而速罕秃地面狭隘尤甚，宜将原调靖虏卫中所于扒沙筑城建置，而罢速罕秃之役。”

以上两条所记，是同一事情的前因后果，但在交代“速罕秃”的位置时，一为黄河“迤北”，一为黄河“迤南”。一字之差，相去甚远，以哪一个为准呢？

《全边略记·甘肃略》正统八年条下记载：“靖远伯骥言，河以北速罕秃要害，宜析靖虏卫戍于此，而移全卫于挖沙。议下参赞都御曹翼治之。翼奏罢速罕秃之役，移靖虏卫于凉州，上广田闲，岁调八百操备于扒沙，实两便。”

《读史方舆纪要》卷六十三“陕西十二”：“扒沙城，在（庄浪）卫西北二百里，又西北去凉州二百五十里。正统中，以其地为控御之要，议建城，调靖边中所于此。又有速罕秃地，在卫东南黄河北岸，亦为要害，议筑城于此，以遏寇冲。”

明万历二十六年（1598年）7月，甘肃巡抚田乐和总兵官达云从鞑靼阿赤兔手中收复扒沙城，后取统一安定之意，改扒沙城为大靖，即今古浪县大靖镇。

《读史方舆纪要》和《全边略记》记载靖远伯的动议和速罕秃的位置时，都明确交代在河北。参照上述两书观点，当以速罕秃在“迤北”为准。

综上可以得出，速罕秃在黄河以北，处于河南的靖虏卫和河西的扒沙之间。

（二）速罕秃在庄浪东二百里

明吏部尚书崔恭撰《吴琛墓志铭》载：“天顺五年（1461年）辛巳，（吴琛）因有政绩，迁大理寺寺丞。岁余，进都察院右佥都御史，巡抚甘肃。初，庄浪有地，曰速罕秃，前阅田者弗察，虚坐屯租五千七百余石，岁敛不休，军事往往逃去，公即奏免之。”

这一段史料明确了速罕秃在当时的庄浪卫，但庄浪卫地域广阔，不仅包括现在的景泰大部分地区，也包括了现在的永登县全部、天祝县全部和古浪县的部分地区等，速罕秃究竟在庄浪卫的什么位置？会不会在现在的景泰地界？

《陇边考略》“庄浪卫”：“速罕秃……，在卫东二百里。”（《秦边记略》同）

在庄浪卫东面二百里，这与今兴泉村位置完全相符。

二、速罕秃的小位置与锁罕堡吻合

成书于嘉靖年间的张雨的《边政考》说：“庄浪卫境外寇路（芦塘湖）：一路自速罕秃、红沟、石庙儿、四眼井、陈家沟入，东路犯南大通，中路犯庄浪，西路由硝沟逾黑台透上、下川口，犯巴、暖、三川。”

上述文字，介绍的是当时鞑靼入侵明境的路线。鞑靼进入境内的芦塘湖后，速罕秃是第一个要去的地方。这与今芦阳与锁罕堡之间的位置完全一样。

在《边政考·固原卫》“固原靖兰图”的第七幅图（部分见下），是靖虏卫城北的黄河北岸地方，中间是小松山，山南是尾泉，用栅栏围成，表明没有堡城；山北是锁罕秃，用规则的双线圈起来，表明是城堡。

▲ 固原靖兰图（部分）

图中尾泉、锁罕秃两地之间的位置关系，和现在几乎没有两样。

《皇明经世文编·边务要略（王任重）》第四百十三卷：“河外大小松山住牧虏酋宾兔妻并男那木太，又名阿赤兔，及矮青革、小布歹打赖等，俱称强盛。阿赤兔最狡悍，部落七千有余。内靖虏边外芦塘湖、锁罕秃、张夫水、米夹山，皆游虏往来住牧之所，乃山后诸酋之摠策也。”

锁罕秃在芦塘湖与米夹（家）山之间，即今锁罕堡位置。

三、速罕秃的地貌地势与锁罕堡相同

（一）锁罕堡和速罕秃一样有泉

《秦边记略》“庄浪卫”条：“速罕秃其地有泉，谓之速罕秃泉，在卫东二百里。”（《陇边考略》同）

锁罕堡之所以改名叫兴泉，就因为这个地方不但以前就有一股可浇200亩地的泉水（《景泰县志·水利》），新中国成立后还挖出了更大出水量的泉水。这一点，与史书速罕秃的记载相符。

（二）锁罕堡速罕秃一样是“要害”之地

锁罕堡周边的地形，恰似一个口朝北的簸箕。堡子的西边，是巍峨的寿鹿山以及由猎虎山、昌岭山等与河西走廊的南面山峰相连形成的天然屏障；东边是从中卫沙坡头往南，由红山、米家山等山脉连成的又一天然屏障。这两道屏障在锁罕堡以北的地方，东西相距上百里，中间是广袤的沙漠戈壁。但到了锁罕堡一带，逐渐靠拢，最后在锁罕堡南边十里处的大水磅，东西屏障交汇到了一起，形成一道低矮起伏的连山。

这个完整的簸箕，只在锁罕堡西南面，有一条宽不到三里的狭窄口子——雷家峡，经喜集水进入峡谷后，沿福禄水、大拉牌一线，通往兰州。

鞑靼的铁骑南侵兰州，无论是从景泰西边的大靖东下，还是从河套渡过黄河后南下，锁罕堡是必经之路。明军在这山势险峻、地势狭窄的地方，构筑兰州北面的第一道防线，堵截南下的鞑靼，是再理想不过的了。

锁罕堡的地势，完全符合明代军事官员所说的速罕秃是“要害”之地的标准。

四、速罕秃斯（厮）、速罕秃、锁罕秃和索罕

除上述史书中出现的“速罕秃”和“锁罕秃”等名称外，明正德十年（1515年）彭泽在《修复旧边疏》中又提到另一个叫法：“庄浪参将鲁鉴在任以前，揆官兵五百员名，在速罕秃斯等堡，各有按伏。”

“速罕秃”“锁罕秃”和“速罕秃斯”，这些地名是不是指向同一个地方？

张雨在《边政考·固原卫》“固原靖兰图”的第七幅图中，标注用的是“锁罕秃”，而在正文中交代这个地方时用的是“速罕秃”。这说明，在明人张雨的眼中，“锁罕秃”就是“速罕秃”，二者是同一个地方。

明人王任重在《边务要略》中交代芦塘湖下来的地方叫锁罕秃，而明人张雨在《边政考》中交代芦塘湖下来的地方叫速罕秃，同样说明“锁罕秃”就是“速罕秃”。

康熙年间编纂的《靖远县志》，在该书“靖远县全境图”中标注今兴泉地方，用的是“锁罕头”；在同书的“古迹”中用文字说明时，又记作“速罕秃”。由此看来，即使到了清初，锁罕堡的名称也没有最终定型，不同的说法仍然存在。

清代龚景瀚在《澹静斋文钞卷二·甘肃会城议》（见《清人文集地理汇编》

二)："若会城迁，则驿路改由固原，盐茶渡靖远城外黄河，一苇可航，自脑泉、尾泉以达凉州，或由芦塘、速罕秃以达平番，平坦无山溪之阻，水草便利。"

速罕秃斯堡的叫法，只在彭泽的《修复旧边疏》中出现了两次，说的是连城四世土司参将鲁鉴率军500名协守庄浪的事。在庄浪卫，没有第二个地方与这个地名接近，应该指的还是速罕秃。而且当时的鲁鉴驻扎在卫东70里的红城子，距速罕秃只有130里的路程，从距离上来说，也符合"按伏"的可能。

速罕秃堡什么时候开始叫锁罕堡的呢?

明代荆州俊《三眼井堡记》："殆后，正统己巳之变，沦为异域百五十年。索罕、定大诸城，遗址尚存，而大小松山莽为虏薮矣。"

由此看来，即使在明代，速罕秃斯、速罕秃、锁罕秃、索罕等同一地方的不同写法均见于史册，甚至就见于同一作者的同一书内。因为这个地名不是汉人起的，写法不同只是不同音译的记录而已，并不是因为时代演变造成的。

曾亲临这一带主持新边墙和几个堡城修建的荆州俊，根据自己亲耳所闻所记的"索罕"，与后来的叫法"锁罕"，发音完全一样，这更说明明史中所记的速罕秃等名称，就是后来的锁罕堡，也就是今天的兴泉村。

五、速罕秃与速罕秃营

《大明英宗睿皇帝实录》卷之二百八十四："（天顺元年）乙亥。镇守庄浪奉御进保都指挥使魏荣奏，达贼四千余骑入境，径趣速罕秃营剽掠。兵部请敕镇守陕西。保定侯梁珤往兰县徵调秦州、巩昌、临洮等处兵，分屯要害，以遏贼冲。从之。"

明英宗天顺元年六月乙巳，"鞑贼犯庄浪速罕秃营，守备都指挥魏荣以闻，上命兵部驰文甘肃总兵官宋晟等调兵击之。"（明《英宗实录》卷二七九）。

明代在景泰设置的永泰营、三眼井营、红水营、芦塘营等军事建制，均有史可查，可天顺元年冒出的这个"速罕秃营"，在明朝史料庄浪卫、靖虏卫或固原卫的建制下，都没有相关记载。它是什么时候修建的呢?

清代顾祖禹编纂的《二十一史方舆纪要》卷六十三·陕西十二："扒沙城，在卫西北二百里，又西北去凉州二百五十里。正统中，以其地为控御之要，议建城，调靖边中所于此。又有速罕秃地，在卫东南黄河北岸，亦为要害，议筑城于此，以遏寇冲。”

这说明在明正统以前，速罕秃虽然已成为明军与鞑靼交锋的前沿地带，但在速罕秃，明军至少还没有建立正式的防卫体系，一无城堡二无屯军，所以一旦有事，只能从附近调兵防御，相当被动。因此到正统年间，才有了“筑城”、“摘拨官军屯守”和“建立千户所”的倡议。

修撰于清康熙年间的《靖远县志·古迹》中的一段文字，印证了这一观点：“速罕秃堡，在河北一百里。明正统间，指挥房贵拨卫指挥冯彧、葛全轮班操备，隶庄浪。景泰三年，因备操，千户张参、百户魏文遇外寇阵亡，庄浪守备魏荣申奏，景泰六年，革去操备，以卫中所全伍，改调庄浪堡，亦罢。”这大概就是“速罕秃营”这个说法的来历吧。如果不是史家误记，那么在正统年间（1436—1449年）建立、景泰年间（1450—1457年）就裁撤了的速罕秃营，实际存续时间并不长。虽然在天顺（1457—1464年）初期，习惯上仍然把该地叫作速罕秃营，但作为明军正式的军事机构，已不复存在，所以很快在史书中消失了。

明杨一清《为达贼出没计处用兵机宜事》：“达贼自正德三四年间被小王子人马雠杀残败，遁往河西、庄浪、凉州、速罕秃、斩石峡、明水湖、扒沙一带潜藏住牧。”

从上述史料可以看出，从正德年间（1506—1521年）开始，速罕秃已经成为鞑靼驻牧的地方，早已不在明军的常规控制之下。即使明军以前在这里建立过速罕秃营，也随着鞑靼铁骑的南侵而荡然无存，这可能是速罕秃营在明史中难觅踪迹的又一个原因。

六、锁罕秃的含义

在锁罕堡附近的地区，残存大量的蒙古语地名。如靖远的迭烈逊（蒙语芨芨草，一说要塞）、哈思吉（蒙语稀泥滩，一说美玉）、乌兰山（蒙语红山）；平川区的打拉池（蒙语牧场或牧马的地方）和古浪（源于古尔浪哇，蒙语黄羊）等。

如果上溯到明朝中期，还有离速罕秃不远、和速罕秃几乎同一时间陷于鞑靼统治的扒沙，也是蒙古语，意思是“街市”，明军收复后改叫大靖。因此，有理由推测，锁罕秃应该是占据过这一带的蒙古民族遗留下来的地名，所以才会出现那么多不同的写法。

那么，速罕秃的汉语含义究竟是什么，遗憾的是经过几百年的演变，已经很难把并不完全对应的音译词“速罕秃”还原成最初的蒙语了。不过，据《钦定元史语解》卷六“图（斯）：迎面也。卷六十三作途思”和卷二十一“舒罕：风搅雪也”的记载，“速罕秃斯”最初的蒙语意应为“迎面风搅雪”。

需要说明的是，在《钦定元史语解》中，“舒”与“速”“索”“锁”均为可互用的记音字，如卷八“舒库（尔）齐……卷十九作速古而赤，卷八十作速古儿赤……”，卷十一“约索（尔）……卷三作也速儿”，卷十一“索多……卷五作三岛，卷九作唆都，卷二十九作锁秃，卷一百十五作梭都，卷一百三十九作硕德并改”，以上例证中，“舒”与“速”“索”与“速”与“锁”，在记音时并无多大区别。而“图”与“秃”更是互用无碍了，如卷一“安图……卷一百九作安秃”，卷四“呼图：卷一作虎图，卷三十一作忽秃……”

《钦定元史语解》是清初编纂的，距明代不远，它的解释应该是可信的。

锁罕堡，也即今兴泉村，西北面是南北相连的寿鹿山和昌岭山，东北面有南北相连的米家山和阳洼山。东西两面的山脉呈“八”字走向逐渐合拢，在兴泉堡北形成一个东西相距不过5公里的小口子。从河西走廊和北面腾格里沙漠吹来的风，在两边山脉的挤压下，风速变快、温度降低。风口处的兴泉村自然首当其冲。《景泰县志》载：“喜泉乡兴泉村和喜集水村一带受寿鹿山、米家山狭管效应作用，风速比较大。”大唐公司沿着星星峡、玉门、酒泉等一路向东，闻“风”而来，在这里建了一个庞大的风电厂，是不是也在印证速罕秃这个古地名的真实含义呢？

附录六

兴泉张守勤高祖母寿屏

恭祝大阃范张老太母章太君七旬节寿大庆。

尝读女史而知古之有节者多矣，汉孟晋陶，其首选世，然或身处贫寒，未必有康强之福，或躬际显荣，亦难享纯嘏之寿，求其守节而福寿双全者，莫如我张老太母。太母以庠员之女，生而婉娩，赋质诚悫，已树闺门之雅范。迨笄而于归张门，为白贤翁元配，其时年甫一十七岁。孝事舅姑，晨夕膳馐之必谨；和处妯娌，语言诟谇之无闻。而且恩爱无偏，待侄不殊于待子；礼义卒度，慎行兼及乎慎言。至相夫子必敬必戒，操家政克勤克俭。又其余事也，加以慈惠为心，温柔成性，丰年多嫁娶之助，乐善无究；凶岁广周恤之资，活人甚众。恳恳历久不倦，方思百年结发，永庚雎鸠之章，夫何一旦调琴，悲吟黄鹄之句，几欲问穴，令贞信而何恤？复思孤稚，守节操而莫易，生子一年，甫免怀劬劳之恩勤何限，岁方脱齿教养之，爱惜靡穷。娶名门之淑媛，女箴素聆；尽宜家之善道，女德无亏。厥后，和丸之训弥切，成均之名遂荣。正宜岫耸青松，毓为胜栋之任，何期楼成白玉，早作修文之郎，此又太母之悲哀，惨怛而呼吁欲诉者也。然而桂子虽落，兰孙方茂，太母于是心愈痛而情愈殷。其育孙也，出延师友，迫欲明诗书之旨；入授室家，急思获熊罴之兆。奈何良材不寿，美质偏夭，徒使见者闻者莫不太息痛恨也！孙女二，为闺阁之翘秀，长适张门，为太学生张希骞之妻，其一尚幼而女训已悉。嗟乎！太母先有积德累仁者矣，太母后有积德累仁者矣，而太母之身积德累仁尤不可胜数。三十年来守节不改，七旬之内遭变非常，人咸谓天之报施善人或爽也，余曰不然。太母有幽娴贞静之德，天岂无耆艾昌大之施？乡里缙绅既联名以旌奖，庭除兰蕙，复卜姻而倡随。吾知石麟之降，紫凤之颂，信而有征矣。他年螽斯衍庆，共颂壶内之玉衡；今日鹤算扬辉，咸歌闺中之金镜。福寿双全，岂非太母之志同冰霜、节比松筠之美报乎？是为序。

邑庠眷晚生刘际清魁三氏顿首拜撰

邑庠眷晚生赵步瀛友仙氏顿首拜书

赐进士出身翰林院庶吉士眷晚戚维礼顿首拜

壬癸科举人吏部候铨知县愚弟赵鹏九顿首拜

前署安西直隶州候补知州愚弟苏履吉顿首拜

乙酉科举人吏部候铨知县愚弟荀毓才顿首拜

赐进士出身署直隶泾川镇原县知县愚弟李登瀛顿首拜

署甘肃河州太子寺州判即补分县愚弟韩镛顿首拜

头等侍卫署山西、赐进士状元及第乾清门、老营府加三级愚弟伍风来顿首拜

赐进士出身工部主事加一级愚弟田润顿首拜

护理陕西神木协镇府事固原提标愚弟高俊顿首拜

后营游府世袭都尉兼一云骑尉、署甘肃甘州府山丹诰授文林郎愚弟谢述孔顿首拜

县知县丙子科解元、署甘肃西宁镇海协镇府事乌鲁木齐、提标中营府加三级记录五次愚弟德顺顿首拜

赐进士出身护理陕西延绥镇标左营游府愚弟魏长青顿首拜

署凉州镇属镇番营游击加一级愚弟常殿熊顿首拜

诰授修职郎广西梧州府厅加二级愚弟王增顿首拜

道光十七年岁次丁酉月在中吕上浣

附录七

一个即将合作化的乡

吴保刚

景泰县的寿鹿山和米家山之间，有个兴泉乡。这个乡现有5个农业社，并正在筹建4个社，不久入社农户将占全乡总数82.2%，基本上实现合作化。正是这条互助合作道路，给农民带来了幸福。一进村，你就可以看到一片欣欣向荣的景象。50户农民盖了新房198间，全乡今年新盖的房子就等于国民党反动派统治时期20年修建的总和。过去，农民形容自己生活是“半年在家，半年在外。冬衣是夏衣，夏衣是冬衣，几年穿上一套衣”，“夏天土炕上盖席，冬天盖的是棉衣”。这种苦难生活是一去不复返了。现在家家有了毛毡大被，人人有了冬衣夏衣，穿绒衣的人也很多，有的青年男女胸前挂着明闪闪的自来水笔。

兴泉乡原名锁罕乡，更名是有一段来历的。这里在1952年完成土地改革以后，在党和政府的领导与帮助下，挖了一条4丈深150多丈长的渠道，掏出了两股大缸粗细的清水，使村南、村北原来野草丛生的1300亩荒地和720亩旱地得到了灌溉，家家户户有了水地，年年粮食丰收。即便是1953年那样严重的旱灾也被征服了，并获得了全面丰收。从此，人们喜悦地称这两股水为“幸福水”，称这条渠为“解放渠”。为了永志不忘，全乡群众致信建议把锁罕堡改为兴泉堡，把锁罕乡改为兴泉乡。

解放后的种种事实，使全乡群众深切地体验到了农民需要共产党的领导，正像庄稼需要泉水的灌溉一样。1954年，乡上以共产党员罗毅领导的互助组为基础，成立了全区第一农业社，有25户农民入了社。由于乡党支部的积极领导，全体社干部和社员的努力，该社头年就获得前所未有的丰收。春耕时还需要国家供应粮食的11户社员，秋收后全部变余粮户了，社员每人平均收入粮食1260斤，25户社员卖给国家余粮2万斤。农业集体经营获得丰产的事实，提高了全乡群众的社会主义觉悟，因而冬季就有170多户农民要求入社。于是又以4

个常年互助组为基础，新建立了4个社。此时，全乡组织起来的农民已达90%以上，入社农户则达到48%。这4个新社同样由于党支部的具体帮助，制订了生产、财务、劳动三连环计划，正确处理了入社生产资料，整顿了劳动组织，开展了合理化建议活动，进行了选种拌种、合理倒茬和农业基本建设，推行了“依次编号、集中轮灌”的新水规，增施了肥料，因而得到了丰收。这5个农业社的社员平均粮食收入都在千斤以上。这些活生生的事实，深刻地教育了社外农民，使他们更清楚地认识了合作生产的好处，因而最近又有135户农民申请入社，4个新社又要建立起来了。

随着经济的发展，兴泉乡人民的文化生活水平也有了显著提高。现在，全乡80%以上的学龄儿童都上了学，去年开办的常年民校，经常是“学生满堂”。原先一字不识或粗识字的青年男女，已有176人学会了300到2500个生字，其中妇女就占一半。这些青年一般都能写普通书信，能读《甘肃农民报》等通俗书报。国家为了满足青少年的学习要求，一所完全小学正在村北兴建起来。

从工业对农业的帮助上，兴泉乡农民特别感到工人阶级的伟大和国家工业化的重要。几年来，全乡籽种全部用“六六六”粉或赛力散进行了混拌。目前全乡已有7台双轮双铧犁，1台马拉播种机，1台铡草机和15台新式步犁，12台铁镶山地犁。每当使用这些新式农具的时候，他们便感到国家工业化的好处，从而积极地支援国家工业建设。今年春天，当整修通往黑山煤田道路的消息传来时，他们立即组织了140多人，两天内整修了路面50华里，并新修了一座小石桥。粮食“三定”工作开始后，他们又踊跃地给国家预售余粮。包兰铁路将从该乡西面横穿而过，全乡农民更是欢欣鼓舞地迎接着这条铁路的兴建。

农业合作化消灭了贫困，给农民带来了幸福。因而在不到两年的时间内，兴泉乡群众已经知道了自己的前途，80%以上的人将很快地加入农业生产合作社里来。根据群众的这种迫切要求，党支部正进行全面规划，声势浩大的合作化运动已经开始了。

原载《甘肃日报》1955年10月12日

注：作者为景泰县第一任县委宣传部部长，兴泉村工作组蹲点干部。

附录八

一条“工农联盟线”

新华社记者 周德广　　通讯员 罗 钲

在甘肃省景泰川里，从芦阳公社一条山大队到喜泉公社兴泉大队，架起了一条笔直的高压输电线路，全长22里。当地社员称它是“工农联盟线”。

这条高压线，是甘肃冶金公司支援农业抗旱，派出一个小分队帮助兴泉大队，在不到十天的时间里架起来的。

景泰县十年九旱。地处沙漠边缘的兴泉大队，又是这个县干旱最严重的地方。今年5月到9月，有一百二十多天这里没有下雨，干旱严重地威胁着庄稼。

兴泉大队的干部、社员，决心以大寨大队为榜样，自力更生，艰苦奋斗，抗旱夺丰收。他们打井截流，挖泉引水，大搞小型水利工程。最大的一项工程是从附近的一条山大队架过来一条高压线，用电力抽出地下水灌溉农田。但是，要架设这样一条高压线，凭兴泉大队的设备条件和技术力量，得花费3个月左右的时间。

消息传到甘肃冶金公司动力厂。厂党委和革委会经过讨论，决定由本厂第六车间外线组派出21名工人，组成支农小分队，去支援兴泉大队架设高压线。

这个小分队开着汽车、吊车来到兴泉大队时，干部社员都非常高兴，一个个拉着工人的手说：“在我们抗旱的关键时刻，这真是雪里送炭啊！”

当天，小分队的人员就紧张地干起来了。干着干着，他们发现原来测定的线路是个“S”形，不合乎技术要求。要不要返工重测，在小分队内部发生了争论。有少数人认为，“S”形线路并不妨碍输电，如果返工重测，原定十天完成任务的计划就要告吹，主张凑合着干下去。多数人不同意这个意见，认为“S”形线路不仅不合乎技术要求，而且要多占耕地，浪费器材，一定要返工重测。队长杨志恒抓住这个问题，组织大家学习毛主席的有关教导，引导大家就工业如何支援农业的问题进行讨论。最后大家一致认为，全心全意为贫下中农着想，架设好这条线路，就是工业支援农业的具体行动。于是，他们决定返工重测，重新施工。

要返工重测，没有仪器，人力也不够。当地人民解放军某驻军知道了这件事，立即派来两个战士，带上仪器，和工人、贫下中农共同测量。工农兵团结齐心干，边测量、边施工。

小分队的人员早出晚归，发扬不怕苦的革命精神，加快栽杆架线的速度，由平均每天十五根增加到三十根，质量合乎标准。但是，这里风沙大，线路要跨过凹凸不平的山区和低洼地，高处的电杆容易把低处电杆上的铁包箍提掉，影响输电。小分队领导根据老工人牛万子、王怀荣、张振庄等人的建议，把原来计划固定顶箍的一道铁包箍改成两道，并且把它同顶箍焊接在一起。动力厂党委连夜派车送来了焊条。因为多加一道铁包箍，又要焊接，时间紧迫，为了抢时间，工人高文荣和周平宇就通宵奋战，把需要焊接的铁包箍全部焊接完毕。工人王家银，原是上横担的，因踝子骨脱臼，在住地绕扎丝。为了把线路架设好，他不但忍着脚疼，拄着竹竿到现场指导上横担，而且还用一只脚踏着自行车，到当地加工厂，具体指导和检查铁包箍的加工。

一天下午临下班的时候，突然吊车的汽泵轴承架破了。要是不修好，整个工程就要停下来。兴泉大队党支部书记樊文雄和开吊车的工人杨海泉，连夜赶到驻军某部去找汽泵轴承。轴承拿回来以后，夜已深了。工人杨海泉、崔民琪、马德清不顾疲劳，星夜把吊车修好了。天刚亮，杨海泉和他的伙伴又开着吊车出发了。别人劝他们休息，他们说："为了支援农业抗旱夺丰收，再苦再累心里甜。"

一天，吊车正把吊起来的一根电杆往栽杆坑里降落的时候，吊车的三条拉绳，有一条突然脱开了，电杆向一个社员倒去。在这最危急的时刻，架线工乔天绪把自己的生命置之度外，一个箭步冲上去，把那个社员从险区拉开。乔天绪这种舍己为人的精神，使在场的社员深受感动。他们说："工人师傅这种高尚的品德，真是我们学习的好榜样！"

在工人小分队大力支援下，预定十天完成的栽杆架线任务，提前两天全部完成了。

这条高压线把工人和社员的心紧紧联结在一起。

如今，强大的电流通过高压线路，源源不断地输送到兴泉大队，清清的流水灌溉着千顷良田。这个大队原来用柴油机发电抽水，每年开支六万多元，现在改成了高压线输电抽水，每年可节省开支四万多元，大大地降低了农业生产成本。由于抽水的动力足了，除满足原有三千多亩地的灌溉用水外，还能在今后一年内把水浇地面积再扩大一千亩。公社（这个大队是公社所在地）、大队农副业产品加工用电和社员照明用电也能满足。干部、社员说：这是我们自力更生、艰苦奋斗的结果，也是工业支援农业的结果啊！

原载《人民日报》1972年12月3日第2版

附录九

军民“团结井”

在景泰县兴泉滩上，有两眼新挖的机井，昼夜不停地喷出白花花的流水，浇灌着八百亩肥沃的良田。每当夏秋收割季节人们看着那丰收的景象，就情不自禁地思念起亲人解放军。

那是1970年的隆冬，中国人民解放军甘肃省军区机关部队踏着冰雪，翻山越岭，徒步野训到了号称“风口”的兴泉大队。宿营后受到了当地贫下中农的热情接待。当晚，解放军指战员找队干部座谈，到社员家访问，通过座谈访问，初步掌握了这里的自然特点。兴泉，位于腾格里沙漠边缘的戈壁滩上，这里天气变化无常，风沙连年不断，风沙和干旱严重威胁着农业生产的发展。

面对风沙、干旱的威胁，部队首长主动向大队党支部提出：在这里一边配合民兵搞军事训练，一边向群众学习打井抗旱。消息传开后，广大社员群众奔走相告，纷纷表示要和解放军一起战斗。但是，也有人却说：兴泉滩上一道泉，再打井是白费力不合算。为了提高思想认识，全体指战员深入群众，宣传毛主席关于“水利是农业的命脉”的教导，通过用当地在干旱年景水地稳产高产的事实进行教育，使队干部和广大群众统一了思想认识。

为了打井，他们遵照毛主席关于“依靠群众，调查研究”的教导，和干部、老农一起冒着凛冽的北风，爬上山坡，观察地形，寻查资料，分析水源，最后确定在杨胡梁上打井提水。

打井提水工程，一开始，二百多名解放军指战员肩扛工具，迎着刺骨的寒流，浩浩荡荡奔赴打井工地。坚硬的砂石震得两臂发麻，他们就用柴草烧、铁镐撬，以顽强精神坚持战斗，工地上洋溢着官兵团结战斗的气氛。

解放军为人民打井抗旱的精神使贫下中农深受感动，在解放军的带动下，兴泉大队三百多名干部和社会员开挖了第二号井。从此，工地上军民并肩打井的战斗开始了。“向解放军学习！”“向贫下中农学习！”的口号声回旋在工地上空，军爱民、民拥军的动人场面到处涌现。贫下中农怕子弟兵受冻挨渴，在井口旁打了土窑洞，生起炉火，挑来热腾腾的茶水，热情地递给子弟兵。解放军同志接过茶水，激动得不知说什么好。风雪天，解放军担心贫下中农受冻，热情地把自己的大衣披在贫下中农身上。

军民齐心协力，工程急速进展。经过十五天的战斗，一号井挖到十七米深时见到了水，出现了流沙层，再继续下挖，井壁就有塌方的危险。怎么办？工地四周、井上井下，军民集聚在一起同开“诸葛亮”会。大家群策群力，提出自己动手制造水泥滤水圈，在井下采取边下滤水圈边下挖的方法，这样，既防止井壁塌方控制流沙层，又能保证工程顺利进展。制造水泥滤水圈，对战士和社员而言是一个新课题，但他们不畏困难，迎难而上，在天气冷冻的条件下进行试制。原材料准备好以后，为了解决冷冻问题，在房子里架起火炉，提高温度，并在水泥圈四壁围好干草，很快烘干后运往工地，解决了打井急需。

一个困难解决了，新的困难又来了，挖到十八米深时，水量猛增，积水层达三尺左右。在严冬腊月，要继续下挖，使水量不断增大，就必须在水中作业。解放军战士、青年民兵脱去棉裤，跳进齐腰深的水中开始战斗。就在这紧张战斗的日日夜夜里，偏偏下起了鹅毛大雪，气温急剧下降到-30℃。贫下中农怀着关怀子弟兵的心情，一遍又一遍地跳进水中，催促解放军战士休息；解放军战士为了让社员上井休息，宁愿自己多吃苦，坚决不让贫下中农下水替换自己。

军民团结同挖井，汗水浇出丰硕果。十八天的战斗结束了，口径二十米、井深二十米、移动砂石八千多立方米的打井抗旱战斗。正式上水那天，老贫农樊文英、郝明俊二位大爷老早来到井旁，抚摸着水管高兴地称赞说：“好！解放军为我们贫下中农打井抗旱，真不愧是毛主席领导的好军队，人民的子弟兵。”

原载1972年《甘肃日报》

组织规模经营　发展市场经济

——兴泉村走农工商一体化道路

卢昌宝

景泰县兴泉村依托选矿厂、水泥厂两个骨干企业，去年成立农工商实业总公司，形成以工促农、以农稳工、以强带弱、产销成龙的集团经营，加快集体致富步伐。

景泰县兴泉村组建的农工商实业总公司，下设农业、工业、综合服务三个子公司，在管理上总公司统揽资金、供销、运输，下设选矿厂、水泥厂、编织厂等8个企业，供销人员由过去的单打一变为全方位，各分厂努力提高效率、压缩冗员、节约材料、降低成本、提高效益。去年底，总公司实现工业总产值600多万元，是上年所属企业总产值的157%；销售收入460多万元，是上年的137%；实现税金25万元，是上年的111%；实现利润22万元，是上年的142%；企业提留9.1万元，是上年的113%；节约原材料50万元。农业公司为村民供应农用物资27吨，购置了收割机、深翻犁等机械为群众服务，投资15万元衬砌渠道400米，维修渠道2000米，架设农电线路40公里，新建1座教室，维修1栋旧校舍。

通过一年的运行，兴泉村的农工商总公司比单独经营的生产、经营能力有了发展，能集中力量向重点项目集中投入。去年，总公司资金一步到位，投资45万元建成了年产1万吨的石膏粉厂；投资50万元建成1760平方米商店、饭店、办公为一体的服务大楼；投资9万元建成了农贸市场；投资20万元为选矿厂、铜矿更新设备。

原载1992年《白银报》

附录十一

为《兴泉村志》捐助企业、单位、个人名单

一、企业捐助名单

甘肃旌御宫餐饮服务有限公司（总经理俞宗平）	50000元
白银宏泰房地产开发有限公司（总经理朱生浩）	40000元
景泰辉煌新型预制有限责任公司（总经理罗崇辉）	30000元
甘肃旌达水泥有限责任公司（总经理俞宗富）	10000元
景泰县旭丰物资有限公司（总经理罗崇佑）	10000元
额济纳旗鑫泰商贸有限公司（总经理郭茂宗）	10000元
甘肃盛龙工贸有限公司（总经理马茂）	5000元
甘肃金泰安防有限公司（总经理毛登延）	5000元
景泰天祥房地产开发有限责任公司（总经理刘军政）	5000元
辉煌公司商砼搅拌站（总经理罗梓睿）	5000元
德祥广告公司（总经理周德强）	3000元
景泰积德商贸有限公司（董事长李积德）	1000元

二、个人捐助名单

马　明	10000元	卢逢春	10000元	杨佑军	10000元	张宏伟	10000元
俞有海	10000元	崔　明	10000元	郭富宗	6000元	朱万润	5000元
王继强	3000元	司万新	3000元	付廷勤	3000元	包能慧	3000元
王永红	3000元	祁　元	3000元	罗文深	3000元	俞有峰	3000元
程　琴	3000元	蒋　伟	3000元	王鸿恩	2000元	毛文栋	2000元
李北汉	2000元	卢昌荣	2000元	杨佑恩	2000元	张正吉	2000元
尚建武	2000元	高国栋	2000元	王光彩	1500元	王连生	1000元
化得忠	1000元	李家庆	1000元	尚有才	1000元	孙志和	1000元
杨佑辉	1000元	杨佑森	1000元	李家霞	1000元	吴克东	1000元

马　军	1000元	卢昌旺	1000元	王兴国	1000元	沈文田	1000元
司万胜	1000元	苏进才	1000元	祁　忠	1000元	李永明	1000元
王万凤	1000元	李宏善	1000元	张广金	1000元	张克兵	1000元
吕长斌	1000元	李　前	1000元	王永玲	1000元	高启栋	1000元
周世坛	1000元	谈守勤	1000元	周继贵	1000元	罗　锋	1000元
罗文海	1000元	罗文檀	1000元	罗凤雏	1000元	罗崇禄	1000元
罗崇福	1000元	罗崇齐	1000元	罗崇辉	1000元	罗崇伟	1000元
罗崇达	1000元	葛有弟	1000元	葛润华	1000元	潘存建	1000元
郭延强	1000元	崔　璟	1000元	朱万义	500元	化得泰	500元
杨久清	500元	王永胜	500元	刘尚萍	500元	苗永盛	500元
毛登田	500元	吴克田	500元	苗久龙	500元	马　林	500元
李荣标	500元	吕长文	500元	李哲民	500元	张连祥	500元
毛登权	500元	杨佑飚	500元	罗崇忠	500元	罗维勇	500元
罗崇益	500元	郝　芳	500元	罗文锋	500元	罗文亮	500元
郭延刚	500元	郭友麟	500元	王　喆	500元	王九清	500元
王一清	500元	俞冠辰	500元				

三、兴泉村民委员会捐助　10000元

人名索引

1.本索引的标目（人名）只列入《兴泉村志》第一编至第六编中出现的人名。

2.本索引按汉语拼音顺序排列。

3.本索引人名之后的数字，表示该标目在正文中的页码，部分标目在多个页码中出现，本索引以列入两个页码数为限。

4.序言、概述、大事记、人物表录、艺苑、附录、跋、后记中出现的人名，不作为标目列入索引。

跋

《兴泉村志》从筹划、组织到编纂，本着宁实勿虚、宁细勿粗、宁严勿宽的原则，经编写人员数易其稿，又于壬寅年金秋时节，邀请几位乡贤和特邀编审李保军组成审稿小组，对《兴泉村志》样本认真推敲，反复琢磨，精心修改，历经五载，终于结稿。掩卷沉思，激动心情溢于言表。周德广老先生等三位乡贤分别所作的《序》，就我想到和没想到的都已表述得非常到位、清晰。作为《兴泉村志》编纂的倡议者，尽管本人文化程度不高，写作水平有限，思来想去又不得不写上几句，这还得从三十多年前说起。

20世纪80年代，随着改革开放的逐步推进，土地实行家庭联产承包责任制后，农业生产发展走上了快车道。农村工作重心转移到“以经济建设为中心”，村“两委”一班人乘势而上，村办集体企业风生水起，如火如荼，全村经济发展提速，在短短的几年里，全村村民的生活水平不同程度地普遍提高，村民致富奔小康的积极性非常高涨。记得有一次，时任村党总支书记王有昌、村委会主任杨凤钧和我三人在村办公室闲谈时，他俩语重心长地对我说：宗富啊，你们年轻有文化，应该把咱们村的发展历史记载下来，写上一本书！那些年工作的确繁忙，事务缠身，总感觉时间紧张，就想以后消闲了再写。为了完成这本书，在后来工作的几十年中，我一直注重收集、整理、记载有关兴泉村的一些重要资料和发展中的各类大事、要事。说实话，这本书究竟怎么写，该从哪里着手，写成什么样子，我心里真的还没底。直到过了36年后的2017年，有朋友送来他们的村志，我阅后往事涌上心头，心情久久不能平静，使我多年魂牵梦萦的心结豁然开朗。原来老书记王有昌、老主任杨凤钧说的“写上一本书”不就是编写一本《兴泉村志》吗？为了回报生我养我的这块沃土，也为了我们的子孙后代，我便积极倡议，多方协调，精心筹划村志编纂工作，并得到了村“两委”班子的大力支持，受到了村上历任“两委”班子健在的老领导和本村在外工作退休的老干部及部分群众的赞同。2017年12月15日，有50多人参加的《兴泉村志》编纂启动仪式大会在旌御宫大酒店隆重召开！会上大家集思广益，畅所欲言。十位80多岁的老领导、老同志，个个心情激动，建言献策。通过会议推选，有村上在县行政、教育等部门工作的部分同志，村上知名的民营企业家和在外工作的知名人士分别担任了特邀顾问、顾问和编纂委员会成员。也有个别民营企业家和公职人员当场为编纂村志慷慨解囊助资。两名要求为兴泉村历史“写上一本书”的老领导也参加了会议，欣喜不已，十分快慰。会议在一片热情洋溢的气氛中结束。我信心倍增。

在编委会的领导下，主编、副主编积极组织编写人员，全面拉开了村志编写的序幕。我作为一名编写人员，过去工作中所记载的重要资料，为村志编纂发挥了一定作用。在大家的共同努力下，历时5年，完成了这本洋洋30万言、浸润了很多人心血和汗水的《兴泉村志》。

《兴泉村志》即将出版，作为土生土长的兴泉人，在故乡这片土地上，我仰望先贤，心生无限敬重。沐浴着祖辈的恩泽，我从生产队记工员、会计、兴泉大队文书、副主任、兴泉村委会主任、党总支书记到水泥厂总经理，捻指一算默默地行走在兴泉村天地间已有48个春秋。作为从两水（黄河水、井水）建设到大规模平田整地，从村办企业蓬勃发展到集体经济不断壮大，从兴村富民产业到村民生活水平快速提升，从走农工商一体化发展道路到村民致富奔小康，从土地实行家庭联产承包责任制到集体企业改制为民营企业，从新农村建设到精准扶贫，从巩固脱贫成果到全面实施美丽乡村建设的亲历者、参与者、见证者，怀着对这片土地的浓浓深情，在这里想谈三点家乡最鲜明的特质。

家乡人民胸襟广阔。兴泉是古丝绸之路要地，商贾、过客、邮差等通往东西南北的必经之村。自古以来，这里民风淳朴、敦厚善良，形成了谦和有礼、海纳百川、与人为善、和睦相处的品质。一个村庄的人口增加不外两种：一种是自身繁衍；另一种是外来迁入。小时候常常听祖辈父辈口传：早在明清时期，就有陕西、山西、河南等地的商贾路经或到兴泉进行商贸活动。受淳朴民风的吸引，他们迁入本村都能平安“着地”，落户扎根，繁衍生息。1952年兴泉村掘井取水，水地面积增加，1956年一次性从五佛、响水、龙湾等地迁入500多人落户，他们很快被“接纳”并融入其中，参与到共同改造、建设自己生活的家园中来。过去，有过往客商，或到县城去的行人就曾住在上店、郭家店、周家店以及前街店铺，尽管家乡人民生活贫困，日子过得拮据，但无论是行人随身的钱物，还是畜力车运载的商品，在这里都没有发生过被偷的情况。也有外地的货郎，从来没有在这里受到歧视和欺辱，因此经常挑着担子来到村里做些小生意。困难时期，有外地难民为了度年馑、解饥荒来到村里，乡亲们都会给饭吃、供住宿、不歧视。他们到东一家要上半碗面，去西一户讨上半碗米，几天的工夫，装满随身背的袋子，返回家去。家乡人民热情好客，接纳外来，善良包容，这种好客不失原则、善良不失风骨、包容不失智慧的品质实为可贵！

家乡人民勤劳智慧。明英宗、武宗时期，随着大量移民涌入，少数富有者利用土地肥沃和水资源丰富的优势，用手中的资金雇佣劳动力开垦荒地、挖泉开渠、引水灌溉，而大多数农户或租地或拉长工、打短工，用自己辛劳的双手日出而作，日落而息，依然过着贫困的生活。1949年新中国成立至今，家乡村（大队）历届党支部（党总支）、村委会（大队）两委班子一届接着一届干，组织、带领全体村民，为改善家乡面貌、提高群众的生活水平作出了积极贡献！值得一提的是，从20世纪五六十年代开渠引水、打井抗旱解决贫困，到1974年景电一期提灌工程西干八支渠延伸段通水，大规模平田整地谋求温饱，干部社员无不体现出上下一心、不甘人后、吃苦耐劳的精神。特别是1981年秋，土地实行家庭联产承包责任制后，以王有昌书记为班长的村两委会一班人，团结一心，敢为人先，审时度势，抢抓发展机遇，果断决策，带领全村党员和群众，依托资源优势，开矿建厂，大力发展集体经济，村办企业发展势头强劲。与此同时，狠抓组织建设，建立健全各项管理制度，不断寻找农村经济新的增长点，有力推动了全村各项事业快速发展，村民生活水平大幅提升。在治穷致富奔小康的道路上，村民建设家乡、追求美好生活的愿望一度高涨，村办企业成为全县有名的“乡企村”“明星村”，备受县、市和省上领导关注。老书记王有昌为村集体和个人赢得良好的声誉，至今父老乡亲每每说起村上的发展变化，他功不可没，有口皆碑。

家乡沃土人才辈出。数百年间，崇尚文化、尊重知识一直是家乡人民的优良传统；勤奋学习、刻苦努力、好思善悟、励志成才始终是家乡儿女的价值追求和奋斗方向！新中国成立后，有陆续考入兰州大学等高等院校的学子，毕业后分配到各行各业，有在党政部门工作的，有在教育战线工作的，有在水利系统工作的，有在新闻部门工作的。特别是恢复高考制度后，一年又一年、一批又一批、一代又一代的优秀学子，考入大中专院校，有的继续深造读硕、读博。毕业后有从政、从军、从事企业生产管理的；有从事教育、卫生工作的；有从事科研工作的，等等，遍布全国各地。他们有力所能及为家乡生产建设办实事、为父老乡亲生活办好事的公务人员；有为村小学捐资设立师生奖学金，年头节下为鳏寡孤独老人和生活困难的群众送上慰问品的爱心人士；有为村上公益事业捐资捐物的企业家。还有不少养殖专业户、种田能手及勤劳致富的父老乡亲，他们都是这片沃土的守护者、建设者。还有在祖国和人民最需要的时候，挺身而出入朝作战的中国人民志愿军，有驻守边关、在对越自卫反击战中浴血奋战、不怕牺牲、保卫祖国的中国人民解放军……凡此都是家乡沃土养育出的众多才俊，他们在各自的工作岗位上发挥才智，贡献力量，为家乡增光添彩！更为可贵的是不忘养育之恩，回馈家乡，让我们引为自豪和骄傲！

在编纂《兴泉村志》过程中，村党总支村委会高度重视，主要领导关心支持，起到了积极的推动作用。编委会、主编、副主编和编写人员本着对历史、对当下、对未来认真负责的态度，查阅资料，翻看历史，多方求证，耗费了一定的人力、物力、财力，特别是编写人员、审稿人员夏临酷暑，冬冒严寒，任劳任怨，不为名利无私奉献，付出了宝贵的时间和辛勤汗水。由于年代久远，明、清资料短缺，还有少数人物资料未能征集上，难免存在疏漏和缺点。尽管《兴泉村志》中承载的民国、清末乃至更早的珍贵历史资料也不少，呈现新中国成立后家乡经济社会等各项事业发展的资料也相对丰富，但由于编纂者水平有限，文字功底不足，资料庞杂，取舍或有偏颇，能否得到父老乡亲们的认可和肯定，还需要“检阅”，听候回声！

《兴泉村志》即将出版之际，我思绪万千，心潮久久不能平静，实感编纂工作不易。但随着它散发出的浓浓乡土气息徐徐而来，总算使老领导三十多年前嘱托的这一夙愿以及众多父老乡亲和在外乡贤的期望得以实现！也实现了我久存心中的梦想！了却了三十多年来搁置在我心头的一桩要事！对于即将步入古稀之年的我心里有了一丝慰藉！

如果《兴泉村志》能够得到大家的认可和肯定，愿它成为无论是继续建设家乡的奋斗者、还是远离家乡的游子们追寻亲情血缘——根脉，了解家乡发展——历史，回味家乡独有——味道的一部重要资料，也成为一份永远割舍不断的情愫——乡愁！

期待家乡的年青一代和后来者通过阅读《兴泉村志》，学习、传承、发扬光大祖先留给家乡人民接纳四海来客的宽广胸怀、勤劳智慧的优秀品质、立志成才的奋斗精神。勤奋学习，不负韶华，爱岗敬业，敢为人先，在实现中华民族伟大复兴中国梦、建设社会主义现代化强国的进程中，不断做出骄人业绩，努力实现自己美好理想，服务人民，报效国家，回馈家乡，谱写人生华彩乐章！为村志续写篇章、增添荣光！

在这里我要向全体写作人员和其他工作人员道一声辛苦了！谨向你们表示诚挚感谢！也向慷慨解囊、资助村志编纂工作的企业家、公职人员表示感谢！向特邀编审、资深编辑、《芳草村志》主编李保军先生和二位助审罗文海、王继强所付出的辛勤劳动表示感谢！同时，对关心支持《兴泉村志》编纂的专业摄影魏君先生，后勤工作者闫立齐、毛正发、李文弟、杨耀云表示感谢！

向尚墨先生、马国俊先生、刘满才先生、秋子先生、陈琳先生、李青松先生、郭长存先生等众多知名书法家和省楹联协会会员精心撰写贺联、发来书法作品表示衷心感谢！

也请大家对《兴泉村志》中存在的问题和不足批评指正并提出宝贵意见！

最后谨以著名诗人艾青在《我爱这土地》中的诗句来作为本跋的结束语：

为什么我的眼里常含泪水，
因为我对这土地爱得深沉……

俞宗富

2022年仲夏于飞天美术馆

后 记

还是在2017年5月，我和俞宗富先生在聊天的过程中，他提出编写《兴泉村志》的设想，当时令我感到意外。因为我清楚，编写村志，需要调集各方面的力量来参与，不是简单的有热情、有愿望、有资金就能做得到。随着话题的展开，他就村庄的历史沿革、经济、政治、社会、生活习俗乃至编写的主导思想、框架，说了很多。我明显感到，他对编纂村志思考了很久。他说："编写一部村志，咱们有这个历史责任。现在各方面条件都已具备，你有没有信心?"我当时被他的动机和情怀所感动，就欣然应允。便说道："我们都是兴泉水土养育的，对家乡有特殊的情感，编好村志也是我们对故乡的回报。"我俩一拍即合，之后的一段时间，他就开始忙着联络、协商和筹备编志的相关事宜，我也就写作的文本参考、素材收集、史料检索等方面开始动脑筋，翻资料。12月15日，《兴泉村志》编写工作启动会议在旌御宫大酒店隆重召开。村上领导、兴泉籍各界代表、执笔编写人员、后勤工作人员等50余人参加会议。会上充分阐述了编写《兴泉村志》的重大意义，结合兴泉历史解读了相关参照文本。同时对编写人员进行了明确分工：杨佑军负责"大事记"；王生全负责第一编"地理环境"；俞宗富负责第二编"经济"和第三编"政治"；周德尧负责第四编"文教、卫生"；吴可田负责第五编"社会"；毛登田、罗崇祥负责第六编"人物"。第七编"艺苑"及"附录"由大家讨论选录。会议希望编写人员各负其责、通力合作，力争完成这一具有历史意义的文字工程。会上大家畅所欲言，献计献策，会议开得十分成功。会后，村党总支、村委会通过各种会议、宣传材料、广播等形式在村内进行了广泛宣传，做到了家喻户晓，人人皆知。

2018年，编写人员分期分批查阅了256卷兴泉村自1949年以来的全部档案资料，先后与村上高寿老人、历届村"两委"班子成员、新中国成立以来驻村干部、兴泉籍在外工作人员，进行了大量的采访、笔录、咨询，收集了不少基础性史料。对兴泉籍相关人员的个人信息开展了密集的采集工作，编写工作有序进行。2019年，撰稿人员对收集的资料进行分类、梳理，依据草拟的大纲进行编写。对涉及村庄的史料、文件、文章、图片的收集、整理工作也分头展开。对历史文献中有关兴泉的记载进行查找和择用。不定期对写作过程中出现的问题进行讨论和完善。年底，《兴泉村志》初稿基本完成。

2020年，编委会决定对初稿打印30份，分送给相关人士征求意见。之后邀请历届村上主要领导召开座谈会，对初稿中的大事、要事进行回忆补充。多次走访兴泉籍老干部以及熟悉兴泉发展史的村民等多人，就收录的主要人、事进行核实，其间又增补了不少鲜为人知的兴泉史事。编委会对征求的二百多条修改意见和建议进行汇总，予以采纳，充实《兴泉村志》内容。2021年，各主笔又进行了交叉修改，对部分专业性较强的章节，邀请专业人士把关审订。下半年就“村志”的板块设计、序言人选、书家题词、编审约聘、出版印刷、资金筹措等方面事宜提上议事日程。一边商定，一边落实。

2022年春，到了《兴泉村志》出版前的冲刺阶段，在编委会的主持下，审稿会议严格按照实事求是、体例规范的原则、逐章逐节严审细改，数易其稿。6月18日，将修改稿打印15份，分送有关学者征求意见。8月10日，在旌御宫大酒店，召开了历时两周的编委会成员审稿会议，进行了最后审订。

《兴泉村志》从开笔到完稿，用了五年时间。五年里，村党总支、村委会与编委会召开专题会议数十次；撰稿者采访了数百人，查阅了数百卷档案、资料。终于完成了除序言、概述、大事记、跋、后记外，共7编24章30多万字的家乡志书。虽然编纂的时间长达5年，但也难以做到对村落悠久历史的还原。就清朝到1949年这数百年间村人的生产、生活、休养生息的描述，也只是冰山一角，很难达到应有的广度和深度。令我们非常欣喜和感慨的是，新中国成立以来，兴泉村历届村上领导高度重视档案工作，一直没有间断过1949年以来的档案管理，并且分类清楚，资料丰富，保存完好。这为村志编写提供了极其珍贵的第一手资料，使大量的数据、大事、要事、风土人情，忠实地贯彻于七大编的章节中，增加了《兴泉村志》的真实性、丰富性、可读性。客观地说，《兴泉村志》不仅是一部承载兴泉发展变迁的史书，也是一本奋斗进取、干事创业的励志作品。《兴泉村志》的面世既完成了数代人的夙愿，又填补了兴泉无《兴泉村志》的空白。

《兴泉村志》的编纂完成，是集体智慧的成果。就写作群体而言，历时五年同心同德、集思广益、劳心劳力、不计报酬。讨论时，有争论、有分歧，各抒己见，落笔时，求大同、存小异，达成共识。编写者为此所付出的心血和辛苦可想而知。特别值得一提的是编委会主任俞宗富先生，他既是倡导者，又是组织者、编写者，如果没有他的努力，难以完成这个工作。我们感觉，《兴泉村志》体例编排科学、章节设置合理、资料翔实可靠、编写规范有序。做到了图文并茂，雅俗共赏。为兴泉的父老乡亲，交了一份答卷，也为我们的后代留下了珍贵的史料。

感谢旌御宫大酒店的倾力支持，为编写《兴泉村志》提供了诸多方面的便利和服务！

感谢周德广先生、崔明先生、马明先生，他们在百忙之中欣然命笔作序，为村志增色添彩！

感谢李保军先生在编辑审订中的辛勤付出，使《兴泉村志》板块更为规范、内容更为合体、文字更为精准！

在编写“风俗”“方言”的过程中，我们参考和借鉴了《芳草村志》的相关内容，获益匪浅。在这里向《芳草村志》的编写者表示真诚的感谢。

感谢研究出版社对《兴泉村志》出版给予的支持与责任编辑张琨老师的付出。感谢所有对《兴泉村志》的编纂、修改、出版给予关注和支持的朋友！

由于编者能力有限，《兴泉村志》还存在不少纰漏、不足，望读者不吝赐教，以俾再版或续编时补正。

王连生

2022年9月25日于文昌轩